牟宗三先生全集⑱

認識心之批判(上)

牟宗三　著

《認識心之批判》全集本編校說明

李瑞全

　　本書為牟宗三先生早期的著作。1940年牟先生撰成《邏輯典範》一書後，開始構思本書，至1949年完稿。然遲至1956年9月，本書之上冊始出版，下冊則於次年3月出版，均由香港友聯出版社印行。下冊除附有上冊之刊誤表之外，還附有〈關於思想上之改正附錄〉，修訂了第二卷第二部第二章附錄〈傳統邏輯與康德的範疇〉第五節「證成己義」中第四至七段。在此之前，本書的部分章節已先以單篇論文的形式發表，其篇目及出處如下：

　　〈傳統邏輯與康德的範疇〉，《理想與文化》第8期（1946年5月）

　　〈時空與數學〉，《學原》第2卷第6期（1948年10月）

　　〈生理感中心中之生起事之客觀化〉，《理想與文化》第9期（1950年5月）

　　〈認識論之前題〉，《學原》第3卷第2期（1950年10月）

　　此外，牟先生還有〈時空為直覺底形式之考察〉一文，刊載於

《學原》第2卷第2期（1948年6月）。牟先生雖在文前說明：「本文為拙稿《認識心之批判》中之附錄。」但後來他並未將此文納入書中。今將此文列為本書之附錄，以供參考。此外，牟先生將上述〈時空與數學〉一文收入本書作為第三卷第一部第二章時，在結尾處刪去一段文字。今將這段文字直接列於該章之後，以供對照。

本書出版之後，始終未引起學界的重視，故有三十多年未曾重印。直至1980年代，弟子王財貴始徵得牟先生之同意，由台北師大美術社影印了一百部，以便流通。此一影印本將上述〈關於思想上之改正附錄〉直接刊印於第二卷第二部第二章附錄〈傳統邏輯與康德的範疇〉之後。至於下冊所附之刊誤表，則直接於文中改正。但在校正時，偶爾也會出錯。

1990年6月，本書由台灣學生書局修訂重印。重印本除了將第一版的刊誤表和〈關於思想上之改正附錄〉全部錄進正文之外，也有若干文句上之潤色及內容上的修訂。不過，大體說來，新版並無重大的修改。此外，牟先生為新版寫了〈《認識心之批判》重印誌言〉，表明他自己對此一舊作的重新評價。

本書之編校工作以台灣學生書局1990年之修訂版為依據；新版有誤之處，則根據舊版校改。但有幾處之更改較為特別，今說明如下：

一、牟先生或許為了照顧一般不熟悉邏輯符號及程式的讀者，在修訂版中為上冊第188-189頁之符號作了增補，如使用底線和西式引號。但這既不合一般使用邏輯程式的慣例，也與書中他處邏輯程式的標準用法不一致。本《全集》本為求一致起見，恢復原式。

二、上冊第269頁第9至11行之符式有誤。牟先生雖於初版下冊

之刊誤表中訂正了幾個符號，並在修訂版中直接校改了原文，但並未完全改正過來。今據原書校改。

　　三、修訂版第441頁第15行之「理型之綜和性」改為「理型之綜合性」，而同頁及下頁相關的用詞仍為「綜和性」。爲統一起見，今一律還原爲「綜和性」。

　　四、書中若干字詞與現時一般流行的用法不盡相同。如「見」與「現」、「涵」與「函」，因可通假，故不予更動。也有前後用詞不一致之處，如論述因果關係時使用「倫繫」或「倫係」，兩者皆可表達牟先生之意，故亦不加以統一。

重印誌言

　　此書醞釀於艱苦抗戰之時，完稿於魔道披靡之日。三十八年來
台，本擬束諸高閣矣。乃當時香港友聯出版社欲於忙裡偷閑，承印
此書。此書出版後，幾無人能讀；即有能讀之者，亦無暇過問；即
吾個人亦因時代巨變而移其心力於文化問題之疏通，不再耗精費神
於純粹思辨哲學之領域。如以擬人詞語說此書，則此書亦可謂「生
不逢時」矣。今時過境遷，社會上漸有需要此書者。如是於久已停
版之後，乃付諸重印。

　　此書要為吾四十以前純哲學學思之重要結集。自今觀之，當然
有許多不滿意處，亦可謂並非吾之成熟之作，至多是前半期粗略之
成熟。三十餘年來，吾於中國各期哲學有詳細之解釋，如《才性與
玄理》乃解釋魏晉期者，《佛性與般若》乃解釋隋唐佛教者，《心
體與性體》以及《從陸象山到劉蕺山》乃解釋宋明儒學者，此足使
我於中國哲學有較明確之了解。此外，吾於康德哲學亦有較透徹之
了解。吾將其《純粹理性之批判》，以及其《道德底形上學之基
礎》與《實踐理性之批判》，皆譯成中文。了解中國哲學固不易，
了解西方哲學更不易，決非浮光掠影，望文生義，遊談無根者所可
契入。學力不及，解悟程度不足者，鮮能有相應而諦當之理解。

　　吾經過近三十餘年來中西兩方面之積學與苦思，反觀《認識心之批判》，自然不免有爽然若失感。最大的失誤乃在吾那時只能了解知性之邏輯性格，並不能了解康德之「知性之存有論的性格」之系統。吾是想把羅素與維特根什坦等人所理解之邏輯與數學予以扭轉使其落實於知性，而以先驗主義與理性主義解釋之，一方面堵絕形式主義與約定主義之無根之談，一方面復亦堵絕將邏輯與數學基於邏輯原子論之形上學之岐出之見，此則特彰顯知性之邏輯性格，將其全體大用予以全部展示與系統陳述：此可謂以康德之思路融攝近世邏輯、數學之成就於純粹知性者也。此一思路，乃英美人所不走，亦非德國新康德學派所能至者。然所謂以康德之思路融攝近世邏輯與數學之成就於純粹知性，此所謂康德思路只是初步一半之康德思路，並非完整正式之康德思路，蓋吾不能了解其知性之存有論的性格之主張，故吾當時於知識論尚只是一般之實在論之態度，而非康德之「經驗的實在論」與「超越的觀念論」之系統也。

　　但知性之邏輯性格之充分展現於認知心之本性與限度之把握極其重要，因而於訓練西方哲學之訓練發展中亦為極重要之一步訓練。學西方哲學不是學一些空洞字眼與雜陳之觀念也。對於認知心有充分認識矣，自能進而正視道德心。欲想由知性之邏輯性格進而契悟康德之「知性之存有論的性格」以及其現象與物自身之超越的區分兼及其將一切對象分為感觸物與智思物之兩界之分，則須精讀康德之書。若再讀吾之《現象與物自身》一書，則可以知吾之學思之前後期之差異，而《智的直覺與中國哲學》一書則是一過渡之思想（此書校印不佳亦不成熟）。若再進讀《圓善論》，則可以知「消化康德並使之百尺竿頭進一步」之道，並可以知中西哲學會通

之道。如此前進，則返觀《認識心之批判》固有不足，然亦有其必要。

今茲重印，只改正其涉及羅素原文處之錯誤，其餘粗略不審不諦處，則保持原文不變，無暇一一詳改，一在保存初期學思之程度，一在所以誌吾過也。然初期原創氣氛不可掩，亦自有其感發力也。

吾之寫此書實以羅素學與維特根什坦學為背景，故讀此書者必須有讀《數學原理》（羅素與懷悌海合著者）之訓練。至若維特根什坦之《名理論》，則吾於最近已重新譯出（新者對張申府先生之最早舊譯而言），讀之亦可以窺維氏學。然吾之以彼等為背景，並非走彼等之路，乃正開始走康德之路，欲以康德之思路扭轉彼等而融攝之也。

民國七十六年元月　牟宗三

序　言

　　當吾《邏輯典範》出版之時，吾即開始醞釀此書。至今已十餘載，中間屢經易稿。於三十八年來台時，大體俱已寫成。遭逢時代劇變，五六年來，乃多從事歷史文化方面之疏導。此稿藏之篋篚，初不意此時能印此書也。

　　《邏輯典範》，從邏輯方面說，實非一好書，然從促成此書方面說，則有極大之作用。故該書，只於我個人方面有過渡之價值，實無客觀之價值。蓋吾治邏輯，首先注意者，乃在對於純形式推演之邏輯系統，追問其是否有先驗之基礎。吾初無「先驗」一觀念，亦不解其為何義。然當吾讀各種邏輯系統時，步步審識，步步追問，乃逼迫我不得不承認邏輯實有其先驗之基礎。如是，我不能贊同時下一般人所主張之形式主義與約定主義。我亦不能贊同潛存世界說，以及羅素的邏輯原子論。理路如此清楚，步步追去，乃知吾所形成者是一種「超越的解析」。對形式主義與約定主義言，吾所形成者，乃是理性主義與先驗主義；對歧出外陳之潛存世界說以及邏輯原子論言，吾所形成者，乃是攝邏輯於「知性主體」之「主體主義」。凡此俱在吾邏輯書中困思以至，奮勉以得，雖粗而不精，而輪廓俱在。而吾同時亦恍然洞曉康德哲學之精義。

邏輯上之先驗主義與主體主義既經成立，則吾可直接了解一「客觀的心」，或「邏輯的我」，乃至進一步康德所說之「超越的統覺」，或「超越的我」。如是，此書之規模即大體已成。此皆爲吾邏輯書所開啓，故云於促成此書有極大作用也。然步步展開，枝葉相當，系統整然，辨解以成，則寂天寞地，煞費苦思。蓋對於邏輯數學之認識，雖已至先驗主義與主體主義，而對於康德哲學各部門之內容，則有重新調整之必要，此所以名曰「認識心之批判」，亦即等於重寫一部《純理批判》也。是故所契者乃康德之精神與路向，而非其哲學之內容。吾以爲如此即可以復活康德，重開哲學之門。蓋十九廿世紀以來，物理、數學、邏輯之發展，表面觀之，在在皆與康德精神相違反。順時以趨者，以爲康德死矣。然就此各方學術之發展，順成而趨，則哲學亦死矣。故吾此書之作，一方所以復活康德，一方扭轉時風，亦所以復活哲學。

人之心思發展，了解過程，常是易於向「所」，而難於歸「能」。向所，則從客體方面說；歸能，則從主體方面說。向所則順，歸能則逆。古賢有云：順之則生天生地，逆之則成聖成賢。吾可藉此順逆兩向以明科學與哲學之不同。向所而趨，是謂順。「順之」之積極成果惟科學。若哲學而再順，則必錦上添花，徒爲廢辭。故哲學必逆。由逆之之方向以確定其方法與領域；其方法必皆爲反顯法與先驗法，其領域必爲先驗原則、原理、或實體之領域，而非事實之世界或命題之世界。維特根什坦曾說：哲學只是一種釐清活動，科學則是一組命題。哲學不與科學並列，或在其下，或在其上。此意甚善。然所謂釐清活動，有消極與積極之別。向所而趨，順既成事實而釐清之，則爲消極意義。逆而反之，其釐清爲積

極的，蓋能顯示一先驗原則之系統也，故能獨闢一領域。而消極意義之釐清，則或只是吾人名言之釐清，或只是科學事實經驗事實之釐清，或只是各種命題性質之釐清，要皆浮於既成事實之表，無所開闢，無所增益。釐清以後，還只是此事實。今之所謂邏輯分析，大抵皆此類也。故彼等反對先驗原則，取消形上學，以爲形上學只是概念之詩歌，空洞言詞之遊戲，毫無實義。其結果便只有科學一標準。然若科學，則只科學而已耳，何必再來此一絡索？此種釐清，在吾人主觀之學習過程上，自有其意義與價值，然若從學問上，客觀上，如此割截局限，則從學問上客觀上言之，亦可說此種釐清徒爲廢辭，其爲玩弄字眼，名言之遊戲，殆尤甚焉。蓋於科學、哲學兩無助益也。

　　向所而趨，亦可由所而逆，此則古希臘之傳統，以及康德前之理性主義，皆然。然由所而逆，則正康德所謂獨斷的，非批判的。順所而逆，而不知反，則必有羅素所謂推不如構，以構代推。而至以構代推，則由所而逆之形上學即不能立，上段所述之取消，正其自然之結果也。則今人之以科學爲唯一標準者，亦不足怪矣。故吾常云：今人言學只有事法界，而無理法界：無體、無理、無力。此是休謨之精神，而亦爲消極釐清之所必至者。

　　吾初極喜懷悌海。彼由現代物理數學邏輯之發展，上承柏拉圖之精神，建立其宇宙論之偉構。此確爲當代英美哲人中之不可多得者。然自吾邏輯書寫成後，吾即覺其不行。蓋彼亦正是由所而逆也，而其所使用之方法又爲描述法。此雖豐富可觀，實非入道之門。蓋其「平面」的泛客觀主義之宇宙論實未達「立體」之境，故未能盡「逆之以顯先驗原則」之奧蘊也。彼於此平面的泛客觀主義

之宇宙論上渲染一層價值觀念之顏色，而不知價值何從出，價值之源何所在，此則尚不如羅素等人之「事實一層論」、「道德中立論」之為乾淨也。價值之源在主體。如不能逆而反之，則只見價值之放射，而不知其源頭之何所在。此則「超越的分解」缺如故也。即道德中立矣，亦必有其根源之所在。於經驗事實，科學命題上為中立，而彼總是一「實有」。劃清界線可，忽而抹殺之則不可。正視此實有，由主體方面逆而反之，以反顯其先驗之原則，是則「超越的分解」之職責也。吾薰習於羅素、維特根什坦等人之釐清活動有年矣，吾固極稱賞其乾淨而灑然。然由其釐清之活動，亦必然澄清出一界線，由此界線之浮現，亦必然湧現出一主體。屬「所」者是何事，屬「主體」者是何事。沙水顯然，何可泯沒？若於此肯虛心以正視，則世之紛呶者亦可以止息矣。

主體有二：一曰知性主體，一曰道德主體。茲所言之「認識心」即知性主體也。邏輯、數學俱回歸於知性主體而得其先驗性與夫超越之安立，而知性主體亦正因邏輯、數學之回歸而得成為「客觀的心」、「邏輯的我」。此「我」施設形式網以控御經驗，則科學知識成。故科學亦必繫屬於知性主體而明之，此所謂逆明也，由主而逆也。由主而逆，則彰超越之分解。順所而趨，則只邏輯分析，所謂消極意義之釐清也。

當吾由對於邏輯之解析而至知性主體，深契於康德之精神路向時，吾正朝夕過從於熊師十力先生處。時先生正從事於《新唯識論》之重寫。辨章華梵，弘揚儒道。聲光四溢，學究天人。吾遊息於先生之門十餘年，薰習沾漑，得知華族文化生命之圓融通透，與夫聖學之大中至正，其蘊藏之富，造理之實，蓋有非任何歧出者之

所能企及也。吾由此漸浸潤於「道德主體」之全體大用矣。時友人唐君毅先生正抒發其《道德自我之建立》以及《人生之體驗》。精誠惻怛，仁智雙彰。一是皆實理之流露，卓然絕虛浮之玄談。蓋並世無兩者也。吾由此對於道德主體之認識乃漸確定，不可搖動。如是，上窺《易》、孟，下通宋明儒，確知聖教之不同於佛老者，乃在直承主體而開出，而華族文化生命之主流確有其獨特之意義與夫照體獨立之實理，不可謗也。良師益友，助我實多。撫今追昔，永懷難忘。而遭逢時變，熊師以年老不得出，尤增感念。

乘近代學術之發展，會觀聖學之精蘊，則康德之工作實有重作之必要。吾茲於認識心之全體大用，全幅予以展現。窮盡其全幅歷程而見其窮，則道德主體朗然而現矣。友人勞思光君所謂「窮智見德」者是也。認識心，智也；道德主體即道德的天心，仁也。學問之事，仁與智盡之矣。中土聖學爲明「德」之學，茲書之作即所以遙契而嘟接之者也。至於明德之學，即道德主體之全體大用，則將別見他書，此不能及。惟開出道德主體，而後道德宗教、歷史文化，乃至全部人文世界，始可得而言。數年來於此多有論列，其純哲學之根據即在此書。

夫以如此枯燥繁重之書，實當今不急之務，而胡永祥先生毅然介之於友聯，其識量不可及也。而友聯同人於經費艱困之際，坦然承受而無難，如非有精誠服務學術文化之熱忱，何克臻此？勞思光先生精研康德，以爲表面雖不急，而實爲最急。謬予推許，贊助良多。感何可言，並此識謝。

民國四十四年五月 **牟宗三** 序於台北

目 次

下　册

第一卷
心覺總論

第一章　認識論之前提

第一節　生理自我中心之特體

一、知識必起於經驗，一切知識中的經驗之基本對象是生理自我中心中之特體事。

　　每一自我中心中之特體事，是生理感之所引起。感之關係，對特體事言，爲一形下的呈現原則。形下的，言其非形上的實現原則。生理器官是一件事。生理自我即是一聚生理事。此一聚生理事，名曰主體事。假名自我，實無所謂我也。此一聚生理事與外物（虛說）接觸，即呈現或引起一件特體事，每一件特體事是一生起或緣起，是一現實之呈現。此現實之呈現即爲一切經驗知識之基本對象。

二、每一現實之呈現與生理事（或主體事）發生內在關係。

　　主體事接觸外物所引起之特體事必受主體事之制約，必在主體事之如此制約中而現爲如是之生起，是以必與主體事爲內在關係。

然雖爲內在關係，而在此關係中所現之生起事，如其爲一事，即爲一呈現在彼處之生起事。既呈現在彼處，即有其爲一事之獨自性，故曰特體事。譬如聽一聲，縱與主體事爲內在關係，然總是彼處之一聲。是即呈現事之獨立性或各自性。

三、每一現實之呈現與主體事外之物理事亦發生內在關係。

生理事從自我方面說，故曰主體事。外物（虛說），譬如桌子（實說），以對我而言，曰物理事。桌子爲一聚物理事，亦猶自我爲一聚生理事。實無所謂桌子一常物，亦猶無所謂自我也。（此自是自經驗知識範圍言）此一聚物理事與我這裡一聚生理事發生交感關係，因而引起一呈現。此呈現與此生理事爲內在關係，與彼物理事亦爲內在關係。凡自事言，事與事之關係皆內在關係。內在關係亦曰動的物理關係。

四、直接呈現爲一討論之焦點，此是自當下而立言。

吾人永遠須自當下之現實呈現作起點。自經驗認識言，將生理自我說爲一聚生理事，將彼桌子說爲一聚物理事，乃爲對此當下呈現而虛說。實說者，此兩聚，總持言之，皆當下也，不過自眼前之當下言，以往之當下即爲虛說。虛說者，即當下之呈現所預設以爲說當下之根據。實指在當下，而根據則只爲連及而非實指之所在，故曰虛說。非此聚彼聚之實事爲虛無也。然既說爲此聚彼聚，即明其皆是現實之當下。此是一般言之，非特定言之也。

五、主體事與物理事以及特定之當下呈現皆是所與。

眼前自我為一聚生理事，自有其以往之歷史跡，然亦只是跡。蓋以往者已變滅矣，實無以往者之可言。而現實所有之一切，皆在當下呈現。物理事亦然。兩聚當下之呈現，互相感觸，因而引起一特殊之呈現。此特殊之呈現即為吾人所說之永遠自當下說起之當下，此為特定之當下，目光所注之實指之當下。此實指之當下之根據即為非實指即只被連及之當下。依實指之當下說直接呈現，依非實指之當下說條件制約，此即因果實效。條件制約，對直接呈現言，固為虛說者，然直接呈現亦足反而彰著條件制約，因而虛說者亦為實說矣。當其為實說，則亦為當下呈現矣。直接呈現中之實指的當下，固為吾人之起點，然法不孤起，則彼亦因條件制約而彰著。是以自經驗知識言，一事起處，即全體與之俱起也。一現一切現，固皆為當下，固皆為所與。譬如聽一聲，聲音固為實指之當下呈現，然聽者吾耳也，聲音者某物之聲音也。耳與某物皆屬條件制約，因聲音而彰著，即與聲音同時俱起也。此同時俱起者即為一全體之呈現，此即吾人經驗知識之全幅對象。此與聲音同時俱起者，無論牽連至如何廣如何深，然皆屬此全體呈現之範圍。吾人經驗知識永不能跨越此範圍。故此全體呈現之範圍即為經驗知識之所與。

六、凡是此全體呈現中之存在皆是現實的、呈現的，皆在一感之交攝中。

既在全體呈現中，自不能不現實。此所謂之現實，從認識範圍言，與「被知」為同意語。說其為現實，等於說其為被知。在全體

呈現之範圍內，等於說在被知之範圍內。在此，吾人吸收柏克萊
「存在即被知」之主斷。被知者亦含有可被知義。在此範圍內，無
有既是一存在而又在理論上不可被知者。惟被知只是爲心所攝，並
非爲心所造，即此時認識的心只是攝及之，而不能創生地實現之，
故認識的心不是實現原則。存在之被知並不爲心所實現。存在之爲
現實的，只因其在生理感中心之交攝中而爲現實。然生理感中心之
交攝亦只是形下的呈現原則，而非形上的實現原則。在形上的實現
原則未能建立以前，認識範圍內之存在之所以成其爲實現之問題無
法得解答。其爲實現既不能說明，則只能說如此如此之呈現。其爲
呈現也，成一全體呈現之範圍，而此範圍只爲生理感中心之交攝所
釐定，並無一客觀而超越之理性的理由以釐定之，即只認識論地事
實上如此置定之，而並非本體論地依據一客觀之理由而理性地圓滿
之。依是，「存在即被知」一主斷，此時，只有認識論的證明，而
無本體論的證明。所謂認識論的證明，依以下二義而成：

(A)吾人認識之對象不能越過生理感中心之交攝，吾人亦不能越
　　過此中心而認識一對象。即吾人不能認識那認識範圍以外
　　者。依此而言，凡知識對象皆內在於此生理感之中心。吾所
　　知者即是吾生理感所交攝者。

(B)「有一存在而永不被知」，此在邏輯上是可能者，即「存在
　　即被知」並非分析命題，故存在而不被知亦非自相矛盾。此
　　現實世界之爲實現既無客觀的實現原則以說明之，則邏輯上
　　很可以有一存在而不被知。吾人認識心並不能在原則上或先
　　驗根據上將此不被知之存在否決之或消滅之。但此可能之存
　　在，亦只因該命題不矛盾而決定，此只爲形式之決定，亦並

無一原則足以決定其為真實可能者，即確定地決定此對象以為永不被知之領域。以此之故，該命題，從其不矛盾方面言，是可能者；但從其真實可能方面言，則「有一存在⋯⋯」中之「存在」即無真實根據可資提出者。依此，在認識範圍內，吾人即說：凡是存在都是現實者，凡是現實者都是可被知者。

此 A、B 兩義，A 義之證明，說存在是從生理感中心向外說，此只是繫屬於主體之一面而如此置斷，而自外向內，即客觀方面，則並無決定的限制以回應之。故此正面之證明亦弱而不強。B 義之證明，說存在是從外面泛說，雖是邏輯上可能有一不被知之存在，但無真實原則足以決定此存在，同時亦無客觀理由足以排除此存在。依此，此負面（即消極）之證明小是弱而不強者。無論正面負面，客觀方面皆無決定之限制。依此，此認識論之證明，只能由生理感中心向外說，而外之所至則是敞開者，並無客觀原則足以決定該主斷之極成。〔關此，尚有三義可說：一、柏克萊所謂「知所不知是矛盾」，此尚過急。蓋「知所不知」中之兩知，意義不一致。前知不是感觸的覺知，而後知是感觸的覺知。吾人不能感觸的覺知之，但可以理論的推想之。故不矛盾也。二、假若不被知之存在，此存在視為知識之對象，即它是一知識義之對象，但吾人認識心不能知之，則應問此對象有何涵義。若只是泛泛的知識對象，則吾人決定此對象，只有依照矛盾律而為形式之決定，此則如 B 義所說。若不只是泛泛之知識對象，且意味其是一形上之實體，此實體吾人不能以認識心認識之，因而亦不為吾人之知識對象，依此而謂其不被知，則吾人對此可如此說，即此不被認識心所知之形上實體

有可能否？如有一眞實原則足以決定其眞實之可能，則雖不爲知識之對象，而仍可爲吾人心思之所及。吾人將以此「不爲知識對象之實體」來保證知識對象之必繫屬於生理感之中心，即保證所有現實存在皆爲可被認識心所知者。如無一眞實原則足以決定其眞實之可能，則彼縱不矛盾，而有形式之可能，則亦同 B 義所論，而無實義。依此而言，「存在即被知」無有必然之證明、終極之極成，而形上實體亦無眞實之可能。此形上實體之可能否即形而上學之可能否。三、康德所說之限制概念之物自身，如只是泛泛之知識對象，則如 B 義所論，而由此限制概念義亦不能說一切對象畫爲現象與非現象。現象是決定者，非現象之可能則爲不決定者。如隱指形上之實體，則可以如此分，而問題端在如何決定此形上實體之可能。〕

第二節　心之統覺與生理感中心中之現起事既爲異質之對偶性，亦爲超越與被超越之上下之兩層。

一、認識心之直覺的統覺作用是直而無曲之直接攝取。

本書言認識心。認識心以以下二義定：一、以了別對象爲性，不以創生或實現對象爲性，依是，與對象之關係是對立而旁處之觀論（廣義的）關係，不是主宰而貫徹之體用關係。二。其了別之用必以對象爲所知，必限於對象而彰其實。假若無對象，則其用不

顯；假若無實對象，則其用為虛幻。認識心之了別作用，大體分三級：知覺、想像及理解。綜言之，俱可曰統覺。其基礎形態為直覺的統覺。直覺的統覺隨生理感之現起而呈用，其用為直而無曲之直接攝取。本章以直覺的統覺為主。下言統覺，皆指直覺的統覺言。普通言感覺、印象或知覺，多注重物理一面，而不注重心用一面。實則一感即覺，而感為生理感，覺即心覺。感覺者，才感即覺也。印象則言此心覺之被動性，純接收性，言對象作用於吾心，猶如銘刻而印之。自物理方面言，雖銘刻而印之，而自吾之接受言，亦必心覺而受之，受之即攝取之。由感而成之覺曰知覺，則知覺自亦屬於心覺也。此三者異名而同實。細微分別，無關大體。即以感覺一詞而論，感為生理感，覺為心覺。吾人即就此心覺之用而言直覺的統覺。此則單取心一面而言之。心隨生理感之現起而表現為攝取之統覺，其覺也為直而無曲者。直者如生理感之現起之所是而如如地攝取之，或曰接受之。譬如聽一聲，即如其為一聲而覺之；見一色，即如其為一色而見之。無曲者，無思想之辨解歷程之謂也。辨解歷程乃屬於理解者，此處則單言直覺的統覺。自直而無曲言，亦可言統覺之被動性接受性。然既直而無曲，何言此覺亦為統覺耶？曰生理感之現起為一忽之歷程，心覺即如其為一忽之歷程而綜攝之。現起事為一歷程，則心覺之綜攝亦為一歷程。惟彼歷程為一忽之歷程，故此心覺之綜攝亦為一忽之歷程。此一忽之歷程，名曰同質之歷程。現起事之內容雖不必為同質，然其隨感而起也，則為一忽之現起，才感即起，才起即逝。依是，吾心之覺之也，亦不容有異質之曲折。是以即就其為一忽之現起而言，認識心如其為一忽之現起而綜攝之，則雖彼之內容為異質，而吾心之綜攝則不能有異質

（有曲屈），是以必爲同質歷程也。此歷程以爲同質故，儼若不是一歷程，遂以原子式之碎瑣視之矣。實則雖同質，亦歷程也。一則心覺以動用爲性，凡動用皆有歷程；二則現起事旣爲現起，則凡現起必有歷程。惟其覺也爲直而無曲，故其動用之歷程爲同質。現起爲一歷程，即如其爲一歷程而一直地綜攝之。此一直地綜攝之，其本身爲同質之歷程，即依此義而名隨感而起之心覺亦曰統覺。此直覺的統覺與想像及理解之爲統覺不同也。

二、生理感之現起是統覺之所對，此兩者間之關係爲一一相應之關係。

現起事爲一忽即過，心覺如其所如而綜攝之。其綜攝也，自事方面言，爲無漏。（無漏者，自事之現起之全體歷程言，不自其複雜之內容言，而此時亦不能自內容言。）自心覺方面言，爲如其所如。如其所如者，無過，亦無不及。無過者，直覺的統覺直而無曲，故不能過乎事；無不及者，如其所如自不能有所不及。依「無漏」與「如其所如」兩義而說現起事與直覺的統覺之關係爲一一相應之關係。現起事隨感而起，一起即去，未嘗留也。而心覺隨感而應，應而覺之，事不留，而覺亦即「一覺即止」。事常新，而覺亦無故。兩者當機而應，故曰一一相應關係也。事不留，心覺亦不能留也。心覺雖不能留之，然可記之於心中而不忘。自此以論，已進於想像與理解，非直覺的統覺之名所能賅。此處暫不涉及。自直覺的統覺而言，每一直覺統覺自身皆是獨一無二，當下即是者。以其如此，故與現起事一一相應。〔此言相應，不函能所圓融或物我不分等義。當其聽一聲而覺其爲一聲，已不是能所圓融矣。我雖對我

之覺（覺一聲之覺）不必有自覺，然亦不是物我不分也。〕

三、生理感之現起與心覺間亦復具有外在關係。

　　現起事與生理感爲內在關係，但與心覺爲外在關係。內在關係者，關係項進入此關係與不進入此關係，有性質之不同。一切現實事皆在條件制約中而有現起，故如言其與其他事之關係，必皆爲內在關係。聲音之爲一聲音由耳官爲其條件之制約，亦由發此聲音之某物爲其條件之制約。然不管其條件之制約爲如何，當其呈現爲一聲，吾人即如其爲一聲而了解之。如其爲一聲而了解之，即函說：此聲有其獨立之各自性，因而成其爲特體。並不如說者言：一說內在關係，知識即不可能也。〔說者意：如是內在關係，則欲知一物，必須知全宇宙，然全宇宙實不能知，是以此一物亦不能知矣。須知，凡經驗知識只是如其所是而知之，亦皆是相對的暫時的，而且發展的。其眼前呈現之「是」有其來源，吾人未嘗不欲追溯其最後之來源。然此種追溯實即形上實體之追求，並非「不能知全宇宙即不能知某物」之謂也。〕凡事之關係皆內在關係。理與理間之關係爲外在者。數量之關係爲外在者，時間關係、空間關係亦外在者。總之，凡形式關係是外在者，實際關係爲內在者。事的關係是實際的。理、數量、時間、空間皆形式者。心覺與現起事之關係爲外在關係：即一聲音受耳器官之制約，因此制約而現起，而成其爲一現實之聲，但不受心覺之制約，亦不因心覺之覺之而始爲現起，而始爲如此之聲音。依此而言，心覺之覺與不覺，彼之爲聲音固自若也，認識心爲了別作用，了別之達於物與火之達於物不同，前者對於物無影響，後者對於物有影響。依其不影響，而言外在關係。

然適言，凡理、數量等之關係爲外在關係，凡事之關係爲內在關係者。而心覺爲一動用，彼固非理，亦非數量。何以言其外在關係耶？彼既爲動用，凡爲動用亦必爲現起，凡爲現起亦可名之曰現起事。何以又言其不爲內在關係耶？然則心覺之「知之關係」，誠爲一特殊之關係乎？曰：關此問題，誠不易答。心覺之現起，雖爲無形，不同物理事，然既爲動用，總可說爲無形事或心事。亦猶古人言氣，既可說物氣，亦可說心氣也。物氣有形，而心氣無形。雖無形，亦得曰氣。既曰心氣，即可爲一事，而與理或數量不同也。既可言心氣，故亦非形式的，而爲實際的也。既爲實際的，何以不言內在關係，而言外在關係？關此，吾如此說：一、須知認識心之了別對象是如其所呈現之是而了別之，心覺之覺一現起事亦是如其所呈現之是而覺之。此心覺既只爲一動用之覺，只爲一直而無曲之統覺，則其本身即爲無所湧現者，直覺的統覺本身不湧現任何物事如概念以達於現起事而著於其上以影響或制約之，依是，統覺之與現起事乃直接照面者。其中既無媒介，而統覺本身復無所湧現，只如其所如而覺之，則此覺自爲無所輸送者。即依此義而言外在關係。心覺雖爲一動用之現起，而此動用乃純爲一片虛靈，而其現起亦復不如物理事之在條件制約中而爲現起，如水之滅火，如火之傳熱，如熱之燃燒。心覺爲一虛靈之單一，只有隱現，無有生滅，只有同質相續，無有消息起伏，無有與之爲異質之一現起事使之現起，亦無有與之爲異質之一現起事使之消滅。依是，心覺乃實是一種自足之呈現，而且永爲如是之呈現，此是一平置於此之所與，天造地設之所與。而此所與，以其爲虛靈之單一，爲永遠呈現之單一，故只以覺照了別爲性，不生起任何事，亦不消滅任何事，故與其所覺照

所了別之對象爲外在關係。〔此言直覺的統覺不湧現任何物事，由此易明其爲外在關係。然當進入想像與理解，此則可以湧現任何物事。然吾人將見縱使湧現物事，吾人亦說其爲外在關係。此所湧現之物事只爲認識心自身之架子，而對現起事仍無所生無所滅。其或有影響亦只爲對認識心之認識上有影響，而對於所認識無影響。此義，此處不能詳論。本書將隨時表明之。〕二、認識心之靜處而與物對，因而具有外在關係，吾人將溯其根源於形上的心之坎陷。吾在此預定：形上的心乃實現萬有者，主宰貫徹萬有者，此與其所實現之萬有爲內在關係，以彼影響萬有故，萬有離之便爲非有故。然形上的心坎陷其自己轉化而爲識心，則即退處而與物對，只以覺照了別爲性，不復如形上的心之爲實現原則。以其不爲實現原則，故與其所覺了者爲外在關係。依以上兩義，吾人將謂認識心之與其對象爲外在關係，不同於理、數量或時間、空間之爲外在關係。蓋此等純爲形式者。而認識心之爲外在關係，則爲實際者。以其爲虛靈而永遠呈現之單一，一現永現，一定永定之單一，有類於純爲形式者之爲定項，故亦名曰外在關係。此種外在關係乃形上心自己坎陷轉化爲如此。轉化其自己而退處以與物對。即在此與物爲對中，退處其自己，而置定現起事於外以爲其所。在此退處與置定中即必然函蘊其關係爲外在關係。故此外在關係乃一特殊之一類。形上心之與其所實現者之爲內在關係亦爲特殊之一類。其意不與物理事間之關係之爲內在同。蓋彼與其所實現者之爲內在關係，乃一能實現與被實現之關係。被實現者爲物理事，乃爲條件與被條件之一串，其爲內在關係乃交互者。而能實現與被實現則爲片面者。蓋能實現爲絕對爲首出，無有爲之前者，無有制約之者。是以物理事之爲內在

關係成功物理世界之結構，成功物理事之生起與消滅，因而成功變化之歷程。理或數量或時空之爲外在關係成功邏輯之系統、數學之系統，以及只是形式之時空系統。而認識心之爲外在關係，則成功知識論；形上心之爲內在關係，則成功形上學。是以凡理或數量皆爲外在關係，而有外在關係者不盡皆理或數量。凡物理事皆爲內在關係，（前言凡事皆爲內在關係，此所謂事即指生理感中心中之物理事言。）而有內在關係者不盡爲物理事。

四、直覺的統覺與現起事爲異質之兩層，而且可以獨立地給吾以意義。

現起事屬於生理感中心之物理系統，而心覺爲一同質歷程之單一。前者爲異質有分有合，有生有滅。後者無分無合，無生無滅。一爲同質，一爲異質，是以兩者即爲異質。此異質之兩層一爲超越，一爲被超越。而在直覺的統覺，超越義不顯。進至想像與理解，則彰著而特顯。在直覺的統覺雖是不顯，然自認識言，吾人特重心覺之照攝。即此照攝，即有涵蓋義。雖爲一一相應，而可有上下之重疊，涵蓋與被函蓋之等量，依此亦有超越與被超越之一致。心覺如其所如而覺之，由事之來也，自外而至，則謂接受；由心之覺也，自內而出，則謂涵蓋（照攝）。吾人以自外至者爲底層，以自內出者爲上層。上層越乎下層而涵蓋之，此即「能」之置定「所」，心覺之投置現起事，刺出而外之。刺出而外之，以爲其所覺攝。覺攝必有所覺攝。所覺攝者，外延地言之，即爲一忽之現起；內容地言之，則爲此一忽之現起中所呈現之意義。茲以此「意義」爲心覺覺攝之眞實所得。直覺的統覺能獨立自足地給吾人以意

義，此意義不由內出，決由外呈。何以故？一、以心覺與現起事為異質故。設若為圓融而不可分之同質，則吾不知此意義究將屬內抑屬外也。二、直覺的統覺直而無曲，只為覺照之動用，並不湧現任何物事，即其自身空空如也，故知所得意義不由內出，然定有所得，故知必由外呈。〔設若非直覺的統覺之心覺亦湧現某種物事，則所得意義亦或可由內出也。吾將預定：即轉至想像與理解，認識心有所湧現，然亦不能謂所得意義由內出也。詳論見下。〕外者單言心覺之外也。心覺以外即生理感之現起事矣。此為不能化歸者。直覺的統覺有真實所得，故知此統覺能獨立地給吾以意義。設若視而不見，聽而不聞，則無意義，亦無直覺的統覺矣。有此統覺即有意義。意義與直覺的統覺為等價關係。即此等價關係，可以作為知識之基礎。亦惟此等價關係，乃保證「意義之客觀性」之直覺的確定性。此意義，以屬現起事，很可以無必然，亦可以忽然無意義。然當其無意義，則直覺統覺即不可能，即無所給。是以意義與直覺的統覺之等價，對於意義之客觀性，雖無理性之必然性，卻有直覺之確定性。此確定性無理性之保證。直覺的統覺自身不能保證之，甚至此統覺自身亦無保證也。吾人惟就此等價關係，逐步前進，以觀認識心與現起事之歸結究如何。

五、直而無曲之統覺為非創發之統覺（此亦得曰經驗統覺），此統覺對於現起事有把住之作用。

隨生理感而起之統覺（心覺）為直而無曲者，亦為無所湧現者，只如現起事之為一現起事而覺攝之。此種直覺的統覺亦得曰經驗統覺。此經驗統覺，雖與現起事一一相應，而事亦一起即逝，而

攝此事之統覺亦一攝即完，後有來者則爲另一覺，縱然如此，而自
認識而言，則此統覺亦並非順應斯須之冥契，亦並非超理智階段之
幾應而化，而乃因其爲認識心，則對於現起事必有取著。此種取著
吾人即名爲此統覺之「把住」。此統覺如現起事之爲一忽之歷程而
把住之。現起事爲一忽之歷程，此統覺爲一同質之單一歷程。此單
一歷程就現起事之外延即其一忽之歷程而把住之。因其一把住，彼
一忽之歷程遂可平鋪而爲一段之歷程。現起事之平鋪本爲一忽即
過，無所謂平鋪之一段。然只因直覺的統覺之把住，遂可將彼一忽
即過者平鋪而爲一廣延之一段，現起事既爲廣延之一段，則此統覺
亦因而凝著而成其爲有取，因而成其爲一靜態之一覺。此一覺既停
住，則事之一忽即過者，亦得留下一影子。事之現起爲呈現，留下
影子爲表象。此種表象名曰直覺的統覺之表象。此表象因此種統覺
之把住而成功。即在此把住上，認識心遂得據之以直建時間與空
間。時間空間之建立，其根源必在由直覺的統覺向裏轉進一層，即
進至認識心不只限於直覺的統覺，而復跳出此統覺而歸於此統覺外
之認識心。此統覺外之認識心名曰想像。想像根據直覺的統覺之把
住，而湧現時間與空間。既湧現之，即隨由直覺的統覺之把住而成
之廣延之一段而予以時間化、空間化，因而予以時間性、空間性，
因而將現起事排列之於時間關係中，空間關係中，因而成功直覺的
統覺之把住或表象之形式。時空爲直覺的統覺把住之先驗形式無疑
也。然此統覺自身不能湧現此形式，亦非此統覺把住時其自身所自
具。此統覺之把住只是其停住。彼對於現起事之攝取既不過亦無不
及，因而亦不能湧現時空也。復次，假若只是直覺的統覺，則此種
統覺雖連綿而起，或若干統覺同時並在，亦只是散立而不相謀，因

而亦無時空之可言。時空之建立，必在認識心之跳出直覺的統覺而根據此統覺之把住而為此統覺外之心覺（即認識心之由直覺的統覺提起之心覺），所湧現所建立。此一心覺乃創生之心覺或超越之心覺。予以專名，得隨康德名曰創生或超越之想像。其所以為創生的或超越的，乃因其湧現時空故，湧現時空以排列直覺的統覺之所把住者。每一把住為一段，段段相對相連相較相際，由直覺的統覺而提起之心覺即得就之而建立時空。此提起之心覺建立時空，以用於直覺的統覺之把住，因而遂得為此統覺把住之形式。時空為先驗形式，此為時空之形上的解析；由提起之心覺所謂創生之想像而湧現，則為時空之根源的或心理的解析；由如此而湧現之時空用於直覺的統覺之把住而對於所把住者有超越的決定，則曰時空之超越的解析。〔關此超越的解析，詳論見下第三卷。〕〔復次，凡有湧現皆自提起之心覺言。直覺的統覺停住無所湧現，而由「由直覺的統覺提起之心覺即超越之想像」湧現時空以為直覺的統覺把住之形式。但只湧現時空以為此種統覺把住之形式並不能成功對於自然之知識，於是認識心復表現為理解。理解為曲而能達，其曲其達端賴格度與概念。然此格度與概念（即本書所謂範疇）之根源必在創生之理解，不在辨解之理解。而創生之理解亦為提起之心覺，此得隨康德名曰「超越之統覺」以與直覺的統覺相對。關此，總論見下第三章，詳論見下第二卷。〕

六、超越的感性與生理的感性（亦曰經驗的感性）。

　　普通只有生理的感性，至康德始言超越的感性。感性之所以為超越的，以有先驗的時空形式故。依康德，感覺在此先驗形式下所

成之表象，雖是主觀的表象，卻有先驗而客觀之決定。除此時空形式外，再無有其他主觀表象，涉及外物時，既可名曰客觀的，又可名曰先驗的。譬如生理感性中之表象即是如此。生理感覺之表象之只有主觀意義，早爲希臘哲人所認識。生理感覺自身並無先驗之形式，它只有在某種感性樣式之主觀的構造下有所表象，譬如在視覺、聽覺、觸覺之主體的特殊構造下表象顏色、聲音或臭味，而其所表象之色聲臭味，嚴格言之，並不足爲外物之特性，而只是感覺器官之變形（modification），在一定樣式下爲外物所影響之器官之變形。以只是感覺器官之變形，故只有主觀之意義而無客觀之意義。故此種主觀表象不能是先驗的，且亦不能有客觀之決定。聲色臭味並非在其下可以決定對象之爲吾人之對象之必然的條件，惟有在時空形式下，對象始能成爲吾人之對象，始能決定其爲一客觀而公共之對象（認識對象），而此種決定，雖是主觀的，卻是先驗的，且是屬於對象者，有客觀之意義。此即所謂超越的決定。吾人可承認此種超越的決定。但因直覺的統覺只是把住，並無所湧現，其自身並不能有此種決定。此種決定之根據在時空，而時空爲提起之心覺所建立，並非直覺的統覺自身所建立。提起之心覺建立時空落足於直覺的統覺之把住，因而成功此種超越的決定，因而可說是直覺的統覺把住中之表象之形式。此種決定可以就直覺的統覺說，但非其自身所自具。因此，超越感性一名不甚恰，亦有誤會。本書不援用。所以不恰而有誤會之故，即在康德只有形上的解析與超越的解析，而無根源的解析。今既釐清，則此籠統之名自可不用，而其密義可吸取也。又康德之超越感性論，復期其擔任先驗綜和命題（即幾何命題）之說明及歐氏空間之確定，此亦不恰。本書不如此

論，故此名亦復因而不欲引用。〔關此，詳論見下第三卷。〕

第三節　變者與不變者

一、事是變者，型是不變者。

　　生理感引起一件事，然而有感即有覺。此覺名曰直覺的統覺。此種統覺，可以獨立地給吾以意義。彼之覺此事，即於此事中覺一意義。如不能覺一意義，則不能成其爲直覺的統覺。此「意義」即曰「型」，亦名所覺之對象。單自事言，生起即逝，不足以爲對象。是以事服從變之原則，而意義服從不變即「有」之原則。如果只是事，而無其他，則事惟是變，而且是一虛無之流。是以徒有事，不足以成直覺的統覺也。然所起者必是事，直覺的統覺覺此事，即於此事中覺一意義。覺之眞實對象爲「意義」，而事則因意義而成其爲對象。然事不可留，而意義可留也。可留者爲型，故不變；不可留者爲事，故變。

二、型卽意義屬於緣起事，不屬於心覺。

　　吾聽一聲，吾覺其爲一聲，而且覺其爲一特殊之聲；吾見一色，吾覺其爲一色，而且覺其爲一特殊之色。如果只是事，何以區別聲與色？何以區別此聲與彼聲，此色與彼色？此事吾覺其爲一聲，此事必有其爲一聲之意義；彼事吾覺其爲一色，必有其爲一色之意義。爲一聲，爲一色之意義，屬於事，不屬於心覺。因此時之覺爲直接之攝取。事既不能爲對象，則所攝取者必爲意義。此意義

必爲「所」。因其爲所攝而爲所。以其爲所，故屬事。因屬事，故爲客觀的。復次，又因直覺的統覺爲直而無曲者，直而無曲者無所立，故此意義不內出。既不內出，而又有此一意義，故知其必外陳而屬事也。意義隨緣起事而呈現。其呈現也，爲如是如是之呈現。彼爲如是如是之呈現，故心覺即爲如是如是之攝取。

三、型或意義在生理感之因果關係所制約之事中呈現，卽在「生理感之引起」之爲呈現原則中呈現。

生理感之引起一件事是事之呈現原則（非實現原則）。生理感之引起是一種因果關係。彼之如此而呈現者由於生理感之因果關係之制約。制約而成爲如此之呈現，即有其爲如此呈現之形式，此即此呈現之事之意義。吾因此意義而得覺其爲某某之殊事。聲音吾覺其爲一聲音，顏色吾覺其爲一顏色。乃至石爲一石，花爲一花。事是一生起之歷程，而形式或意義則是彌綸於此歷程中之脈絡，而與事一起呈現。設抽去此脈絡，或忽此脈絡而不顧，則事即不成其爲一事。或不管此脈絡，而單自其爲一事而言之，則凡生起者皆事，同同而一色，吾不能區別此事與彼事，因而不能有殊事，而只爲赤裸裸之一事。然而凡生起皆殊事，凡所覺皆覺一殊事。殊事之爲殊事皆因成此殊事之脈絡而始然。（彌綸於此殊事中之脈絡或意義，容或無窮無盡，吾之直覺的統覺或不能一時盡攝，然不礙其因此而成其爲殊事。）復次，每一如此呈現之殊事皆在生理感之因果關係之制約中而然。吾聽一聲，吾之聽也以耳，耳官即是此聲之制約者；吾視一色，吾之視也以目，眼官即是此色之制約者。所視之色，所聽之聲，與視之聽之之生理器官，亦在一因果關係中而爲如

是之生起如是之呈現。此一呈現或生起歷程亦有脈絡或意義彌綸於其中。吾因此而得覺其爲如此之一聲，如此之一色。復次，假定耳目並用，吾聽一聲，吾復知其爲鐘聲或歌聲，復進而知其爲撞鐘之聲，爲口腔之聲。此一複雜之生起歷程亦有脈絡彌綸於其中，吾因此而得覺其爲如此之一聲。是以每一事之呈現，皆有其形式。縱使是一粒孤立之沙，吾見之，吾亦如其爲一沙而見之。如其爲一沙，即有如此沙之形狀，此形狀即形式或意義也。是以凡有覺，皆必有所覺，而所覺在意義。此即爲直覺的統覺之眞實對象，直覺的統覺不是覺材料，而是覺意義。即使對所成系統言是雜多，亦是意義之雜多，而不是材料之雜多。是以直覺的統覺單獨給吾以意義，因而「凡有直覺的統覺即是有意義」。此爲一普遍之命題，此命題有直覺之確定性。蓋若無意義，即不成其爲直覺的統覺，則亦不必說矣。是以意義與直覺的統覺有等價關係，即因此關係而說該普遍命題有直覺確定性。再進一步，此意義之根據在因果之倫繫。依是，因果關係與直覺的統覺有等價關係，因此關係，保證事之生起之因果性亦有直覺確定性，雖無理性的必然性。其所以無理性必然性，即因其只爲平鋪之如此呈現，至所以有如此呈現之理由，則在直覺的統覺中不能知也。是以吾人說生理感之引起爲呈現原則，而非實現原則。因果關係亦在此呈現原則中而只爲如此之呈現。假定吾人獲得其所以呈現之理由，則即獲得其理性的必然性。而彼理由亦即吾人所說之實現原則。然彼理由非直覺的統覺所能發現，亦即非由經驗所能獲得。是以彼理由必爲超越者。依是，在直覺的統覺中，只能言因果關係有直覺確定性，而不能言其理性必然性。

四、垂直因果與橫面因果

生理感之引起為垂直因果。為耳所聽之聲為目所見之色，此聲此色即在生理器官之制約中，吾人即在此制約中而覺聲色。聲色與生理器官之垂直因果容易說明，然而撞鐘與鐘聲之生起間之因果關係不易說明。推之，水起與火滅間之因果關係，吃砒霜與死間之因果關係，打彈與彈間之衝擊之因果關係等等，亦不易說明。此種因果名曰橫面因果。此種因果不易表明，不在「撞鐘是否必有鐘聲隨之起」，亦不必說「鐘聲很可不隨之起」。今假定縱使鐘聲隨之起，則亦可問曰：「鐘聲之起」與「撞鐘」間何以必有因果關係耶？吾因目而見撞鐘，吾因耳而聽鐘聲，此兩串因果關係乃顯然者。然所見之撞鐘與所聽之鐘聲間之因果關係則並不如此之顯然。普通以為因果不可能者，大都自此而言之。吾有何理由相信彼兩事間亦有因果關係耶？在此，吾認無理由可言。假定吾獲得一超越而客觀之根據，吾可相信其有。在此根據未獲得前，吾無理由可以相信也。然在直覺的統覺中正是不能獲得此根據。〔康德以為在理解中可以獲得之，吾以為不能。本書即在步步闡明此事。〕橫面因果乃屬於吾生理主體以外者。假定吾撞鐘，吾吃砒霜，吾打彈，吾傾水於火上，則吾可以因吾之生理機體之實踐而證實之，雖無邏輯之必然，有工作上之實然。然而非吾撞，非吾吃，非吾打，非吾傾，而呈現於吾機體以外者，則吾無此工作上之證實。吾何以能覺其有因果關係耶？或曰：吾見有吃砒霜者，隨之復見該吃砒霜者即死亡。吾此兩見連貫而生，故吾覺其有因果關係。然此兩見，只見兩件事耳。每一事與吾之見有因果關係，然而所見之兩事間不必有因

果關係。吾亦不能因該兩垂直因果而推斷該兩事之橫面因果。然則此橫面因果究如何說明耶？豈真只為常相繼而為吾之習慣之聯想乎？此不惟「經驗只能告我常如此而不能告我必如此」，且為「是否有因果」也。乃有無之問題，非必不必之問題也。〔此處凡言必，皆通於理性之根據而言。若無理性之根據，縱事實上有矣，亦不得說必。事實上有而不必，此「不必」單指無理性根據言，不指某結果在此時此地出現在某時某地亦可不出現而言。假若有理性的根據，則某結果亦有時可以出現，有時可以不出現。然無論出現或不出現，皆有必然之理由。〕彼若有矣，吾可以進而言其理性之根據；彼若竟無，則根據亦無從說。然則究有究無？關此，吾在直覺的統覺範圍內如此說：直覺的統覺獨立給吾以意義，覺一件事即覺一意義。假若兩件事相連生，除非其無意義可給。如有之，則此相連而生之兩件事即有一意義或脈絡彌綸於其中，因而形成一如此呈現之有結構的整體。撞鐘與鐘聲是一結構之整體，吃砒霜與死亦然。直覺的統覺只問當下，不問未來。在當下中，有意義可給（因而成一當下之統覺），即說該相連而生之事有脈絡或倫繫。否則無意義可言，因而亦無統覺可言。或曰：此結構的整體，即所謂脈絡或倫繫，不必即是因果關係，對比、相反、同異等等亦可說為結構之整體，亦可以給吾人以意義。曰：此誠然。夫說因果關係者，非謂一切關係皆因果關係也，亦儘有無所謂關係之時，如一棵草與一粒沙並處，雖可云有並處之關係，然客觀事實上，亦可謂無所謂關係。雖可有其他之關係，然若從物理之動態的變化方面言，如可說因果關係，則吾人在直覺的統覺範圍內，即以結構之整體或倫繫之意義說明此因果關係之實有。依此而言，「意義」比「因果」範圍

廣。然若自物理世界之實際變化言，因果亦可謂最廣泛最普遍，因而亦可與「意義」相一致。至對比、同異、相反、大小、左右、上下等等關係，吾人可謂之為非物理關係，關係不必是因果，意義亦不必盡於因果，然而因果關係如是最根本之物理關係，則吾人在直覺的統覺內，即以「意義」之呈現說明其為實有。依是，吾人說：因果關係與直覺的統覺有等價關係，因此關係，吾人說因果關係有直覺確定性，雖無理性必然性。因此直覺確定性，吾人即說：「凡直覺的統覺所覺之事皆非無因而起者。」此一普遍命題非一歸納普遍化，乃表示個個當下現實統覺之綜稱。故此普通命題乃一放得下之定然之全稱命題，故亦有直覺確定性，雖無邏輯必然性。其所以無邏輯必然性，即因此普遍命題並非依據一超越而普遍之原則而作成者。乃只因因果關係與直覺的統覺之間成立之等價關係而作成。是以此命題既非歸納普遍化，因而亦無概然性，又非以超越原則為根據，故亦無理性必然性。是以只言其有直覺確定性也。

五、假若生理感所引起之緣起事只視為材料而不視為有意義，或將其外延化而只視之為一件一件之量的事，如一點然，如一時空單位然，而不視之為一動態之物理歷程，則因果關係即脫落。

休謨所以視事象只為相繼與會合，而無所謂結構或關係者，乃以其感覺論為前提。彼於單一事之接納，各曰感覺或印像，認其為至真而至實，生動活潑而有據。彼甚眷戀於此而不忘。此蓋為其理論之總前提。以其過重單一事之感覺或印像，故將眾事之相繼與相聚孤立而星散之，視為個個單一事之感覺或印像。彼似只能認識點

之事，而不能認識線之事。每一點之事有一點之感覺或印像與之
應；而每一感覺或印像，順休謨之理論，其所接納者，亦只為點之
事而非線之事。彼所察識者只為點之事，隨而亦只承認點之事，其
他如虛線之脈絡而足以連繫各點者，彼皆不能承認之。故彼所反覆
堅持者，即為無有連結之觀念，以其無有連結之感覺或印像也。彼
所偏愛者即在孤零零之點。以其個個星散，極分明而豁朗也。休謨
不認脈絡為實有，只有點而無線，即將一切關係脫落而無餘。於
是，只為點事之相繼與會合，於感覺亦只為點感覺之相繼與會合。
推而至於極，事為剎那事，感覺為剎那感覺。點點相續而無連絡，
點點會合而無交涉。吾之世界即為吾點之感覺所納之點事所成之世
界。依此而言，吾於事象自無因果關係可言。此種感覺論，即為視
感覺只給吾以雜料，而不給吾以意義，視生理感所引起之緣起事只
為點之雜料而不視之為一歷程，復進而外延化之而只視之為量的
事，因而可以孤零而星散之，而全無交涉，不復知其為一物理歷程
也。由此外延化，可以引出兩種論證以破因果：一為至不至破，一
為三時破。至不至破者，就因果分為兩事，純自論證以施破。其言
曰：因事與果事為至耶為不至耶？如因事至於果事，則與果事為
一，何辨因果？如因事不至於果事，則兩不相涉，何有因果？是以
無論至與不至皆不能言關係，皆足以脫落因果而無餘。三時破者，
就時之前後俱以破因果。其言曰：因在果前，抑在果後，抑俱時
耶？如在果前，則果既未生，果即不立。果既不立，因為誰因？是
以原因不在果前。如在果後，則果既已成，不待因生。既不待因，
何須於因？是以原因不在果後。如與俱時，則兩事合一，不辨因
果。因果不辨，何謂因果？是以因果不能同時。此兩論證，皆以事

象爲點點相續之密移而不能有關係，爲其前提。而此前提之所以成，即在將事外延化而成爲量的事，如將物理事外延化而成爲量的事即數學事，則自無因果關係之可言。蓋因果關係爲物理關係也。如其爲具體之物理事，則一、必爲一變化之歷程，二、必有脈絡彌綸於其中。此則決不能由抽象之量化而減殺者。事既爲具體之物理事，則隨生理感之引起而來之心覺亦必不爲點之覺或刹那覺，而爲一如其爲一歷程而覺之之統覺。

六、假若吾對於事象處於一種冷觀或不關心之觀照以觀之，則因果關係脫落。

屬於事之因果關係，假若自認識心之範圍言，不能予以直覺之確定性，在認識心範圍以外，不能予以超越之理性的保證，則因果關係隨時可脫落，而終不能有極成。而超越之理性保證又爲最後之關鍵。假若此而不可得，則縱在成知識之認識心範圍內，雖可予以暫時之直覺確定性，而在超「成知識的認識心」之認識心上，仍可星散而脫落之。此種超「成知識的認識心」之認識心（此雖超知識，吾亦名曰知識心，蓋以其並非形上的心，或道體的心也。），即是一種冷觀或不關心之觀照。關此，吾可引王船山《莊子解》以明之。《莊子・外篇・田子方》篇云：「子路曰：『吾子欲見溫伯雪子久矣。見之而不言何耶？』仲尼曰：『若夫人者，目擊而道存矣，亦不可以容聲矣。』」船山解云：「目擊而道存者，方目之擊，道即存乎所擊。前乎目之已擊已逝矣。後乎目之更擊，則今之所擊者又逝矣。氣無不遷，機無不變。念念相續而常新，則隨目所擊而道即存。不舍斯須，而通乎萬年。何所執以爲當，而諄諄以諫

道人乎？不待忘言而言自忘矣。」（諫道人即莊子原文「其諫我也似子，其道我也似父」之諫道。）目擊而道存，此中道字，吾且不問。其達此一境，或即爲道，吾亦不問。吾於此所注意者，爲「目擊」義，爲「不舍斯須」之「斯須」義，以及「氣無不遷，機無不變，念念相續而常新」義。事至變而不居，目擊而應之，是謂循斯須。過乎斯須，執古以爲今，則固蔽而不通。念念相續，吾即以念念之感應之。斯須念念，亦猶點點也（注意，只是猶點點）。點點密移，亦猶念念相續也。言目擊則與道通，言斯須而與感應。其所示之境自高雅乎點點相續。然吾於此不論此義。而其足以脫落因果關係，則固與點點密移同。何謂斯須？〈田子篇〉云：「顏淵問于仲尼曰：『文王其猶未耶？又何以夢爲乎？』仲尼曰：『默，汝無言。夫文王盡之也。而又何論刺焉。彼直以循斯須也。』船山解云：「夫物豈有可循以治之哉？循吾之所謂當者，是故吾耳。非大常以應變者也。循物之當者，是求之于唐肆也，交臂而已失之者也。故善循者，亦循其斯須而已。斯須者，物方生之機而吾以方生之念動之，足以成其事而已足矣。」循吾乃故吾，循物物已失。循斯須而應之，則無我無物，無古無今。只此斯須，斯須相續。是之謂無爲而成其事。「不馳騁於古今，各性住於一世。」（僧肇語）不來不去故不遷，無古無今故不動。船山於此盛言遷，而僧肇於此言不遷。遷即不遷，其義一也。然皆足以脫落關係則無疑。吾自何處言因果哉？是謂順應斯須破。順應斯須不必否認因果關係之存在，但若只此一境，而又偏執此一境，則可以脫落因果關係而不覺其有。道家固不必反對自然之天則，然若立於「順應斯須」上，則可成爲對於因果關係之超然的觀論而星散之。蓋順應斯須一義只相

應於氣機之變，而不能相應於不易之理。假若只是氣機之變，則亦可以成為虛無之流也。儒家於變易中見不易，而不易之理發於天心之仁，則自然因果即得其超越之理性的根據。而此天心之仁，則道家不言也。佛家亦不能有此一義。佛家趨寂，自亦不能維持因果關係於不墜。佛家作空觀，雅不欲建立本體上之「理」字（天心之仁）。其空觀之所觀只是事，而以因緣生以拆散之。彼不欲亦不能於此中見理也。遁空山，作禪堂，舍棄一切生活，而以靜引靜，遂覺山河大地，連同自心，無有不靜，無有不寂。且亦無有山河大地可言，無有自心可言，只有此寂。只是此寂，寂外無他物可得，而寂者自身即寂亦不可得。所謂「無有一法可得」也。是以道家與佛家，所言之心，雖是超成知識的認識心，而仍為認識心（般若智只是認識心）。此可曰超理智的認識心，而此只是一覺照。不可曰道體的心也。不能至道體的心，則因果關係終無理性的必然性，而若自「即寂即照」之覺心以觀論，則無有不脫落因果關係者。本書則欲作到兩步：一、在成知識的認識心內，建立因果關係之直覺的確定性；二、將在道體的天心上，建立其理性的必然性。欲作到第一步，則必破剎那感覺破，及至不至破與三時破，即必破除對於感覺及感覺對象之量化。欲作到第二步，則必極成道體的心，而不能一任超然的冷觀無歸宿，亦不能只止於超理智的認識心之覺照。此兩步建立，即函：一、吾人不能將事實置於外，而處於超然之態度以「觀論之論證」橫破之；二、必須將事象既歸於具體物理事，又歸於生物理的實踐生活及道德天心的實踐生活而證實之。假定離開此兩步歸限，而處於超然態度以觀論之，則必可有種種論證以橫破之，而每一論證亦皆無必然性，然而由此自亦不能證實之。

七、自具體物理事及生物理的實踐生活證實因果關係之直覺的
　　確定性。

　　因果既不能由觀論而證實，而所觀論之事（即生理機能所顯露
之事）之自身又不能宣告吾人曰：吾此處有因果。然則吾將何以得
因果關係之證實？惟有自其為機動的物理事及生物理的實踐生活而
證實之。機動的物理事所以遮其外延的量化，而生物理的實踐生活
則所以實現其為機動的物理事者。實踐亦曰踐履，或曰行動（工
作）。吾此處言實踐不指道德的言，乃指生物生理的言。以吾此時
所言之因果為自然因果，故自生物理的實踐生活言。吾人之生理機
體即為實踐或工作者。（佛家言四智，對前五識言，名曰成所作
智，即示耳目鼻舌身為工作者。）吾於此生物理生活之歷程中所引
起與所遭遇之事象皆為吾實踐生活所踐履之實事。惟於此生活之踐
履上，乃能實際地（非理論地）證實因果關係之實有。此自為最平
常之事實，卑之無高論。然離乎此而放言高論，乃不得因果關係之
證實。生活之踐履使吾人認識實際之事實。實際云者，機動的物理
事之謂也。非只時空接近之散沙也。吾欲知由太陽可以取暖乎？只
須將吾身體置於正午之陽光中。吾欲知由太陽光可以取火乎？只須
取一凸鏡攝集陽光於一點。鑽木取火，原始人已知之，實踐故也。
此即以行動而證實因果也。此固無邏輯之理由，亦非邏輯之必然。
然吾於此亦不須有邏輯之理由，亦不須有邏輯之必然，以其本非邏
輯也。吾只認其為機動的物理事實即足矣。置身於太陽下，不必皆
可感覺熱。攝集陽光於一點，吾亦不謂其必可取得火。以吾知其非
邏輯連結也，非分析命題也。然吾不能不謂其為物理事實之連結，

吾且不能視其只爲時空之接近與會合。其連結固爲綜和的，然此綜和非數量單位的綜和，乃物理事實之綜和。物理事實帶機動性，帶粘著性，亦復具有連綿性。此可名之曰「強度的」。強度的事實總有物理連綿的終始性。此在完形心理學名曰善續性，亦曰趨極性。即由此善續或趨極性，而言因果關係。蓋每一強度事之起，不拘其歸結如何，終有一歸結。即依此「總有一歸結」而言因果關係。依此，因果關係之由強度事而來，不啻爲分析者。蓋若強度事一定，則因果關係即必然而引出也。由強度性之命題而至因果性之命題乃是必然的連結者。然每一具有強度性之現實的物理事是一特殊事。此特殊事所引起之歸結亦是一特殊之歸結，而不是「總有一歸結」。依是，從一具有強度性之特殊事而至其特殊之結果，卻不是分析者，而是綜和者。其爲綜和自不同於純廣度的數量單位之綜和，蓋後者無所謂因果也。惟當將強度事廣度化，因果關係始脫落，始謂其爲心理之彌補，習慣之聯想。今若恢復其強度性，則一條特殊因果關係雖是經驗的綜和，卻不是心理之彌補。強度事之「總有一歸結」即足以保證特殊因果性並非心理之彌補。強度性一概念既衝破先驗的綜和之必然，又衝破經驗聯想之慣例。在知識範圍內，雖無超越的理性根據，而強度性一概念即足以保證因果之實有。（就康德思路說，惟此強度性之「總有一歸結」，因果範疇始有其客觀的妥實性。然如此，則先驗綜和說即不必要矣。）在未言意志因果前，現實世界很可以不現實，亦可以不連續，即是說很可以無生起。然此本是現象以外者，本是整個現象之理性的根據者。今言知識，以生理感中心中之生起事爲限，則即可說：如其有生起，則每一生起事即爲強度事。如其爲強度事，則必有因果者。此

言因果乃是順之而言有生起以後者，非逆之而言生起以前者。此
「順之而言」之因果隨同生起之彌漫而彌漫，此即為普遍因果性。
此種普遍因果性有直覺確定性。一言直覺確定性，即函吾人之直覺
的統覺可以直接給吾以意義，而此意義之寄託單在普遍因果性，是
即言直覺的統覺可以直接給吾以因果之事實也。實踐是作之事，統
覺是覺之事。作之而覺之，覺隨作起，以作為本。覺必在生活行動
中。覺非剎那感覺之散屑，乃本生活行動之歷程而全覺。非是點之
覺（生起事實非廣度化之點），乃是線之覺。線之覺即並事象之歷
程與關係而俱覺。吾覺事象之有關係，非「空頭覺」之或然（甚至
脫落之，如前所述者），乃本乎作之實然。由本乎作之覺而信事象
之有關係非空頭外置之關係之無根之空信。凡根據必自作言。凡為
作之事，必皆為白足而無待，為定然而不能為假然。彼已為根據，
故不能為之立根據。惟根據有層次有範圍。即就因果而言之，在認
識心範圍內，自然因果即以生物理之實踐生活而明其為定然，非論
證。然若為其建立理性之根據，則即通於意志因果，而意志因果仍
為作之事，非論之事。是以凡各範圍中之屬於「作之事」者皆必為
定然，可為論證之根據，而不可以論證之者。如邏輯、如數學、如
因果（自然的或意志的），皆然。凡定然而為論證之根據者，皆不
可以假然視。其所以不可以假然視，即在其服從「作之原則」也。
若不以作為本，則其根據為假然，最後必歸於循環論證也。循環論
證亦曰有假設之論證，而「以作為本」之定然之根據，既不可以假
設視，則由之而來之論證即為無假設之論證。哲學必歸於無假設之
哲學，方是到家。凡非假設而為定然之根據，吾人皆以直覺遇。此
順生物理之實踐而得之自然因果之直覺確定性，即此原則之一例。

八、自然因果之理性的根據，以意志因果保證自然因果。

　　生物理之實踐生活足以證實自然因果，此固然矣。設吾人之生活不只生物理之生活，尚有超越乎此者。如至超越乎此者，而不能保留此生活，或竟至厭棄此生活，或破壞此生活，則自然因果雖於此生物理生活中而證實，然不能於越乎此生活而證實，或於越乎此生活處而全無自然因果之保留而竟至於全脫落，則自然因果即不能終始其實有，亦即不能徹頭徹尾而有效。今欲使自然因果終始其實有，則吾亦必不能止於生物理生活為已足，吾亦須越乎此「生物理生活」之生活，而且須對此越乎此「生物理生活」之生活有特殊之肯定與規定。吾所肯定之越乎此生活之生活，亦必為生活，而非涅槃生活之非生活，即亦為動之實踐之生活。此動之實踐之生活，自其為越乎生物理之生活而言之，自為超越之生活。然自其為動之實踐之生活而言之，則雖超越而又不棄其所越之生物理之生活，此即言仍含此生物理之生活而為其主，或云：雖超越而亦仍宿於生物理生活中而主宰之、潤澤之。言超越者「不只」之謂也。此超越之生活，吾規定其為理性之生活。理性，吾意實踐理性。吾欲保留自然因果，使之徹頭徹尾而有效，始終為實有而不得脫落，吾且須肯定實踐理性之生活。生物理之生活證實自然因果，理性生活證實意志因果。理性生活宿於生物理生活中而為其主，即意志因果宿於自然因果中而為其主。此為貫本末而為一，通體用而為言。此本此體即為形上學所論究。此而建立，則自然因果即終始為實有。此為全體實踐生活之肯定。吾如此肯定，即隱示對佛家思想之否定。吾必如此肯定，而後可以自實踐而證因果。限於知識而言自然因果，其實

有之證實在於生物理生活之實踐。此雖證實其實有，然以其屬於
事，又以生物理生活自身亦爲事，其自身所引起所遭遇者亦爲事，
故雖證實其實有，而所謂證實仍只證實其屬事之關係，而非屬理之
關係。如其爲屬事之關係，則雖以踐履證實之，而仍不能有理性之
根據。即其關係仍不能爲理之必然關係。其關係只有事之連結，由
踐履而知其爲實然爲定然，然不能謂之爲必然。以其非屬理故無
必。今欲除生物理生活之「實踐事」之證實，尙欲明其是否可以有
理之保證，即是否能通過理性之允許。理性可以從兩方面看：一、
純粹或理論的理性，二、道德或實踐的理性。本書不自純理方面言
自然因果之保證，亦不自此言其先驗根據。蓋純理只爲思考中邏輯
推演之必然，而其於事之爲事仍無補助也。純理乃爲無色者。其於
外事並無責任可負也。兩者道不同不相爲謀。吾爲吾之理，汝爲汝
之事。吾旣不能助汝，汝亦不能求我。吾所能助而統轄者只思耳，
非汝之事也。吾所與汝生關聯者，只在於經驗前進中，吾所統轄之
思考，以吾之統系性貫穿性可以使汝之關聯自生理感之主體中客觀
化而趨於較廣大較連貫，而於汝之本性吾不能有所事事也。故亦不
能保證也。純理旣不能保證之，然則所謂須通過理性之保證，此所
謂理性必爲實踐理性矣。實踐理性以意志因果爲中心。是以吾只能
以實踐者保證實踐者。通過實踐理性之保證即通過意志因果之保
證。此亦即謂仍以因果保證因果也。同類者相保證，各親其類也。
一爲自然，一爲意志，皆有因果義也。一爲理性生活，一爲生物理
生活，而其生活之實踐則一也。兩者爲本末事，爲體用事。舍乎
此，無保證之可言。欲至此，須進至形上學。

九、恢復到具體物理事及生物理的實踐生活，且須以心覺攝取其意義。

假若因果關係是一種產生的關係，則平鋪的自然因果必以充足理由式的意志因果保證其必然性。除此，自然因果無先驗的理性根據可言，亦無必然性可言。現在，若不從足以成立產生或致生的因果關係的意志因果處建立自然因果之理性的根據，而只想從思想上建立因果的先驗性及必然性，則必與事實無補。因為反乎事實的產生性或致生性，必為非事實的、不產生者，即對事實之「存在」言，必為不能產生者。既為不能產生如此之事實，而經驗上又必呈現如此之事實，則此事實自身自必有其一套呈現出之如是如是之實然，且不必言其所以然。從如是如是之實然方面想，吾人固不能言因果之必然，但思想上之範疇或形式條件亦不能有助於事實而使其為必然。思想中的因果概念，其本身自為必然的，亦有普遍性，因其為邏輯的故。但此邏輯地自足的思想上之必然的因果並不能產生事實上的必然。依此，此思想上必然之因果對於經驗事實之關係，必不外兩可能：一、吾不能不如此著想：假若吾不用此等概念，吾不能思，吾亦不能對對象有所思，即吾不能當作一對象而思之，此是以吾之必如此思來釐定所思之對象之必接受此思之方式；或為吾必如此應用，而對象亦必接受此應用；以吾思想上之必然的因果，以對象亦必接受故，來先驗地保證事實之有因果而且亦為必然的因果。此或為康德之本意。觀其超越之推述，及其屢言客觀妥實性，似乎亦必如此。但如其如此，則只表示吾之如此思中之必然在應用上之必然有效。但此應用上之必然有效，並非為唯一的可能。因一

說到應用就有被應用，而應用與被應用總是異質的兩層。如其為異
質的兩層，則兩者不必為合一的同一。如其不為合一的同一，則兩
者總可分開而為兩種不同之事實。如為兩種不同之事實，而思想上
之必然又不能產生之，則思想上必然之因果雖可以總有效或必然地
去應用，因而亦為必然的有效，然此必然亦無與於事實本性之不必
然。依此，其為必然是因「必然的應用」之必然的有效而顯，並非
由事實之本性而顯，亦非由事實之有必然而顯。依此而言，其為必
然，雖因其可以應用，並因其可以應用而有客觀妥實性，亦仍是主
觀的，或內在地自足者。只因事實未曾佻皮，予以揭穿，儼若事實
亦有必然。但若思想與事實總為異質，而思想亦無與於事實，則事
實難保其不佻皮。假若一旦佻皮而不接受其應用，則其必然的有效
即不必有效，而事實之儼若有必然亦顯其不儼若矣。無論佻皮不佻
皮，兩者如其為異質，則事實本身之因果總不能因吾必然如此思而
亦得以為必然。康德所以證明其不佻皮，即必接受思想上必然因果
之應用，其唯一論據似在所知之對象為現象不為物自身。但此論據
實不充分。蓋吾人適所言之「事實」亦即現象，生理感中心中之特
體，非必物自身也。即使是現象，若只是應用義，或只言其客觀妥
實性，則其為必然亦只是主觀的，或內在地自足者。吾人適所顯示
之論證仍不能免。依此，至其所言其為經驗之條件乃至為經驗對象
之條件，亦是主觀的、內在地自足者。如其為主觀的、內在地自足
者，則吾人必可反而向事實注目，總須落於言自然因果之直覺確定
性。而且唯有此直覺確定性，方能建立必然的有效與應用。然在吾
人則必須指出：此必然的應用與有效是內在地自足者，必須是為一
不能落下之虛層，即不能平鋪而與事實為合一的同一者。吾人如此

指正，或是對於康德思想之更清楚地確定地表白，或能將其煙幕掃清而更近於事實，更爲合理。若其思想之本義是如此，則此步表白乃必然而顯然也。（蓋康德思想大都爲籠統的大體。大體自有其爲大體之確定，若只大體地陳述之，則亦儼若甚爲確定者。但若仔細案下去，則模稜立見。）非然者，吾人必至另一可能：二、吾不但必如此想，且必須如此的構造之。依此，經驗事實雖與思想爲異質，但事實只爲材料，而形式則盡在思想。如此，且不能說兩者爲合一的同一，乃只是偏面的構造。如是，則思想上之必然因果必落下而即爲事實（現象）之必然因果，而必然的應用與有效亦即成就事實之必然。康德言綜和實亦含有構造的綜和義。依是，其思想亦實模糊地可有此傾向。但如其如此，則其普遍的因果與特殊的（經驗的）因果之分即不能維持，而其龐大系統中之複雜成分則必亦因而更麻煩。康德常模稜含混於此兩可能。吾難一一搜尋。吾今只願順第一可能而思吾之所應思。

　　如果思想上之必然因果，其爲必然，是主觀的、內在地自足者，則必須建立事實因果之直覺確定性。有此直覺確定性，其主觀的、內在地自足的必然的應用與必然的有效，方爲可能。而此直覺確定性，從「所」方面說，必繫於具體物理事之恢復，從「能」方面想，必繫於心覺之自生理機體中彰著出。普通論官覺及官覺現象，總自官覺本身之爲氣質的事及官覺現象本身之爲氣質的事（或物質的事）言，而並不縮著心覺言。如自官覺及官覺現象之爲氣質的事言，則凡氣質的事無有不變者（如自官覺現象之對官覺機體言又必爲主觀的），而從此變之事中，感覺器官又不能得到其關係或意義，只能如其爲一事而觸之，因此，或將此變之事廣延化而爲量

之點，如前各節所述，或者就其變而觀之，謂其根本不能爲「是」
爲「在」，而只成得一個虛無流，甚至官覺本身亦是一虛無流（如
柏拉圖論「知覺不是知識」時即如此），依是官覺現象乃根本爲無
有者，吾人於此可一無所得。然型式或關係乃知識所必須者，而此
又不能以官覺遇。於是，必須提出心官。然若型式或關係不能內在
於流變之事中，隔絕而空掛，則雖提出心官亦無助於經驗知識之成
立。提出心官是也。吾人不能不自生理器官中將心覺彰著出。然心
覺之彰著，必隨生理器官之接觸氣質的事而顯其用，是即必隨生理
機體之引起而爲對事之攝取。然心之攝取非只攝此流變之事。若只
攝此流變之事，而無其他，則對事之攝亦不可能。是以其所攝取者
必爲流變之事之歷程中之關係或意義，隨同事之起而一併攝取之。
唯一併攝取之，然後始可成其爲對事之攝取。事之攝因意義之攝而
可能。是以心覺與意義遇，而意義必即內在於事中而呈現而爲心覺
之所攝。事若外延化，即無意義之可言。故必恢復其爲具體的物理
事。然恢復其爲具體的物理事矣，而不彰著心覺，則事亦只一虛無
之流而已。雖有意義，而意義亦不見。吾人就其爲事而觀之，實不
知其意義之何在。蓋意義爲虛者，而所引起者皆有質之事也。有質
之事只是變，無意義之容足處。故意義終不能見也。是以既恢復其
爲具體事，必顯出心覺隨同其爲一緣起歷程而直接覺攝之。是以心
覺之直接覺攝，若爲直而無曲，必有所攝，而此所攝即是作爲
「所」之意義。故「意義」隨心覺之直覺而連同緣起事一起進來。
此虛之意義（即虛的脈絡，事之虛的脈絡），唯有自心覺之彰其用
而呈現而爲「所」。故「意義」之爲所，之屬「事」，乃有直覺確
定性，而不可以論辨撥無之者。（撥無之，即無統覺可言。）所以

其爲確定，一如直覺的統覺之爲確定。此有直覺確定性之意義，若
特殊化之，即爲因果關係，是以因果關係亦有直覺確定性。此有直
覺確定性之因果關係，即是心覺所直覺之形式或意義。依是，意義
雖不能「感」而可「覺」，然要不與「事」隔絕而空掛。若與事
隔，則覺亦不可能矣。吾人如此所論之型式或意義，只是認識論
的，自其爲「所」言，只是如此如此之呈現，而並無最後之理由可
說者。如追問其最後之理由必進至形上學，必進至足以成就有產生
或致生義之意志因果，此即其超越的理性根據。吾人不能徒自思想
上之概念的必然而言其先驗根據。康德所言之先驗根據只是吾人使
用因果概念之邏輯權利與夫使用此概念之先驗性。吾人不能以此使
用之邏輯的必然性及先驗性而證明事的因果之必然及其先驗根據。
康德的論據只是如此：吾人必如此思，而且必如此思藉以思對象，
依是，對象必遵守此思之方式而亦具有此方式而始可成其爲對象。
吾人以爲此種論據實有滑過，以虛的倒映，內在地自足者之投射而
爲實（平鋪之而成爲實之實）。假若吾人再自理解上證明吾人所使
用者不是因果概念，則此種使用之邏輯必然亦不可得矣。〔吾人所
使用者非因果概念乃類乎因果之「因故」，吾人藉此可以客觀化事
之因果。客觀化義見下章，因故義見下卷。〕

　　依是，吾人對於因果有三種態度：

　　一、直覺的統覺上之直覺的確定性。二、理解上使用概念之邏
輯必然性以客觀化之。三、自形上學上尋出其理性的根據以保證
之。依一、雖有直覺確定性，然仍隸屬於主體。二、之客觀化是認
識論的。三、之理性根據之保證以極成其最後而眞實之客觀性及普
遍性，此是形上學的。〔本書以第二問題爲主。〕

第二章 生理感中心中之現起事之客觀化

第一節 問題的釐定

生理機體所接觸之生起事名曰氣質的事，而每一氣質的事總是隸屬於生理機體的，亦總是變化的。自其隸屬於生理機體言，是主觀的。此「主觀」一義可自兩層言：一、為生理機體所制約，而隸屬於生理之主體；二、為直覺的統覺所覺，雖不為想像之遊戲或主觀之幻像，然直覺的統覺是我之覺，我之覺雖有其所覺，可以直接給吾以意義，然此所覺之「意義」總隸屬於吾之當下之覺，而不能為客觀而公共，因此而為主觀的。從其隸屬於生理機體言，氣質的事是生理地主觀的；從其隸屬於直覺的統覺言，則是心覺地、或觀點中的主觀的。從此主觀的境況中，吾之生理感接觸一件事，吾之統覺即隨此事之生起而攝取一「意義」。意義不變，而事總是變。意義雖不變，而總隸屬於心覺之主體。吾人如何能客觀化之而使其有客觀而公共之意義？變的事雖可以為吾統覺攝取一意義，然意義是在事之生起過程中呈現，而事一起即逝，過而不留。若只是變的

事，而無恆常持續不變者在，則變化的事之得以為變化的事即不可
理解，而理論上可以推至其為一虛無流，以是，事不成其為事。事
不成其為事，則隨事之生起歷程而現之意義亦虛浮而無實，理論上
亦不能有可以使其落實處，即不能使其有安頓。依是，吾人固須客
觀化一個意義，且須客觀化一件事。

一、自客觀化一件事言，不變者之本體是不可少的。

不變者之本體是變的事之為變的事之標準；亦是變的事之承載
體，而變的事是其情態。依本體而得為情態，而得為可能。嚴格言
之，如只有變的事，則變的事亦可為不變。事是變者，然其自身非
能變。變者之事是本體之情態，則可說：唯不變之本體能變。依
是，變者之事是不變而能變之本體在時空中所呈現之變化。然則，
恆常而持續不變之本體，從理式想，抑從材質或氣質想？如從材質
想，則根本不可能。蓋材質其自身若為不變之本體，則雖不變而不
為能變，依是，必為乾枯之死體；若凡屬材質或氣質皆是變者之
事，則彼不能為本體，而必有不變而能變之本體使之變。依是，不
能從材質或氣質方面想。若從理式方面想，則形上的理式根本未在
吾人認識之範圍，而認識論之理式是因果之倫繫，此是統覺所覺之
事之「意義」之所在。意義本身為不變為恆住。然說情態是因果型
式之情態，則亦不成話。世固有想以因果律代本體者，然此根本不
可能。因果律或在情態與情態中見，或在不變而能變之本體與其情
態中而見。無論從何而見，彼皆不能代本體。依是，在認識上，總
須有個本體以承載情態。但是，本體如何定？物質的本體既不可
能，則如何說某物之情態？最後的或形上的「因」與「體」是一，

因果關係只是平列地想，無有最後因，因與體不能是一。而因果律與體亦不能是一。然吾人總須有一個本體以承載情態及情態間之因果關係。

二、不變者之本體暫定爲個體之「個性」，或個體之統一，此是情態（謂詞）所隸屬之暫時的主體（主詞）。

不變者之本體暫定爲個體之個性，而個體是一聚。徒事不能聚，喻如散沙。聚必由於因果關係。依是個體是由重重疊疊之因果關係而結聚成。個體不是合和假，以有因果關係故；亦不是最後的單一，以其爲一聚故，單一不可得故。最後的單一雖不可得，然旣爲個體，必有其個體之統一，即必有其個性。此個性，即個體之統一，吾人視之爲情態所隸屬之主體。此個性或個體之統一，不從「所以然」處想，而只從「然」處想。情態粘著於如此之個性或個體之統一而爲一個體。譬如杯子是一個體。然其所以爲具體而現實之個體，必帶著情態說。情態隸屬於此而爲一杯子，並不隸屬於彼而爲一只錶，所以此個體必顯示一個性或個體之統一。此個體之統一，吾人即名曰「現象的本體」（意即表現出的本體，此詞取之康德），亦名曰暫時的主體。依此主體，吾人可保住主謂命題之暫時的有效。若主謂命題無效，則平列的因果關係命題或泛言之關係命題亦不可能。在存在系統中，主謂命題是不可少的。決不能一切盡化爲關係。而且主謂命題必爲主，必爲首先肯定者。惟在認識中所定之存在系統，主謂與因果（關係）互爲主從。以因果爲平列故，以主爲暫時故。若因與體是一，或主爲最後者，則主謂爲主，因果爲從。今自無最後而單爲一個體之統一說，則因果爲首。但因果又

不能不預定暫時之主，故主謂又爲首。假若直下平列地說，則暫時
的主仍爲首，平列的因果仍爲從。暫時的主體自其爲暫時言，有類
乎邏輯原子論所引出的原子式之個體，亦有類乎科學實驗中所達到
之量子或電子。惟其不同於量子或電子者，以量子或電子其本身之
存在即爲非必然須肯定者故，且對之之認識，亦受實驗之限制故。
而此暫時之主體則爲認識上之必然者，爲理論上必須肯定者，其不
同於邏輯原子論中之原子式的個體者，以原子式的個體乃爲由邏輯
分析之運用而平置者，故彼不說宇宙眞實即是原子，只說是原子式
之個體。又彼因分析而平置此個體，復因宇宙可以接受此分析，而
分析不妄作、不唐捐，故即由此邏輯分析之運用而言原子式之個
體，彼即以此個體爲主謂命題與關係命題之根據。然吾此時所說之
暫時之主體，則不由邏輯分析而平置，亦不即以個體爲主體。其不
由分析而平置者，則因此暫時之主體乃爲認識上必須者，情態乃至
情態間之關係所以可能之理論上必須肯定者。故此爲認識論的、批
判的，非彼之爲邏輯分析的、爲試探性的。其不即以個體爲主體
者，以個體必帶情態言，故唯個體之個性或個體之統一性方有持續
不變之本體之意義，若只是個體，則無有不變者，然旣爲暫時之主
體，而此主體又由個體之個性而顯，則即不同於第孟克里圖斯之物
理原子論中之原子，亦不同於來布尼茲之心子。蓋原子與心子皆爲
對於宇宙最後眞實有肯定，而此暫時之主體則爲對於最後眞實無肯
定。即此種主體並非最後眞實也。然自認識上，則必須預定之，又
只能如此預定也。在必須而且必須如此預定之情形下，吾人對此主
體必須有一種超越的決定，藉此足以客觀化生理機體與心覺觀點中
之生起事。此種超越的決定即足使吾人所說之主體，旣不同於邏輯

原子論中之原子式之個體與科學實驗中所引出之電子或量子，亦不同於物理的原子與形而上的心子。即此使其為批判的或認識論的，而非邏輯的、科學的或形而上的。吾人單要決定此主體，看此種決定如何可能也。

三、此認識論之主體之形上的根據，看吾人須透視至何處而後止。

此認識論之主體既為暫時的、現象的主體，則由其「個體之統一」之「超越的所以然」方面想，吾人必透至一個「超越的對象」。超越的對象必依據最後的本體即形上的本體而成立。說明此一串概念之程序如下：吾人就個體之為個想此恆常之主體。但此主體若是現象的，不能從材質方面說，亦不能從最後單一方面說，亦不能從超越對象方面說。它必須是相應個體而為主常。但個體是一聚，此聚本身可以散，所以聚本身不是恆常之本體，必是所以聚者。此「所以」是指「內在的所以」言。將許多現象聚於一起的那個型式即重重疊疊之因果律便是內在之所以聚者。此型式納它們於一起，同時即顯示出整一的個，而從整一的個將其所統者抽去即反顯一拆不開之統一，故曰個體之統一，此統一即形成一單一。此單一即是吾人所說之認識論之主體，此單一若與其所統之情態合，即說為是情態之主，而情態即是此主之謂。主謂之合名曰個體。主恆常而不變，情態是變者。但情態是主之情態。主有此變者之情態，則主必是不變而能變：不變言其自身之恆常，能變言其有可變之情態，即它能變其情態。然則此不變而能變之本體必不只是一乾枯而抽象之體。使其變其情態者誰耶？它依何而能變其情態耶？答此問

題，必預定「力」。依是，若單一的本體能變，則必有與此單一的本體相合一的單一的力。如此，方可說本體不變而能變。但此本體若是現象的，則與之合一之力亦必是現象的。由此一個能變其情態之單一的體，進而想此單一的體之超越的所以然，如是有「超越對象」之透視。此對象亦是相應個體之為個而言的。但此對象既是為超越者，則必是最後的，可以停止的。吾人順認識的直覺洞見（非天心之理智直覺）可以由現象的主體一直向裏看，向裏滲透，但永不能止。不能止，即不能至超越對象。而個之所以為個仍是現象的，即仍是內在的所以然。若透至可以止處，始能成立超越對象，則此超越對象必是依據「最後的體」而成立。最後的體是原則上可以止者。此當是普萬物而為一的形上實體。依據形上實體而攝聚情態於一起，名曰超越對象。此超越對象既是依據形上實體而成立，則必為非現象。不獨形上實體非現象，即超越對象亦非現象也。從認識的對象方面想，有萬萬個對象，即有萬萬個個體，因而超越對象亦萬萬個。超越對象所依據以成立之形上實體可以是一，普萬物而為一。（此義吾人在形上學中將證明其為必然。）而超越對象，既是對象，則必有個；既有個，必是多。此多之超越對象何以必為超越的？即因其必依形上實體而成立故也。形上實體在認識中既不可得，則超越對象必為在認識以外者。依是，認識內之個體之為個必為現象。惟此現象的個體，在未獲得形上實體前，始須要客觀化，須另有途徑以決定之。決定其為客觀的個體即顯示出現象的本體。

四、決定現象中個體之爲客觀的須靠兩個系統：一爲時空系統，一爲理性運用中之概念系統。

吾人欲使現象中個體之爲個，如果不只是科學實驗中之發見，亦不是邏輯分析之所平置，而又不能是第孟克里圖斯物理原子論之憑空的形上假設與來布尼茲心子論之形上地肯定心子而又不能終於其爲心子，則必須認識論地決定之、批判地肯定之。此種決定是認識論上必須者，此種肯定亦是理論上必須者。爲滿足此種必須，吾人必須能決定出現象的個體之爲個，因而決定出恆常持續之現象的本體，藉此以救住主謂命題之存在根據，因而使關係命題亦可能。若欲滿足此種必須，則吾人所作之決定必須是超越的，必須有必然性，方能有認識上通於理解之先驗根據。此種超越決定，吾人必須溯根於心覺之能上，從此心覺之能向外對於現象施行兩套之措置即成功超越之決定，一套爲時空系統之超越的決定，一套爲純理系統在理解中復其具體運用時所表現之概念系統之超越的運用。在時空系統方面，吾人說超越決定；在概念系統方面，吾人說超越運用。蓋時空爲心隨直覺的統覺所建立，建立之而直接著於事（現象）以成功現象之時相與空相。此種時相與空相即是時空系統之對於現象之超越的決定。如此決定後，在其時相方面，即說其時間之久歷或繼續，在其空相方面，即說其空間之廣袤或體積。對於一個現象個體，如能決定出其時之久歷與空之廣袤，則其個之爲個即有形式之輪廓或表徵。因此爲個之爲個之形式的輪廓，故時空系統之超越決定爲對於個之爲個之形式的決定。蓋時空爲純形式故。但純理系統在理解中所表現之概念系統，其對於現象之措施乃運用而非決定

者。蓋依本書之說統，純理在理解中所表現之概念系統，對於現象乃爲異質而不能粘著者，即不能放下而平鋪於現象者。故只能有誘導之運用，而不能有平鋪之決定。然此種概念爲先驗者，故對於現象有超越的運用。雖是運用而非決定，然既爲概念，故可以透過時空之爲純形式而至於現象之實際。時空爲清一色者，無論杯子桃子乃至萬萬個體，皆不外此時空之形式，而徒有時空形式亦不能使吾人區別杯與桃，故時空爲最普遍之純形式，彼不能接觸個物之實際，故其所決定之個只爲形式的輪廓。然概念系統則可以穿過此形式輪廓而至於個物之實際。故概念系統之超越的運用爲對於現象的個體之爲個之實際的決定。時空系統之超越決定決定個之爲個之形式輪廓，因而如此可名曰生起事之形式的客觀化。概念系統之超越的運用決定個之爲個之實際輪廓，因而如此可名曰生起事之實際的客觀化。個之爲個既能超越地決定出，則其個性或個體之統一即隨此種決定而顯示出，因而顯示其恆常持續而不變之特性，因而可名之曰恆常之本體，藉以爲主謂命題之存在的根據。依此，此恆常之本體，並非如康德之「視之爲範疇而只謂其如何能有客觀有效性」之簡單而無實。吾不視本體爲範疇。吾自始即想自個之爲個而明之。自個之爲個而言本體，則在現象中認識論地決定之，便只能由決定出個性或個體之統一而顯示。此統一爲一拆不開之單一。現象之聚可以拆開，而其聚而成一個體之統一，單視此統一即爲一拆不開之單一。是以此單一並非是一個實際的體如原子或心子，而只是一個由聚而顯之統一之單一。是以此單一是由重重疊疊之因果關係之結構而形成。在認識論中，只說此統一之單一爲本體本已足。只說此統一之單一，則其爲本體只有形式的意義，此在邏輯上本爲足

夠者。然本體既恆常而又能變，則必不只具此形式之意義，而由統
一之單一以言本體，亦本不只此形式之意義。蓋此統一之單一本說
由重重疊疊之因果關係之結構而形成。而一涉及因果關係即為具體
而實際者。依是，其形式的意義同時即具有實際的意義。此實際的
意義即是力。個體統一之形式的意義是指理型而言，然如其可以為
情態之主體，則只說理型並不足以滿足本體之意義，是以必加之以
力而歸於實際。力與理型合一而為本體。理型為一統一之單一，則
藉此單一，力具於其中而不散，亦為一單一。力之單一是賴理式之
單一而形成。理式之單一能在時空中持續，亦必須賴力之單一具於
其中而不散。如是方可為本體，若力之單一一經散失，則理式之單
一即掛空而不足為本體，則個體即消散而歸於毀滅或淘汰。若單自
力本身言，則本是可變的，是以力本身並不足以為本體。故必須力
與理式合一方可為本體。惟理式之單一由統一而顯，故力之單一亦
必由重重疊疊之因果關係之輻湊而顯示。並非一心子也。是以吾此
處所說之本體實是一種強度量。徒理式並非強度。貫之以力，始成
強度，如張弓然。徒力亦不可為強度，套之以理式，則強度成焉。
現象的本體只如此，故必有超越對象之預設，而超越對象則依最後
的形上實體而成立。凡此皆非認識心所能把握。若無形上實體及超
越對象，則現象的個體及本體無根據無保證。而此種根據或保障則
不能由認識心決定之。故吾人對於現象的個體之為個之超越的決定
與超越的運用唯是認識論的，而非形上學的。

五、康德之作為範疇的本體，他究能否建立其客觀有效性。

　　康德以本體為範疇之一，以持續常住為其規模。此規模可以作

爲感覺現象與純理智概念之本體間之媒介。依是，他欲建立本體一
概念之客觀妥實性，在「原則之分析」中，他以時間（或空間亦
可）作爲論證之關鍵。在此論證中，他欲透視二義：一、現象的種
種時間關係如要可能，必須預設一個恆常的本體；二、此持續恆常
的本體，他意向其是物質，充滿空間。（此即從材質的東西方面想
常住。）關此問題，康德一套說統，每步皆極困難。第一、若視本
體爲一先驗的純粹概念，則在建其客觀妥實性時，實只表示吾之辨
解的思考之必須如此思，吾先驗地有使用此概念之邏輯權利，而思
考之必須如此思並不函所思方面之必有此常住，而必如此思亦不能
於外界投射出一實際存在之常住。吾先驗地有使用此概念之權力，
亦有此難。吾能先驗地使用此概念，吾在邏輯上亦必有此要求，但
此爲不能著實者，並不能決定出客觀方面實際存在之常住。蓋本體
必爲現象之本體，此是實有者，決不只是一個概念，亦不是概念之
必然地使用即可決定出者。此種純爲由內出之要求乃爲內在地自足
者。若不說其是現象之實有之本體，則客觀方面之常住實只是內在
地自足者之虛映或影子，而不能著實者。但康德自必說其是實有之
本體，依是本體一純粹概念在客觀方面必有其足以落實處。他如何
建立其足以落實之根據？康德固然不只是由使用此概念之權利即足
決定實有之常住。他尚有「原則之分析」中之論證。依是，第二，
他以時間爲論證常住之根據。時間自身是恆常的，但時間自身不可
覺。是以如要成就時間中現象的關係即時間自身之種種時間決定，
必須於客觀方面預定一個足以表示時間自身之「恆常體」。依是，
吾人之本體一範疇自必有其客觀妥實性。即由此足以證明使用此概
念之權利是合法的。但此仍有困難。那唯一而無限的整個時間自身

固是恆常，但此恆常之時間自身是獨一的、同質的，其落在現象中因而成為種種時間中現象的關係，而此種種關係皆表示變化的，此變化的自須預設一不變者始可能。但此不變者決不能即是時間自己，蓋因此種種時間關係皆是剋指現象的時間關係而言，時間自己並不能為變的現象之本體。但時間自身之恆常又必須先於種種時間者。是以時間自身之先於種種時間而為其底據，在其表象現象之關係中此底據仍不能撤消。但此底據只為一純形式，不可為本體，而其自身又不可覺，則在現象方面必須有一持續常住者，一方足以表示時間自身之恆常，一方又可為變化的現象的本體。否則，現象之變不可理解，而現象之時間關係亦不能有。今時間之表象現象實有種種時間關係矣，亦實有時間中現象之關係矣，是則時間自身已實「實有」而為底據矣，然則使時間自身落實而不空掛，且足以成就種種時間關係者，必賴一恆常之持續體。此恆常之持續體即是本體一範疇可以落實之實際根據。此種論據極費匠心，亦似可通。但須知時間自身是獨一而同質，由此而逼出之持續體亦必是獨一而同質。此獨一而同質之持續體，如作本體觀，必是瀰漫於全體現象宇宙而為一不可分之連續體。此則有類於巴門里第（Parmenides）之連續而為一之大有。故康德亦云：此持續體在自然中之量不增不減。以此為常住之持續體，可以承載全體現象，但不能說明個體。而凡有之現象皆是屬某物（即某個體）之現象，吾人說一謂詞紅是某主體之謂詞，而不是說全體宇宙之謂詞。若說紅是那全量體宇宙之紅，必不可通。依是康德只能建立全體現象宇宙之瀰漫體，而不能建立個體之持續體。在此康德說現象的本體過多而過高，不能盡現象本體之職責。所謂過多而過高者，乃謂最後的形上實體可如此

也。在認識中現象的本體可不分得此義。蓋一分得此義，本體屬性一範疇即失其知識中之切實義。或云物理學不講個體，只講物理量，對此而言，康德之本體似可適用。曰不然。物理學中之物理量是由個物而抽成，假若能說明個物之本體，則物理學中之物理量即可能。若不能說明個物之本體，而只說總量之瀰漫體，其說即有弊。（至云在自然中之量不增不減一義，自我觀之，在現象的本體方面說，爲過分者，無理由可以如此說也。）或云康德既以時間爲論證本體之根據，而本體復充滿空間。因爲空間可分爲許多部份，故本體亦爲多。每一部分空間有一本體與之應。故本體亦可是多也，因而亦可說明個體之本體。曰不可能。蓋空間亦與時間同，亦爲獨一而同質。空間之部分並不能表示萬物之個體。康德只能說一個瀰漫而爲一的物質體。空間自身可分而不可分。即使可分，亦不因而有多的本體。因空間之可分爲部分，可有不同段之物質體，而不能有萬萬個體之本體。依此，現象本體如是多的，必須相應個體而言之。如相應個體而言之，即不能自物質體而言本體。復次，第三、康德自時間自身論持續體，似不應再進而說其是什麼。但他又進而必意謂其是物質體，又只限於外感，而內感則無體，靈魂不是一本體。此不應理。何以只許外感有本體，不許內感有本體？內感所覺者豈不亦爲現象乎？豈不亦有變化乎？豈不直接在時間秩序中乎？只許成就外感現象之變化，不許成就內感現象之變化乎？所以單將本體限於外感亦不可通。

六、吾說個體之個，個體之統一，乃至藉此以客觀化生理感中心中之生起事是何意義？

康德當作「範疇之超越的推述」，以超越的統覺攝先驗概念統攝一切表象時，他似乎是自上而下的構造的綜和論。但當論「原則之分析」時，他以時間為論證諸般先驗原則之根據，他又似乎是自下而上藉以迎接範疇之下貫。自下而上有兩種特性：一、徒時間並不足以為建立超越規模及諸般先驗原則之根據；二、必於客觀方面先預定一些特性足以使範疇之應用為有效，而此種預定，在規模方面雖有超越想像以撰成，而單就時間為根據並不足以撰成之，必溢出於時間外以透至對象方面之肯定。在原則方面雖根據時間以作成其論證，以顯示在理論上必然有此原則所肯定之對象之特性，然徒時間自身仍不能決定之，亦必溢出於時間外而透至對象方面之肯定，而此種肯定是認識論上理論地逼迫出之需要，並不是根據範疇而成的，因有此肯定，範疇始能應用故。依此，自下而上之工作，就原則方面說（規模方面可不論），其論證是邏輯的、非批判的，有實在論之意味，且亦有背於超越推述中之自上而下之精神。此兩頭湊之兩部哲學，構成康德系統中之種種困難。吾現在則不採取以十二範疇之概念系統為經驗可能之條件之思路，於其兩頭湊之辦法外，別取一途徑。吾之問題單注意於生理機體中心中之生起事及其意義之客觀化。從其為生理機體的變形中客觀化，從心覺觀點中客觀化。所謂客觀化並非以康德之範疇為其形式之條件，乃只使其脫離生理感中心及心覺觀點而有客觀而公共之意義。吾人如能作至此步，則對象方面自必實有恆常體及因果關係等特性，而自純概念方

面說則此等概念自必可應用。從對象之實有此特性方面說，吾人具備實在論之態度，但不採取康德「原則分析」中之論證。從概念之可用方面說，則不以此套概念為主幹，為經驗可能之條件，因而無康德超越推述之工作，亦可避免兩頭湊之困難。從對象之實有此特性方面說，吾雖不能經驗地覺其有客觀性，但可以超越地決定之。此超越地決定之之對象即是生理感中心中之生起事及直覺的統覺所覺之意義。吾人心中觀念之聯想可以是隨意的，但此生起事及其意義不是隨意的。它雖可以是生理機體之變形，但不是心之變形。它雖可以在心覺觀點中，但它不是想像之遊戲。普通之生理感中之生起事，與心理之聯想或想像之遊戲混而為一，則未免太過分。生起事雖非理性地必然的，但要非想像之遊戲。是以吾人不能謂其隸屬於生理機體與心覺之觀點中，因而有主觀的意義，即謂其是想像之遊戲、主觀之幻像。吾心理之聯想固是主觀之繼續，但客觀之繼續不必即是理性地必然的，因生起事雖非理性地必然的，亦非只心理之聯想也。吾人承認生理感中心中之生起事之實際性及堅強性（亦帶有頑梗性）。吾人單須就此而客觀化之即足，客觀化之使其脫離生理機體及心覺觀點而有客觀而公共之意義。吾人在此客觀化中，決定出個體之為個，個體之統一，因而即決定出生起事之隸屬於此個體而為其情態，因而情態亦有客觀性。吾人在此步決定中，首先可以決定出實際的主體之實有，因而亦決定出一條因果即直覺的統覺所覺之「意義」之客觀性。吾如何能建立此步工作，即此種超越決定如何可能耶？吾人在此須建立兩個系統，一為時空系統，一為純理系統。而此兩系統必迴向於心覺而見之。如果吾人在心覺中能建立起此兩套系統，則生起事之客觀化，所謂超越決定者，即成

功。而此步之成功，必靠兩套系統之內在於心覺。心覺而具備此兩套系統，則主觀的心即變為客觀的心，心理的心覺即轉進而為邏輯的心覺。依是，超越決定之成功必賴邏輯心覺之轉出。此如何可能耶？此而作成，則康德以範疇為骨幹之理論即可置而不論矣。吾人欲作此兩套系統之發見，可先從「存在的關係命題」與「非存在的關係命題」作為討論之線索。

第二節　存在的關係命題與非存在的關係命題

一、存在的關係命題，其為關係或為個體間的關係，或為個體所具有的情態間的關係，而無本體間的關係。本體：或為現象的本體，或為形上的實體。

凡發生實際影響的關係，如物理化學的影響，吾名之曰「存在關係」。存在的關係，就其關係項言之，有兩種：或為個體，或為情態。依此，其為關係，亦必或為個體間的關係，或為個體所具有的情態間的關係。此種關係，總持言之，不外因果關係。但是，所謂「個體」，並非即是「本體」。本體有二：一為現象的本體，一為形上的實體。現象的本體，如前節所述，是理式與力合一的強度量，是恆常而能變的一個統一體。個體是多的，此種本體也是多的。但因為它們不是原子或心子，所以亦不能有其自己間之關係。它們間的關係必須通過個體而表現，因而亦就是個體間的關係。它恆常而能變，自足以生關係，但所生之關係必在個體樣式下而形成。蓋恆常而能變之本體並不能離開其所聚之個體而單獨為一物，

爲一孤離之存在，如原子或心子。吾人可由個之所以爲個（內在的
或現象的所以）而顯示此現象的本體，但不能孤離地言其關係。依
是有個體間之關係，而無現象的本體間之關係。至於形上實體，吾
人將預定其是一，自不能有所謂本體之間，因而自亦不能就之言關
係，至超越對象一詞，則是個體之形上的最後完成，其所以爲最
後，是因其依止於形上之實體。現象的本體是認識論的，由心覺之
超越的決定與超越的運用而形成。此是認識論地必然的，而不是形
上地必然的。是以，若順現象的本體，從客觀方面，向裏透視，無
論如何深入，亦仍只是現象的，而無有止。依是，個體仍無最後的
形上根據以完成之。故超越對象是對現象本體所成之現象個體而
立。及形上實體一旦成立，個體之所以爲個透體完成，則現實存在
者就仍是此個體，超越對象亦可不立也。故超越對象亦是認識論地
建立者，而不是本體論地（或存在學地）獨有此一層也。因而亦不
能就之而言關係也。依以上之分析，則雖有個體間的關係命題以及
個體所具的情態間的關係命題，亦並不能因此即主形上的多元論。
關係命題不能窮盡一切命題之形式。而就存在的關係命題言，關係
命題且必預定主謂命題，否則關係自身亦不可能。復次，關係命題
必限於現象範圍內。

二、從歷史上略言多元論的形上學不可能。

多元論可分四型：一、物理的，如希臘原子論者所執持；二、
形上學的，如來布尼茲所執持；三、邏輯的，如羅素所執持；四、
唯用論的，如詹姆斯所執持。前兩種是積極的，後兩種是消極的。
由積極的轉至消極的，即表示多元論的形上學之不可能。何以言前

兩種爲積極的？即以其皆客觀地肯定宇宙最後眞實爲物理的原子或
形上的心子也。但來布尼茲已謂物理的原子爲「反理性的」，蓋旣
認其爲最後的單一，不可分，而旣爲物理的，則又不能不可分。是
則原子一概念即爲自相矛盾者，故爲反理性。依此，來布尼茲不主
原子，而主心子。心子只是生機、生力或靈魂。此則單一而不可
分，恰如其性。而現象旣爲多，故爲之本之心子亦必爲多也。然本
體旣爲心而非物，而心又名之以子而爲多，此則亦爲背理者。或至
少亦爲非充其極之論也。如充其極，當知心子之多亦爲不可執持
者，設每一個體皆有一生機或靈魂爲其實現之本，則靈魂因個體之
形限而限住，儼若爲多，而其本性實不必爲多也。如月印萬川，月
因川之形限而爲多，而實則只有一月，並無多月。月之爲多，實虛
映也。靈魂（即心力）之因個體形限而爲多，焉知其非如月印萬川
之類也。依是，本體之爲多，可自兩方面看：一、虛；二、實。如
爲虛，則實非多。如爲實，則實無必。來布尼茲晚年極困惑於心子
之場所或其所在之區域，而至於反對將心子固定於任何區域。如心
子之區域（或空間性）不能定，則心子之多即失其意義。是以其爲
多，恐終爲虛的說法也。由來氏之困惑而言之，知其於心子之多之
主張並未能透徹也。物理的原子與空間結不解緣，而心子與空間之
關係，則很難有說法。是以來氏必主空間爲主觀的也。如心子超脫
其與空間之糾結，而在現象背後而爲本，則其多之爲多頓成可疑之
問題，而若眞能透徹心之爲心而充其極，則多之可疑即頓時冰消而
趨於一矣。吾在此不欲詳辨，以非本書之論題故。羅素者，精解來
氏之哲學者也。消解其中之不一致，剔除其形上之肯定，而下趨之
於一貫，以極成其邏輯原子論。然邏輯原子論由邏輯分析而置定，

由內出，非由外陳也。彼不客觀地自外肯定宇宙最後眞實即爲原子
之多或爲心子之多，蓋彼以爲無若何根據可以如此置定也。以此，
以其奧坎刀之運用，必剔除此等形上之肯定，而單由邏輯分析之散
開與解剖，而隨其散開乃爲姑爲如此說之多元論。其爲多元，只說
原子式的多，並不說宇宙眞實即「原子」也。故其爲原子，既非物
理的，亦非形上的，總之，非哲學的，乃邏輯的也。邏輯的多元，
乃由邏輯分析而擺出。而邏輯分析之施行必施行於經驗之對象，而
於經驗之對象亦必肯定其可以接受邏輯之分析。由此而言多，則其
多只有邏輯意義，而無形上意義，乃甚顯然者。如無形上之意義，
則多元論之形上學，發展至此，即已顯示其爲不可能矣。故邏輯原
子論，雖可爲羅素個人之形上學，而實則形上學至此已被消解矣。
邏輯原子論，既由邏輯分析而擺出，對於宇宙眞實，並無形上之肯
定，則認識心之批判此種原子論即爲隨時的，其爲隨時的亦如物理
學中之原子量子之爲隨時的。夫多元論既下淪於隨時的，則其不能
爲一形上學亦明矣。而以往之積極多元論之不能維持，雖在愛好多
元論者亦不能對之有所助益也。詹姆斯之唯用多元論，亦同此弊。
皆爲試探的，皆不能透出而於形上眞實有所論謂與肯定也。吾人若
眞能透出形上之眞實，使形上學有積極之可能，則不但消極地否定
多元論，而且必積極地肯定一元論。正唯此故，始可斷定說：無本
體間之關係命題。〔邏輯原子論所陳之關係實同吾所說之個體間之
關係。如此，吾亦無諍言。〕

三、存在的關係命題必預定主謂命題：關係只是關係，不能變為主謂，但整個的關係可以為本體之謂詞。

存在的關係命題，其為關係，不論為個體間的，或情態間的，此情態與個體要必可以停住，使吾人可說此情態此個體發生如何之關係。情態之可以停住，在其所隸屬之個體。凡情態必是某物之情態。譬如桌子之情態之隸屬於桌子。聲音必是發此聲音者之聲音。顏色必是具此顏色者之顏色。情態如有所隸屬，則吾人即可說此甲乙兩情態發生如此之關係。關係繫屬於情態（即關係者），而情態落腳於個體，亦即停住於個體。至於個體間的關係，關係者為個體。此個體亦必可以停住，而使吾人說此個體發生此關係。情態隸屬於個體，即駐於個體。個體如何可以停住而為個體耶？吾人前言，個體為一聚，為一綜和的統一。其停住而為個體，即在其現象的本體。故在認識範圍內，個體必預定一現象的本體，此則可認識論地決定其為必然者。依於此本體而成為一聚之個體即依止於此本體而為暫時的停住，而不成為無窮之後退。惟其可以停住，始可以說為發生關係之關係者，關係者成立，關係始可能。故存在的關係命題必預定主謂命題為其本。從存在系統方面說，不能只有主謂命題，亦不能只有關係命題。但必承認主謂命題邏輯地先於關係命題：前者為主，後者為從。復次，以不能只有主謂命題，故關係命題不能化除。關係只是關係，所以發生此關係之兩項，決不能說此項為主，彼項為謂。兩情態間如此，兩個體間亦如此。但關係命題既是從，則情態隸屬於個體，情態間的關係雖不能化為主謂，而此「關係之整個」卻仍可隸屬於具此情態（即具此關係者）之個體而

為其謂詞。依是，不只是情態為謂，而整個之關係亦為謂。如果關係命題必預定主謂命題為本，則此「整個關係」之為謂詞乃為必然者。復次，如果無本體間的關係，則個體間的關係，起初似乎只是客觀獨立的關係，而無所隸屬，亦即不能為「謂」，但若由個體而進至個之所以為個之超越的原因，即形上之實體，而且此實體必是一，則最後此個體間之關係亦必為最後本體即形上實體之謂詞。關係不可化除，但整個關係卻可以有所隸屬而為謂詞。情態間者，隸屬於個體；個體間者，隸屬於最後的形上之本體。如果不能只有關係命題（若然，關係本身即不可能），則主謂命題必為主。如果主謂命題必為主，則關係必可有所隸屬而為謂。關係為謂，非謂發生此關係之兩項可以化為一主一謂。依是，關係命題不能化為主謂命題，但可以為一個體或形上實體之屬性。復次，尚有一論據，可以使關係必為一個體或形上實體之謂詞，即：凡關係命題必為綜和命題。關係就是「關係者」之如此這般結於一起之綜和形式。此綜和要必有能綜和之者而使之呈現為如此這般之綜和形式（即關係）。此能綜和之者，就情態間之關係言，為個體或現象的本體。就個體間之關係言，則為形上之實體。此形上實體乃最後之能綜和者。此即形上的心（或道體的心或宇宙心），亦即來布尼茲所謂「最高理性」或「根源的理解」也。存在的關係命題之成立及其客觀實在性，最後必歸於此而可能。此為「關係之不能脫離主謂而獨立」所必有之結論。

四、存在的關係命題對認識心言與對形上心言皆為實在的。

　　存在的關係命題既只是個體間的或情態間的，而個體與情態都

是經驗或可能經驗的對象，所以整個關係命題之世界就是這個呈現
於認識心前之現實世界或現象世界。此世界的現實性及實在性，是
以生理主體之感發（感是感受，發是揭發）而證實。生理主體感發
之，認識心之心覺即隨而覺知之。心覺不能游離而莽蕩，其限制與
實效惟在生理主體之感發。限制心覺者既只是此生理主體之感發，
故心覺之唯一對象世界即是此感發世界，而此感發世界對認識心之
心覺言亦即是唯一之實在世界。認識心限於此而攝住其對象，則彼
不能否決此對象世界之實在性。彼亦不能離乎此而遊思另一實在之
世界。彼無論如何返思，總須以世界為起腳之基石。其所返思者，
無論如何遠，亦必須關聯到此基石上而衡量其實在性。依此推之，
對認識心之心覺言，「凡存在即被知」亦可成立。存在（即現實的
存在或呈現）與心覺之覺攝永遠是合一的。此合一，因兩者間之等
價關係而表示。惟因認識心只是隨生理主體之感發而覺攝，故其對
於其對象世界只有認識關係，而無創生關係，即只能如其所如而覺
之，並不能產生之。所以「存在即被知」一主斷，對認識心言，是
一敞開之主斷（open assertion），乃不能圓起者。因不能圓起，故
對此現實存在世界乃不能客觀地加以論謂或限制或決定。依此，
「存在即被知」在此亦只有主觀的意義或認識論的意義，而不能有
客觀的或本體論的意義。蓋因此主斷，在此，只是繫屬於生理感發
與心覺之覺攝而向外敞開地說出去，其外面之邊緣並無一本體論上
之決定。我雖不能於此現實存在以外設想一永不被覺之存在，但對
於此與心覺合一之現實存在亦不能客觀地於其外面有一本體論上之
清晰的決定。即依此義，而說「存在即被知」，在認識心上，只是
一敞開之主斷，因而亦只有主觀之意義，而無客觀之意義。此即是

說，此主斷在認識心上，不能有最後之極成，亦不能有客觀之證實。擔負此步極成或證實之責者乃在形上心之建立。如在形上心上能極成或證實此主斷，則此存在的關係命題之世界之實在性，亦於焉獲得其最後之極成與客觀之證實。

五、非存在的關係命題之分類及來布尼茲論此之大義。

非存在的關係命題，可從兩大範圍，暫分爲兩大類：一、屬於純形式系統者，二、屬於形式體性學者。前者包括四目：A.純邏輯命題，B.算數學命題，C.幾何命題，D.關於時空關係的命題。後者，如柏拉圖所論之理型與理型間之關係，以及亞里士多德所說之綱目差間之關係。此後者中之兩種關係皆是「非存在者」，即只涉及理或共相間之關係，而不涉及時空中特殊存在者。主斷此種理或共相間之關係之陳述亦得曰關係命題。以此種關係命題構成一系統即曰形式體性學。吾人亦可如此說：從存在之關係命題所呈現之「關係型式」，即此關係型式間之關係即曰「非存在關係」。所以，此種「非存在關係命題」，雖不涉及特殊存在，卻實有存在學上之地位（ontological status）。吾人現在所欲說之非存在的關係命題是屬於純形式系統者。此方面之關係命題，不但是「非存在的」，且亦非形式體性學，故亦無存在學上之地位。自符號邏輯興，此方面之關係命題遂爲人所重視。亞氏邏輯只講主謂命題，今則擴大邏輯範圍，復講關係命題矣。其所以重視此種命題，即爲說明數學。譬如「A大於B」，此「大於」即一關係也，而不可以主謂論。又如「B居於A與C之間」，此「居間」亦關係也，亦不可以主謂論。而此等關係命題皆爲數學命題。來布尼茲即已發見此

種命題。如：「兩線 L 及 M 間的比例可有三種看法：較大的 L 對
於較小的 M 之比；較小的 M 對於較大的 L 之比；從兩者中抽出某
種東西，即 L 及 M 間之比例，而未考慮何者是先行，何者是後
繼，何者是主詞，何者是謂詞。在第一種看法，較大的 L 是主
詞。第二種看法，較小的 M 是主詞。但在第三種看法，則不知其
中何者是主詞。吾人不能說 L 及 M 兩者俱爲主詞。因爲如果如
此，則必在兩個主詞中有一件『偶然事』（即關係或比例），一腿
在這一個，一腿在那一個，此與『偶然事』一觀念相違。依此，在
此第三種看法，我們必須說這個關係實在是主詞以外者。但是因爲
它既非一本體，又非一偶然事，它必須只是一理想的東西。關於它
的考論，亦是有用者。」此即發現一種非存在的關係命題矣。實
則，即在第一第二兩種看法中，說 L 或 M 是主詞，亦無意義者。
故 L 與 M 間的比例實爲一種關係也。但是，來布尼茲復進而說：
「它只是一理想的東西。」羅素解云：「理想的東西，若再推進一
步，我想來氏必說：它是屬於默想比例的心之偶然事。」又云：
「在主謂形式以外，他不能承認任何其他判斷形式，雖然他發見出
關係判斷之必然性。」「他想將關係判斷歸於主謂形式。」「關於
主斷數目的命題，他以爲『集和』只是一種現象，他名之曰：『半
心理的東西』。它們的統一（此對於任何數的主斷皆是根本的），
他說單只爲知覺所增加。依是，一切皆是主詞與謂詞底『個體主
斷』，並且也是作爲知覺者的一個謂詞的『同時知覺』之心理的主
斷。」「數目有關係底本性，因此也總是些某種樣式的『有』。但
是，關係雖然發見之於事物之中，而其『實在性』卻是從超越的
『最高理性』中引申出。上帝不只看見個體的心子及其種種情態，

也看見它們間的關係，而即在此，遂得形成關係底實在性。」「位置，如在前在後，不過是一個東西之模式。」「單位是分離的，理解將它們聚於一起。」「關係雖從理解而得，然並非無根據或不眞實。因爲『根源的理解』就是事物的起源，而一切東西的實在性（除去單純的本體如心子），只在單純本體中『現象之知覺』這基礎中而始有。依是，關係與聚合只有心理的眞理性，眞的命題就是一個歸一謂詞給上帝的命題，也就是一個歸一謂詞給一切那些『覺知』一關係的主體之命題。依此，來氏要執持其主謂義，必進而爲康德的理論。即，關係雖是眞實的，但卻是心底工作。」（以上徵引俱見羅素《來布尼茲哲學之批評的解析》一書第二章。）羅素等人，動輒謂古人總想把關係命題還原爲主謂命題。即以來氏而論，實則彼並非化關係式爲主謂式。關係仍是關係，只是關係所以成立之根源乃在「心覺」之綜和。視關係爲「心覺」之謂詞非即化關係式爲主謂式，乃化關係爲一本體（即心）之謂詞。此原屬兩層，不可混論。如關係仍是關係，則關係等於未化除。如問關係所以可能之根據，則屬另一個問題，非化關係命題爲主謂命題之問題也。羅素自不喜「關係由於心覺之綜和」之理論。但此一眞理無法否認。來布尼茲以爲考論此種關係亦有用處。但他終未能進而細細考論，亦未能明其用處之何所在。但是他說關係是理想的東西、半心理的東西，即開啓考論「關係」之大門。康德即順此大門而前進，而未能盡妥貼。本書願順來氏之所開啓重新考論此種「非存在的關係命題」之實義及其在知識中之效用。

六、非存在的關係命題，如其所是而觀之，不預定主謂命題，因爲它是無體的。

存在的關係命題屬於存在系統。一個存在系統，如物理學系統或形上學系統，須有主謂命題與關係命題兩者。而且必以主謂命題爲基本形式。因爲一個存在系統是「有體的」。有體的一詞以以下二義定：一、以存在的對象爲首出，此系統中之命題，無論是關係的或主謂的，皆論謂此對象。此即是說，此中之命題皆有所說，皆有所「意指」而爲其內容。二、此存在之對象皆有其特殊之定義，而此定義必指謂對象之「實在之性相」，決不是隨意賦予的。此等定義即是此存在系統中首出之基本概念。所有的律則或規律皆由此而推出，亦皆反而論謂此等概念。譬如一物理學系統，必有質量、體積、密度、力等爲其基本概念，而此等基本概念，雖不指一具體對象，然必從對象中抽撰而成而可用之以論謂具體對象者，故亦可說代表一些論謂存在對象之存在概念也。至運動律及萬有引律等，則皆由此而推出也，而此等律則亦皆反而論謂此等存在概念也。一個形上學系統亦必有存在之肯定。亦必有其所論謂之基本實在。依此，凡存在系統皆以「實在」爲首出，不以規律爲首出。以實在爲首出，一切命題必皆反而論謂此實在，故必以主謂命題爲基本形式。雖有關係命題，而關係命題不能自足也。〔物理學系統，因其表象現實世界，故可說命題。但一形上學系統，因其所論謂之最後實在超乎經驗的現實以外，故不可說命題。命題的應用有其限制。但吾人論形上實在所說的陳述與視形上學爲一客觀的存在系統不同。吾人論形上實在所說的陳述可以不是命題，但一個客觀的形上

學表象存在之全體大用，自其為一全體大用之存在系統言，其中總含有命題世界於其內。又，吾人論形上實在所說的陳述雖可以不是命題，但要非無意義者。吾人顯示之可以為「命題所以可能」之根據。命題的根據是原則，很可以不是命題。但顯示原則以為命題世界之根據正是哲學之正面職責。〕

非存在的關係命題屬於「非存在系統」，此亦可曰純形式系統。如邏輯、數學、幾何，以及空間關係時間關係等，皆是。此種「非存在系統」純以關係命題構成。而此中之關係命題，如其所是而觀之，不預定主謂命題為其基本形式，因為此種非存在系統是「無體的」。「無體的」一詞以以下二義定：一、以「規律」為首出，不以「項」為首出。〔非存在的關係命題，其關係者非存在對象，故在此亦不曰對象，而曰「項」。〕此中之命題皆是關係命題，而每一關係命題皆直接表現一法則或原則，而此法則或原則皆由根本的法則或規律輾轉推演而得，或云皆是根本法則或規律之重複變形，是以徹頭徹尾皆是一「理」之展現，皆只是此理此法則之呈現。此徹頭徹尾唯是一「理」之系統並無所論謂，因而亦無特殊之意指為其內容。而其中之每一命題亦不是論謂一首出之對象，因首出者自始即為規律故。二、此中之「項」即所謂「關係者」，並非有性有相有用之存在對象。孤離言之，直無意義，只是一符號。而且若不在一命題式子所呈現之關係中，則亦無已成的固定項之可言。即在命題式子所呈現之關聯中而只表現一律則之命題亦非論謂此命題中之項者，亦不能說此項創生如此之關係。依以上二義，說純形式系統為「無體的」系統，而即以此「無體的」規定其為「非存在的」。以其為無體，故無主謂命題，而關係命題亦因而即是自

足者。是以凡無體的系統皆以關係命題組成。而「只是關係」之所以可能，正在此系統之形成自始即只是規律之措施，規律之展現。所以無體的系統皆只是一理之推演，一律則之展現，因而遂可以只爲關係也。存在系統，若只是關係，則關係自身亦不可能。故必預定主謂命題爲基本形式。然非存在系統，因其只是一理之展現，故亦只表現爲關係命題也。而此等關係亦正因其依止於規律或理（純爲邏輯的），故可以停住而可能也。存在系統中之關係依止於「本體」始可能，故不能一往是關係。非存在系統中之關係依止於規律或理，然而那些關係亦即是該規律或理自身之重疊變形，實亦即是該規律或理自己也，故可云這些無體的系統皆只是一理之展現，因而亦可云皆只是關係命題也。而此所謂理或關係命題又不是論謂對象者，所以這些系統皆只是理自己也。唯表示理自己之系統，方是只以關係命題組成之系統。世人皆知數學命題爲關係命題。此只是事實之指出，而不知其何以能極成其爲關係命題也。

七、在無體的系統中，非存在的關係命題之「項」，或是無意義的，或是依「即表示該無體的系統自己」之規律而產生。

　　存在系統中之項是實際存在的對象。然則此種無體系統中的項是如何出現的？前言此種系統中，若離開關係言，並無已成的固定之項，因它不論謂一眞實對象故。眞實對象不能由我隨意變現，而且特性亦不能由我隨意賦予。（此即言，其定義都是眞實定義。）但是，無體系統中並無如此頑梗之項。譬如，在純邏輯系統中，吾人皆知此種系統是以命題間的關係組成的。如是，其中的項是命

題。但是命題亦有已分解者與未分解者之別。如只是以 P 或 Q 代命題，則命題 P 或 Q 是未分解者。如命題為 AEIO，則命題是已分解者。如為未分解者，則為關係項如是命題（即 P，Q）。但此時，命題只是一符號，表示關係或律則之界限點，毫無意義或作用之可言。命題本身固是有特殊意義者。因此，吾人對命題亦自可有一真實定義。但此定義在一形式系統中，毫不生作用，在形式推演中可全忘記而不顧，而此系統中之式子亦並不是論謂此真實定義所定的命題。譬如，在羅素真值函蘊系統中，首出的兩個基本觀念（「非 P」及「P 或 Q」，簡之，即為「非」與「或」。）與一個基本定義（即函蘊定義），就只是一些關係，而此等關係，吾人亦可名之為規律。當此三個規律或關係一經形成之時，此系統即算成立。（當然還有其他手續。）而其中之命題如 P，Q，R 等，已不關重要矣。即對於此系統之成立及其所以為此系統，並無本質上的關係。是以此系統，自其為形式的呈現或形成言，自始即為規律或關係。而若「開始之規律或關係一定，此系統即算成立」，則可知此整個系統就只是首出之規律或關係之重疊變形，而 P，Q 之為項即已不生作用矣。故只是一符號，或表示關係之界限點，即使不用它亦可也。復次，如命題為已分解者，如 A 或 E，I 或 O，則真正關係項當在 S，P，而非命題也。而形成關係或推理式之關鍵在「凡」與「有」，在「肯定」與「否定」，而不在 S，P。S，P 亦無作用也，亦只是些界限點。而凡、有、肯定、否定，卻亦只是些關係或規律，即純邏輯概念也。此等概念一經形成，則全系統即是此等概念之結合所顯示之關係之重疊變形。

一數學系統中之項為數目或單位。但此單位或數目又不若命題

之現成可自系統外而取來。數目之出現或成立，即是依照成就數學系統之規律而成立。數學系統中之數即是在數學系統之形成中而形成。吾人可自任何單位（此時並非數）依照規律而產生數。若無規律的運用，單位自身只是一單位，並不是數，而其自身亦並不能產生繼續而來的單位即數。一谷粒可以生長爲谷，其自身有一生長歷程。但一單位自身不能產生一串單位。是以數之產生及成立惟在依照一概念或規律而成立，譬如依劈分律。復次，吾人尚可不自外面隨意取任何單位。吾人就數學本身言，很可能作到：當單位形成之時即是「數」形成之時。數一經形成，數間之關係即已形成。沒有規律不能有數，亦不能有數之關係式。而形成數及數之關係式之規律是同一的。是以數學系統自始即以規律爲首出，而此首出之規律即是數學形成之本質，亦即是徹頭徹尾是此規律之重疊變形之呈現。

　　關於時間空間關係尤其顯然。此中之單位亦是依照形成時間關係或空間關係之規律而形成，時間空間自身就只是些關係，甚至並無項或單位。而時空項或單位甚至就是由時空關係之凝結而顯示。因爲時空只是一個形式（ mere form ）。譬如時之前後，在前或後者仍是時自己，並非說前時中的「東西」。此中無東西。在數目式中，尚可以標誌出一個「數」，但在時間或空間關係中，吾人不能標誌出一個非時空自己之「項」。是以時空關係之項就是時空自己。如果時空只是關係，則其中之項實只是關係之形成之所顯示，並無一定之項。是則在此系統中，關係爲首出乃尤顯然者，項只是在此關係中而顯示，只是由分解而後起者。即使吾人順言詮的邏輯次序，先說時空項，再說時空關係，而此中之時空項，亦是依規律

之運用而形成。一段時間量，不施以規律之運用，決不能出現種種
時間單位。而形成時間單位之規律，即是表示時間系統自己之規
律。一個空間量，亦唯因概念或規律之運用而後始能由其中決定出
種種空間項，如點、線、面、體等。此種種空間項固有其特性，但
此特性亦由規律之運用（藉以產生此項者）而賦予。而決定出種種
空間項之規律就是形成空間系統自己（幾何系統）之規律。是以一
幾何系統仍以規律為首出，不以項為首出。而「項」亦只是由空間
關係之形成而顯示也。

〔附註〕：本段義理，下卷中詳細說明。

由以上六、七兩段，即可以知非存在系統中的命題何以只是關
係命題，何以不須預定主謂命題。但是吾人說：凡是關係命題都是
綜和命題。然則，此種非存在的關係命題，其綜和之而成為如此之
關係之「先驗根據」何在？由此吾人即進一步由非存在的關係命題
轉至先驗綜和命題，由形式主義轉至先驗主義。若從形式主義之立
場觀，雖表面為帶有綜和性之關係，然而其實只為重疊變形之分析
的（tautologically analytic）。但若從先驗主義之立場觀，雖表面
為重疊變形之分析的，然而其實皆為先驗綜和的。如是，非存在系
統中之關係命題永是分析與綜和合一的。此兩面永遠合一等流。每
一面，須有一種構造以明之。從分析一面說，是邏輯的構造。從綜
和一面說，是直覺的構造。後者代表心，前者代表理。此兩種構造
永遠合一等流，即表示心理合一。而唯心理合一，先驗主義方能極
成。詳論見下節。

第三節　從非存在的關係命題到先驗綜和命題

先驗綜和命題可從兩方面說：一、隨存在的關係命題說；二、隨非存在的關係命題說。存在的關係命題須預定本體，故順此方面所說之先驗綜和命題須從「本體之成用」方面而建立。而如此所建立之先驗綜和，一方面是形上學的，一方面須關聯於現象，而於現象世界有擔負。故此方面之先驗綜和命題不是從認識心上說，而是從形上心上說。所以亦不在本書範圍內。非存在的關係命題，如前所說，首先如其所是而觀之，是不預定主謂命題的，因而亦不預定本體爲其根據。然而他總是一個關係命題。從其爲關係方面言，它總表現一種綜和性。而此種關係自始乂是「非存在的」，即自始即爲純形式的，而與現實存在無關。故如其爲綜和，自必爲先驗的綜和。而因其與現實存在無關，故其爲先驗綜和，亦不於存在有負擔，因而亦不自形上實體而建立。是則，其爲先驗綜和，一、必須自認識心上去建立；二、建立此種先驗綜和命題，其直接之負擔，即爲說明此種非存在的關係命題自身，因而亦即非存在的系統自身之形式。說明其自身之形成，即是說明其先驗的根據。

一、從非存在的關係命題到邏輯的純粹理性。

吾人已說，無體的系統有四：一、純邏輯系統；二、算數學系統；三、純幾何系統；四、時空系統。前三系統有賴於純粹理性之顯示，後一系統則有賴於時空之建立。而時空與純粹理性乃爲不同質者，故其顯示既不同道，而其出生地亦不同處。茲先說純粹理

性。吾人已說明純邏輯系統中的命題只是關係命題，復亦說明其所以為「只是關係」之關鍵乃在以規律為首出。如吾人之認識止於此，則表面雖為關係命題，實則只是一「規律之重疊展現」，因而亦只是重疊地分析的。如只是重疊地分析的，則吾人即停在形式主義上而不能進至先驗主義。如只停於形式主義上，則表示此純邏輯之純形式系統即只是一種人工的技巧構造，而不是從定然之理性而流出。如只是一種技巧之構造，而不能表明其由定然理性而流出，則此技巧之系統即不復有絕對性與必然性。因無絕對性，故其系統可多端，可以是此，亦可以不是此而是他，而無論此或他皆是人工之技巧構造，無一能在理性上優越於其他（雖可以在技術上有優劣）。如是，則邏輯系統為一無本者，乃漂蕩在外面的一個遊戲的虛構。此即為形式主義。復次，因無必然性，則所謂「重疊地分析的」所示之必然，只是系統內部之推演的必然，而此整個系統之基礎處之必然則不復存在者。即只有內部推演的必然，而無此系統外之超越的必然。無此後者之必然，則所謂此系統自始即以規律為首出，此首出之規律亦只是隨意約定的，並無必然性。即在此首出規律之為約定處，遂得只為形式主義，而非先驗主義。如不能進至先驗主義，則先驗綜和命題即無可得而說。而非存在的關係命題，雖其表面帶有綜和性，而實則只為重疊地分析的。此若只限於非存在的關係命題自身說，此種形式主義亦無甚不可處。惟自整個系統上說，因其不能極成邏輯之絕對性與必然性，因而亦不能表露出吾人理解活動之絕對標準（即定盤針），始見出其大不可。形式主義不惟在邏輯方面不能建立其絕對性與必然性，即在數學系統方面亦復如此，此則其過尤大。至若幾何系統之先驗根據，則尤為彼所不能

言矣。

　　吾今指出，一個表示邏輯之純形式系統中之關係命題，使其所以能爲「只是關係」之首出之規律即是「理性」之客觀化。此言理性乃邏輯的，既非句法的，亦非體性學的。乃是理解中之邏輯的純粹理性，該首出之規律，如非與或，如凡與有，如肯定及否定，一方面既不能由經驗對象抽撰而成，一方面亦不能代表對象，即既非存在之規律，亦非指示對象之對象概念，則其純爲邏輯的，乃無疑者。此純爲「邏輯的」之規律決非無根而只是隨意約定者。其根即在邏輯的純粹理性，而亦即此純粹理性之客觀化。設若此等規律之呈現，眞爲剝落一切存在之牽連而呈現，則縱表面觀之，儼若純爲人工隨意約定者，而其由約定而成爲規律，自此約定所湧現之規律言，此規律亦即是理，亦不復是隨意者。即，能成就其爲隨意約定者卻正是「非隨意的」。蓋因斷絕一切存在牽連，吾人在外即無所參考，亦無所簡擇。當此之時，吾人雖若空無把著，亦決不只是一個隨意。蓋徒是一隨意，一無所成故，不成邏輯故。雖若空無把著，卻非一無所有，只是一「意」。其所空者乃外面的存在牽連。而所成之毫無存在牽連的「純形式系統」卻不是一意。它必有所本，必有客觀的理性基礎。是以空者空存在的牽連，而所顯者卻正是「純理」。因只是一純理，無影無形，使人無可把著，故自形式系統之形成言，儼若純無憑據而爲隨意者。須知「隨意」只是主觀活動的起點或姿態。世人將此主觀活動之起點之隨意客觀化，而謂一純形式系統亦爲隨意造成者。不復認知此活動之憑據，與夫此活動所施行於其上者。然若一經認知此活動之憑據與其所施行於其上者，則其隨意亦即有限制而不復爲隨意。是以該首出之規律，若只

內在於主觀活動之自身而不知有他，則此活動儼若漫無定準，而該
規律亦隨此無定準而為隨意約定者。然若跳出主觀活動之自身，則
該規律之客觀性即顯，而亦實有所本，而吾之主觀活動自身亦因而
並非漫無定準者。該規律之客觀性即在其本於純粹理性。而該規律
亦即因此而得其超越之安立。如是，該表示邏輯之純形式系統，亦
即邏輯自己，方得其絕對性與必然性。是以，無體系統中非存在的
關係命題，首先如其所是而觀之，以「首出之規律之重疊展現」明
其純然是關係，且明其為「重疊地分析的」，因此而成形式主義。
繼則，再明此首出之規律之基於純粹理性，而即為此純理之客觀
性，因此而成先驗主義。必進至先驗主義，非存在的關係命題方能
得其最後之極成。（此即繫於其超越之安立。）

二、邏輯、數學、幾何，皆為純粹理性之客觀化或外在化。

言邏輯必知有形無形之分，或可符不可符之分。從有形方面
言，邏輯為一充分形式化之形式系統，而此形式系統即為一符號系
統。在此符號系統中，起腳落腳只是規律之重疊展現。此唯是一規
律之重疊展現之系統，既毫無存在之牽連，唯有自「純粹理性之呈
現」方能明其所以。自充分之形式化方面言，名曰「只是一規
律」。而此「只是一規律」之先驗根據，即在此「只是一純理」。
「只是此純理」是無形者，不可符者。其客觀化或外在化而為規
律，即為有形者，可符者，如此方可成其為充分形式化。此步客觀
化乃純理之直接顯示其自己。故邏輯自無形言即為純理自己也，自
有形言，即為表示純理自己也。

純理自己，由其客觀化而成為一形式系統言，是一個重疊地展

現其自己之歷程。自有形言，此即是一個形式的推演系統；自無形言，此推演系統即表示純理自己之重疊地開展。故重疊地展現其自己之歷程，於有形無形皆可說。此重疊地展現其自己之歷程是一個無窮地連續者。就此無窮地連續之歷程，而忽視其為純理，單注意其為一步驟之歷程，吾人即可於此施以「直覺之構造」而成「步位串」。此「步位串」即表示數目之產生。依此，數目即為由純理之展現歷程所顯示之「步位歷程」之外在化。此步外在化是由直覺之構造而成立。由此外在化而成數，則對於數目之演算所成之數目式（亦即數目之關係式），亦即在該外在化中而外在化而為一可符之形式系統，此即是數學系統。此數學系統亦徹頭徹尾是規律（即數目關係式）之重疊展現，但此規律不是純理自己，故數學不同於邏輯。但，雖不是純理自己，卻由純理自己之展現所顯示之步位歷程之外在化而成立，此即數學之先驗基礎。復次，以其由此步外在化而成立，毫不假借純理以外之某事（唯須建立純理展現歷程所顯示之步位歷程，此為一關鍵之概念），故數學系統之徹頭徹尾為數目關係式之重疊展現，亦純是邏輯的（注意不即是邏輯自己），因而亦可以純邏輯地建立之。當其由直覺之構造而成數時，成就數目關係式之基本概念（如序、多少、同異等）亦同時客觀化而成立。因此，數目規律亦即在先驗地直覺構造中而得其超越的安立。

　　幾何是純理開展之「佈置相」之外在化。此步外在化亦由直覺構造而成立。經由此構造，首先所成者乃一三矢向所成之三度形區，此形區純為邏輯的，非有體的。由此邏輯的三度形區之構造，遂可純邏輯地構造起種種幾何系統。每一系統皆由就原始形區所分解而推演出的一定概念之重疊展現而形成。而所謂一定概念乃步步

相生而必然形成者，無一是隨意安置的。依是，每一幾何系統皆有
理性的必然，乃自一根而發出。其決定一特定幾何系統之概念之可
能數，無論有窮無窮，因而亦無論幾何系統之有窮無窮，皆可自理
性上原則地窮盡之。依是，並不因幾何系統之不一，即不能建立其
先驗根據或理性的必然。〔吾於下章及下卷第一部將明幾何系統不
能無窮多。〕

依此，數學與幾何是純理開展之兩面之外在化。

關於時空關係之命題，其成一形式系統，乃純由數學與幾何之
應用於時空上所成之超越的決定。時空之建立及其出生地，見下章
及下卷第二部。

〔附註：本段義理詳論見下卷第一部〕。

三、純粹理性之外在化使無體的形式系統中之關係命題爲重疊
地分析的，此即是邏輯構造之先驗基礎。

命題之爲分析的，有是屬於「主謂」的，有是屬於「只是關
係」的。屬於主謂的，是基於個體或本體（可限於現象的本體）之
具有此屬性，或自吾人認識言，是基於吾人對於一存在對象之眞實
定義。屬於「只是關係」的，則因其無體，所以不是自主詞中分析
出謂詞，因而亦不是主謂式的分析。此種「分析的」不基於本體或
個體，乃基於「規律」。然而「規律」又不是某種東西之規律，如
其是某種東西的規律，則有所隸屬而有體。所以此「規律」自始即
爲「規律自己」（rule as such）之如此呈現，因此，它只是純理自
己之客觀化。自其客觀化而成一形式化之關係式言，則爲綜和的
（就關係式之爲關係式言自必是綜和的）。然此關係式實即是此系

統開始時之首出規律之重疊地展現，因此，此關係式自己即是一規律。從其爲規律而且其爲規律是首出規律之變形方面言，此無體的形式系統中所有的形式命題（即關係式）皆是「重疊地分析的」。此言「分析的」，單指規律之重疊展現或變形言。即每一關係式自己亦單視之爲一規律，而此規律是首出規律之重疊變形。即依此義而說爲重疊地分析的。是以此詞之意，自形式系統言，單表示此系統只是一規律之流轉。而此形式化的規律系統實即是純理自己之客觀化。是以其所以能爲「只是一規律之流轉」實因純理自己之顯示其自己而使然。故「只是一規律之流轉」實「只是一理之展現」。此「只是一理之展現」使該形式系統之爲「重疊地分析的」成爲可能。此是形式系統之所以成立之客觀的骨幹，亦即是理之骨幹。即依此骨幹而說此形式系統中每一關係式是一邏輯構造，總之，此整個系統自己是一邏輯構造。此邏輯構造是「理之間架」之如是如是呈現之客觀化，並不是自外面依照一外取的或有存在牽連的某種法則而成之構造。每一種邏輯構造皆有一先驗基礎以爲其所以可能之超越的根據。此種非存在的關係式之爲邏輯的構造，其先驗基礎乃在純理自己之顯示其自己。依此，此邏輯構造即表示此形式系統之爲重疊地分析的。構造而有先驗基礎，則構造不是隨意的，而是定然的，有理之必然的。即不只滿足一個隨意的形式條件，而且亦滿足理之必然之眞實的條件。凡構造不能滿足理之必然之眞實條件，皆只是形式主義之邏輯構造。形式主義之構造，一方爲隨意的，一方爲獨斷的。隨意的言其無根，獨斷的言其非批判的。形式主義之邏輯構造，而若不能歸於滿足理之必然之眞實條件，則其所謂「形式的」必一方限於經驗而有存在的牽連，一方超出經驗即落於無根

而滲蕩。限於經驗，則其構造爲歸納的、非先驗的；超出經驗的，則其構造即隨意而獨斷，如適所說。是以形式主義之構造並未眞正了解充分形式化之形式系統之何所是。若眞了解之，則必進至於先驗主義。而若進至此，則形式主義亦可無弊也。惟無體的形式系統之邏輯構造始可自純理建立其先驗基礎。至若存在系統中所有的邏輯構造則必須自形上的先驗綜和命題建立其先驗基礎，因此處之構造必預定主謂命題爲其基本形式，因而亦必預定本體爲其可能之理之必然之眞實條件也。邏輯原子論者，一方是形式主義，一方又有存在的牽連，然而又不能透至形上實在爲其邏輯構造之眞實可能之根據，宜其限於經驗，則爲歸納的、無根的，超出經驗，則又爲隨意的獨斷的也。

四、無體的非存在關係命題，自其一往爲規律之展現言，爲重疊地分析的，自其爲關係言，則又爲綜和的。其爲先驗綜和如何而可能？

數理邏輯家認知此非存在的關係命題爲重疊地分析的，而不知其爲綜和的。但其認知其爲重疊地分析的，是只限於形式主義之立場。如只限於此立場，則所謂重疊地分析的所顯示之必然只是系統內部之形式的必然，人工技巧的必然，而不知其系統外之超越的必然，理性之必然。因此，亦只能見其爲技巧造成的分析的，而決不能認知其尚可爲綜和的，因此必排斥綜和之理論。同時，彼於非存在的關係命題，注目於其爲項間之關係者，首先認知此項爲赤裸裸之單位，其聚於一起而成關係，乃由於心之綜和，如是，首先認知其爲綜和的，而不知其爲重疊地分析的。其所以不知其爲重疊地分

析的，乃由於不知此無體的系統，一往為關係，是自始即以規律為
首出，而項反只是形式化而成一關係式時之關係界點。因不知其為
規律之重疊展現，故當言其為綜和時，亦只成得一個只是心覺之主
觀的綜和，而不復知其理之骨幹。依此，此形式系統之超越的客觀
性仍不能建立起。來布尼茲即落於此階段，而不復能進一步。康德
可謂進一步。然其說算數學之數目式仍只注意其為單位之綜和（直
覺的綜和），而不措意其為規律之展現。其說幾何命題，惟藉空間
為直覺之先驗形式以明歐氏幾何之超越的必然性，至論及其為綜
和，則亦只明其為直覺的先驗綜和，以簡別其非概念分析的，亦非
經驗的。而於其為規律之重疊展現處亦不復措意也。無論數學或幾
何，如果重疊展現所示之理之骨幹透不出豎不起，而徒冒之以直覺
綜和以為之先，而概念活動之蜷伏於其下而不能擔負此系統之如是
如是之理之必然，則直覺綜和只成一神秘之奇蹟，其擔負必過重。
此為言綜和者之弊也。言綜和者知其為先驗綜和，而於其為理之必
然處認識不充分。此而不充分，則「先驗綜和」之為先驗處亦不能
充分極成也。言分析者，知其為重疊地分析的，而毫不知其為綜
和，故只停於形式主義，而不能建立其有理之必然，此而不建立，
則先驗綜和亦不可得而言。是則，此形式系統之超越的必然性或理
之必然性，惟賴先驗綜和之極成。而此先驗綜和一方表示此形式系
統之理之必然，一方復表示其為直覺之綜和，而此所表示之兩面亦
即反而為構成先驗綜和之兩元素。只知其為重疊地分析的與只知其
為心覺之綜和，皆不能極成此「先驗綜和」之一義。重疊地分析
的，如只停於形式主義，固不能進至先驗綜和，而若進一步知其為
純理之客觀化，固可由此而建立其客觀之理之骨幹，然徒只此，亦

不能極成先驗綜和之一義。蓋徒進至純理，以明其爲純理之客觀
化，其客觀化之骨幹固建立，然而須知「純理」乃是一孤離的懸空
之概念。若終不能落實而有歸宿，則雖有純理，亦不能使此形式系
統之爲邏輯構造者復能滿足眞實可能性之條件。雖可說爲有理之必
然，而此時之理之必然亦仍只有形式義，而無眞實義。是則其超越
的必然性仍不得極成也。故徒指出純理之客觀化，先驗綜和仍不能
因此即達極成之地位。是以「純理」必須使其落實而有歸宿。其落
實處即在心覺，其歸宿處亦在此也。純理由此而發，並非無根。純
理歸宿於此，並非漫蕩。純理既有歸宿，則形式系統中之邏輯構造
即滿足眞實可能性之條件，而其所示之理之必然亦因而不只有形式
義，且亦有眞實義。純理落實，何以即如此耶？蓋理之骨幹發於心
覺，即通過心覺之潤澤。心覺潤澤之，即心覺實現之。步步是理，
步步亦實。一體平鋪，無一步落空也。此心覺潤澤之，即心覺發之
而頓時即成爲一綜和之構造。此綜和之構造即實現的直覺構造也。
此實現的直覺構造，一經客觀化而表現爲形式系統，即成功此系統
中每一關係式既是規律之重疊展現，又是直覺之先驗綜和。「分析
的」，是言「關係式」之爲規律，而且其爲規律乃首出規律之重疊
展現之變形；「綜和的」，是言其呈現爲如此之關係形式乃是一直
覺之構造。規律乃是實現的直覺構造所發之「理」之客觀化，由是
而知「實現的直覺構造」所示之「心」不只是一主觀之用。「綜
和」乃是「實現的直覺構造」所發之用所成之關係，由是而知表示
規律之關係形式，非是游離漂蕩而無歸宿。先驗綜和是心理合一所
成的「實現的直覺構造」。若分析言之，則理表示邏輯構造，心表
示直覺構造。合而言之，即是一個先驗綜和，由此而形式系統之超

越的必然性始得極成。故從形式系統自身言，「重疊地分析的」與「關係地綜和的」似不相容而為一背反，然其實乃是一事之兩面。而此背反之解消，唯在先驗綜和之極成。而先驗綜和一經極成，則此無體的形式系統之超越的必然性即得建立，如是吾人即不復停於形式主義而進至先驗主義矣。

五、無體的形式系統即是一個「先驗綜和命題底系統」因而亦即是一個「原則底系統」，它不是一個「命題底系統」，它只是運用或決定對象使之成為命題系統之形式條件。

　　吾人已知先驗綜和命題有二方面，一、順非存在系統言，一、順存在系統言。順前者言者，則先驗綜和命題之指出是在成就無體的形式系統之超越的必然性。此方面之先驗綜和不成就「存在」，單成就「只是形式者」。以其單成就只是形式者，故其所成之形式系統，一方既非知識命題之系統，一方其呈現為如此之形式系統與其所以如此呈現之「先驗綜和」亦非一事，乃為不即不離之二事。形式系統為一客觀化之既成系統，而先驗綜和則表示一種超越的活動。自既成系統言，其中之每一關係式，因不離乎先驗綜和之構造，故其為命題名曰先驗綜和命題。依是，一無體的形式系統即為一「先驗綜和命題之系統」，而先驗綜和命題實非知識命題，簡言之，亦即實非命題，故其所成之系統亦非知識之系統，或即曰亦非命題系統也，而乃為一「原則之系統」。凡先驗綜和命題皆是一「原則」。無體的形式系統中每一關係式是一原則，因而即以之組成一「原則之系統」。自「先驗綜和」之為超越的活動言，因其不即是客觀化之形式系統，故此超越的活動又不可以「關係式」（即

形式命題）言，故只可曰先驗綜和，不可曰「先驗綜和命題」。此
先驗綜和活動是「客觀化而爲先驗綜和命題」之本。本與末皆非知
識命題也。順存在系統而言之「先驗綜和命題」是形上實體之超越
綜和所成之先驗綜和命題，此亦非知識命題，而乃知識命題所以可
能之本或原則也。此原則所成之系統即爲一形上學系統，而與表示
知識之科學系統不同，科學系統以命題組成。命題與其所以可能之
原則（即形上的先驗綜和命題）爲異質而異層者。原則不即命題，
而命題亦不離乎原則。此與「無體的形式系統即爲先驗綜和命題之
系統」不同，此後者之兩詞並非表示兩層也。

　　依是，吾人有兩套先驗綜和命題。此之見到或不見到是哲學存
亡之關鍵。吾人必須正面而視之，發見而肯定之，然後見出哲學確
有其正面之領域與夫決定之對象。假若吾人囿於形式主義，吾人將
見無體的形式系統中之命題只爲「重疊地分析的」，而不知其亦爲
「關係地綜和的」。依是，此方面之先驗綜和命題必被否認。就客
觀化之形式命題言，不知其爲綜和的，尚無大礙，因爲它究竟亦是
分析的。但若執持其爲分析的，而必排斥其爲綜和的，則不但爲一
孔之見之無知，而且亦必不能建立其所說其爲分析的之形式系統之
超越必然性，因此，必流於約定主義，而此等形式系統之必然性與
絕對性即不能被證明。是以只說其爲分析的，此義或只爲一描述
詞，或爲一哲學。如是前者，則等於無所謂之廢辭。如是後者，則
不能極成此無體的形式系統之絕對性與必然性，其爲哲學必至於自
己之否定。依此，順此方面而言之，先驗綜和命題必須承認其爲如
實而不可否認。然而吾人亦知其只爲一「原則之系統」，而不是一
「命題之系統」（說命題是意指知識而言）。復次，假若吾人囿於

經驗主義，或科學命題範圍內，則吾人必以「經驗的綜和命題」爲唯一的命題，而且亦必以此爲代表知識之命題，除此而外皆非命題。然若進一步復謂：「除此而外，皆無意義」，則爲無意義者。代表知識之命題，若吾人即以「代表知識」爲「意義」之定義，則不代表知識者，當然無意義。然所謂當然無意義，是指其無此界說中所指定之意義，並非一往無意義。若謂無「此界說中所指定之意義」即爲「無意義」，則眞成爲無意義者。吾人順存在系統中之知識命題，很可以追問其所以可能之根據。此根據縱非命題，但可以是原則。命題有其爲「命題」之意義，原則有其爲「原則」之意義。依此，順存在系統而言「先驗綜和命題」（此代表原則，不代表科學知識之命題），乃決爲合法者。問題只在：如何可能耳。〔建立其如何可能之方式必不同於建立科學命題之可能否之方式。〕

　　依此，存在系統方面之先驗綜和命題使經驗綜和命題爲客觀存在之可能之超越根據，其所擔負者爲說明「現實存在」之實現。順非存在系統而言之，先驗綜和命題單在說明無體的形式系統之超越的必然性，而對於存在命題（即經驗綜和命題）則不負其存在或實現之責任，但負經驗現象在認識主體上如何能客觀化之責任。依是，存在方面之先驗綜和命題，對現實存在而言，爲構造的，使之實現的；而非存在方面者，對現實存在言，則爲非構造的，或亦可曰軌約的。此非構造的關係，吾將設兩義以明之：一、超越的決定，二、超越的運用。此兩義即爲自理解上解答「知覺現象如何客觀化」一問題之樞紐。此義將在下章中說明之。〔存在方面之先驗綜和命題對現實存在既爲構造的，使之實現的，則亦負擔現象客觀

化之說明。惟此客觀化是自形上學方面言，此或即為懷悌海自宇宙
論立場所言之客觀化。本書不涉及此。〕

六、由先驗綜和說明非存在的關係命題之超越的必然性即是將非存在的關係命題統屬於心覺而為其謂詞。此種為體之心覺如何可能耶？

存在的關係命題必預定主謂命題，因而亦必預定一本體。或為
現象的本體，或為形上的實體。假定是形上實體，則所有的存在關
係題即可以是該實體之謂詞。〔即使本體是多，如來布尼茲所
想，則所有的存在關係命題亦相應多的本體而成為多的串，每一串
皆附屬於與之相應的本體而為其謂詞。而多的本體間的關係則存於
神心中而為其謂詞。此系統不能成立，吾所不取。在此不能深論。
但既必須預定本體，則關係即有所隸屬，此則為必然者。〕現在，
非存在的關係命題，因其只是關係，故不預定主謂命題，因而亦不
直接預定本體。然因其迫切需要「超越必然性」之建立，故必迫至
「先驗綜和」之指出。即在此「先驗綜和」之必要上，遂必須肯定
一「本體性之心覺」以為此「先驗綜和」之落足處。假定此「落足
處」為必須肯定者，則非存在的關係命題即必須有所隸屬，因而亦
必可為其所隸屬者之謂詞。此並非將所有命題皆化為主謂式，而是
表示任何事物皆必有根源。即就關係言，存在的關係，若不預定主
謂，其自身即不可能。而因預定主謂而至本體，則即是關係所以可
能之根源之問題。非存在的關係，若不至先驗綜和，則其所成之形
式系統之超越的必然性即不可能。因此，必至先驗綜和。此而必
至，則「本體性的心覺」亦所必立。而此「本體性之心覺」亦即是

「非存在的關係」所以成立之根源。追求根源，乃理論上之逼迫，何所忌諱而必不敢視關係爲一本體之謂詞耶？視之爲謂詞，豈必流於「客觀眞理」之否定耶？羅素動輒以爲若如此，即是：眞繫於信，所知繫於知。（命題因其被信而獲得其眞理性，是即無客觀之眞。）因而必不願視關係爲心覺之謂詞。此亦不思之過也。蓋亦不知此「本體性之心覺」是何意義也。又復以爲來布尼茲想化一切命題爲主謂式，如是，則彼推之曰：若無一主一謂之命題即根本不是命題，必須無意義。但是恰恰在數目或心子間的關係這方面的命題爲上帝所見所信。依是，上帝必信那無意義的眞理。如果他所信的命題眞是一命題，則必有一些命題沒有一主一謂。此種周納，尤爲無理。來氏主關係可爲一本體之謂詞，並非主關係化爲主謂。「關係」爲一本體的謂詞，何以即根本不是命題耶？何以即爲無意義耶？彼以爲，若將關係歸於一個「知覺者」（即本體）之謂詞，必有以下兩缺點之一：或者知覺者在無意義的字之方式中看眞理，或者根本無理由假定：眞理依於「知覺者」對於眞理之覺知。此皆不得其義之疑難。數目間之關係無一主一謂，但既可以依於「知覺者」之覺知，又可以仍是關係而有意義。問題只在：此「本體性的知覺者」之覺知不同於通常認識上能知知所知之覺知。於此不能悟入，了解其何所是，而只以通常之「覺知」視之，則亦無怪其不能正視哲學之堂奧，而徒斤斤於簡陋之實在論，輒以「眞繫於信」斥言本體者。此亦不思之甚也。

　　存在的關係之隸屬於本體，且不論。茲言非存在的關係之隸屬於「本體性之心覺」，此種心覺如何可能耶？本體性的心覺，無論其發爲存在的關係或發爲非存在的關係，皆非能知之認所知之認識

關係。此爲必須記取者。發爲存在關係之本體，假若是心，亦不同於發爲「非存在關係」之心。前者名曰形上的心或道體的心，後者名曰認識的或邏輯的心。此本體性之邏輯的心如何可能耶？此爲下章之論題。

第三章 心覺之主觀性與客觀性

第一節 認識心之等流及其客觀化

一、同質的等流之識心與其種種變形。

在經驗對象之限制中，主體方面顯示出一種「覺識之用」。此覺識之用，吾人名曰認識的心，簡名曰「識心」。識心以「覺」為性，以「及物之了別」為用。了者明了，別者辨別。有靈覺之性即有了別之用。性與用非二層也。乃只就識心自己，如此分疏之耳。了別之用，固動用也。而靈覺之性亦動用也。惟了別，是自此靈覺之有向言，而靈覺則納此有向而歸於其自身。實則一事也。「心」者，即就其性與用之為一事而總名之。此「識心」，有時連其性而言之，亦曰「心覺」。有時連其用而言之，則曰「了心」。了心即識心也。故識心與「心覺」為同意語。

此心覺，若即如是而觀之，則曰「心覺一般」，亦曰「統覺一般」。惟「統覺」，則自其了別對象之「示相」而言之。蓋決無孤離不用之心覺，而在其了別對象之關係上，每一心覺之用皆是一

「統覺」。即最簡單之領取，如聞一聲，亦是一統覺。故統覺與心覺亦爲同意語。

統覺一般，即，未加任何限制之心覺，而單自其「只是關涉於對象之示相」而言之心覺，只是一個「同質的等流」。在此同質的等流上，有種種變形，如感覺或知覺、想像、理解，皆是其變形。在此，不論其變形如何，總是一個統覺之用，此即所謂統覺一般。而此亦即是一個「同質的流」，即覺識之流。單自此「同質的覺識之流」之自身言，是來無踪，去無迹，此言其過而不留。而且亦是來自無極去至無極，此言其自身無起訖。無踪迹，無起訖，只是一個如是如是之「覺識之流」。

如只作如是觀，則心覺之作用只是主觀的，亦是被動接受或順應的，「主觀的」是言其如是如是覺，而不能客觀化其「所覺」以公之於他人。此即說是，此時之心覺，既不能客觀化其自己，亦不能客觀化其所覺。亦即是說，它不能彰著而卓立其自己。「被動接受或順應的」，是言其只順對象之來而接受之而順應之，如「對象之所如」而覺之，而不見其有創發而越乎對象之上者。是以結果，此「等流之心」與其「對象之流」，縱不說後者淹沒於前者而上之，而前者亦決不能顯示其越乎後者而上之，至多只能說個順應之而已耳。在此順應關係中，兩流皆不能彰著而卓立。只是蟄伏而潛流耳，或只平平而順化耳。然而欲使兩流皆彰著而卓立，卻必以心之彰著而卓立爲關鍵。心之只爲順應的與其只爲主觀的，是一會事。假若它能客觀化其自己，則同時亦即變爲主動的，創發的。心覺即依此而彰著卓立其自己。心覺能卓立，則對象之流亦即得其彰著而卓立。

心覺之客觀化其自己，必須自「同質之流」之變形言。變形，順康德，只有三級：一曰感性，二曰想像，三曰理解。何以只列三級？此尙不甚重要。何以必終之以理解？此則必須解答者。

二、三態之界說及其有機之轉進。

覺識之流，其自身無踪迹、無起訖，若順其自身而向後追溯之，必無可以停止之處，是即來自無極之意也。但向後之追溯雖無有止，而向前之流卻有一煞住處。此煞住處即生理感之接觸對象所成之「結」是也。離開此結，向後追溯必無結果。來自無極之覺識流，吾人不能從其後面之深淵起，因於此無可以覓其起處也。吾人但知其向經驗中流注，一直流至「生理感之接觸對象」爲其煞住之歇腳處。此歇腳處即是吾人向後追溯之地點，亦即是彰著其後面之深淵之關鍵。認識心之所以爲認識心即在其受經驗對象之限制，而此限制亦由生理感之接觸對象而形成。所以吾人欲了解認識心如何逐步客觀化其自己，必須自其所停住之生理感爲地點。從此起點而觀其於限制中運用經驗對象，並觀其於此運用中如何逐步彰著其自己，而獲得其向後追溯之所以可止之根據。

隨生理感之接觸對象，流注於此，而如「對象之是其所是」之呈現而覺之，名曰「直覺的統覺」，亦曰「感觸的統覺」。此統覺以直接呈現爲其現象。兩者爲一一相應，無過無不及。

但直接呈現之對象才起即逝，過而不留。如果吾人之心覺一味順其遷化，事之過者不能稍留於心中，則只有當下之覺；而無知識。然事實上，事之過者實可留於心中。譬如現實炸彈之爆炸已不在，而吾知曾有炸彈爆炸之一事。緣起實事實不能留。普通所謂留

者乃事之影像。其實亦無所謂影像，只是一不在之事而已。又事不留，而事之爲事之「意義」則永恆而不變。覺一事實覺一事之意義。此見首章。不在之事留於心中，實乃事之「意義」留於心中也。而所謂留於心中，亦非心如筐子而藏於其中，只是心之覺力之通達耳。心之覺力達於生理感之接觸，然不限於此現實之接觸。凡爲生理感所已接觸，無論在與不在，皆爲心之覺力之所達。此達於不在者即曰「記憶」。由記憶而將起過之事聯於一起而綜之於一統覺中而覺之，名曰「想像」。記憶爲「念舊之統覺」。念舊或指一舊，或若干舊，但只是散地念而覺之。將若干散的「念覺」綜而爲一而作一綜體而覺之，則曰「想像之統覺」。是以想像之統覺乃「綜體之統覺」。記憶與想像之統覺是自「直覺的統覺」中提起之統覺，即自「陷於生理感中之心覺」躍起之心覺。此步躍起即是向後追溯所成之第一步，亦即心覺之第一步的自覺所成之統覺。

　　想像之綜體的統覺，對其所覺者言，仍只是外部地鬆散地聯之於一起而綜體地覺之。但此聯之於一起而成之綜體並不是內部地緊密地見出所覺者之內在的確定關係而成之綜和的統一。即是說，它尚未有經過分析綜和而概念地確定之，使所覺者成爲確定的概念。所以它尚只是一種靜態地順記憶所及之呈現而外部地聯合之，尚未至於動態地轉出概念之解析以深入所聯者之內部關係。是以尚不能成爲確定的系統知識。依是，必須再由想像之「綜體的統覺」轉至理解之「概念思考之統覺」。理解之概念思考之統覺是自「想像之綜體的統覺」中提起之統覺，亦即自「陷於想像之靜態中之心覺」躍起之心覺。此爲心覺之第二步的自覺所成之統覺。認識心以成知識爲準的，至此而「確定之知識」成，故溯至此級而即止。但說

「至此而成知識」，是自效果言。吾人尚可進一步自所以成知識之
根據處言。此根據可不在理解外而爲另一層，而即在理解之所以成
爲理解處。此根據即理解之概念的解析所運用之概念。概念代表規
律或理則，無論先驗的或經驗的皆然。一切追溯，至規律或理則而
止。此爲「溯至理解爲止」之所以然。心覺至此亦得其客觀化。其
所以能客觀化其自己亦即因其運用概念之故也。心覺客觀化，故對
象亦因而客觀化。

　　但概念有經驗的與先驗的之別。吾人若只泛說至概念而止，而
不別此概念之爲經驗的抑爲先驗的，則所謂客觀化亦只表示心覺至
此可有客觀之意義。而不能表示心覺自身之先驗的客觀化，即「追
溯」之先驗的停止。蓋若只說概念，則心覺是夾雜在經驗概念中而
運行。在此中運行，雖有客觀之意義，而經驗概念在向後追溯方面
是無終極的，故只能表示心覺運用之客觀的意義，而不能表示心覺
自身爲一客觀的心或邏輯的心，即不能退回到其絕對的主體性而卓
然自立。所以欲達到心覺自身之先驗的客觀化，必須將經驗概念撇
開，而單從先驗概念方面以建立之。

三、想像與理解各有其經驗的一面與超越的一面。

　　想像的統覺，雖自「直覺的統覺」中提起之統覺，然若只爲順
念舊之統覺而外部地鬆散地聯之於一起，或只順生過後之事象之浮
現於記憶中者而經驗地綜之於一起以成一綜體之統覺，則此想像之
統覺即爲「經驗的」。經驗的想像只是被動的順歷，或只是靜態的
心理的綜攝。它是無創生或無所湧現者。但順此心理的綜攝而復自
動地湧現出一種「形式」以綜括經驗想像之綜體的統覺，則此時之

想像即為「超越的想像」。其自動地湧出之「形式」即為時間與空間。經驗的想像只是「順歷」，而超越的想像則相應此順歷而予以時空之形式藉以確定之。是以超越的想像之統覺乃為憑藉時空形式而成之先驗的想像統覺。此先驗的想像統覺固是憑藉時空形式而成者，但一方亦即是時空建立之根源。時空由此超越的想像而湧現出，同時即用之於生理感中之直覺的統覺而為其形式，藉以限定此統覺中之現實存在，因而即賦予此現實存在以時空之形式或時間空間之特性。時空雖用於此，但「直覺的統覺」自身並不湧現時空。順生理感而起之直覺的統覺只是心覺之一種停住的把握。若只是一忽一忽之停住的把握之自身，決無時空可言。時空必在自此「直覺統覺」中提起之想像的統覺中建立。因此提起，遂不封於此一忽一忽之「把攝自身」中，而可以順記憶之統覺以返連過去。但若此反連過去，只是被動地心理的綜攝，則亦只是經驗的想像。經驗的想像不能湧現時空。必須此經驗的想像，由其只是順歷，再反回來而歸於其自身之創發性，然後時空才得建立。由其反回來，時空基於其創發性而自內立，由此內立者而成之想像的統覺始為超越的想像。超越的想像一經成立，則無論直覺統覺中之現實的或已變滅而復現於記憶統覺中之非現實的，皆可攝之於時空形式中而以時空形式限定之。時空雖在自「直覺的統覺」中提起之超越的想像中建立，但其應用卻不限於已變滅的復現於記憶中者，而亦用於眼前之直覺的統覺所覺之現實的事象。而且唯在其用於現實的事象，時空之用始彰著。順生理感而起之直覺的統覺是接觸現實者，整個現實世界由此呈現。而凡「現實存在」之主要特徵就是其時間性與空間性。此康德之所以以時空為直覺形式之故也。但彼只知為直覺底先

驗形式，而不知此先驗形式由何而建立。彼亦知時空乃屬於心之主
觀建構，但不知在心之何層次上而建立起。此其缺乏時空之根源的
解析，因而滋生解者之惑也。今將時空之建立歸於超越的想像，由
此而湧現，而卻用之於直覺的統覺以爲其形式。此則旣不悖於康
德，亦具備一根源之解析，而時空之落實的眞實可能性亦得昭著
矣。

　　但是，超越的想像雖湧現時空，而時空對於現實存在以及記憶
統覺中之所順歷者只能作一外部地只是時空形式之決定，因而所成
者亦只是浮於現象上面的一個括弧式的形式平板，而並不能進入事
象之內部的實際關係。（所謂內部只對「形式平板」之爲外部
言。）而當超越想像湧現出時空之時，亦即停於此而僵化。它藉時
空形式客觀化其自己，同時亦因而呆板其自己，此即所謂停住。因
是，心覺必須自此停住中而躍起，以進至於概念之解析。此種解析
之活動就是理解之概念思考的統覺。但是，概念的思考中所憑藉的
概念有是經驗的，有是先驗的。如憑藉經驗概念而進行其思考，則
爲理解之「經驗的一面」。在此經驗的一面，因亦用概念故，理解
亦可有客觀的意義，但此客觀的意義是夾雜在經驗中而表現。因
此，亦只能說有客觀的意義，而不能表示心覺自身之爲客觀的心或
邏輯的心。而其所以有客觀的意義不因心覺自己之爲客觀的心，乃
因所藉之經驗概念之有客觀的意義。是以此時之心覺自身仍爲無所
湧現者，仍不能表示其創發性，而單爲一種辨別之用。此時之心覺
仍爲被動的、順應的。經驗概念都從外面來，心覺藉之以得客觀之
意義，而心覺自身並非客觀的。此爲義襲而取者，並非自性上固有
的。而且經驗概念，在其向後追溯方面言，是無終極的。此方面是

一無終極的流，而心覺自身亦是一個被動順應的流，亦同樣無終極。即在此兩無終極之流上，心覺自身遂不能成為一客觀的心、邏輯的心。但是，理解之活動，其所憑藉者若為先驗的純粹概念，則其概念的思考之統覺即為「超越的一面」。惟由此超越的一面，始能見出心覺自身之為客觀的、邏輯的。心覺之如此客觀化其自己是先驗的客觀化其自己。因此客觀化，其在經驗中之客觀意義始可能，其形成經驗概念與夫使用經驗概念之客觀意義始可能。

　　但是，其所憑藉以先驗地客觀化其自己之純粹先驗概念是從何而起？曰：即從其自身而起。它自「湧現時空之超越想像」中躍起而為概念思考之統覺。其自身即湧現出一些純粹先驗概念以成功其自身為一超越的概念思考之統覺。其所湧現者即形成諸「無體的系統」之基本概念。首先，相應於邏輯系統言，它湧現為純理自己。此時，心覺不只是一了別之用，而且是一純理之體。由純理自己之客觀化即形成此「非存在的形式系統」之基本規律或概念。此種概念或規律即是可指目的純粹先驗概念。當其渾融於純理自己中時，它是不可指目的。必須在純理之客觀化中，它始轉為可以指目之概念。此即是凡、有、肯定、否定、如果則等。而此等概念皆不是「對象概念」（object concept），亦即皆不是經驗概念，而是規律或形式概念（rule or form concept），因而亦是純粹先驗的概念。其次，它相應於數學系統，它將純理自己之展現歷程所示之步位歷程，經由一種直覺構造，外在化或客觀化之而為一「單位（即數目）之系列」，由此遂形成此數學的形式系統之基本概念或規律，此亦是純粹先驗的規律或形式概念。最後，它相應於幾何系統，復由理性展現之布置相而構造一邏輯空間之形區，由此遂形成此幾何

的形式系統之純粹先驗的規律或形式概念。依此，它所湧現之純粹先驗概念即是在先驗綜和中所攜帶之概念，由之以使此等無體系統中之命題成爲先驗綜和命題者，即成其爲既是重疊地分析的，又是關係地綜和的命題者。心覺，惟在此階段，始成其爲客觀的心、邏輯的心，而且是純粹先驗地客觀化其自己。在其轉爲客觀的心時，它始能透過時空之外部的形式而進入事象之內部的關聯，因而遂使其在經驗的具體環境中所成之判斷始有客觀的意義，而且對象亦在此客觀的心之運用中得其客觀化而成一現實世界中之客體。

　　心覺，至其終極的客觀化時，始可作爲其客觀運用之起點，由之以層層下貫，直貫至「直覺的統覺」而後止。原來只是一心，唯在其關涉於對象，而顯示其超越的機能時，才顯爲種種階段與形態。而所謂種種，實則從超越的一面看，只有兩種：超越的想像與超越的理解。此兩級形態即是客觀化其自己之兩態，而唯以「時空」與「純理之客觀化所成之規律」爲其所以只爲兩態之標準，而且爲此兩態所以不同之標誌。超越的一面，唯此兩級有。直覺的統覺則無超越的一面。但它必爲一個基礎形態。依此，順此基礎形態，而自超越的一面想，則有三態：一、直覺的統覺，二、超越的想像，三、超越的理解。此爲心覺客觀化其自己之終始歷程中所顯示之三態。此爲必然者。其所以爲必然，以其所湧現者定。若從基礎形態起，順經驗一面走，則形態可無定，因無所湧現，故亦無可以爲標準者，因而亦無必然也。

四、意象與識神，藉王龍溪之說進一解。

　　王龍溪云：「人心莫不有知，古今聖愚所同具。直心以動，自

見天則，德性之知也。泥於意識，始乖始離。夫心本寂然，意則其
應感之迹。知本渾然，識則其分別之影。萬欲起於意，萬緣生於
識。意勝則心劣，識顯則知隱。故聖學之要，莫先於絕意去識。絕
意，非無意也。去識，非無識也。意統於心，心為之王，則意為誠
意，非意象之紛紜矣。識根於知，知為之主，則識為默識，非識神
之恍惚矣。」（見《龍溪語錄》）此中所言與心相對之意，即意象
也。意象無不紛紜者。心則形上之天心也。所言與知相對之識，即
識神也。一落於識，無不恍惚者。而「知」則良知也，亦即本心
也。知與心一也。意與識一也。又曰：「知一也，根於良，則為本
來之眞；依於識，則為死生之本。不可以不察也。知無起滅，識有
能所。知無方體，識有區別。譬之明鏡之照物，鏡體本虛，妍媸黑
白自往來於虛體之中，無加減也。若妍媸黑白之跡，滯而不化，鏡
體反為所蔽矣。鏡體之虛，無加減，則無生死，所謂良知也。變識
為知，識乃知之用。認識為知，識乃知之賊。」（同上）此識與知
對言，亦攝意與心對言。識為生死之本。一落識中，則所謂頭出頭
沒，亦即意象之紛紜也。彼所謂識與意，函攝至廣：心理的意念情
緒，以及知識的辨別區分，皆含在內。不只吾所說「認識的心」，
而認識的心亦含於其中，即知識的辨別區分是也。彼所謂識及識
神，乃本於佛家八識之說而言。彼言意及意象，非康德之意志，亦
非劉宗周所言之意。即就意象紛紜言，非必休謨、洛克等所言之
「觀念」，（此為心理的或經驗的觀念，有內容於其中，即帶
「所」而為言，自無不紛紜者。）即頓起頓滅之意念（所謂念頭）
情緒（心理情緒），此皆稍偏於「能」而為言，亦無不屬於意象紛
紜者。識與意皆非心與知之純一也。

　　若只限於「認識心」而言之，則彼識神意象之說，亦可應用於
其上。認識心，若只視之為一順歷的動用之流，或只自經驗一面而
觀之，則無不意象之紛紜，識神之恍惚。變滅無常，漫無定準。若
自聖學而言之，則必於此以外，見心與知，方有寂然渾然、於穆定
常之體。定常者屬於心或知，則識與意自必為紛紜恍惚之事矣。今
言認識心，自不屬於本心與良知。若非本心與良知，則亦必在識神
意象之範圍。如是，亦自必為紛紜恍惚之事，然果真如此，則認識
心即不能有客觀的意義，亦不能客觀化其自己而為一客觀的心或邏
輯的心。是以，即在認識心範圍內，吾人亦必區別經驗的一面與超
越的一面。經驗的一面，則所謂紛紜恍惚者也。超越的一面，則認
識心自身之定常而不流者也。惟此定常而不流者，非指良知本心
言，乃即認識心之客觀化者。由之足以見客觀的邏輯之心，而不足
以見形上之天心。能於王龍溪所謂「意」「識」中見出定常而超越
之一面者，以康德為第一人。即彼所謂「超越的統覺」是也。吾今
所言，不必同於彼。然大體是順彼之路而變其說者。

　　中土聖哲之言心，只有經驗的或心理的心（即王龍溪所言之意
識）與道德的天心（即良知）之別，而無邏輯的心一義。此義，順
西方學術一路走，較易把握，因其重視邏輯數學之訓練故也。此兩
門學問皆為純形式的，而又代表純粹理性者。在其對於知識之關係
方面說，則又為成就知識之形式條件。是以由此觀心，雖不至道德
的天心，卻亦能於經驗的「意」與「識」中見出客觀的邏輯的心。
心覺之先驗地客觀化其自己，只有以此兩門學問為關鍵始能作得
到。心覺之從其經驗的一面而進至其超越的一面，是其從感觸的狀
態中，與具體者相混融的境地中，提煉出來而歸於其自己。在此種

提煉過程中，首先將具體的事象剌出去而爲外在的對象。既有外在
的對象被置定，則心覺自己之主體性即顯示。所謂提煉出來歸於其
自己，即是「在其自己」，「自己在自己」。若心只在與具體者相
混融中顯其動用之相，則只是一個順應的流，雖是具體者可因此而
沾染有心的色彩，而其自己亦在感觸狀態中。此時即無其自己，自
然亦不能自己在自己。可是，當歸於其自己，其主體性亦不只是一
個純動用。純動用的心不能是客觀而邏輯的心。它的「在自己」之
主體性仍在主觀狀態中，而不能客觀化。要使其主體性既是主觀
的，又是客觀的，則必於動用中而有「理」。依是，客觀的心亦是
心理合一的心。理不從外來，即在其自身中。邏輯數學之爲純形式
的，首先亦是將經驗內容剔去者。經此剔除，乃見邏輯數學之純形
式性之所以即爲純理者。其爲純理不是懸空，必將其收攝而歸於心
覺。一個純動用的心，將其經驗內容剌出去，而不爲空洞游蕩者，
即因其有純理爲內容。此時之心覺不只是純動用，而且是「純思
想」。它因純理而客觀化其自己，所以它卓然立得住。它是「在自
己而又對自己」，故爲絕對的主體性。只是主觀的主體性非絕對
者。若非「既是主觀的又是客觀的」，必不能圓滿其自己。主觀
的，自其動用一面言；客觀的，自其純理一面言。在它能所合一，
心理合一，故能「在自己而又對自己」。若分拆言之，「在自己」
是它的能；對自己，是它的所。凡「在而又對自己」者皆爲絕對的
主體，同時亦即爲客觀的主體。心覺之轉爲如此之客觀的主體亦是
經由自覺而成者。吾人前言，由直覺的統覺而步步躍起或提起即是
其自覺之過程。它在躍起之自覺中建立其自己，同時即在此中客觀
化其自己。

五、客觀的心與康德之超越的統覺所顯示的超越的我。

吾說客觀的心是由直覺的統覺起向後追溯，直至湧發純粹先驗的概念或規律之「超越的概念思考之統覺」而後止。此若對「順生理感而起」之直覺的統覺言，亦可曰超越的統覺。依是，一、直覺的統覺，二、超越的想像，三、超越的統覺，三層相屬，此已近於康德之所列矣。但有不同於康德者二點：吾意心覺活動皆是統覺，故於順生理感而起，亦名直覺的統覺。自此而躍起之記憶與想像（經驗的或超越的），亦名統覺。自想像之統覺而躍起者為理解之概念的思考，此亦名統覺。自心覺活動言，皆名統覺。惟自其層層躍起之階段上，始加限制而名以別之。如是，不似康德之拘定與呆板。二、康德於順生理感而起之「直覺」，以有先驗形式故，名曰超越感性論。吾則無此名。自順生理感而起之直覺本身言，無超越義。感性而為超越的，是因自此躍起而成之超越的想像之湧現時空，並將此時空用於直覺而然。依是，自感性自性言，無超越的，其所以為超越的，繫於時空，而時空非直覺自身所湧現，乃由自此躍起之超越的想像而湧現，時空之根源即在此。故吾特將想像一級，因其湧現時空而彰著之，即因此故，名之曰超越的想像。至於直覺的統覺則不可以「超越的」加之矣。〔康德於論規模時，單就時間與超越的想像言，即可知吾如此修正，非甚悖也。〕此兩點之不同，觀吾以上所述，即可知者。

然當康德追溯至其所謂「超越的統覺」時，即由此而預定一「超越的我」。吾人亦可說，此超越的我與超越的統覺乃不即不離，而卻為一體一用者。超越的統覺變形為「理解」，而理解則表

示「在概念中認識之綜和」，亦即表示具著概念去認識。而此種具
著概念去認識之綜和活動之根據即在超越的統覺。依是理解與其所
伴攜之範疇乃統攝之於超越的統覺而得其歸宿或落實處。但超越的
統覺即表示，因而亦必預定一個「我」。其義是如此：即一切「表
象」皆必伴之以「我」，而且皆屬於「我」，然後始能綜攝之於
「我」。綜攝之於我，然後始能成其爲認識之對象。凡表象皆屬於
我。亦惟因此，而始可爲我之對象。由前者言，凡現實存在皆在
「我」中而爲屬於我之表象；由後者言，所認識之對象世界即由屬
於我之表象而確定。依此，「我」，一方發爲超越的統覺（轉形而
爲理解），一方復通過超越的統覺而爲統攝一切（自指表象言）無
所不包之「體」。此自爲一個超越的「我」。康德預定而透視此
「我」之論辨只如此。然此中似顯兩點爲我所以爲不足者：一、其
顯示此「我」之必要，著重在「一切表象屬於我」之一義。設吾於
「客觀的心」處亦言個邏輯的我，甚至即名此「我」爲超越的我，
吾將不著重此義而論辨。此與「存在即被知之認識論的意義」一義
有關。此義前已論過，將於下節再詳論之。二、其所透視而預定之
「我」不能全幅暴露其形上的意義以及其與其他方面（如道德的
我、絕對或神等）之關係，故對於其涵義不能有進一步之規定。此
尚爲未全幅透出者。此層如透不出，則困惑多端，有許多意義無法
確定。以上兩點，吾所認爲不足者。茲不追論，且說吾義。

　　心覺與心理情態並非一事。我覺痛，覺癢，覺饑渴冷暖，是心
理情態，但同時亦是覺。此「覺」並非一情態。此覺本身並無所謂
痛癢等等也。此即「心覺」之所在。此所以心覺爲一不可破裂的同
質流也。它永遠在其所覺者之上，永遠必須反而得之。從其所覺之

對象中反而歸諸此，即覺也。從顯「心」言，至此即止。決不能從其所覺之起伏中而追逐之。當然，不通過覺，亦無所謂痛癢冷暖等擺在那裡爲一現成之對象。但通過覺而成爲痛癢等，亦不即心覺自己。故通過覺而成爲痛癢等，便是心理情態也。一說情態，便有起伏遷化，亦即成爲一緣起事件也。因此可以說因果關係，可以表之以時間。但心覺自身只是一覺，非是一緣起事，故亦不可說因果，說時間也。王龍溪云：「心本寂然，意則其應感之迹；知本渾然，識則其分別之影。」此言意識，雖與心知對言，然亦可用之於心理情態之於心覺。心理情態通過心覺而成，亦即可說是心覺應感之迹，分別之影。王氏於此言紛紜恍惚，亦實即心理情態之起伏遷化也。不獨饑渴冷暖，通過覺後，是心理情態，即聲音顏色、大小形狀、一草一木等所謂外部感覺者，若通過心覺，亦可轉爲心理情態。轉爲心理情態即所謂內感也。是以內感所給者爲內部情態，外感所給者爲外部情態。但情態始可爲「給」。心覺自己並不可爲情態，故亦不可爲「給予」。此即是說：它不能作爲內感之對象。我通過心覺，始能感。但所感者爲情態，非心覺也。是以覺是感之超越條件，它永遠逃逸於情態之外，而永捉不著者。依是而說「永遠在上」，依是而說「心覺活動總是統覺」。或曰：吾可覺「覺」，此即覺之自覺。吾如不自覺，吾如何能反顯此「覺」本身乎？此即以「覺」爲對象矣。曰此所謂對象，只有名言義，無眞實義。實即是覺自身之自知自明也。其爲對象，不可作一心理情態看。「自覺」之覺同於覺。覺之覺亦仍之覺。普通所謂自覺，實是覺一「覺所」之覺。例如，我「覺痛」，此是一「取所」之覺。我覺「我覺痛」，此是普通所謂自覺，亦即覺一「覺所」（或取所）之覺，以

「覺痛」為對象，非以「覺自身」為對象。而覺本身之「自覺」與覺一「覺所」之自覺不同。前者實即反顯此覺者。故仍只是此覺也。此可當下認取而不能追溯者，因而亦可即時放下而不能拉成串系者。依是言之，「覺」是認識關係中一個「最後的能」，而永不能為「所」者。〔當然，此能為認識的，非形上的主宰之能也。〕吾人所以常以此覺為一心理情態者，是因通過感（即與外部接觸）而覺，覺與感合一，夾雜於感所引起之緣起事件中，故遂視之為一所覺之狀態。實則此只是覺所投射之影子，而不可視作覺。因而亦不可混心覺為心理情態也。

　　但是，覺雖為認識關係中最後之能，但若只視之為一單一的同質流，它仍是一主觀的心。故覺對心理情態言，一方雖為永遠在上者，一方亦可說與心理情態永為順歷者。就其永為順歷言，它不能為客觀的心。依是，必在與對象的關係上，向後追溯，由其超越的一面而見其湧現時空，湧現純粹先驗概念，由此以見其為客觀的心，亦即「心理合一」之心。此如前述。吾人於此，若說一個「我」，則此我即為邏輯的我。自其非心理情態言，自其永不可作內感之「所與」言，亦可視為「超越的我」。但此為邏輯的超越的我，它亦可以是個「體」。此體以以下二義定：一、自心覺方面言，它是一個單一的同質流，自規律方面言，它是一個客觀的自足的理。二、它既是主觀的又是客觀的一個絕對主體，既在自己而又對自己。依是，此所謂體是以心（認識的）與理（邏輯的）定。從心言，是動用。從理言，是貞定。它之為體是對它所發之先驗綜和命題之為其屬性言，不對一切表象（即現實存在）之屬於它而為其所統攝言，如康德之所說。〔這個體以及其所發之先驗綜和命題之

對於存在之關係，下節再說。〕

　　然則，此邏輯的我是否即形上的超越的眞我？曰：不是。因爲此我只是王龍溪所說的紛紜恍惚的意識自身中之恆常者，尙不是其所說之心與知。如是，吾人必須由此邏輯的我再透視而預定一個形上的超越的眞我，即王氏所說的心與知之眞我。吾人之透至此，是以孟子、象山、陽明以及龍溪、近溪所說之良知心學爲底子。所以對此眞我之涵義，吾人有一清晰之規定，而其對於邏輯的我以及整個現實存在世界之關係亦有一透徹之認識。

六、形上的超越的眞我之透視與規定。

　　然則何以必須透至此形上的超越的眞我？此可從兩方面說：一、從「邏輯的我之仍爲認識的」方面說；二、從「邏輯的我與此眞我之對於存在的關係之不同」方面說。從前一方面說是如此：邏輯的我，以其爲認識的，故與物爲對。它雖想超越而籠罩之，然終是認識論地超越而籠罩之。它自「直覺的統覺」中提起其自己，步步轉進，以期客觀化其自己，是爲理解對象以期造成有客觀意義之判斷之故；它由客觀理解以建設其自己之客觀性。它進至超越的想像以湧現時空，是在關涉對象之認識關係上以湧現時空，湧現之之時，亦即其停住之時，而其停住於此亦即在與物爲對之認識關係上停住於此。由此而轉至理解之概念思考之統覺以湧現規律，亦是如此：其湧現之之時，即其停住之時，而其停住於此亦仍是在與物爲對之認識關係上停住於此。其客觀化其自己之轉進，自客觀理解言，轉至此，固已至最後之階段。因其自己之先驗的客觀化至此已完成，而有客觀意義之判斷至此已可能。故自認識言，此邏輯的我

是最後的。但雖爲最後的，卻亦同時即停於此而與物爲對。此因在
關涉對象之認識關係上而停於此之與物爲對之邏輯的我猶如流動之
液體在達成某種目的上凝固其自己因而顯示其客觀性者同。是即表
示：其客觀性成立之前（或背後）必尙有一階段，亦即表示此與物
爲對之邏輯的我並非是絕對終極的。它之爲終極，是在關涉對象上
因湧現規律而已客觀化其自己而爲終極，因「自客觀理解言至此即
足」而爲終極。然則，此心之靜於此而與物爲對，亦必是某種爲之
前者爲達成某種目的（在此，即爲達成客觀理解），而故意冷下
來，自己否定其自己，而成爲如此之邏輯的我。〔注意，吾人言心
覺之客觀化是從直覺的統覺向後追溯至其充分客觀化而名曰邏輯的
我，現在則說此邏輯的我之形上的根源，由根源處下來而成爲如此
之邏輯的我。此爲兩種不同之歷程。〕此邏輯的我，自其所湧現之
理言，固可爲其客觀化完成之歇足處，然自其爲心覺之停於此而與
物爲對言，則必其前尙有不停於此者。停於此，即限於此，其限於
此，亦即表示其前尙有不限於此者。停於此，即靜於此，其靜於
此，亦表示尙有越乎此靜者。不停於此者不限於此者，越乎此者，
是何意指？自心覺自身言，它雖因湧現理而客觀化其自己，然其自
己究是一兩頭敞開之同質的流。現在且向後一端之敞開言，因向前
一端有生理感之接觸對象爲其逗住處。若順此向後一端之敞開的同
質流而尋其不停於此者，不限於此者，越乎此者，則亦仍此心覺自
己而已矣。此並非眞越乎此者。因而亦究爲無根者，其歸宿與其所
從出之根源究何在？欲答此問，不能順其敞開之頭緒（向後的一
端）而追求，蓋順此而尋，仍是此頭緒。此不必拉長，當下即是如
此也。然則，如眞有越乎此者而爲其根源，此根源必不是順此頭緒

而同質地引長即可獲得者。它必是直下即與此頭緒爲異質者。此頭緒實由該異質者之當下一曲折而成。如果吾人握住此曲折，則此曲折以下者爲靜於此之邏輯的我，認識上之客觀的心，此曲折以上者即爲不停於此而爲越乎此者。此即吾人所欲透視而預定之形上的超越的眞我。停於此者與物爲對而爲認識的，不停於此者不與物爲對而爲形上的踐履的。此即吾人所欲建立之天心、宇宙的心。

　　從「邏輯的我與此眞我之對於存在的關係之不同」一方面說，則如此：停於此而與物爲對，則其對於存在之關係爲認識的籠罩，而非形上的籠罩。它對於存在有所決定與軌約，此即下節所說之超越的決定與超越的運用，但不能形上地實現之。它能軌約存在而使其在認識上有客觀之意義，但不能形上地客觀化之（即實現之）。它之使其在認識上有客觀之意義，亦即是將其原來宰屬於其自己之生理主體中者重新再推出之。是即經由其自己（心覺）之客觀化而客觀化對象也。依是，它對於存在是在其自己所湧現之理之客觀的普及上而籠罩存在。吾人可說：凡是認識對象即現實存在皆須落在此理之客觀普及之籠罩中而爲對象。依此，在此亦可說「存在即被知」。（此言被知非專指現實地已被知，可被知亦在內。）惟既不能形上地現實之，則「存在」之外面的範圍（即那面的邊緣），此邏輯的我並不能決定之。此即「存在即被知」一命題之不能在此得其最後極成處。復次，此邏輯的我既與物爲對，則吾人亦不說此「我」統攝一切，無所不包。即不說：「一切表象皆屬於此我」。（康德主此義，顯得太強。）即一切表象（現實存在）不是此我之謂詞，此我亦不是其本體。表象儘可不屬於我，但「我」（邏輯的）很可以「以其理之客觀普及」而籠罩之。而且此籠罩爲先驗地

可決定者。此見下節。因一、不能實現之；二、「存在即被知」不能有最後之極成；三、不能以現實存在爲此我之謂詞：所以必須透視而預定一個形上的超越的眞我擔負此責任。

第二節　客觀的心對於存在之超越的決定與超越的運用

一、純理之呈現與格度及範疇。

　　純理之呈現關涉於理解，可從兩方面說：一、自其離乎現實具體理解而直接形式化言，則形成純邏輯系統。二、自其歸於現實具體理解中而彰其用以使心覺自身爲客觀的心言，則亦曰純理之直接客觀化。依是，純理之呈現可有離盈二解析。離者，離乎現實的理解。在離的解析中，純理之呈現所顯示之先驗純粹概念即形式化而爲一純形式系統（即純邏輯系統）之構成之形式規律，如否定、或、及函蘊等。盈者即歸於現實的理解而不離。在此不離的解析中，純理在理解之具體功能中呈現，因而亦即在此呈現中而見其具體之作用。其具體之作用，一方使心覺自身爲客觀的心，一方使理解之運行爲可能。所謂使理解運行可能，即純理在理解之具體功能中呈現，因而見其具體之作用，此種在呈現中所顯示之具體作用是純理之機能運用之全幅展布，因現實理解之具體功能之動用歷程而展布。此則爲一整個而分拆不開者。在此分拆不開中，吾人可說理解是依理而解，亦即如理而行。理解如理而行，純理亦即隨此行而爲呈現之脈絡。此言其具體而整全者也。依此具體之脈絡，理解遂

能輕車熟路而不泛不濫，因而成其爲現實之理解。然而在此，純理
自身雖分拆不開，卻可以順理解之爲「辨解的歷程」（discursive
process）而見出此歷程所以可能之先驗條件。理解活動非「直而無
曲」者，它必有分析綜和所顯示之統一（分析的統一與綜和的統
一），以及「因此所以」之推斷步驟，此即顯其非「直而無曲」
者，因而亦即顯其爲「曲而能達」者，即在此，成就其爲辨解的歷
程。此辨解歷程，在理解之現實活動中，常順經驗而且藉經驗概念
以顯示。例如，在「因此所以」中，其所藉之概念常是經驗概念。
因而在分析綜和中亦常是經驗的。但此經驗的辨解歷程，常途固可
就其在經驗中以及其所憑藉之經驗概念而覺其有事實上之可能，因
而亦覺其有事實上之客觀意義，而不必再追問其所以成此之先驗的
形式條件。實則理解如眞成其爲客觀的理解，而不只爲經驗的順歷
之主觀的潛伏者，則必其自身先能客觀化，因而其自身亦必先具有
若干純粹先驗的形式架子以爲其經驗的辨解歷程之事實上之可能，
乃至其事實上之客觀意義之先驗的根據。此種先驗根據決不能在別
處找，必須即在理解自身中發見。然理解，如只是一個動用之心
覺，則亦無法在此發見之。所以必先見到理解之於先驗的客觀化其
自己處而爲邏輯的心，即心理合一之心。惟在此心理合一之心處始
能發見之。是以，邏輯的心相應其活動之必爲辨解的（而非直覺
的），必須由其「理」之一面而客觀化爲若干形式條件以成就其爲
辨解的。假若其活動爲直覺的，則此種條件即不必要，因而表現邏
輯理性的那個邏輯的我即隱伏而不彰，或流逝而變質，而亦不復見
其爲邏輯理性矣。然其活動（成就客觀知識之活動）必爲辨解的，
如是，則一方必表現爲邏輯的我，一方必由此「我」之理的一面而

客觀化爲形式條件以成就其爲辨解的。此即，純理之呈現，其自身雖爲一具體脈絡之整全而拆不開，然而相應辨解歷程，純理亦必限於或靜化於辨解歷程之步驟中而分離地形式地先展示其面相，然後由此以成理解之具體活動，因而亦得在此活動中顯示其具體脈絡之全相。相應辨解歷程而靜化於其中所顯示之面相，即是先驗的形式條件。此可有三：一曰因故（ ground-consequence ），二曰曲全（ all，some；whole-part ），三曰肯定否定之二用（ affirmation-negation，is-is not ）。此三種形式條件，吾人名曰理解自身之「格度」（ formal-scheme ）。此種格度即純理自身在現實理解之辨解歷程中客觀化（亦可曰外在化）而成者。純理在現實理解中表現爲具體之呈現，而其具體之呈現，須知必在其客觀化爲理解格度以成功理解之爲現實的辨解的時，然後始能成此具體之呈現。此爲純理呈現之盈的解析。吾人可以見出，在離的解析中爲形成純形式系統之規律或概念者，即是盈的解析中由純理之客觀化而爲理解之格度者。

由非存在的形式系統中之命題之一方爲重疊地分析的，一方爲關係地綜和的，向裏收攝，而至純粹理性，而至先驗綜和，是謂引至純理之線索，同時亦即形成心覺之客觀化，因而爲客觀的心或邏輯的心。由客觀的心之先驗綜和活動而至先驗綜和命題之形式，是謂非存在的形式系統之超越的安立。由純理呈現之離的解析所成之純邏輯系統自己亦可作爲發見理解格度之線索，而在盈的解析中即予理解格度以超越的安立。凡此詳論，俱見下卷第二部。此處所說，但大略也。

又，理解格度雖號爲三，實則以因故爲首而統餘二。但三格度

只是理解進行所以可能之架子，彼於存在並無擔負，亦不能於存在
有所運用。是以理解在此架子中而透過此架子以接觸於存在，則必
有賴乎某種可以指點到「存在」之物事。此物事，吾將名之曰「範
疇」。範疇之設立，單在「因故格度」之呈用中出現，即是透過
「因故之運用」，必有一種指點到存在之當機運用中之邏輯地先在
之「原則」或形式性之概念，依此概念或原則，理解始能接觸於存
在。此種原則或概念，數目無定，亦不同於先驗地客觀化心覺自己
之純粹先驗的概念，如自純邏輯系統而言者。此惟是在當機運用中
所湧現之「當機原則」。關此詳論，亦見下卷第二部。

　　又，由純理呈現之離的解析中，順其形式化而爲規律之重疊的
展現（由此而成爲一推演的形式系統），即可顯示一「步位歷
程」，亦可顯示一純邏輯式的「形區」，由此施以直覺構造，即可
外在化而爲數學系統與幾何系統。此如前此所略述者（詳論見下卷
第一部）。依是，純理第一步直接形式化，即爲純邏輯。第二步外
在化爲數學。第三步外在化爲幾何。此皆屬於離的解析也。而在盈
的解析中，則純理即外在化而爲格度。吾人將純理之顯爲純邏輯一
面吸收進來而盈於現實理解中，同時亦即將其顯爲數學與幾何一面
亦吸收進來而歸宿於此客觀的心或邏輯的我。前者在現實理解中外
在化而爲格度，後者在現實理解中即外在化而爲決定時空之「型
範」（norm）。所謂外在化，即客觀的心在現實理解中其理的一
面之彰用。（此不同於在離的解析中由直覺構造所成之外在化。）

　　除理解自身所發之三格度外，尙有超越的想像所湧現之時空。
由此湧現之時空，一方說其應用於直覺的統覺而爲表象或限定「存
在」之形式，但卻不由直覺的統覺所湧現；一方亦可說其爲「格

度」，由超越的想像所湧現而爲理解所憑藉，理解不能離開時空所定之存在而接觸於存在。即依此義，亦說時空爲一格度。但此格度之出生地與作用俱不同於理解自身所湧現之三格度。康德以時空爲直覺之形式，只說其屬於心之主觀建構，而未明其在何處湧現。吾今指出爲超越的想像所湧現，而應用於直覺的統覺。故既可說爲表象或限定「存在」之形式，亦可說爲理解之格度。（詳論見下卷第二部。）

二、透過理解自身所湧現之三格度，客觀的心對於存在有超越的運用；透過時空一格度，客觀的心對於存在有超越的決定。

透過理解三格度實即只透過「因故」一格度即可表示吾所欲說之意義。透過此因故一格度，就當機而立之「範疇」之當機運用處而說客觀的心對於存在有「超越的運用」。透過時空一格度，根據純理之顯爲數學與幾何之一面而說客觀的心對於存在有「超越的決定」。依吾義，時空雖爲超越的想像純直覺地建立之（即其建立也爲一直的），然此直覺地建立並不擔負此時空之內部的屈曲。即，例如在空間，並不表示其究屬何種系統，爲歐氏的，抑爲非歐氏的。此種究屬何種系統之決定端賴「概念」，建立之之純直覺並不能擔負此責任。依是，其應用於現實之存在（順直覺的統覺走），亦只表象或限定存在而爲一時空之平板，亦並不能決定出附著於「存在」方面之時空究爲何種系統的（此仍可單就空間言）。如想作至此，亦須賴概念。如是，可問：此種概念究在何處？曰：即在純理之顯爲數學與幾何。當吾自純理之外在化而言數學與幾何時，

是純邏輯的，毫不假借純理以外之物事。依是，它可以成爲一個純
爲純理外在化所顯示之形式的推演系統，所謂「非存在系統」。即
就幾何系統言，此中亦並不預定外在的「空間」一概念。不但牛頓
式的形上學空間不須預定（此自可從批判的進路拉掉之），即就幾
何本身言，亦不須預定如何如何之空間，如歐氏的或非歐氏的等。
吾人可從純邏輯的概念決定中，將幾何系統推演出，即每一系統皆
可視爲一些自身一致的概念關係所成之關係命題組。但是，如此決
定出之種種幾何系統，既是純邏輯的，則必與存在無關涉。其成立
也，無求於存在，自亦可以不用於存在。亦不因不用於存在而失去
其爲重疊地必然的之眞理性。依是，如果欲用之於存在，必不能不
假借於空間。如果形上空間不可能，而在純邏輯地形成幾何系統
時，又不須預定空間，然則在何種情形下，必須有求於空間，因而
必保存之而不廢？曰：即在認識論的情形中不能廢去此空間。依
是，純幾何系統如用之於存在，不能不通過此認識論的空間。然而
此認識論的空間，當其爲超越的想像所湧現時，是無色的，即無內
部屈曲者。依是，其附著於存在而限定之，其所成者亦只爲一無色
之平板。依是，純幾何系統之經過空間而應用於存在，實即是順空
間之外著於存在而對於存在上之空間作超越之決定。此種決定所依
之概念即爲形成純幾何系統之純粹先驗概念，依是，此等概念即爲
決定「附著於存在上之空間」之型範，因而使此存在上之空間爲有
內部屈曲者，因而可知其爲何種系統。此種決定既依純粹先驗概念
而成，故爲「超越的決定」。而存在上之空間究呈現爲如何之系
統，亦因此而決定而得決。此種決定，就其決定存在所成者言（所
成者即爲存在上之空間關係），爲構造的，故空間與「決定之之型

範」能一起平鋪於存在而爲其外部之形式關係。

　　然此種構造的決定所成之形式關係只是關於存在之數學知識，而不能進於其內部而給吾人以「物理之知識」。同時，吾人對於存在只知其外部的形式關係（即數學知識），並不能算對於存在眞有知識，必須接觸到物理的一面，方始能有眞正的知識。然此物理的一面之眞正的知識並不能由「以數學與幾何爲型範」所成之超越的決定而給予，它必須自外給。依此，吾人欲透過時空處所成之形式關係而進至存在之內部關係，如其吾主體方面對於存在有所事事，必不是吾人說之爲構造的那種超越的決定，而如其此種事事是超越的，則必爲超越的運用，而不是超越的決定，因而因其既不是構造的，只可說其爲軌約的。依是，此種軌約的超越運用必須在「因故格度」處依據「範疇」之當機運用而形成。此種超越的運用對於存在有誘導作用，而無構造作用。理解自身所湧現之三格度，亦不如時空之可以平鋪於存在。時空著，此乃不著者。此既不著，如何接觸於存在？曰：即在當機而立之範疇處接觸於存在。然此種接觸亦不如時空之著於存在上之接觸，而是一個原則之指導之接觸。所以它亦不能直接地平鋪於存在上。此原則（即當機而立之範疇），有證實與否之跌蕩性，不似決定時空之「型範」之定然而不可移。當其證實也，此原則即落平。落平矣，即可說爲此原則之平鋪乎？曰仍不可。此「原則之落平」所顯示者乃一客觀之「理型」之呈現，是以平鋪者爲理型非原則也。因此三格度與範疇俱不能著於存在而平鋪於其上，故於此處說超越的運用，不說超越的決定。因而其「運用」只爲軌約的，不似「決定」之爲構造的。

三、超越決定對於存在之義用是形成「存在之構造的客觀化」，超越的運用則形成「存在之軌約的客觀化」。

　　無論超越的決定或超越的運用，對於存在總有一種客觀化的作用，即使之從生理機體或直覺的統覺之「心之觀點」中客觀化。客觀化即使之從隸屬於主體中客觀化而爲認識之客觀而獨立之對象。此種客觀化，只有從超越的決定與超越的運用方面想，始能作成功。假若吾人的認識心只是一個被動的順應流，而不能進至客觀的心，又假若只順「被動的順應流之心」而只是經驗地順歷經驗現象，則經驗現象永不能客觀化而爲客觀而獨立之認識對象。此在休謨哲學中已見之矣，在古希臘辯士派之思想中已彰明昭著矣。柏拉圖曾藉辯上普洛塔哥拉斯「人爲萬物之尺度」之感覺論表明「知覺不是知識」。如果知識不過就是知覺，某人知道某種東西即是覺知他所知道的東西，則與「人爲萬物之尺度」一主張相結合，即與任何事物之爲「是」（在）乃對於我爲是，之爲不是（不在）乃對於我爲不是，之主張相結合。我（生理機體的我）即是「是」之事物之爲「有」以及「不是」之事物之爲「非有」之尺度。如是，必流入主觀論。但知覺現象是變的，而覺之之生理器官，甚至心理情態，亦是變的。如果，若再與海拉克里圖士之「變之主張」相結合，則知覺必是一變之流，推至其極，必亦即是一「虛無流」。在主觀論上，「我」尚可爲「是」之尺度，但當從「虛無之流」上說，則是而不是，終無有是，則我之爲尺度即量不出任何事物矣，終於亦不復成其爲尺度。依是，知覺終不能是知識也。柏拉圖由此即逼迫吾人必須承認有常而不變客觀而獨存之「有」，此即是「理

型」。但柏拉圖亦只知理型之必要，而因其形而上之高遠靈魂與超
越精神，其理型終遠離而爲一獨立之世界，而與知覺現象隔離而爲
二。然知覺現象總是科學知識之起點，亦就是其研究之對象。此種
知覺現象如不能客觀化之而見出其所以曲成此現象者，簡言之，即
理型不能融於此現象而爲其理則，則雖盛贊乎理型，科學知識終不
可能也。理型遠離，則休謨即可以其感覺論而剔除之。縱使理型不
遠離而融於現象中，休謨亦可依其嚴格之感覺論而謂吾人終無一器
官以傳達之。如無一器官以傳達之，則即不能證明其爲實有。如
是，吾人所有者只是生理機體所呈現之感官現象。吾人之被動之心
順應此感官現象，藉習慣聯想以勾連之。無論如何勾連，總是聯想
之拼合，總是習慣之過轉，而並無一客觀之理性上之理由者。如
是，現象總不能客觀化而爲認識之對象，而現象亦總不能有客觀之
理由以成其爲如此之現象。如是，知識全無客觀之基礎。有誰能證
明歸納知識之理性上的根據？哲學家只能投身於形上學，嚮往一形
上實體以管轄此現象，但休謨可問：此形上實體是如何可能的？能
證明之否？依是，純遊心於形上學，總不免批判之考核。康德以爲
「休謨醒我」，誠不虛矣。吾人可暫不從形上實體以解答此問題。
可從認識心上，即康德所謂理解，以解答之。此康德所取之途徑
也。由此以成功其批判之哲學。一方擊碎獨斷之經驗論，一方拆穿
獨斷之理性論。獨闢蹊徑，別轉方向。救哲學於罔殆，使之成一貫
徹本末之系統，而人性之全體大用亦因之而漸趨於彰著。此其功不
可謂不偉。雖然，未盡美盡善也。吾今順其途徑，再予斟酌。以
爲，知覺現象若能客觀化而爲認識之對象，從認識心方面言，必須
由被動的順應心（只停於主觀狀態），轉進至客觀的心，由此而發

為超越的決定與超越的運用。從知覺現象自身言，必須能藉此決定
與運用而見出其自身之理則（數學的與物理的）。依是，其客觀化
之關鍵，全在客觀的心之成立。超越的決定是客觀的心憑藉純理之
外在化所成之數學與幾何以決定附著於存在上之時空。時空為附著
於存在而限定存在者。客觀的心以數學與幾何為型範而決定附著於
存在之時空，由是而見出時間關係與空間關係。時空附著於存在，
則存在即有時空相。存在之時空相通過超越之決定而成為一定者，
而存在亦在此有定之時空關係中而成為確定者，即其在時空架格中
時空位置之確定。因其確定於時空架格中，故其為存在亦得客觀化
而為獨立之存在。凡經驗現象皆是現實而具體的，依此皆必在時空
架格中。故時空架格對於現實存在必為遍及之平鋪。即就此遍及之
平鋪言，故超越的決定對於存在是構造的。因而其對於存在所成之
客觀化亦為構造的客觀化。

　　但構造的客觀化既只就時空關係說，而時空關係為遍及之平
鋪。不拘是何種特殊之存在，皆在此時空關係中；而決定出其時空
關係亦不能因此即知其實際之內蘊。依此，時空關係只為存在之
「外部形式」。依是，超越的決定對於存在所成之構造的客觀化，
亦可以說只是形式的客觀化，或亦曰量的客觀化。而於此如果可以
說知識，亦只是先驗的數學知識。但一盤散沙，毫無實際的物理關
係，亦可排列之於時空秩序中。由此即可反證時空關係並不即是物
理關係。吾人由超越的決定所成之構造的客觀化只是存在之形式的
客觀化。由此形式的客觀化，再透至存在之物理關係，則非超越決
定所能擔負。是以必經由「因故格度」處之範疇之運用始能穿過時
空形式而接觸於存在之實際的關係。但此當機而立之範疇之運用，

對於存在之作用，只是誘導的，因而亦只是軌約的，而不是構造的。因為因故格度處之範疇只表示客觀的心在概念運用中照射存在。（若不在概念運用中，則只是順應的覺攝，此如直覺的統覺是。此並不能客觀化現象而成系統之知識。）範疇之運用是「指點而貞定」存在之工具，或云觀看存在之「理路或模型」。但此觀看之理路並不能平鋪於存在而爲構造的。因爲雖是客觀的心，卻仍是認識的，因此仍是與物爲對。它並不能實現存在，而只能了別存在。此與形上的心或神心之「觀看」不同。在形上的心或神心處，吾人若說觀看，則其觀看之理路或模型即平鋪於存在而爲其理則，而其觀看存在同時亦即實現存在。其觀看之動用是實現原則也。但仍爲認識的之客觀的心則與其所觀之存在爲有距離者，亦爲異質之對待者。故其觀看之運用旣不能實現之，而其觀看之理路亦不能平鋪於存在而即爲其構造之理則。此言其對於存在之所以爲「軌約的」之故也。但雖爲軌約的，而其在概念運用中照射存在，確有指點而貞定存在之作用。其指點而貞定之，即使其脫穎而出，從隱伏中，隸屬中，凸出而爲獨立之存在，此即是其客觀化。是以範疇之運用即是耕耘存在之犁耙，藉以使其脈絡豁朗者。存在之脈絡豁朗即是存在之客觀化。是以此種客觀化不同於形式之客觀化，惟賴存在之脈絡之凸出而成其爲客觀化。故超越之運用，一方旣不能平鋪於存在而爲構造的，一方卻又能接觸於存在之實際關係而成就其「實際的客觀化」，此亦曰質的客觀化，或軌約的客觀化。此不能與形式的客觀化混而爲一。故於客觀的心對於存在之作用，一方言超越的決定，一方言超越的運用。此兩者亦不能混同而論也。在超越的決定中，吾人可有先驗的形式知識，而在超越的運用中，則無

先驗的知識，而唯藉此運用以成就經驗知識也。〔有此分別，吾始能融柏拉圖之精神於康德途徑中，而對於康德哲學之指正亦可以見其何以爲必須。〕

四、超越的決定與運用對於存在是先驗地必然的。但其於存在方面之成就，超越的決定只能隨經驗現象之呈現而爲平面的層層決定，而不能孤總現象於一起本體論地決定現實宇宙之整個爲如何如何。而超越的運用所客觀化之存在之爲如是如是之存在亦只是認識論的然，而不是形上的然。

　　依據數學與幾何方面之型範所成之超越的決定。與依據思解三格度及範疇所成之超越的運用，對於現實存在是認識論地必然的，但不是形而上地必然的。決定與運用，旣是超越的，則其對於存在之籠罩關係自不能不是「必然的」。所謂必然的，是說：不管現實存在之「生理主體」對面那個敞開的邊緣究是否能有客觀的決定，即不管「存在即被知」一命題究是否能有形上的決定以及其最後的客觀極成，只要凡是呈現出來的現實存在而爲或可爲吾人之認識對象，即必然落在此種籠罩關係中而爲對象，不管是構造的決定方面之籠罩或是軌約的運用方面之籠罩，皆是必然的。如果不在此籠罩中，首先從認識主體方面說，吾不能張施其認識而成系統的知識；其次，再從客體方面說，現實存在亦不可能作爲如此客觀化其自己的「邏輯的心」之對象。對象不是在主體的先驗構造綜和中而成其爲對象，而是在邏輯的我必如此張施其認識中而爲此種認識主體之對象。亦不是離開此種先驗的構造綜和即不成其爲對象，而是離開如此張施的主體之籠罩即不可能成爲此種張施的認識之對象。此即

表示說，現實存在之爲對象，總是對象，單看其在何種認識關係中而爲何種主體之對象。在此客觀的心之認識關係中而爲邏輯的我之對象，即必然接受此籠罩，因而決定與運用亦皆是必然的。吾人若記起上節（即第一節六段）中所說之形上的超越的眞我，則如彼處所說，由眞我（即形上的心）之一曲而爲認識的邏輯的我，則此邏輯的我對於存在之決定或運用所依據以成其爲超越的決定與超越的運用者當是必然而不可移的。其所以使其爲認識的邏輯的我，爲如此這般而先驗客觀化其自己之客觀的心，是有形上的必然根據的。此種所依據者旣是必然的，則其所成之超越的決定與運用不可能不必然。然而此種決定與運用旣是發自與物爲對之認識的客觀的心，故其爲「必然」亦只是認識論的，而不是形上學的。因爲此認識的心是了解對象，不是實現對象者。如果它不是形上地必然的，又如果「形上的超越眞我」是實現對象者，則此眞我很可不依據此一套以張施，以成功其對於存在之認識。不但很可不依據此一套以張施，而且如果吾人之形上眞心能透體呈露而爲萬有之基（即形上學完全成立），則其認識存在（此時當不說認識，而說覺照）即完全不依據任何形式條件或一套一套之虛架子以張施。此即客觀的心處所依據之形式條件是認識論地必然的，而不是形上地必然的之故。即不是形上地必然的，故其對於存在只能成功超越的決定與超越的運用，而且在決定方面雖爲構造的，即只限於「時空之量」一方面，在運用方面不爲構造而爲軌約，故其所如此軌約出之「存在之然」是「認識論地必然的」然，而不是「形上學地必然的」然（此後者之「然」必須依據能實現對象之形上眞心說）。以下分別略說決定與運用兩方面之特性。

　　首先，關於超越的決定，在以數學爲型範方面無問題，以其所決定者爲時空之數目量。但在以幾何爲型範方面，便有問題。以其不只決定數目量，而且決定空間形。假若是超越的決定，則在空間方面，其所決定而成者，依常情言，似乎只能是一種空間系統或幾何系統，例如歐氏系統。但吾人依純理之外在化，可以純邏輯地推演出若干種幾何系統，而且每一種皆是先驗地必然的。如果超越決定是從「以純理而客觀化其自己之客觀的心」而發出，則當一成爲「附著於存在之空間」之決定，其所依據以成決定之型範，即各種純幾何系統，必須隨此決定而俱實現於「附著於存在之空間」上。蓋不如此，不得成爲超越決定故。依是，從純理之外在化所純邏輯地推演出之幾何系統有多少，即實現於「附著於存在之空間」上之系統有多少。但附著於存在之空間原是一，雖是無色的，而若既經依歐氏系統而決定其爲歐式的，如何又能依非歐系統而決定其爲非歐的？同一空間，既決定其爲歐氏的，又爲非歐氏的，似乎是矛盾。然則從純理之外在化而邏輯地建立起之種種幾何系統，限於超越決定而言之，如何能全部實現於「附著於存在之空間」上？如果不言超越決定，則雖有種種幾何系統，而此時之諸系統亦不攝於「宿於客觀的心之純理」上而言之，因而亦不言其先驗之根據、超越之安立，因此其爲諸系統只是形式主義之說法，而不是先驗主義之說法，如是，則雖爲多，而其與存在之關係，即實現或不實現之問題，亦易解答，即不發生此處所提之問題。此諸系統可純形式主義地構造起，擺在那裡以待用。而究竟用何種，則當全依「經驗」而決之。此其所以不生此處所提之問題之故也。復次，如果言超越決定，而只有一種幾何系統，無論歐氏的，或非歐氏的，則亦不生

此處所提之問題。此如在康德系統中即如此。但吾人不但爲歐氏系統立先驗根據，而且爲非歐系統立先驗根據。依是，系統雖多，俱攝於純理。而由純理之外在化，亦實可純邏輯地構造起此許多系統；而順此而言，必爲先驗主義，亦必言超越的決定。惟在此路數上，始有此處所提之問題。順此路而言超越決定，勢必至全部系統俱實現於「附著於存在之空間」上。然而又如何能爲不矛盾？此問題引吾人至較爲深遠之思想，亦較爲新奇之結論。

解答此問題，首先須從先驗主義一詞所含之特殊義而言之。既爲諸系統建立先驗根據，而由先驗的純理上亦實可純邏輯地構造起此諸系統，則由此所發之系統，無論如何多（不能無窮），要必一起皆爲眞實的，而不只爲形式地可能的，如來布尼茲所說之「可能」。如其一起皆爲眞實的，則當無一爲多餘的，爲掛空的。依是，同時是邏輯的，同時亦即是現實的。當其自純理之外在化而純邏輯地建立時，雖與外界無關涉，但因其是先驗的故，即保證其必爲現實的。凡說先驗的根據或超越的安立，決無「可能之範圍大於現實之範圍」一思想。遮撥經驗而反歸於先驗之本，由此所發見者，似必爲「範圍天地之化而不過，曲成萬物而不遺」者。如果「不過」，則即無餘外無空懸；如果「不遺」，則即凡現實存在無不接受此構造的籠罩。此爲從先驗主義之特殊處，原則上即可建立起者。（若只是形式主義，則不函此義。）依是，從現實存在方面言，彼一起皆爲眞實的者，亦必層層皆實現於「附著於存在」之空間上，即皆實現於現實世界中。此如何而可眞實可能耶？所謂層層實現是何意義耶？順超越決定，其直接實現者爲歐氏系統，即決定空間爲歐氏的。但物理世界有動有力有攝引有彎曲，如是，空間亦

必隨之而狀其形（仍爲空間形），而空間即因此「狀其形」而變其形，因而以非歐系統爲型範而再進一步決定其爲非歐的。大體順吾人對於物理世界之認識之深入而層層決定之，因而層層實現之。歐氏空間爲一較外部之底據形態（radical form），此如牛頓之墮性律然。非歐空間則爲較內部之殊變形態。然而每一系統皆是普遍的籠罩者，此即表示物理世界在其外部之空間量之形式方面，可呈現爲種種面相者。依是，每一系統皆表示空間量之形式之一面。面面不同，層層不同，故無矛盾。假若邏輯的我不只發出吾人今日已有之系統，尚可發出更多乎此者，假若眞可實構出（此語吃緊），則亦必順超越的決定而實現於「附著於存在」之空間。若吾之邏輯的我在純理之展現爲幾何方面，眞能含藏無量，則世界之「外部之空間形式」亦必含藏無量之面相。（此決爲原則上可說者。然吾於下卷將指出純理之展現爲幾何系統不能無限多，因而世界之外部空間形式之面相亦不能無限多。）然其面相無論如何多，總是存在之「外部者」，又必爲因空間之限定而顯示，而此限定又總不能逃超越之決定，故每一決定所示之面相亦總不能相應存在之眞實的內部姿態而如如地示出之。甚至在存在方面直無此面相，即，不可即說之爲空間面相，只不過其變動關係所示之虛影，吾人之心綜和之，湧現空間以限定之，復依超越決定以確定之，因而始成爲空間面相。是以一說空間面相，必爲有特殊之幾何特性者，即必屬於一定之幾何系統者。依是，超越決定只能順現實存在之呈現，由「與物爲對」之客觀的心平面地層層深入決定出種種空間面相，決不能孤總現實於一起本體論地而謂此宇宙之整體爲如何如何，如宇宙爲球形，世界在空間方面爲無限或有限，等等。此則決不能由超越決定

以說明之。而且在「邏輯的我」處任何表現亦不能擔負此說明。
（在形上真心處可有決定，但亦不就空間說。）

關於超越的運用方面，稍簡單。透過思解三格度，憑藉當機而
立之範疇所成之超越運用是穿過時空限定之外部形式而進至於存在
之實際的內蘊。但無論如何進，總必在邏輯的我自身所成之封限中
層層前進，而永不能頓然窮盡存在之一切內蘊而使之為透體呈露
者。存在之內蘊，以其為現實存在故，乃為無窮複雜者。欲透體盡
此無窮複雜之內蘊，必彼足以實現對象之形上真心之覺照始能之。
與物為對之客觀的心並不能也。是以其所運用而了別之存在只是現
象的然，而不能窮盡其透體之形上的所以然。亦因此故，認識的客
觀心，在運用方面，雖為軌約的籠罩，而當其經過超越的運用而落
實地了解對象時，事實上總有在其所了之外者。此「在外者」與
「已了者」或為同層，或為異層。如屬同層，則所謂「在外」只是
範圍之擴大。如屬異層，則所謂「在外」即是層層深入之預備。前
者為廣度的在外，後者為深度之在外。此皆可概括之以「可能經
驗」。依是，無論如何「外」，當其呈現於現實經驗中時，總必在
如此張施之主體之認識關係中而為此認識觀景之對象。是以如賅攝
「可能經驗」而言之，則超越的運用必為普及的籠罩者。惟有兩點
須注意。

一、超越的運用所軌約出之「存在」之「然」既只是認識論地
必然的，而不是形上地必然的，則當其接受此運用始可為如是如是
之然，如不接受，或吾之張施無法施其張施（此時即不能有知識或
經驗），則認識的客觀心亦無可如之何。蓋只為軌約的，不為構造
的故也。既為軌約的，自不能保證其必接受吾之張施而為認識論地

必然的「然」。即以此故，吾人必有形上眞心之要求以爲此超越運用之最後的客觀的保證。

二、認識的客觀心旣只了別對象，而不能實現對象，則所謂「在外者」無論與「已了者」爲同層，或異層，其外邊之邊緣總是敞開的。就同層言，吾人亦只能說「廣度的在外」，而此「在外」卻並不能即客觀地指示一個確定的「無限」或「有限」。此則俱不能有客觀的決定者。即上所云「總有在外者」，此語，從客觀存在方面言，亦只是事實地如此說，不能原則地如此說。自在邏輯的我自身所成之封限中層層前進方面說，吾人可原則地決定說「總有在外者」。但因此心與物爲對，而不能實現對象，故從對象方面說，即不能在原則上決定此「在外者」究有限抑無限，因而所謂「總有在外者」亦不能原則上客觀地極成之。就異層言，吾人亦只能說「深度的在外」，而此「在外」究有限抑無限，究有止抑無止，從存在方面說，亦不能原則上客觀地決定之。（從邏輯的我之主體方面說，可原則地決定之。）依是，在此兩層方面俱爲敞開者。其敞開之邊緣乃爲一濛騰之邊緣。猶如自主體方面看去爲雲氣濛騰者，至其濛騰之狀究如何，乃不能客觀地決定者。即以此故，「存在即被知」一命題所指示之存在之範圍，在認識心方面，不能有客觀的決定者，因而此命題亦不能有客觀的極成。柏克萊論證此命題，從消極方面說，是在去掉不可知之物質本體。此即表示本體不是物質，而是神心。但只在去掉物質本體上，尚不能完全證明此命題。其論證此命題之積極方面必從神心說。惟自此說，始有客觀而最後之極成。是以「存在即被知」，在認識心方面之認識論的意義，只指示一個不決定的「可能經驗」之範圍：其消極方面可以防濫（排

除那永不爲心所知所覺之存在），而在積極方面，即可知可覺之存
在之範圍方面，則不能有客觀的決定。亦因此故，形上眞心之建立
乃爲必然而不可避免者。

五、康德的謬誤，一、混超越的決定與超越的運用而爲一；二、理解所不能擔負者必使之擔負。

　　康德把握問題解答問題之著眼點是在理解與對象間之異質的，
不能合一的夾縫處，以理解所不能擔負之責任歸給理解使之必擔
負，理解不能彌縫此夾縫而偏使之彌縫之。以理解對於對象之虛的
施行作爲實的，遂覺其眞可以彌縫之而天衣無縫矣。此爲「以虛爲
實之謬誤」。而所以結成此謬誤，則在混超越的決定與超越的運用
而爲一。超越的決定本只限於決定時空者，而對於時空所決定出之
種種面相或系統只表示存在之外部的時空形式，並不能透過時空而
至於存在之實際的內蘊，如物理關係。但是，康德雖知「直覺公
理」與「知覺預測」所說者只是數學的，只就時空言即可決定出，
亦知其與「經驗之類比」不同，但當其論「從現象之主觀繼續到客
觀繼續」一問題，即「因果範疇之平鋪於現象上而使之成爲客觀的
繼續必然的連結」一問題時，卻完全就時間而論證。時間系列之決
定固爲必須者，但因果概念之平鋪於現象藉以決定現象之因果關
係，純就時間論證乃爲不足者。即就此點言，即見其爲混超越的決
定與超越的運用而爲一。其言「規模」亦純就時間言，此亦爲不可
能者。但亦能助成此處所指者之顯然。以此種論證爲不足，故其
〈原則之分析〉第二章所說者皆爲獨斷的，非批判的。彼只能表示
吾人對於現象有此種種「性相」之要求，以及範疇有實現於對象應

用於對象上之要求。但是，如何可能其實現，卻並未在此表示出。而對於現象有此種種性相之要求，如不能明此種種性相如何而可能，則在範疇之應用上說，亦不過如此置定之而已耳。置定之以備範疇之應用，此即所謂獨斷的，非批判的也。其論證則為邏輯的，亦非批判的也。

在〈概念之分析〉中，言及「純粹概念之超越推述」時，藉「純粹概念為經驗可能之條件」一思想，似能說明範疇之必實現必應用。此步工作是自「超越的統覺」（康德中者）之超越的綜和而下貫者。但此步工作中所說者可有兩種看法：

一、純為一種原則，形式上先總持地或籠罩地如此說。如是，必要求「原則之分析」以盡此「總持的說法如何能實現」之責任。但若如此，則吾已指出「原則之分析」實未能盡好此責任。

二、從超越統覺之下貫言，可視為自上而下之構造的綜和歷程。但若如此，則「原則之分析」即成徒然，而超越的統覺亦必須轉為實踐的，而非認識的（或觀論的）。此則為尤難。

以上兩種看法，俱可刺出康德系統之弊竇。康德固想藉此兩步工作（概念之分析與原則之分析），以達到其彌縫此夾縫之目的，此即是「知識可能之條件即知識對象可能之條件」一原則所示者。然不知此異質的不能合一的夾縫乃不能如此彌縫者。理解，即認識的客觀的心，並不能擔負此責任。超越的決定與超越的運用亦不能混為一，藉以證明現象之必服從此條件或規律。現象之規律性之先驗的保證並不能自理解處言。此實為形上真心所擔負者，而康德則歸給理解。此為「錯置擔負之謬誤」。因有此謬誤，故有「以虛為實之謬誤」。最後，康德所能作成者只是：吾人之邏輯思想對於對

象必有其範疇所示之種種性相之要求，而作爲純粹概念之範疇亦必要求能應用於對象。一個以批判形式出現之系統，歸於仍爲純形式或純邏輯之獨斷者。（案：此意只表示：其對於知識之可能只盡說明其「形式可能性」之責，未盡說明其「眞實可能性」之責。對於獨斷一辭，不可錯解。即康德說來布尼茲之爲獨斷主要者亦是此意。）

六、外延性原則與原子性原則何以可能？解答羅素之問題。

　　一個知覺現象，從其繫屬於生理機體與主觀的心之觀點中解脫出來，而可以客觀地被主斷（此即其客觀化），總屬必要，亦是哲學家所最易接觸之問題。客觀地被主斷，則其所成之命題始有客觀之意義，而其或眞或假之值始能客觀地被決定。依此，始能成有系統的客觀知識。而在一客觀的知識系統中之命題必一方具有普遍性，此即論謂特殊事件而不爲其所限，一方亦必有確定的概念爲其組成之之部分，此即對於現象可施分解而可以明其爲一由部分組成之「複體」。前者爲外延性，後者爲原子性。依此，在客觀知識之成立上，外延性原則與原子性原則，在現象上必須能有效始可。羅素即盛論此問題。但其討論之路數爲邏輯分析者，與本書及康德所取之路數不同。由本書路數觀之，自超越決定與超越運用所成之客觀化，即可解答此問題。此爲有本統者。而且唯如此始能原則地明「此兩原則之有效性」如何而可能。否則，若爲零零碎碎之分析，只是事實之指出，不是理論之說明。

　　依羅素，「句子及某些字可有兩種非語言的使用。一、用以指

示對象。二、用以表示心之狀態。字可以經過它們的表意而出現，而沒有作為指示而出現。這點，當它們只當作表示而出現時即發生。依是，一個命題 P 可以在兩種不同的非語言的路數中出現：A、指示與表示兩者俱相干；B、只有表示相干。當句子作為一個主斷，而自行出現時，我們即有 A 條所說。當我們說『A 相信 P』時，我們即有 B 條所說，此因吾人所主斷的生起事，不必涉及 P 之真或假，即可完全被描述。但是當吾人主『P 或 Q』，或任何其他真理函值時，吾人即有 A 條所述。如果以上之分析是正確的，則外延性原則可以應用於 P 之指示是相干的那一切情況，但不應用於那些只有表示是相干的情況，此即是說只應用於 A、而不應用於 B。此種只應用於 A 而不應用於 B 的陳述，吾想，即是一套套邏輯。外延性原則依其一般形式而言，如果我沒有弄錯，則必須反對。某君曾提示我說：在『A 相信：B 是熱的』一語中，『B 是熱的』這幾個字描述那為『B 是熱的』所表示的。此觀點頗動人。亦可以是對的。依此觀點，『B 是熱的』這幾個字並不真地涉及 B，但只描述 A 之狀態。當我說：『A 聞得一玫瑰之味』時，亦可如此講。在此玫瑰只能作為描述 A 之狀態而進來。此觀點，使吾人必然於『P』及『屬某之 P』之間引出一嚴格之區別。當那出現者真地是 P 時，即能保持外延性原則。但是當那出現者是『屬某之P』時，則此原則失效之理由是因為『P』事實上並未出現。」（參看羅素：《意義與真理之研究》一書第十九章。）

依此言之，「A 相信 P」、「A 懷疑 P」、「A 想 P」、「A 說 P」等，俱是「屬某之 P」。羅素名此曰「命題態度」。維特根什坦名曰「心理學中之命題形式」。此皆繫屬於心理主體者。「我

聞得一味」、「我聽見一聲」、「我覺冷暖軟硬」等，亦可說是屬某之 P。此皆隸屬於生理機體之主體者。味、聲、冷暖等等，在此種「屬某之 P」之形式中，俱只能作爲描述 A 之狀態（即生理主體之狀態）而進來。我可以不必涉及聲音顏色等之眞或假而可以完全描述發生於此主體上之狀態或生起事。在此，聲音、顏色等很可以事實上並未出現。所以如果表之以命題 P 時，此時並不眞地是 P 出現。即此時 P 並無客觀意義，亦不能客觀地主斷其爲眞或假。所以，外延性原則，在此種只有表示而無指示的句子上，決不能應用。但是，知識的「直接所與」總是糾纏於此種「心理主體」或「生理主體」中而生起的。若不限於純邏輯，則在知識上說，如何能客觀化之而眞成爲知識之對象？若限於純邏輯，吾人只指出此種「屬某之 P」不能以外延性原則應用於其上。羅素所作者不過如此而已。但是須知羅素等人論此問題，即使是論邏輯命題，亦不同於吾所取之途徑。他們大體皆有知識上之意義。此從其所謂「既表示又指示」，即可知之。如是，羅素只作到事實之指出：區別何種命題，外延性原則可以用，何種命題，不可用。此並不能表示「在知識上，外延性原則之眞實有效性究如何而可能」。（若就純邏輯言，此種區別固足夠。但此決不足語於外延性原則之眞假。）

維特根什坦則想以泛客觀論（或泛事實論）泯除此「主體」。（近人大抵喜趨此路。）他說：「顯然，A 相信 P，A 想 P，A 說 P，即是『P 說 P』之形式。而此 P 說 P 之形式並無事實與對象 A〔按即主體 A 之爲一對象〕之間的對列關係，而只有事實間之對列關係，即藉賴著事實之對象間之對列關係而成之事實間之對列關係。此亦表示說；無現在不相干之心理學所討論之靈魂、主體等，

一類東西。」（參看其《名理論》5.542）。依是，將發爲想、說、信之Ａ亦視爲一件客觀事實，而不視爲主體，故曰：實即「Ｐ說Ｐ」之形式。無論所想所說或所信之Ｐ，事實上出現否，而「Ｐ說Ｐ」總是一件「物理事實」。此事實是客觀的，總可被主斷的。但此種泛客觀論實是凌空於一個公而無私的純邏輯立場而刺出的。而其凌空之地，在彼卻視之爲一無所有。實則彼於不自覺而凌虛於冷靜之域與夫純公純理地擺布其所刺出之事實，即於不自覺已將邏輯提出於事實之上，夫而後始能刺出事實而成爲泛客觀論。已將邏輯提出於事實之上，即須爲此「邏輯域」覓一安頓所。由此必然須肯定一主體。然而維氏不承認此主體，卻將邏輯平擺於「事實」上講。故成爲泛事實論也。其所泯除之主體是心理主體或生理機體之主體，此亦並不能頓時即等於靈魂。心理或生理主體固可泯除，而客觀的主體不因之而泯除。維氏一概泯除之，故其凌空之地而本爲邏輯立場者，亦空無所有而無所立矣。此而無有，故其由凌空而提出於事實之上之邏輯復降而平擺於「事實」上。此實浮光掠影無頭腦之談。近人趨之若鶩，亦淺而無力之象也。

　　彼因處於凌空之域而成爲泛客觀事實論，故外延性原則及原子性原則皆可有效。羅素於此以爲，在「Ａ想Ｐ」中，吾人可分析「Ａ想」一心理的生起事，而不必視Ｐ爲一副屬的複體。如眞地是Ｐ出現，則Ｐ自亦可以視爲一複體而分解之。羅素之結論曰：「一、當藉『Ａ相信Ｐ』這類句子之分析而嚴格地被解析時，外延性原則未被表示爲是假的；二、同樣的分析亦未至證明原子性原則是假的，但亦不足證明其是眞的。」實則，在羅素之態度上，外延性原則無所謂眞假。至於原子性原則之所以未證明，亦實因可分解

中有不可分解者在，已分解中有無窮之未分解或無法分解者在。是
以此兩原則，彼皆未能理論地（或原則地）說明其有效之範圍，以
及其如有效則如何而可能。此即所謂零碎之邏輯分析並不濟事也。

　　若依本書言之，則凡超越決定與超越運用所至之處，外延性原
則與原子性原則皆可有效。外延性原則，在此無問題，可不說。原
子性原則與原子論有關。吾早已言之，原子論不足以為一形上學。
此即是說，無法（客觀地）肯定宇宙最後真實即為原子的。依是，
原子性原則並無形上必然性。故必降至邏輯原子論。而在倡邏輯原
子論之羅素手中，原子性原則又為真假兩未證明者。此足見其對於
原子性原則之根據全無能為也。若依吾書，在超越決定與超越運用
所至之範圍，此兩原則必然有效。（但卻不是原子論。）此則即予
此兩原則以認識論的必然性也。

第二卷
對於理解（知性）
之超越的分解

前　言

　　分解，有經驗的分解，有超越的分解。經驗的分解是只就經驗現象而釐清之，如其所是而呈列之，並不能超越地及其先驗之原理。（普通所謂邏輯分析亦只是在經驗分解一模式之籠罩下而依邏輯手續，傳統的，或是近代的，以進行其釐清之活動，亦不能超越地及乎所分解之事物之先驗原理。）超越的分解則經由反顯法能超越地及乎先驗之原理。超越的分解有兩方面的使用：一、向客觀方面使用，此如傳統的外在的超越形上學之所作；二、向主體方面使用，此如康德之所作。本卷對於理解（即知性）之超越的分解，即依康德之路數，向「主體」方面使用，因理解或知性即是一「思想主體」，或曰「認識主體」。對此主體，如作經驗的分解，則所把握的只是作一心理現象看之理解，經由知覺、記憶、聯想、想像等所規定之理解，此可曰主觀的理解。如對之作超越的分解，則期經由反顯法以超越地把握其先驗之原理。能透顯出先驗原理，則此理解或知性即曰客觀的理解，或客觀的知性。即由此客觀的知性而見其為「客觀的心」（認識的）或「邏輯的我」，亦曰「超越的我」。（作為認識心看的超越的我，非道德天心之超越的我。）

　　作此分解，本卷分兩部。第一部論純理。內分章三：一曰邏輯

與純理，二曰純理與數學，三曰純理與幾何。第二部論格度與範疇，由此下開第三卷所作之「超越的決定」與「超越的運用」。

第一部　論純理

第一章　邏輯與純理

　　欲使知性主體成為客觀的心或邏輯的我，必須見出其中有理，因理使其成為客觀故。此宿於知性主體自身中之理，因其是先驗的，必須反顯。因反顯而剖解出其中之理，此種剖解即曰超越的分解。而確定地認識此理之實有，其線索與關鍵唯在對於邏輯系統之解析。因吾此處所說之理，即知性中之理，而知性中之理，簡言之，其最根本的意義即是邏輯之理。人心之理解活動，因邏輯之理而成為客觀的。故此理之即在知性自身中，即使知性主體成為客觀的心，或邏輯的我，此邏輯之理即是邏輯系統所表達者。故吾人如對於邏輯系統能解析為只是表現純理者，而此純理又不能外在而空掛，則知此理必是顯於知性而歸於知性。顯於知性，明其並非無來歷。歸於知性，明其並非無安頓。而欲作至此步，其線索與關鍵唯在對於邏輯系統之解析。因空說純理，乃渺無踪影，無把柄者。而言知性中之理，其在吾人意識中最簡單之觀念，不能不謂其是邏輯的。而言「邏輯的」又不只是此一形容詞而已。有邏輯學存焉，此是一大成果。邏輯學中即具備各種邏輯系統。故對於邏輯系統之解析，即是把握知性主體中之理之線索與關鍵。

第一節　邏輯系統之形成

　　如何能經由對於邏輯系統之解析而把握知性中之純理？此問題之關鍵唯在追問邏輯系統之先驗根據，追問邏輯之先驗性、定然性、必然性，乃至絕對性。但是於作此步以前，須先略解邏輯系統之形成。

　　邏輯是一，而成文的邏輯系統是多。（亦如數學是一，而可有各種系統，如算術、代數等。）然雖多，而不能無限多。發展至今日，事實上大體不外以下四系統：一、傳統邏輯，二、邏輯代數（亦曰代值學），三、羅素的眞理值系統，四、路易士的嚴格函蘊系統。（此自就純邏輯自身言，至有特殊內容而額外生枝者，則不在此限。）此雖事實上所已有者，然原則上所以不能無限多，則因形成邏輯系統之基本概念是有定故。此種基本概念，大體可列舉如下：凡（一切、所有）、有（有些）、肯定、否定、如果則，析取（或），絜和（與），以及眞、假、可能、不可能、必然、不必然。凡此，羅素俱名曰邏輯概念（邏輯字），以與物象概念（物象字）相區別。此皆爲構造邏輯系統之基本概念。如就純邏輯自己言，大體不能外此。此是一個先驗的限制，原則上的限制。

　　依基本概念以構造邏輯系統，實則是直接地構造邏輯句法，間接地構造系統。系統是根據如此構造起的邏輯句法，再依照若干推理之原則與手續，作形式的推演而成。是以每一成文的形式系統皆是一有特殊姿態之系統。其特殊姿態即以邏輯句法之特殊結構而規定。

　　傳統邏輯是以凡、有、肯定、否定四基本概念，構造其邏輯句法，所謂 AEIO 是也。此四基本概念，前兩者爲量概念，後兩者爲質概念。即以此質量兩組概念構造句法以成推理。故此系統亦曰質量系統，其推理時所依據之原則，則曰存在原則（主詞等於零或不等於零）、周延原則、曲全公理。在此成文系統以外，而爲超越之原則者，則曰：肯定否定之對偶性、同一律、矛盾律、排中律。除 AEIO 邏輯句法所成之推理外，主要地尚有假然推理，此以「如果則」一基本概念所成之句法而成者，又有析取推理，此以「析取」（或）一基本概念所成之句法而成者。羅素所名之「邏輯字」大體俱已含在傳統邏輯中。惟可能、不可能等程態概念，雖在論命題中已有論及，然尚未以之作成句法以參與成文系統之形成。又傳統邏輯雖已論及各種推理，然大都散列，並未組成一一根而發之縱貫系統。

　　邏輯代數（代值學）則進一步能形成一一根而發之縱貫系統。吸收 AEIO 系統而予以確定化。其基本句法則爲「包含關係」（a 含在 b 中）。輔之以析取、絜和與相等，遂成一縱貫之推演系統。所謂包含關係，從邏輯發展之線索上觀之，實即 A 命題之關係地寫法，脫離其質量形式，而轉爲以「包含」表示之關係形式，然而其意義實即 A 命題也。故下列諸式皆相等，即

　　$a \subset b. = .ab = a. = .a - b = 0. = . - a + b = 1. = .a + b = b$

　　而其中" $a - b = 0$ "即是傳統邏輯中 A 命題之表示。而此既爲 A 命題，則" $a - b \neq 0$ "即爲傳統邏輯中之 O 命題。同時，" $ab = 0$ "爲 E 命題，則" $ab \neq 0$ "即爲 I 命題。此即表示以「包含」爲基本關係，輔之以析取、絜和與相等，成一縱貫之推演系統，並吸收

AEIO 之系統而予以確定化。

　　在此系統中，有兩點須注意：一、肯定否定之對偶性〔－（－a）＝a〕，同一律〔a＝a〕，矛盾律〔a－a＝0〕，排中律〔a＋－a＝1〕，此四者既爲此系統所遵守之超越原則，復內在於系統中而爲一推演出之定理。此在傳統邏輯中所未能至者。自其爲超越原則言，吾人可名之曰「軌約的」；自其爲推演出之定理言，吾人名之曰「構造的」。自其爲軌約的，吾人名之曰「型範」；自其爲構造的，吾人名之曰「定式」。二、此系統以「包含」爲基本關係，然推理根本是「如果則」之「函蘊關係」，而此系統卻並未將此函蘊關係透顯出。它只是預設著「如果則」，而卻並未將此「如果則」置於符式中。自此而言，此系統尚是歧出者，尚未能達至「反身」之境地。所謂「反身」即是回歸於「如果則」所表示之推理自己，由其自己以明其自己。由此反身，將更能表示邏輯之自己。此爲此系統尚未能至者。（當然傳統邏輯亦未能至。）

　　羅素之眞理值系統即能達此反身之境地。蓋此系統乃由以「眞值函蘊」爲基本關係而成。它將「如果則」之函蘊關係透顯出。一切推理都是從前提到結論之過轉，而此過轉即是前提函著結論：此即是「如果則」之函蘊關係。在此系統中，首先將此關係規定出。再輔之以析取、契和與等值，便成一反身的縱貫之推演系統。而在此系統之形成中，一切推理上之原則與手續俱是自足而自覺者。此眞值函蘊所勾連而成之系統，其演算之方式以及其中之程式與邏輯代數（代值學）大體相似。不過代值學爲項之演算，而眞值函蘊系統則爲命題之演算。此中命題 p、q 之值只爲眞假二值，故路易士亦名此系統爲「二值代數」。通常則曰「二值系統」。（於眞假二

值外，再益之以不定值，便成三值系統。若再一般言之，由概然值之級系而有多值，便成多值系統。然其基本模式同於二值系統，故統謂之眞理值系統。故不別論。）由此眞值函蘊所成之二值系統，再進而講「命題函值」，則質量系統中 AEIO 之句法即被吸收在內。

在此系統中，尚有兩點須注意：一、肯定否定之對偶性、同一律、矛盾律、排中律，此四者亦旣爲此系統所遵守之超越原則，復內在於此系統中而爲一推演出之定式。二、此系統旣爲二值系統，故此中命題 p、q 之值，眞即等於必然，眞與必然不分，假即等於不可能，假與不可能不分；遂有「一眞命題爲任何命題所函」以及「一假命題函任何命題」之詭辭。關鍵全繫於眞值函蘊之定義。依路易士，眞值函蘊中並不表示「可推性」；「p 眞值地函著 q」並不表示「q 可自 p 推出」。依此，在二值系統中，只是眞假二值所劃成之平板，其中眉目界線太少，遂使許多邏輯眞理、邏輯意義，不能確定地釐然劃淸。如是，路易士認爲函蘊須有重新界定之必要，命題之值除眞假二值外，有增加界線之必要。

此即是路易士的嚴格函蘊系統之所由成。函蘊不以「或 p 假或 q 眞」來規定，而以「p 眞而 q 假是不可能的」來規定。如是，「p 嚴格地函著 q」，即表示「q 可自 p 推出」。此即所以名爲「嚴格函蘊」之故。在此定義中，旣有「不可能」一概念，則程態概念即被引入此成文系統中。如是，此系統中有六個界線：眞、假、可能眞、可能假、不可能、必然。在此，眞與可能與必然有別。假與可能假與不可能亦有別。在此，不能說：「一眞命題爲任何命題所函」，而只能說：「一必然眞之命題爲任何命題所函」；亦不能

說：「一假命題函任何命題」，而只能說：「一不可能之命題函任
何命題」。在此系統中，有許多邏輯眞理、邏輯意義可以確定地釐
然劃清，而更能反身地回歸於推理之自己以明邏輯之爲「邏輯自
己」。故此系統比眞值函蘊系統較爲「軌約的」，而眞值函蘊系統
則較爲「構造的」。較爲軌約的，則更接近於邏輯，而較爲構造
的，則似較接近於數學。

在此系統中，亦有二點須注意：一、此系統中雖有程態概念，
然肯定否定之對偶性、同一律、矛盾律、排中律，此四者仍是既爲
此系統所遵守之超越原則，復內在於此系統中爲一推演出之定式。
二、構造邏輯句法之基本概念（所謂邏輯字）到此已大體展轉用
盡。如果所構造之成文系統眞是邏輯，尤其眞是邏輯自己，則總不
能外乎此等基本概念以造句法，而且除此等基本概念外，亦不能再
有其他，或說亦不能再有其他更可使用或更有作用之基本概念。

傳統邏輯中論命題之分類，常分爲質、量、關係、程態四類。
每一類有三目，每目皆顯示一邏輯概念：在質中，顯示肯定、否
則、無定；在量中，顯示單稱（一）、偏稱（有）、全稱（凡）；
在關係中，顯示主謂、假然、析取；在程態中，顯示或然、實然、
必然。此每一基本概念反而使一命題具有邏輯形式。因此基本概念
而使一命題具有邏輯形式，故有邏輯形式之命題亦曰「邏輯句法」
也。造成邏輯句法之基本概念不出此十二目之範圍，而自傳統邏輯
起，直至路易士的嚴格函蘊系統止，於此十二目範圍中之基本概
念，可說已大體展轉用盡，而皆不能外乎此範圍。故以上所述之四
系統，謂之爲不同的系統可，謂之爲一個大系統之發展亦無不可，
謂之爲發展至路易士之嚴格函蘊系統而盡亦無不可。

　　此不表示限制住邏輯學之發展，以及邏輯專家之無窮地繼續鑽研，乃只表示就純粹邏輯自己言，其基本概念有定有盡，無論如何轉換，總不出此有定有盡之範圍。而且就純粹邏輯自己言，欲其簡不欲其繁。一個三段推理亦可盡邏輯之全幅意義。捲之為一式，不見其少；展之為一系統，不見其多。是以就純粹邏輯自己言，只能就此基本概念之範圍而嚮往其歸約以識邏輯之自性，不能越乎此基本概念之範圍引進特殊內容額外生枝以識邏輯之自性。即依此義，而謂發展至路易士之嚴格函蘊系統而盡，亦無不可。此言之關鍵惟在構造邏輯句法之基本概念有定有盡。（不表示那四個系統已盡美盡善，不須再有補充發展或改正，亦不表示邏輯學家不能別開生面，獨闢新題，以展巧思。）何以基本概念只是那十二目之範圍？此若表面觀之，似無理由。然若深一層觀之，則亦正有其故。

第二節　邏輯系統之意指的解析

　　邏輯中無物象概念，只有依邏輯概念以成邏輯句法，藉以形成一成文之系統。因無物象概念，所以無所說。因無所說，故邏輯句法亦得曰「無向命題」。（凡有所說之命題皆「有向命題」。知識命題是有向命題。）

　　無向命題所成之推理亦只是推理自己，而不是有特殊內容之推理，即不是關於什麼之推理。故就純邏輯自己言，每一成文系統皆是表示推理自己。故邏輯學可定為研究「推理自己之結構」之學。成文系統可多，而「推理自己」則一。因每一成文系統皆是在一特定方式或結構下之系統。而特定方式或結構則因邏輯句法之構造而

定。一有構造，則成文系統不能不在一特定方式下，因而不能不
多。（當然不能無限多，因形成句法之邏輯概念有定有盡故。）然
如果每一成文系統皆是無所說，則必唯顯推理自己。而推理自己則
一。故嚴格言之，邏輯與邏輯學不同，亦與成文系統不同。邏輯是
推理自己，邏輯學是研究此推理自己。而每一成文系統則是表示此
推理自己。吾人常說要遵守邏輯，但這卻不是說要遵守某一成文系
統。故嚴格言之，成文系統實不是邏輯，而只是顯示邏輯者。在此
意義下，吾人能將邏輯，推理自己，透顯而提起，以見其超越性與
普遍性。

　　無所說而唯顯推理自己，此即是邏輯系統之「意指」。吾人以
此解析邏輯系統，即名曰「意指的解析」。表面形式地觀之，是一
句法系統，而意指地觀之，則是一推理自己。

　　吾以「顯推理自己」爲邏輯系統之意指的解析，乃所以遮撥其
他歧出之意指的解析。吾人不可說邏輯爲研究「結構」或「命題結
構」之學，須說爲研究「推理自己之結構」之學。近人常不從「推
理自己」處想，而單喜從「命題自身之結構」處想。由「命題自身
之結構」處想其意指，遂歧出而有「潛存世界」之說。以爲每一命
題結構，雖在形式系統中，只是一個命題形式或架子，然若論其意
指，則必表示一潛存之共理。（潛存云者，可能而不必實現之
謂。）每一成文系統旣是由命題而組成，故每一成文的邏輯系統，
皆表示一潛存世界。此實歧出外指之論。直視命題結構所表示之
「形式」爲一「存有之形式」。夫一命題結構只是一依邏輯概念而
成之邏輯句法，其直接所示之「形式」只依邏輯概念而定（如凡、
有、是、不是、如果則等），原無存有之意義。而其在唯顯推理自

己之成文系統中，又是無向命題、原無所說、原無物象概念填於其中，何由而得表示一有「存有意義」之潛存共理？填上物象概念，變爲有向命題，可意指一潛存之共理，由其命題結構可透顯一「存有之形式」。然唯顯推理自己之邏輯系統，其中之句法原無物象概念，而其爲句法又只是依邏輯概念這些虛字眼而形成，此中只有邏輯概念之作用，而無物象概念之作用，則根本不能涉及存有方面者。是以潛存共理之說實是歧出外指之論，出位非分之思。吾以「唯顯推理自己」爲意指的解析，乃正是針對歧出外指而收回來，使邏輯回歸於推理自己，而與存有方面完全無涉。既言推理自己，此中自亦有「理」，但此理既非知識對象之理，亦非形上之理，總之非「存有之理」也。此只是一個如何從前提過轉到結論之一「邏輯之理」，只是推理自己之「邏輯之理」當該有其自身獨立之意義。此而有其自身獨立之意義，則邏輯系統，如其向外指陳一潛存世界爲其意指，實不如收回來而回歸於推理自己以爲其意指。此爲第一步收攝。再進一步，即爲收攝於「知性主體」中。此見下節。

吾以上之意思亦可與維特根什坦之思想相比較。依維氏，邏輯並非一推演系統，只爲推演法則之一部，或只爲如何將推演形式以系統化之指示法。洪謙先生譯韋思曼（Waismann）一文，名曰〈邏輯是一種演繹的理論嗎？〉〔此中「理論」二字不妥，刊於《學術》季刊第一期（抗戰時之《學術》季刊）〕，推明維氏意。原文不得見，譯文大意略可窺。該文大意略謂：邏輯根本不是一種根據邏輯定理而形成之命題系統，僅是屬於邏輯的推論法則之一部。韋思曼以爲羅素視邏輯爲根據「邏輯定理」而成之命題系統，如同幾何與力學。邏輯定理，在邏輯系統中，爲一具有本體性之前

提。韋氏以爲此意非是。羅素視邏輯是否如韋氏之所說，亦不得確知。惟其所說邏輯不是一推演系統，此意，依吾前文所說：「邏輯與成文系統不同，邏輯是推理自己，成文系統是表示此推理自己」，亦可贊同。然其所說「僅是屬於邏輯的推論法則之一部」一語，其意不明。而「如何將推演形式以統系化之指示法」一語，則較好。

　　邏輯之基本物事曰推理。所以推論法則即從一命題推其他命題所依據之法則。譬如從 P 推 Q，吾人如何能從 P 推 Q 耶？其間必有足以使吾人過渡到 Q 之法則。此法則即爲推論法則。但須知推論法則是無形者。依推論法則而成之推理式，則爲平鋪而有形。假如「P 函 Q」爲有效形式，吾人即可因之從 P 推 Q。但「P 函 Q」並非一推論法則。從 P 與「P 函 Q」而推 Q，如平鋪之而爲一符號式，即一推理式，亦非所謂推論法則。但推論法則實可由此推理式而領悟，而亦與此推理式有相應。是以推論法則爲無形，而推理式爲有形。如吾所解不誤，則韋思曼所謂「推論法則」，實即一成文系統中首先出現而不可以符式列之「推斷原則」也。此推論法則，韋思曼又名之爲「指示法」S。是以如欲從 P 推 Q，則下列模式即爲一指示法 S 之基本形式：

$$P$$
$$P \supset Q$$
$$Q$$

由此指示法觀之，一有形推理式須有兩前提：一爲原命題 P，一爲補充品「P 函 Q」。前一前提於推理無如何關係，雖不可少。後一前提於推理中方是重要。依韋思曼，此後一前提即爲羅素所謂「邏

輯定理」。又云：從 P 能否推 Q，羅素以爲亦須以邏輯定理之眞假爲標準。並謂於形成有形推理中，羅素於指示法 S 之外，還須假定一定理爲前提。且以爲此是羅素之謬點。而韋氏則以爲定理實非推論法則之前提，僅是推論法則之補充品。吾欲從 P 推 Q，只須根據「 P：Q 」一模式，於虛線處，補以定理「 P 函 Q 」，即可形成一指示法 S。此指示法 S 即爲推論法則，由之而可以成推理式，即：「 如 P 而且 P 函 Q，則 Q 」之符式，亦即從 P 推 Q 也。任何其他複雜之推理式，皆可如此作。是以吾人只須根據一模式，即「 P：Q 」，補以相當之定理，即可形成某推理式之指示法 S 或推論法則，由此法則即可形成所欲造之推理式。是以韋氏云：定理在邏輯推理中之作用，只爲將推論法則中所缺少之部分補充之而使之成律則，或云：將某推理形式補充以相當之定理使之形成一指示法。所以定理非如羅素所謂爲一切推理法則之前提，僅是指示吾人如何給推理形式以有效形式之方法。至於定理之爲眞爲假，其於邏輯推理更無關係。

　　韋思曼所根據維特根什坦之意以聲述者，極爲精到。此說已能不自各種成文系統處說邏輯，而自「 指示法 」處說邏輯。此足以透顯邏輯之超越性與普遍性，而直自「 指示法 」處識取邏輯之自性。故極其簡易也。邏輯只是「 如何將推演形式以系統化之指示法 」，至於系統化之成文系統則是其餘事。成文系統，因句法之結構，可多，而指示法所示之推論法則，則一。於一處說邏輯，不於多處說邏輯。此超然而浮在各種系統上面之指示法，對被成之系統言，固是一「 如何 」之虛用。此自有對而顯，即對被成之系統而顯，此確是韋思曼識取邏輯自性之關節。然如何之虛用實亦即「 推理自己 」

之映現。韋思曼是在有對中方法地識取邏輯之自性，而吾則是在無對中實理地識取邏輯之自性，因此故云：邏輯即是推理自己，而各種成文系統亦唯是表示此推理自己。在有對中方法地識取邏輯之自性，此好似「承體起用」，即，邏輯之體轉而為指示法以成各種系統之用。在無對中實理地識取邏輯之自性，此好似「即用顯體」，即，就各種成文系統之用之一無所說而唯顯推理自己，即以此推理自己為邏輯之自性，為邏輯之體。是以作為「如何」之虛用之指示法實即「推理自己」之映現。吾今由邏輯系統之意指的解析以明邏輯之何所是，則須先「即用顯體」以識邏輯之自性，而韋思曼所說者亦不謬也。

即用顯體以識邏輯之自性即為「推理自己」，則此推理自己所示者即「純理」也。此理不是有「存有」意義之「潛存之共理」，而是「邏輯之理」，故不能歧出而外陳，只能回向而內攝：內攝於「知性之主體」。欲至此步，則須由「意指的解析」進至「超越的解析」。

第三節　邏輯系統之形式的解析與超越的解析

一、形式的解析與形式主義與約定主義

「形式的解析」是就一成文系統之形成而言其如何形成之諸手續，例如原始觀念之選取、基本定義之撰成、形式的原始命題（或設準）之設置等，此皆是技術方面的事。關於此方面，並無理論上的爭辯，只有構作得當否。得當，則系統成；不得當，則系統不

成。而得當與否的問題亦是技術問題，不是理論問題。所應注意者，原始觀念、基本定義，以及原始命題或設準，其選取，撰成是否足夠，是否必要，是否一致而不矛盾，是否獨立而不相引。此皆技術問題上所應顧及之條件，不起理論上之爭辯。

但經過如此構成後，人或以爲邏輯系統之構成，其原始觀念之選取是隨意的，其基本定義之撰成是方便約定的，並無必然性與唯一性。此若就成文系統言，是可以如此說的。因成文系統本有多種，而每一成文系統亦本有其特殊之結構。其特殊之結構依邏輯句法之結構而定，而句法之結構則有待於基本邏輯概念之選取。此選取固有相當隨意性，但卻不是無限的隨意，因邏輯概念有定有盡故。基本定義固有相當方便約定性，但卻不是純然隨意的方便約定，因邏輯概念有定有盡故。但是解者常不知注意邏輯概念之有定有盡，而過分誇大隨意性與方便約定性。如是，進一步復說：邏輯亦是相對的、多元的、交替的，亦如幾何之有歐氏幾何與非歐幾何，並無絕對唯一之邏輯。此若就成文系統言，亦是可以的。因成文系統本已是多。是故謂成文系統無絕對性唯一性可，謂邏輯無絕對性唯一性，則不可。等同邏輯於邏輯的成文系統，亦不可。然隨「形式的解析」，則常只識邏輯系統，不識超然之邏輯：將邏輯下散而爲各種系統，遂只粘著於各種系統而謂邏輯是多。此爲隨「形式的解析」而至形式主義。

形式主義必函「約定主義」。形式主義認識成文系統之多，約定主義則就此多而否認邏輯之絕對性、唯一性，並亦抹去每一成文系統之先天基礎以及其理性上的必然性。（成文系統有先天基礎與理性上的必然性，此不函說只許有一個系統。）只承認系統內部推

理之必然，所謂套套邏輯，不承認系統開端之理性上的必然性與定然性，即，只承認內在的必然，不承認超越而外在之必然。

如是，「形式的解析」無問題，隨形式的解析而至形式主義與約定主義，則有問題。形式主義不能認識邏輯之絕對性與唯一性。約定主義不能認識成文系統之先天基礎與理性上的必然性。然邏輯實有絕對性與唯一性。邏輯與幾何不同。邏輯中之系統可類比於數學中之系統（如算術及代數等），但不可類比於歐氏幾何與非歐幾何。數學中雖有算術代數等各種系統，然不礙只有一個數學，並無兩個數學。邏輯中雖有不同的成文系統，然亦不礙只有一個邏輯，並無兩個邏輯。吾人固不必遵守某一成文系統，然不能不遵守邏輯。亦猶吾人不必使用算術，亦可使用代數，然這只是演算方式不同，不能謂有兩個數學。是以邏輯之絕對性與唯一性似是不可爭辯不可致疑之事實。其絕對性與唯一性既不可疑，則其各種系統亦必有其先天基礎與理性上的必然性，亦猶算術代數雖不同，然俱是必然的。此意即函：雖有不同的成文系統，然亦可說實一根而發之一個系統而有不同之面相。（此顯然不同於歐氏幾何與非歐幾何之差異。）惟如此，方可說邏輯之絕對性與唯一性以及不同的成文系統之俱有理性上的必然性。然則吾人如何能作至此步？此須由形式的解析進至「超越的解析」。超越的解析惟在說明邏輯之絕對性與先天性（先驗性）上始成立。如果邏輯無絕對性與先天性，則超越解析自不能被提出。如果追問邏輯之絕對性與先天性是不合法的，則超越解析之提出自亦無意義，不合法。

吾人於前節〈意指的解析〉中，已浮現出邏輯的超越性與普遍性。在此解析中，已明邏輯不即是某一成文系統。邏輯只是推理自

己，或「只是如何將推演形式以系統化之指示法」。此使吾人首先不粘著於成文系統以解邏輯，而卻超脫於成文系統超然地識取邏輯之自性。由浮現出邏輯之超越性與普遍性，再進一步，藉超越的解析，以明其絕對性與先天性，而內攝於「知性主體」。此須作到以下兩步：

　　1.肯定否定之對偶性、同一律、矛盾律、排中律，此四者之「理性上的必然性」之說明。

　　2.有定有盡的邏輯概念之「理性上的必然性」之說明。

　　茲先作第一步說明。

二、超越的解析與四基本原則之「理性上的必然性」之說明

　　吾於前第一節已明已有的成文系統俱遵守肯定否定之對偶性原則以及普通所謂思想三律。此四者可名曰四基本原則。惟在傳統邏輯中，此四者是外在於成文系統而為超越原則，而在其餘三系統中，則既為超越原則，復內在於系統中而為推演出之定理。

　　在傳統邏輯中，普通只講思想三律，並不及肯定否定之對偶性原則。實則此對偶性原則已為其所使用，如在換質推理中，兩否定等於一肯定（重負原則），即已預伏著此原則。惟未點出而已。實則此必須提出而為一超越原則，然後方見思想三律實此原則之一根而發。通之為一，開之為四。

　　此對偶性原則，不但在傳統邏輯中，未明白點出，即在其餘三系統中，亦都未十分明白點出，但都已預設著。在邏輯代數中，似已自覺到此原則。故當論及

1. $-(-a) = a$
2. $a = -b$ 等值於 $-a = b$
3. $a = b$ 等值於 $-a = -b$

此三定理時，即已指出須有一原始觀念爲其根據，即：$-a$ 必須是獨一地爲 a 所決定，即，任一類 a 只能有一個否定。因爲只能有一個否定，所以相等者之否定亦必相等。此一聲明，即表示「對偶性原則」爲一必須預設之超越原則。此若廣泛言之，即：任一項 a，施以否定，即得一反項 $-a$，而 $-a$ 施以否定，即得 a，故：

$a + -a = 1$

此即爲「對偶性原則」。

但在羅素的眞值函蘊系統內與路易士的嚴格函蘊系統內，雖已預設此原則，但卻無如邏輯代數中所作之聲明。近人加拿普在其《邏輯之充分形式化》一書中，即以另一方式接觸此問題，謂羅素的眞值函蘊系統只有關於正面（肯定面）之推斷原則，而無反面（否定面）之推斷原則，因此，眞值函蘊系統並未能充分形式化。加氏指出，如無反面之推斷原則，則以「眞理圖表」表示「眞理函值」乃爲無根者，而排中律、矛盾律亦不能充分極成。加氏所言，顯然是此對偶性原則問題。惟其處理此問題，純是「形式解析」中技術的處理。符繁而極上巧。吾以爲加氏工作，發展至此，極有意義，極其精察。吾茲所言，與加氏之技術處理不同，乃綜起來作超越之解析，以明此「對偶性原則」必須自覺地點出而且提出以爲超越原則。此與加氏之技術處理不悖，而正相輔相成。

肯定否定之對偶性原則，爲超越原則，則思想三律亦必隨之而爲超越原則。傳統邏輯雖只言三律，而不及此對偶性原則，然因此

三律外在於成文系統，故易見其爲超越原則，因此，古人亦易識邏輯之絕對性與唯一性。近代之發展，雖使成文系統成一縱貫之推演系統，使此三律內在於推演系統中而爲一被推演出之定理，然亦因此而忽略其超越性，故近人亦不易識邏輯之超越性、普遍性，乃至其絕對性與唯一性。吾前言，對偶性原則以及思想三律，在其餘三系統中，既爲超越原則，復內在於系統中而爲推演出之定理。此自爲吾之說法。在彼之作者及其他之解者，則未見許可此意。對偶性原則既未能自覺地提出而爲一超越原則，而思想三律又只爲系統中被推演出之定理，故近人常以爲思想三律只是使推理有效之許多原則之一，而並不是唯一的原則：思想三律並無優越性與唯一性。或者說：思想三律只是三條設準，並無理性上之必然性與定然性。似此諸意，只是就成文系統而形式地說，只知其內在成文系統中而爲「構造的原則」，不復知其尙超越於成文系統而爲超越原則，「軌約的原則」。

　　吾今將此對偶性原則以及思想三律浮現而上之，在超越的解析中，使其成爲超越的原則，成爲邏輯系統之最高的型範，藉以明此四原則本身之絕對性與先天性，乃至邏輯自己之絕對性與先天性。何以能如此？

　　首先，肯定否定之對偶性原則，此中所說之肯定與否定乃根本是理性自身起用之兩向：「是」與「不是」之兩向。理性不是一個混沌，乃是一個秩序，一個剖判，它根本要展現其自己。肯定否定之兩向即是它自己展現之所示。此兩向之展現完全是先驗的，純粹無雜的，無任何限制，無任何條件。要說限制，即是此兩向本身所成之限制。因爲一說肯定，此肯定本身即蘊函一限制，此限制一方

回定此肯定本身，一方即透示一否定面，而此否定面，無任何限
制，只單純地即是此肯定面之反項。一說否定，此否定本身亦即蘊
函一限制，此限制一方回定此否定本身，一方即透示一「非否定
面」，而此非否定，亦無任何限制，只單純地即是此否定面之反
項，亦即肯定面。肯定否定是互相引生者，不是隨意地平置兩向於
此；而且是互相規定者，此即是其本身所成之限制。此兩向只是理
性自己展現之形式的意義，並無任何實際內容的意義。故限制只是
兩向本身所示之限制，並無任何實際內容方面的限制。如考慮到所
肯定者為何，如何成此肯定，所否定者為何，如何成此否定，則即
沾染到實際內容，遂形成「此兩向本身所示之限制」以外之限制，
而此限制是理性自己展現中之兩向所不應有者。因為如其不然，則
理性自己展現中之兩向便不會完全是先驗的，純粹無雜染的。此純
粹無雜染之兩向只是一個「型範」。一考慮到「所」方面，或凝結
於所肯定所否定的「什麼」方面，便是此型範之落下，之應用。且
不必說到十分具體而複雜方面的應用，即就邏輯代數中所預設之
「－a 必須獨一地為 a 所決定」一原始觀念而言，此中即可有岐異
之考慮。此原始觀念是說：對每一成分 a，只有一個成分有－a 所
預設之特性。此時，－a 即為 a 之「決定函值」（即非隱晦者）。
但有時亦可說：對每一成分 a，至少有一個成分－a。此時，－a 不
必須是決定者（非隱晦者）。即是說，在一系統中，可有多過一個
成分有－a 所預設之特性。若是如此，則－a 須讀為 a 之任何「負
類」。此種獨一不獨一的考慮，是因為落在類與成分上而始然。因
為邏輯代數中之 a、b 原只是「項」，但亦可解為類或其他。若不
解為類或其他，只作純抽象之項看，則此種考慮可不涉及。如此，

便只是正反兩項之對偶。今理性自己展現中之兩向原無任何實際內容，只是一型範，故更無任何考慮中所成之限制。故知－a 獨一不獨一的考慮只是落在類上始有之，此是該作爲一型範之對偶性原則之落下或應用。吾人必須透過其應用而直見其爲一「超越之型範」，此則必須自理性自己展現而明之。如是，肯定否定之對偶性原則自然有其絕對性與先天性，有其理性上之必然性與定然性。此即爲此原則之超越的解析。如吾人只就成文系統而外在地形式地觀之，則亦只是兩假然之作用，隨意置定之而已耳，自不知其何以會有絕對性與先天性，乃至理性上之必然性與定然性也。

　　對偶性原則既經先驗地被建立，則其餘三律自亦很易隨之先驗地被建立。三律是直接根據對偶性原則而開出，此是論三律之爲超越的原則，之爲超越的型範，所必須首先認知者。假若不知有理性自己展現所示之對偶性，超越原則以冒之，而只漫然地外在地附著於對象上或從知識上或認識上以說三律，則同一律矛盾律好像很有其直接顯明性，然而一說排中律，則很不顯明，而且易生疑惑，很有問題。因爲同一律矛盾律是內在於每一「行」自身而言之（或附著於項或附著於命題而言眞假，肯定否定皆各是一「行」），而排中律則兼顧兩行而言之。兼顧兩行，則歧出而漫蕩。例如附著於命題上，何以憑空便說「或是眞或是假」？附著於項上，何以憑空便說「或 a 或非 a」？此甚不顯明，而且很有問題。當吾初學邏輯，初聞三律，一至排中，便覺很不顯明，很不自然久久不得其解。看書，書中無有。問師友，師友道說不明。但這是邏輯中三大法則之一，而且幾千年久成定案，而且又與同一矛盾連在一起，好像簡易自明，決無問題。然而心中總不了然。只能說不得其解，不敢橫生

疑惑。磨練既久，乃知普通只是字面作解。此決不可遂事委順以解。遂事委順以解，則同一律矛盾律之有直接顯明性者，實亦只是經驗的顯明，決不是其為超越原則之理性上的顯明。至於排中律，則不獨吾一人疑惑不解而已。數學上直覺主義者布魯維之疑難排中律實亦只是普通人之疑惑不解之顯明地說出而乾脆去之而已，而羅素之答辯（見其所著《意義與眞理》一書），則亦只是就普通人之疑惑不解處，而繁為辯說，多予補充而已。布氏之疑難，羅素之答辯，俱不是論排中律之本身，從「邏輯自己」之立場以認識排中律之自性（且不必說其為超越原則），而是從知識或認識上以論排中律之應用，論其是否普遍有效。彼等之議論，如以為是排中律本身成立否的問題，則根本謬誤；如只是其應用問題，是否普遍有效問題，則不獨光顧排中律，整個邏輯、數學，乃至幾何，都可發生此問題，此是形上學知識論之問題，非邏輯問題也。（關於羅素之答辯，吾曾詳論之於〈評羅素《意義與眞理》〉一文。）是故欲就邏輯自己而明思想律之為超越原則，則必須先知有理性自己展現所示之對偶性一超越原則以冒之。思想三律直接由此對偶性原則而開出。如是，則不但同一律矛盾律有理性上的顯明性與必然性，排中律亦同樣顯明而必然。

普通說思想律，先從同一律起。今若知由對偶性原則而開出，則先從排中律說起，當更為顯豁而恰當。

蓋理性自己展現所示之兩向，除此兩向本身所示之限制外，無任何其他限制，是以此兩向即互為排斥而且窮盡者，故下式：

$$(+) + (-) = 1 ; - (-) = (+)$$

即為肯定否定之對偶性原則。在此原則下，自然是「或為肯定或為

否定」，而並無第三者或居中者存在，此即排中律也。如下：

$$(+) \vee (-)$$

此排中律實與「對偶性原則」為一事。故此表示排中律之式即寫為前兩式之前者，亦無不可。排中律是照顧兩向而言。若內在於每一向自身而言之，則每一向自身之自肯而不捨自性，即：其自己函其自己，此即為同一律：

$$(+) = (+)，(-) = (-)；(+) \supset (+)，(-)$$
$$\supset (-)$$

其自己函其自己，即表示任一向自身不能「既是其自己而又不是其自己」，此即為矛盾律：

$$-〔(+) \cdot -(+)〕；〔(+) \cdot -(+)〕 = 0$$
$$-〔(-) \cdot -(-)〕；〔(-) \cdot -(-)〕 = 0$$

吾以上之表示，純就此四原則之為超越原則（超越型範）而言，並不落於「項」（類或概念）或命題，即表示：無任何粘著，無任何雜染，純就理性自己之展現而示之。故如對偶性原則有理性上之必然與定然，則此三律自亦有理性上之必然與定然。

　　假若理性自己之展現是一個底子，是第一序，則此四原則可說為第二序，即論謂此底子者。亦可以說，此四原則是理性自己展現之自示其相：其自己展現是其自己之為實理之自性，而此四原則則是其自己展現所示之相，即其自己展現亦須服從或遵守其所自具之法則，邏輯之理之法則，而此亦即還而規定其自身之所以為理性也。此亦表示：此四原則本身同時為構造的，同時即為軌約的。它本身即規定邏輯之理，此其所以為構造的，而其所規定的邏輯之理之展現亦永遠遵守它自己，此其所以為軌約的。在一成文系統中，

它是構造的，亦是軌約的。吾人透過其為軌約的，而認識其為超越原則。由其為超越原則而認識邏輯之絕對性與先天性，乃至理性上之必然性與定然性。

惟由此四原則之為超越原則所認識的邏輯之理，尚是自第二序而言之。吾人尚可進一步，回歸於第一序，就理性自己之展現而認識邏輯之理，此即所謂：其自己展現是其自己之為實理之自性。即就其為實理之自性而認識邏輯之理。此即「推理自己」是也。理性自己之展現不但要開為肯定否定之兩向，而且根本要完成一個推理，此是其展現之究極完成。

三、超越的解析與有定有盡的邏輯概念之「理性上的必然性」之說明

理性自己之展現，發展成為一個推理，即是其自身之圓滿。而推理則是根據與歸結間的過轉。譬如肯定否定兩向之引生，即有一種推理過程在內。是以亦可以說，展現過程即是推理過程。但是如此說推理，極其籠統含混。吾人說它要完成一個推理，始能完成其自己。如果「推理」不只是如此一說的籠統概念，而要確定地表現出來，則不能不有其表現之資具或憑藉。吾人現在即就此推理之確定表現來明理性自己之展現所要完成的推理。

推理要確定地表現出來，不能不有所憑藉。而如果所表現的推理只是推理自己，不是關於什麼東西的推理，則其所憑藉者，除邏輯概念以及其所成之邏輯句法外，不能有其他。此即迫使吾人接觸到本章開始時所提到之有定有盡之邏輯概念。推理根本是根據與歸結間之過轉。而如果要表現這個過轉，則對於推理之確定表現即不

能不首先憑藉「如果則」這一最基本的邏輯概念以及其所成之句法，如果推理要曲盡理性展現之全蘊，則不能不相應其肯定否定之兩向而引出肯定否定這一對邏輯概念以及其所成之句法。而「如果則」是領導推理者，而即在「如果則」中即函有「全稱」一概念。有全即有偏。如是，「凡」與「有」這一對邏輯概念以及其所成之句法即必然被引出。如是，「如果則」、肯定與否定、凡與有，此三支（五個）邏輯概念即是最基本而爲綱領者，由之可以籠罩或牽連及邏輯概念之全部（屬於質、量、關係三類者），並曲盡理性展現之全蘊。如其能曲盡理性展現之全蘊，則憑藉之以有確定表現之推理即是理性自己展現所要完成之推理，藉以完成其自己。

　　該三支邏輯概念表示屬於質、量、關係三類者，吾人可名之曰第一序的邏輯概念，其所成之句法，吾人亦名之曰第一序的句法。至於眞、假、可能眞、可能假、不可能、必然，諸程態概念以及其所成之句法，則是第二序者，相應前四超越原則之爲自第二序上以言之邏輯之理而爲第二序。由此第二序之邏輯概念及其所成之句法亦可確定表現此推理。此即路易士嚴格函蘊系統所表現者。故嚴格函蘊系統爲第二序之系統。至傳統邏輯、邏輯代數以及羅素的眞值函蘊系統，則是憑藉第一序的邏輯概念而成，故亦爲第一序之系統。第一序之系統是構造的，第二序之系統則既是構造的，又是軌約的，一如四超越原則之既爲構造的，又爲軌約的。

　　以上四類邏輯概念是有定有盡的（故邏輯系統，綱領地言之，亦發展至路易士的嚴格函蘊系統而盡），而且俱可自理性自己之展現上而明其理性上之必然性與定然性。

　　首先吾可以劃出一條界線以明邏輯概念有定有盡。物象概念無

窮無盡，因爲世界無窮無盡，經驗內容無窮無盡。物象概念都是表象經驗內容的實概念。而邏輯概念則是虛概念。此猶如自然語言中的虛字。惟虛字成自然語言的句法，而邏輯概念之爲虛概念（虛字）則成「邏輯句法」。此等虛概念亦曰形式概念（形式字），而其爲「形式」亦不同於柏拉圖所謂「理型」，亞里士多德所謂「形式」。柏、亞二氏所謂理型、形式，乃是體性學上的形式，而此等形式字之形式則只是邏輯的。體性學的形式無窮無盡，因爲它是存在上的，有「存有」意義的。「只是邏輯的」之形式字，其爲形式是非存在上的，無存有的意義，不能無窮無盡。此等形式字之爲形式只是理性展現其自己，在確定表現中，由理性自己所示現的「姿態」或「虛架子」，即相應這些虛架子而有形式字。彼既爲理性自己所示現之恣態或虛架子，故能爲吾之意識所能把握，所能盡：此是吾之意識所能貫注到而控制得住的；又因其非內容概念，無雜多之曲屈於其中：故知其有定有盡。理性在虛架子中表現其自己，此是知性中「邏輯之理」之特質。神理之表現則不須如此，「良知之理」之表現亦不須如此。關此可不深論。

惟知此等形式字是理性自己所示現之虛架子，故能斷其有定有盡，而亦惟因此，始能知其有理性上之必然性與定然性。假若只是外在地形式地觀之，或附著於自然語言之句式上觀之，則但知有此等形式字而已，何以必有定有盡，則無理由。而且此等虛形式字之出現亦只是習慣的約定而已，而不復能知其有理性上之必然性與定然性。然邏輯句法究與自然語言不同。故此等虛概念形式字可直視爲邏輯概念，使其脫離自然語言之糾纏。經此提練，截然劃清，則超越的解析自亦脫穎而出，隨之而成。

吾人既知理性之推理性之「確定的表現」不能不憑藉「如果則」、肯定與否定、凡與有這三支虛概念，以及由此虛概念所成的邏輯句法。（即，由虛概念所成的「命題的樣子」，不是命題。注意。）如是吾人進一步即可說明此三支虛概念都是理性自己，在確定的表現中，所示現的虛架子。

一、「如果則」：推理根本是根據與歸結間的過轉。要示現這個過轉，即必須示現「如果則」。不管「如果」的是什麼，「則」的是什麼，亦不管世界有沒有「什麼」，理性要確定地表現其推理性，即須示現「如果則」一形式，而只此形式，不必要內容，即足表現其自己之推理性。這完全是盡其在我的事。因完全是盡其在我，故「如果則」一形式完全是理性自己之示現。一因這裡並沒有內容，二因外界並無所謂「如果則」。是以「如果則」只由內顯，不由外與。

二、肯定與否定：推理一經確定的表現，便須全幅的展現。如是，便不能不有肯定否定之兩行。因為有兩行，始能互相限制而成為確定者。如果推理在確定的表現中，要憑藉邏輯句法而形成，即在命題的樣子中而形成，則不能不有兩行之參互錯綜而成其為確定。而落於句法中之兩行，則根本由理性自己展現中所開出之肯定否定之兩向而轉現。亦不管所肯定否定的是什麼，亦不管世界有沒有「什麼」，理性要確定地表現其推理性，即須示現肯定否定一對虛架子。這裏並無內容，亦無須內容，而且外界亦根本無所謂肯定與否定。是以這一對亦由內顯，不由外與。

三、凡與有：既要落於句法中確定地表現推理自己，則根本不能就特殊內容一個一個地說。因就特殊內容一個一個地說，根本不

成推理故：一個一個地說，只有事，沒有理。而且亦根本不要涉及任何特殊內容。因爲此所確定表現者是推理自己，不是關於什麼東西的推理。是以在「如果則」與肯定否定之兩行所領導的推理之確定表現中，理性自己即須示現「凡」與「有」這一對虛架子。亦不管「凡」的是什麼，「有」的是什麼，亦不管世界有沒有「什麼」，理性要確定地表現其推理性，即須示現「凡」與「有」這一對量化或普遍化的虛架子。這也是盡其在我的事。因爲外界根本無所謂「凡」與「有」。是以此對虛架子亦由內顯，不由外與。

假若以上三支虛概念是第一序者，則此第一序之三支概念及其所成之句法即可曲盡第一序的推理自己之全蘊。理性展現其自己而完成一個推理，藉以完成其自己，即須開爲三支虛概念以爲脈絡。理性示現如此之脈絡，即是展現其自己；而由之以完成一個推理自己，即是曲盡推理自己之全蘊。

但是要確定地表現推理自己，不但是自第一序上的虛概念言，而且還可以自第二序上的虛概念言。此即是眞、假、可能眞、可能假、不可能、必然六程態概念也。此六程態概念亦可由「理性自己之示現」以明之。因此六概念是估量命題之值，而邏輯系統中之命題，如是分解的，則只是命題的樣子或邏輯句法，而不眞是一命題，如是未分解的，則只以 P、Q 表之，故其值皆無知識上的意義。此無知識上的意義之值皆可純邏輯地決定之，故此六程態概念亦皆可超越地由「理性自己之示現」以明之。

一、眞與假：路易士嚴格函蘊系統中對於眞假無規定。然由其引出可能、不可能、必然諸界線，則亦可以限制出眞與假皆是一特定之程態概念。而此眞假既無知識上的意義，則即可以視爲單純的

肯定與單純的否定，即理性自己展現中肯定否定兩向之單純地外在化，外在化而為命題之值的真假。〔吾初以為羅素的真值函蘊系統，只是真假二值之流衍，而真假既無知識上的意義，只是肯定否定兩向之外在化，故以為真值函蘊系統最能代表理性自己之開展。故此系統最能表示邏輯自己。今知此意非是。蓋肯定否定兩向外在化而為真假是一事，此只表示真假無知識上的意義，而真值函蘊系統中之真假二值又是一事，此真假是真值函蘊之特定界說中之真假。在此特定界說中，使真與「可能」與「必然」不分，使假與「可能假」與「不可能」不分。此即表示此真假是一特定成文系統中在一特殊結構模式下之真假。此系統固亦可顯示推理自己，然不能說最能代表理性自己、邏輯自己。凡成文的邏輯系統皆顯示推理自己，顯示理性自己之展現，亦皆有一特殊結構模式，因皆有其邏輯句法之構造故。合起來是一個大系統之發展，分開來無一有絕對性、優越性。〕

二、可能：此函兩個：可能真與可能假，即真是可能的，假是可能的。依此，凡不矛盾的，自身一致的，便是可能的。「P 之真是可能的」等於「P 自身一致」，「P 之假是可能的」等於「P 假自身一致」。是以「可能」只是理性根據矛盾律而示現。

三、不可能：凡邏輯地不可思議的，自身不一致的，便是不可能的。「P 不可能」等於 P 自身不一致。此亦理性根據矛盾律而示現。

四、必然：其假是不可思議的，便為必然。「P 是必然的」等於「假 P 自身不一致」，亦等於「P 之假即函其自身之真」。故 P 之假是不可能的，便是必然。此亦理性根據矛盾律而示現。

以上可能、不可能、必然，只由邏輯分析即可決定。因為它只說及命題對其自身或其否定之關係。故依矛盾律即可決定。因而即可超越地解之為「理性自己之示現」。但此是第二序上的虛概念：與眞、假共合為六。由此六概念所成之界線而顯示推理自己，便是第二序上的成文系統，此即路易士的嚴格函蘊系統也。

        *   * .   *   *

吾人旣將四超越原則與邏輯概念俱予以超越的解析，如是，則邏輯之絕對性與先天性乃至其理性上之必然性與定然性俱得而證明。如是，則邏輯唯是「純理自己」，而每一成文系統則是表示此「純理自己」。純理不空掛，必內宿於「知性主體」：此之謂顯於理解（知性）而歸於理解。由此以明知性主體為一「超越的客觀而邏輯的我」。此為對於理解之超越的分解之第一步。隨此分解，直接而來者，便是藉「純理之外在化」以明數學與幾何：予數學與幾何以超越的解析，以明非形式主義之「形式的解析」，亦非邏輯派之「實在論的解析」。

第二章 純理與數學

純理見而後數學立。數學依於純理，即依純理而明數。惟本章採取斷言式，以免辭費。又所述只為一綜括，詳為鋪陳，非本書範圍所能及。

第一節 純理開展之步位

1.01 理性自己展現所開出之肯定否定之二向或二用本身為不可符者。

1.02 作為超越原則之思想三律本身為不可符者。

1.03 自邏輯言，有成文系統與純理自己之分。依此而言可符與不可符。

1.04 自邏輯言，不可符者為純理自己。

1.10 成文系統為可符者。一可符之成文系統為不可符之純理自己之外在化。

1.11 純理自己之外在化必有所寄託或附麗：有所附麗而後外在化而顯示其自己。

1.12 其所附麗藉以外在化而顯示其自己之資具曰命題：邏輯中之

命題依成之之規律或邏輯概念而有意義，無外面之意義。故直曰邏輯句法。

1.13　邏輯句法非不可符之純理之外在化，但為其外在化時所必須之資具。於一成文系統中，惟此資具始可言構造。此即成文系統之所以為成文。

1.14　成文系統所顯示者為純理自己。此則為不可構造者。其不可構造，以其為不可符。

1.15　成文系統惟顯純理，別無所說。故其系統之所以為系統，吾人說其只因純理而始然。即以此故，一則說此系統即為純理之外在化，一則說此系統所顯示者惟純理。

1.16　命題為構造，非可言外在化。但造之之基本邏輯概念皆理性自己之示現。

1.20　成文系統推演之步驟表象純理自己開展之步位。

1.21　純理開展之條件在二用（二向）：二用即純理展現其自己之自用。

1.22　不可符之三律由不可符之二用而表示。純理依二用而如此開展，而其開展亦即如三律而昭示其相。純理不能不依二用而自見，亦即不能不依三律而開展。二用與三律是純理開展之純理根據。

1.23　純理開展有步位。不開展無所謂步位。

1.30　純理開展可自成文系統之推演而審識，或自思解運行而反顯。

1.31　由成文系統之推演而審識，是謂由可符而觀不可符。由思解運行而反顯，則必須剝落思解之內容而直觀純理之自己。

1.32　成文系統爲不可符者之申明，依此申明，可以審識不可符者
　　　之開展。成文系統實亦即將由思解反顯而得之不可符者表而
　　　明之於外。

1.33　由思解運行而觀純理之開展。純理即因思解運行而展示其
　　　相。吾所審識之純理即此展布之純理。

1.34　思解運行爲一邏輯過程，即由此過程透露純理之展布。

1.40　純理必須依其展布而觀之。依其展布而識其爲理則。理則爲
　　　純理之本質。以屬思之理則定純理。（屬思言其非屬存在
　　　者。思是邏輯的意義，非心理的意義。）

1.41　純理依展布而爲理則，亦依展布而有步位。此謂純理展布之
　　　步位。

1.42　自理則言，爲一整全之條理，不可言終始。而自步位言，則
　　　以其有段落（邏輯的），故可言終始。譬如一推理式，前題
　　　結論爲步位，有始有終。而其所示之理則則爲一整全，無所
　　　謂始終。

1.43　由思解運行而識純理之展布，固亦由之而識展布之步位。然
　　　當脫離思解運行而觀此展布之純理，則其展布之步位即無時
　　　間性，以其非事故。故其展布只爲邏輯之展布，而非事實之
　　　展布。其展布之歷程亦爲邏輯歷程，而非事實歷程。故其步
　　　位亦爲邏輯步位，而非時間段落。譬如一純粹而形式之推演
　　　系統中之步位即爲邏輯步位，其歷程亦爲邏輯歷程。若反觀
　　　不可符之純理二用之遞變，其步位亦如是。

1.50　每一推理式，其邏輯步位爲有限。然純理之展布無底止，故
　　　其展布之步位無窮盡。欲止則止，而自理上言之，則可以不

止；欲盡則盡，而自理上言之，則可以不盡。

1.51 純理有其無盡之申展性（邏輯的申展）。依其無盡之申展而有無盡之步位。

1.52 此無盡之申展或可爲循環，然循環即無止。設自不可符之純理自身言，吾不知其開展何以必止於某一處而不能進。肯定否定遞用而轉，轉而至於結成。結成復起肯定否定而至結成：依此前進，無有底止。

1.53 此無止之前進只明純理申展之無窮盡：並非有所說，亦非有所表，亦非藉之以說明某物事。蓋如此，未必能無窮盡。如謂其無意義，乃誠爲無意義。其無止之申展即是其意義。

1.54 由反顯而透露之純理自己，如欲表達之，不能不外在化。外在化必有所附麗，藉之以表示其自己之開展。如其所附麗者爲命題，則爲一成文之推演系統；如其所附麗者爲一單位，則按照一定之規律，譬如分割律，吾人可形成一分割之推演系統；如其所附麗者爲某事之條件，則按照條件追溯之原則，亦可以形成一追溯之推演系統。凡此俱可顯示其自己開展之無窮盡。

1.60 如相應數學而言純理之開展所顯示之步位序列，則吾人可既不附麗於命題而成一推演系統，由之以觀其開展，亦可不附麗於一單位藉分割律以成無底止之連續而觀其申展，尤其不必附麗於某事之條件，藉條件之追溯以觀其無底止之申展。蓋此種種附麗，或是直接成一邏輯系統，或是有外來之假借。吾人可毫無外來之假借，而又不必就成文的邏輯系統，以觀純理之開展。吾人可直承純理開展而構成十位轉進之無

窮序列。此為傅成綸君所作成者。如下：

　1. $U \rightarrow V$,

　2. $-V \rightarrow -U$,

　3. $-U \rightarrow V \cdot -V$,

　4. $U v - U \rightarrow V$,

　5. $-U v V$,

　6. $U \rightarrow V \cdot | \cdot V \rightarrow U : = \cdot U \neq V$,

　7. $U \rightarrow V \cdot V \rightarrow U : = \cdot U = V$,

　8. $U \neq V \cdot U = V : = : (U \cdot -U) \cdot v \cdot (V \cdot -V)$,

　9. $U \neq V \cdot v \cdot U = V : = : (U v - U) \cdot (V v - V)$,

　10. $(U \cdot -U) \cdot v \cdot (V \cdot -V) : v : (U v - U) \cdot (V v - V)$

以上十式為第一幕。此十式，如就其整個函義以觀之，又可構成一個新形式，即：從前五式所顯示的推演程序可以推出後五式所顯示的推演程序。其符式為：

　$U \rightarrow V \cdot \rightarrow : . U \rightarrow V \cdot | \cdot V \rightarrow U : = \cdot U \neq V$

此可視為十式之總攝式。

由此總攝式，若以 U' 代

　$U \rightarrow V$

以 V' 代

　$U \rightarrow V \cdot | \cdot V \rightarrow U : = \cdot U \neq V$

則該總攝式即變為：

　$U' \rightarrow V'$

此與 $U \rightarrow V$ 的形式同。故由 $U' \rightarrow V'$ 又可推演出一如第一

冪之十式。此十式即爲第二冪之十式。再從第二冪之十式的
整個函義以觀，又可構成一個新的推演形式：

$$U' \to V' . \to : . U' \to V' \cdot | \cdot V' \to U' : = \cdot U' \neq V'$$

若以 U" 代

$$U' \to V',$$

以 V" 代

$$U' \to V' \cdot | \cdot V' \to U' : = \cdot U' \neq V',$$

則適所構成之形式即爲

$$U'' \to V''.$$

由此又可推出一如第一冪之十式。此十式即爲第三冪之十
式。再從此第三冪之十式之整個函義以觀，又可構成一個新
的推演形式，即新的總攝式。繼是以往，十式一冪，冪冪層
進，可至無窮。十位轉進之無窮系列即因之而構成。此爲無
窮連續之形式。

1.61　此無窮連續亦可視爲純理之開展。由此開展所顯示之無窮連
續即是一無窮的步位序列。此即是全部數學所由形成之基
礎。數學中一切基本概念，如數、序、連續、無窮等，皆由
此明。

1.62　此步位序列無定義，它只是純理開展之所示。

1.63　純理是定然而終極之事實，無定義。

1.64　純理開展之步位亦爲定然而終極之事實，無定義。

1.65　凡不可界定者皆只能被展示。全部數學只是一「展示」。
　　　（此義，維特根什坦雅言之。見本章附錄。）

第二節　純理步位之外在化

2.01　數是不可符之純理申展之步位之符號。

2.02　步位自身不可符。步位外在化始爲可符者。

2.03　符非符一物，即此外在化之步位自身誌之以符，即爲符。此名曰步位符。

2.04　每一步位符是一數：數是步位之外在化而誌之以符。

2.05　數之「序」是不可符之步位序之外在化。但數之序自身雖爲步位之外在化而亦不可符。數可符，而序不可符。可符之數即在序中。其序或爲基數之序，或爲序數之序。

2.06　數是序中之數，序是數之序。

2.07　步位序亦爲定然而終極之事實，無定義。數之序即是此步位序之外在化，無他言辭可說。

2.08　序爲數學中之基本概念。無序，步位符之數之運算不可能。故純理自身之申展之步位序必首先外在化而爲數之序，藉以運籌數。（序與連續下文詳述之。）

2.09　可符之數是運籌之資具。運籌此數名曰數學。

2.10　基數是步位符之自自相。

2.21　序數是步位符之自他相。

2.30　基數1是不可符之元始步位之外在化而爲可符者之自自相。

2.31　基數2是不可符之次於元始步位而亦兼攝元始步位於自身之步位之外在化而爲可符者之自自相。其他依此定。

2.32　基數是自立之綜體。綜體義依自自相而規定。

2.40 序數1是不可符之元始步位之外在化而爲可符者之自他相。
（羅素數理以爲1不能爲序數，是其道之窮。）

2.41 序數2是不可符之次於元始步位而不兼攝元始步位（或其前
之步位）於自身之步位之外在化而爲可符者之自他相。其他
依此定。

2.42 序數是依他之單體。單體義依自他相而規定。

2.50 零是步位之相抵銷，亦即一步位之肯定而又否定之。此是
「非有」。即以「零」表「非有」。〔凡數皆爲「有」。〕

2.51 凡數皆爲「有」。凡「有」皆爲一限定，故凡數皆有限。

2.52 零非數。零爲座標。

2.53 零是虛，是定常。虛有妙用，虛能應實。故零無往不適。

2.54 零有主觀之用，而無客觀之實。故巴門里第謂「非有」存於
思想中，而無存在之實性。

2.55 思想中步位之肯定而又否定之「非有」是不可符者。外在化
而空懸之，則可符，此即是「０」。

2.56 普通所謂所得之數爲零，實則無所得，故零實非數。

2.57 零是一極。其他一極爲無窮。兩者皆非數。

2.60 正數是以零爲準之前進步位符。

2.61 負數是以零爲準之後退步位符。

2.62 前進或後退之步位自身不可符，必外在化始可符。

2.63 正負數皆有自他相。依自他相，吾人亦可言其爲關係數。以
「自他」即是一關係故。然吾人不必如羅素依據其關係邏輯
而定之。如序數亦爲關係數。然如吾所定之序數即足以明
之。不必自外面造一套理論依據關係邏輯而定之，始足以

明。

2.64　正數有正序數與正基數。負數亦然。正負數之序數為自他相
　　　之自他相。正負數之基數為自他相之自自相。

2.65　正負數皆為數，故皆為「有」。（此指數學中之「有」言，
　　　非言外界之「有」。）

2.70　數學是步位符（即數）之播弄（即運籌）。

2.71　數學是不可符之純理自身播弄其自身之步位之外在化而可符
　　　者。純理自身播弄其外在化之步位符，即等於說其播弄此步
　　　位符是純理地播弄之，亦即等於純邏輯地播弄之。

2.72　加減乘除是其播弄之手術，亦即其播弄之方式。

2.73　加減乘除亦即是步位符之組合分離等關係。組合分離等關係
　　　為純邏輯者，為定然者。無外面之意義，無經驗之成分。亦
　　　無假然之成分。

2.74　每一次播弄之手術或方式形成一步位符之模式，此即是數學
　　　式。每一數學式名曰數學命題。每一數學式是步位符分離組
　　　合之間架。

2.75　數學即是一套一套間架之套合。言套合即言間架之成系統，
　　　即間架間必然連結之系統。

2.76　純邏輯地播弄之，是數學之邏輯性。而其「可以」如此播弄
　　　之以成步位符組合分離之間架，則在「序」。序是步位序之
　　　外在化。步位在序中。當其外在化而為步位符，步位符亦是
　　　在序中；此序即不可符之步位序之外在化：序雖外在化，然
　　　仍不可符。數學之播弄步位符即依此序而為純理地播弄之：
　　　此即是數學之純理性。

2.77　序是純理申展之步位序之外在化，數是步位之外在化。純理
　　　依序而播弄步位符，即無異於播弄其自己，或至少來自其自
　　　己者。

2.78　數學爲純理播弄其來自其自己者，非播弄其不來自其自己
　　　者，即非播弄其本已外在者（如時間單位即非來自其自己
　　　者）。

2.80　數學之邏輯性是因理性自己處於其播弄其來自其自己者之過
　　　程中。

2.81　邏輯惟顯純理自己。不可符之純理自己如欲表於可符之符號
　　　系統中，須有所附麗，此即是命題。播弄命題而唯顯示其自
　　　己曰邏輯。數學則播弄步位符，而非唯顯純理之自己，因而
　　　成數學。

2.82　播弄命題，則不注意命題（以命題爲工具非目的故），而唯
　　　觀純理，故是邏輯。播弄步位符，因步位符即是數，則步位
　　　符即目的，故目光注於此，因而爲數學。命題爲工具，故爲
　　　外來者，無必然的，可變換，特偶然之寄客，故以理爲主，
　　　因而爲邏輯。步位符即是數，自身爲目的，爲必然，爲定
　　　然，不可變，乃主而非客，故終於爲數學。

2.83　講邏輯，千言萬語皆說純理自己；而有形邏輯千變萬化，亦
　　　唯顯純理自己。講數學，則千言萬語只是數，而數學亦只是
　　　數之播弄成間架。

2.84　然而數是步位之外在化，序是步位序之外在化。故終可云：
　　　數學實爲純理之外在化。此謂自內轉外之歷程。

2.85　數學最逼近於純理，然而不即是純理，但有純理性。

2.86　純理爲不可符，數學爲可符。吾人須由可符之數學系統審識其中不可符之純理，藉以觀此可符之數學系統之邏輯性、必然性，乃至定然性。

2.87　吾人由邏輯之符號系統而觀不可符之純理，吾人言可符者融解於不可符者。此言可符者爲筌蹄。故最後只有一純理。但於數學之符號系統而觀不可符之純理，則不能言融解。因此，吾只言於此而觀數學之邏輯性（即純理性）、必然性，乃至定然性。

2.88　邏輯以理爲主，數學以步位符爲主。純理爲本，數學須基而依之。此謂基數學於邏輯。而邏輯無所依。

第三節　邏輯的構造與直覺的構造

3.01　純理是數學之客觀基礎。依純理而言邏輯原則。

3.02　直覺是數學之主觀基礎。依直覺而言直覺原則。

3.03　直覺原則爲不可符者，是一用。是虛位而非實位。

3.04　直覺原則是實現原則或構造原則。

3.05　直覺的構造原則不同於邏輯的構造原則。

3.10　純理是客觀是實位。步位符（即數）是純理遞衍步位之外在化。但純理步位自身並不能外在化，使其外在化者之運用爲直覺。故直覺原則即爲外在化而可符者之根據。

3.11　直覺將純理步位外在化之。步位之外在化即步位符之實現，亦即步位符之構造。此即是一數。

3.12　有一步直覺之用即有一步綜和。綜和即以直覺而規定，此即

所謂綜和即直覺義。

3.13 每一數是一直覺之綜和，甚至基數「1」序數「1」亦然。
（讀者於此須領悟直覺與綜和之殊義。）

3.14 每一數式如「A加B」等於「B加A」，或七加五等於十二，是一直覺之綜和。

3.15 直覺之綜和是直覺之創生性，亦即其實現性或構造性。此即數學之主觀基礎。

3.16 對於數學，直覺原則之使用，一在將純理步位外在化之而實現為一數；二在既外在化之而實現為一數，即於此而言直覺「印可」其為一數，由數之播弄而成數式，直覺亦「印可」其為一數式。由第一義言直覺之外置性，由第二義言直覺之綜和性。

3.17 外置性對其運用於純理步位言。純理步位為客觀為實位，內在而本有，逕庭而持體。然其本身既不可符，又客觀而內在，並不能自外而為數學播弄之對象或單位（即數）。直覺之用即於此而彰著。直覺深入純理步位自內而拉出之以投置於外，此即是步位之外在化，亦是直覺之外置性。直覺有其利性與向性，它總有所對。當其自外而用於內之純理步位，純理步位是其所對。當其將內之步位拉出而投於外，此外在化者是其所對，此即是其利性與向性。直覺有此利性與向性，始能外在化內之本有者。

3.18 將內之本有者外在化，此即是其創生性、實現性或構造性。非時間進化之謂。亦非邏輯構造之義。

3.19 外置而實現數。即對其所外置者之自身而言之，名曰印可其

所外置者。直覺於此有其「貞」性。貞即成也。利性外之，貞性成之。成之即印可之，亦曰通過直覺之滋潤。此亦即是實現，構造，或綜和。每一數式之印可亦然。「印可」亦曰直覺之相應，如其所「如」而應之。

3.20　數學之客觀基礎是純理。徒有直覺並不足以明數學。直覺為虛位，是一用。只是—印可。除此印可外，無有其他責任可負者。然印可必有所印可。所印可者，一為其所外在化之步位符，二為其所外在化之步位序。純理依此序而純理地播弄步位符以成數學式，亦為其所印可。步位符、序，以至數學式，此皆數學本身之所在，亦是客觀者，而此客觀者又皆來自純理也。此純理為數學之客觀基礎之義一。而其為數學之客觀基礎之最顯明者，則在「為純理地播弄之」之一語。此即數學之邏輯性、必然性，乃至定然性。數學播弄步位符，必須純理地播弄之。步位符之組合分離亦必須是純理者。步位符之組合分離所成之數學間架間之連結，亦必須是純理者。數學之成立實即純理之骨幹支持之；外此無可言骨幹，無此骨幹亦不足以成數學。是自數學本身言，而不必連及直覺之印可，則此純理之骨幹實為數學之必要而又充足之條件。此即謂純理為數學之客觀基礎之義二。

3.21　吾人欲說明數學自身之意義，即就其客觀而明其自身，吾人須依據邏輯原則而明之。吾人言數學之客觀基礎是純理，支持數學之骨幹是純理。吾人為此說明，即是依據邏輯原則而說明之。

3.22　凡說明一物自身之體性，就其自性而言之，皆為依據邏輯原

則者。凡依據邏輯原則而言者，其說明爲先驗而非經驗者，爲固具而非發生者。其所說明者亦必爲先驗存在者，或本來即有者，或爲終極而不可論證者。故亦必爲必然而定然。

3.24 凡依邏輯原則說明一物事，其所說出之命題皆爲分解命題。是即皆爲必然者。

3.25 凡對於邏輯原則說明之物事，吾人皆須以直覺與之遇。即皆須以直覺印可之，如其所如而應之。

3.26 直覺能印可之，而不能說之。是以依邏輯原則有命題，依直覺原則無命題。

3.27 依邏輯原則說數學是邏輯者，則其邏輯性、必然性、定然性，亦須以直覺與之遇。即依邏輯原則指出此客觀而必然者，依直覺原則印可此客觀而必然者。

3.30 直覺與純理兩流並行而凝一。此謂「凝一之成爲」（此語是邏輯地說）。每一步「成爲」是一數或數式。每一數或數式，自直覺言之，爲綜和爲印可；自純理言之，爲分解爲論證。

3.31 一綜和印可之流實即一文理密察之流。每一綜和之數或數式，皆可鬆散而分解之而論證之，因而成一必然之純理推演歷程。譬如 A 加 B 等於 B 加 A 是一綜和之數式，或二加二等於四亦然，皆可一步一步分解之、論證之，成爲一推演歷程。〔或曰數式固如此，一數何以亦如此？此疑實因一數爲一綜持之單一自立體。然須知每一數是直覺之投置與印可，而其所投置印可而成數者原爲純理開展之步位，自此而言每一數又實是在一分解之流中而呈現。是以於數亦可言爲兩流

凝一之成爲，旣是直覺者又是純理者。如自一己外在化之單位按照一定之規律而產生數亦復如此。〕

3.32　直覺之流是同質一色之直線，純理之流是委曲宛轉之起伏線。如隨此委曲之純理流而如其步驟而印可之，則直覺流即散而爲每步同質之印可。

3.33　直覺是虛位、是主觀、是用；純理是實位、是客觀、是體。

3.34　直覺原則與邏輯原則此處應用於數學之說明。本書以後將隨時應用之。

3.40　直覺爲理智之直覺，或純直覺，非經驗者，非知識者，與現實之事實皆無關。超脫乎事實之外，而爲純智之活動，對於超脫事實而空懸之純理步位，作純理智之印可。

3.41　依是，直覺亦與時間無關，非康德之純直覺。康德之純直覺指時間形式言。吾言直覺不牽連及時間，亦不沾附於時間。

3.42　直覺非實現時間單位而成數，乃實現純理步位之外在化而成數。非齊同之時間單位之綜和而成數，乃理性步位之外在化之綜和而成數。直覺不依附於時間，而依附於純理。

3.45　由邏輯原則而認識數學之客觀基礎是純理，此即是數學歸於邏輯。數學歸於邏輯爲羅素所倡導，然彼不能得其義。然其對於吾，實是一刺激。吾欲極成此主題，吾必須先有純理之認識。依此必須翻轉羅素之邏輯觀與數學論。

3.46　依此，論數學，必先認識不可符之純理及步位，次則須認識步位之外在化而建立直覺原則。此理決定，不容或疑。

第四節　序與連續

4.01　序是先在者，是不可符者。

4.02　連續是先在者，是不可符者。

4.03　序只是純理開展之步位序之外在化。故只能直覺地構造之（印可之），而不能如羅素那樣邏輯地構造之。故亦無定義（如羅素之所作）。

4.04　連續由純理開展之無底止而顯示。此開展之無底止外在化即為數學中之連續。此亦只為直覺地構造之，而不能邏輯地構造之。故亦無定義。

4.05　關於序與連續之說明皆只就其先在者而申述其特性，而非以另一系統而定之，如羅素所作者。故申述其特性之命題皆為分解者。

4.06　序與連續皆客觀皆實位，然而不可符。

4.10　序非物之序，非時空之序。序是不可符之純理步位序之所顯。

4.11　數學中之序只是不可符之純理步位序之外在化。故只是此序。非附著於外物之序，亦不自外物而見此序或明此序，故不能由外物之關係以定之。

4.12　序自是一種關係，但不是附於外物之關係。故不能由外物之關係以識之。

4.13　序是不可定者。定之即已用之。

4.14　序由反顯純理開展之步位序而得。由直覺進入純理步位序中

拉出之而外在化之，故爲先驗者。物之序，物之時空之序，由經驗而呈現。

4.15　序無形，非是一體，而又爲先在，故不可構造。構造是直覺地構造之即印可之，亦非由物之關係而構造。即非邏輯地構造之。

4.16　序是一種關係，乃至是什麼關係，凡此陳述皆爲對於先在之序之申明，申明其特性。凡此申明之陳述皆爲分解者，皆爲依邏輯原則而陳述其自己，非依據其他物事而定之。

4.20　序與系列自己（非具殊相之系列）是一。序是數之序，系列是數之系列。系列亦爲不可構造者。

4.21　陳述系列之特性，如謂其爲連結爲差異爲傳遞，皆爲就先在之系列而分解其自性。如此分解之，而謂其固具此特性，或謂其固具此關係，而非由關係以定之或構之。

4.22　此即明數學不由命題所述之「類」定。

4.23　羅素《數學原理》由知識命題入（或至少亦由有知識上之意義之命題入）。吾論數學由純理明。是以彼一切自外陳，吾則一切自內透。〔自外陳者繁富而多疑，自內透者簡易而無可疑。彼之繁富而多疑者亦有其應在之位置，吾不能一筆抹殺也。見下。〕

4.30　連續非物之連續，非時間之連續，非幾何線之連續。此等連續皆有所附麗，皆爲連續體之連續，是外面者。今言數學中之連續，不由此等附麗於外事之連續明。

4.31　純理開展之步位序是連續者。序中見連續，連續中亦見序。步位序外在化而爲數之序，步位序之連續外在化而爲數之連

續。

4.32　既非連續體之連續，故連續有有止有無止。此則自開展之前
　　　程言連續。開展原爲純理之開展，非外事之開展。

4.33　連續由純理開展之無底止而顯示，此亦即是產生數之無底止
　　　之連續。此爲無止之連續。有止者，即欲止則止矣，而理上
　　　可無止。有止無止皆見連續。

4.34　按照一規律，對於一單位（數）之劈分之無止亦可見連續，
　　　此亦即是產生數之無底止之連續。無止地劈分下去，即爲無
　　　止地連續。

4.35　無止連續乃放不下者，即不能放下而平鋪之爲一體。連續體
　　　之連續乃平鋪者：以其所附之體爲平鋪。今所言之連續非連
　　　續體之連續，故非平鋪者。

4.36　非平鋪之連續只須自開展之前進而見之。一下繼之以二，二
　　　下繼之以三：如此無窮地連下去。即由此無止地連下去而見
　　　連續，故非一平鋪之既成體。對於一單位之無止劈分亦如
　　　此。

4.37　有止連續亦如此。當其止也，即由連續而變爲不連續。然當
　　　其未止而連續，則仍由開展之前進而見之。如就其止而總持
　　　之，而投置於外，放下而平鋪，則即不見有連續：此爲一回
　　　互之綜體，或只散立之單體。故無論有止無止，皆自開展之
　　　前進而見之。

4.38　一線之連續，則隨線之爲一體而放下而平鋪。動之連續，時
　　　之連續，亦然。而數學中之連續，則只是連續。其故單言一
　　　數，爲一單位，無所謂連續。故連續由繼下去分下去而顯，

而無所附麗。

4.40　羅素所論之連續乃有所附麗之連續，即連續體之連續，故爲放下而平鋪。其論之也，亦放下平鋪而論之。故出之以分解，而又論之以構造。其構造也，乃由密接之無窮類以填充之，此爲外陳者。可構造即可定義。吾視連續非放下者，故不可構造，亦無定義。

4.41　縱就連續體論連續，雖可將此連續體分解之，而是否可如羅素之分解後以之返而構連續，亦不無可疑者。

第五節　連續與無窮

5.01　無窮非是　數，故爲不可符者。

5.02　無窮由連續而顯，不由一堆物項而定。

5.03　數學中之無窮非是一體或綜體，故不可構造。

5.04　數學中之無窮非是指示世界或其中之物項之「廣度無窮」。故無窮非是一放下而平鋪之瀰漫體。即無窮表示一前程，不表示一綜體。

5.05　表示綜體之無窮爲名詞，此無窮爲積極意義之無窮，然吾人對之並無清晰之概念，吾人之理性亦不能把握之。數學中並不須此無窮，而數學亦不能過問此無窮。此無窮非是數學中之概念，乃知識上或元學上之概念。

5.06　表示前程之無窮是狀詞：言此前程是無窮者。此爲消極意義之無窮。吾人對之能有清晰之概念，吾人之理性亦能把握之。其故即在此前程是無窮者，而此無窮之前程即爲理性開

展之無窮；其開展爲依附一單位或步位而按照一定之規律而
開展：此開展，若自理性而言之，則爲理性自身之開展，若
自其所依附之單位而言之，則爲此單位之開展爲純理者（爲
純邏輯者）。凡純理之開展必爲無窮者，故此無窮可爲理性
所把握，亦因之而有清晰之概念。

5.07　此前程之無窮不能完整而平鋪之，乃爲放不下者。故此無窮
只服從軌約原則，不服從構造原則。吾人亦不能由之而渡至
積極意義之無窮。積極意義之無窮，則爲服從構造原則者。

5.10　數之產生爲無窮，即步位之「相繼而成」爲無窮。

5.11　按照劈分律，對於一步位之劈分爲無窮。

5.12　每一相繼而成者爲一數，但如此無窮相繼之無窮非一數。數
由直覺之運用於步位而外在化之，故可符。而無窮則只表示
一前程之無有止，非是一步位，故不能外在化，故亦不可
符。

5.13　對於一步位之劈分，每一所分出者爲一數，故可符。而如此
無窮之劈分之無窮非一數，不可符。

5.14　無窮不能完整，故不可符。

5.20　每一步位可以無窮分，而所分出之每一步位又可以無窮分。
是以每一無窮之前程中又有無窮之前程。合而言之，仍是一
無窮。

5.21　無窮之前程無有止，是謂微分之無有止。微分無有止，積分
亦無有止。

5.23　每一步位之無窮微分是一無窮之前程，所分出之每一步位之
無窮微分亦各是一無窮之前程。無窮之中有無窮，且有無窮

之無窮。然而總是一無窮。一個無窮不見少，無窮之無窮不見多。是以於一無窮微分中隨便取出所分出之一步位或增加一步位，既不見多，亦不見少。依此而言反身性或軟圓性。

5.22　此言反身性自前程之無窮言，不自綜體之無窮言。自綜體言，則言一堆中有無窮個項數，增之不見多，減之不見少。惟如此言，則於其如此措思此綜體須靠一假定，即假定其有某種標準或規律，吾人藉之可以如此措思之。否則，一外陳之無窮綜體，超乎吾人知識之範圍，吾決不能有任何之措思。但自無窮微分之前程言，則無須任何之假定。蓋此時無窮繫於分之連續之無窮，不指一漫無頭緒之綜體，故起始即在吾措思之範圍內。

5.30　無窮微分無有止，反而為無窮積分亦無有止。故由一步位無窮分下去（不能止），反而將其所分出之所有步位列為相加式或邏輯積式使其向原步位趨，亦永不能至於原步位。蓋其下分無有止，故上積亦無有止。如其有止，則下分亦必止；如下分止，即非無窮矣。是以由一步位分下去，永不能反而為原步位。依此而言「不可返性」（或云不可逆或不可復）。

5.31　不可返性由「無窮不能完整」而引出。

5.32　不可返性表示無窮不能放下而平鋪。

5.33　不可返性等於說：不能由服從軌約原則之無窮過渡到服從構造原則之無窮。

5.34　不可返性亦等於說：對於服從構造原則之無窮亦即綜體式之無窮不能有清晰之概念。

5.35　不可返性示無窮爲一微分之前程，非一外陳之綜體。如自外
　　　陳之綜體言無窮，則無窮爲可返。羅素《數學原理》由無窮
　　　個項數構成一無窮類，此即視無窮爲外陳之綜體，故可返。
　　　可返者一無窮綜體中函有無窮之項數，復即由此無窮項數反
　　　而構造此綜體，此即所謂無窮類。又羅素以無窮的密接無窮
　　　類構連續，亦可返也。蓋其視連續爲連續體之連續，已外陳
　　　矣，復以爲此連續體中函無窮個無窮項數類，而該連續體又
　　　即由此無窮個無窮項數類而構造，此又視無窮爲外陳之綜體
　　　而又可返也。吾則視數學中之連續非外陳連續體之連續，無
　　　所依附，故放不下，而無窮亦即此連續之無窮，爲一前程，
　　　故亦放不下。連續不可構，無窮亦不可返，故亦不可構。蓋
　　　吾並不視無窮爲一外陳之既成體，故不能由之而構成什麼，
　　　是即不可返。

5.36　一物理量，自其爲經驗事實言，有大有小，譬如一尺與一
　　　寸。一尺之量大於一寸之量。然一旦數學化視爲一單位而成
　　　一數學量，施以無窮分，則一尺之無窮分爲無窮，一寸之無
　　　窮分亦無窮。其爲無窮皆相若：無大無窮與小無窮。亦無一
　　　尺之無窮與一寸之無窮。此時只有「一」（數學量），而無
　　　一尺與一寸（物理量）。而亦不能言此無窮構成一尺量，彼
　　　無窮構成一寸量。此決不可返。而羅素則視之爲可返。彼分
　　　析運動之連續，亦如一線之連續，以爲其中包含無窮的密接
　　　無窮類，而復即以此無窮的密接無窮類反而構此連續之運
　　　動。吾以爲運動固非一堆無窮類，且亦不可如此分析之。運
　　　動之解析須遵守物理律，而不能以數學之分割律解析之。

5.37　一運動量或物理量，汝何由知其函有無窮個無窮類？汝或則
　　　先驗肯斷其是如此，或則由無窮劈分而知之。如爲前者，則
　　　可反。但汝之視此爲堆聚而如此措思之，乃爲極隨便而無理
　　　由者。如爲後者，則不可返。蓋劈分無底止，不能放下而平
　　　鋪，是以不能由之而構造此運動，亦不能以爲此運動即函有
　　　無窮個無窮類。是以既不能返，復不能反而構成如此如此之
　　　種種特殊量。羅素之以爲可返者，實由服從軌約原則之無窮
　　　過渡到服從構造原則之無窮，即將不能放下者平鋪而放下，
　　　以爲已獲得積極意義之無窮。然此種過渡實謬誤而不可能
　　　者。

5.40　反身性與不可返性是數學中之無窮之特徵。以此二性代羅素
　　　之反身性與非歸納性。反身性義雖無大差而論法異。非歸納
　　　性則去之，以吾不視無窮爲綜體故。

5.41　羅素視無窮爲外陳之綜體，故言其有非歸納性。歸納性爲有
　　　窮數所具。非歸納性爲無窮數所具。歸納性者，一特性零數
　　　具有之，其後繼之一切數亦具有之。後繼者起於零而以繼續
　　　加一之方法所達到之數也。有歸納性之數爲歸納數。一歸納
　　　數必爲有窮數。即有歸納性之數必爲有窮數。若在無窮數
　　　（或無窮類），則吾不能知此一特性是否能貫穿至此無窮數
　　　中之個個分子。然縱數至至大至大之數具有之，而忽有一繼
　　　之而出者無此性，此亦是可能者。譬如在有歸納性之數，吾
　　　人知零不等於一，而某一定數不等於某一定數加一，而某一
　　　定數加一亦不等於某一定數加二。然在一無窮數，據其反身
　　　性而言之，則一無窮數又即等於該無窮數之加一。是即明無

窮數不具歸納性，無窮數爲非歸納數。

5.42　一數具有歸納性即服從數學歸納法之數。無窮數不服從數學歸納法。數學歸納法以前視爲一自明之原則。至羅素則視爲一定義，即有窮數之定義；有歸納性之數爲有窮數。非歸納者則爲無窮數。（歸納與非歸納爲定有窮無窮之一法，反身與非反身爲定之之另一法。）

5.43　此視無窮爲一數，且爲一外陳之綜體，故可如此論。然吾視無窮爲一前程，不能放下而平鋪，故即非一數。故亦無所謂歸納不歸納。

5.44　無窮爲一劈分之前程，由連續之無底止而顯示。設自劈分而言之，則開首即按照如此如此之規律而劈分，一直分下去，至無窮盡，可無變更。依此可斷言，此劈分之規律可貫穿至無窮盡：劈分無底止，此規律之貫穿亦無底止而隨之以俱下。依此亦可言：所劈分出之數依如此規律而分成，其後繼之一切如此而劈分出之數亦皆依如此規律而分成，此即言：一特性，如此劈分而成之數具有之，其一切如此分成之繼數亦具有之，且此中之「一切」可隨分割之無窮而貫至於無窮。此即歸納性。然此歸納性並非屬無窮。實屬無窮分割所分出之數，即仍屬於有窮數。如無窮不是數，則即云仍屬於數，不必有窮以限之。依此所謂歸納性，即如此劈分之規律所貫穿之特性。設不限於劈分而普遍言之，則歸納性實即產生數之規律也。

5.45　依此，數學歸納法又可以不是一定義，而是一原則，且爲一自明之原則。以凡數必有窮，並無無窮數與之相對也。

5.50　依此，數是步位符，是純理步位之外在化。此爲產生數之基本義，亦可曰產生數之基本規律。

5.51　每一步位符視爲一單位，每一單位可依劈分律而劈分之，此爲產生數之第二義，亦爲產生數之規律。

5.52　依此，凡數必可符，必有窮。無窮不可符，非是數。無有旣是一數而又無窮者。數與無窮似是不相容，乃爲不能連於一起者。

5.53　無窮是一不可完整之前程。於此無盡之前程中產生數。如是，數之產生無有限制。此爲數之「純理」性，亦即其邏輯性。

5.54　如此論無窮，乃爲數學中無窮之眞義。（此本亞里士多德、洛克與康德等而說成，見下第三卷第一部第一章第三節。）至於外陳之綜體有窮無窮則爲知識對象之概念，非數學中之概念。此如世界有窮無窮同。數學不能過問此，亦無需於此。

5.55　依此，吾並非謂羅素《數學原理》中之無窮全無義，乃只謂其對於數學無意義。其意義在知識。其在知識中之意義與其結果爲如何，下第三卷第二部第二章論之。

第六節　羅素之「以類論數」：實在論的數學論

6.01　羅素論數是由邏輯陳述之知識命題所表之「類」入。〔邏輯陳述之知識命題言此命題至少有知識上之意義，雖爲邏輯之陳述，即雖爲外延，而實有內函。以此命題所表之類亦如

此。此固為羅素所鄭重聲明者。參看下第三卷第二部第二
章。〕

6.02 羅素論數一往自外陳之綜體明。

6.03 羅素論數注目於外面之對象，而作邏輯之討論，以主觀對付
客觀，故曰邏輯之分析，又曰邏輯之構造。即如何施以邏輯
之構造而造之。如此所造者為類。以如此所造之類定數。依
此遂有一串定義與夫「存在公理」之貫穿。

6.04 如此之構造必有如此構造之問題與假設。其問題與假設集中
於三公理：一曰還原公理，二曰相乘公理，三曰無窮公理。
此三公理即所謂存在公理之貫穿，亦即該存在公理之變換。

6.05 此一龐大之系統於知識有意義，於數學無意義。其儼若有意
義者，是數學之應用，是數學之所指，是第二義之數學。

6.10 還原公理是以普遍命題或全稱命題表示「類」為入路，且只
以此為入路時，所需之首先出現之假設。

6.11 以命題表示類，是說不先假設「類之存在」。如先假設類之
存在，還原公理即不必要，或至少其重要性亦減小。是以還
原公理之假定，其假設性比「類之存在」之假定為小。寧取
假設性小者，不取假設性大者。

6.12 又唯自普遍命題入，而類又非既成而固有，即不預定既成類
在外存，須由普遍命題而表示，是則即須由此一路而為言，
不須外乎此作肯定。還原公理即在此自此唯一入路而為言上
而出現。

6.20 還原公理之假定雖隱示不假定類自身之存在，然由命題為入
路所表之類卻有存在上（或知識上）之意義。

6.30　還原公理之作用兼遮表二義。遮者所以去「一切」上所生之循環之矛盾，由此而上進類型說之成立。表者所以說明類之成就與平鋪，由此而下連「存在之涉及」。

6.40　還原公理說：任說一函值，必有一指謂函值與之相等值。而指謂函值即爲存在之函值，亦即謂此存在之指謂函值須假定其實有。

6.41　還原公理等值於羅素近來所謂邏輯相應說中一邏輯命題所與相應之可能事實之存在之假定。〔邏輯相應說與認識論之相應說相類比。邏輯相應說主一邏輯命題之眞須以與之相應之可能事實而規定。此可能事實須假定其存在。參看其《意義與眞理》一書。吾曾有專文評之。〕

6.50　羅素以爲此公理對於類之構成乃爲必要者，且縱非自明者，然卻有極堅強之歸納之根據。〔一言歸納之根據，則此公理雖可以眞而不必眞，雖可以假而不必假。故表示此公理之命題爲經驗者，非必然者。〕

6.51　吾以爲此公理不必須。論據如下：俟免循環之矛盾，是否必因牽涉「存在之指謂函值」而可能？如必涉，則此公理必要；如不必涉，則此公理不必要。

6.52　所謂必涉不必涉，必要不必要，自然單就純邏輯與純數學言。單言一全稱命題之循環及其解消，乃一純邏輯問題。降而單由普遍命題（亦即全稱者）爲入路以表示類，復藉類以定數，則是一純數學之問題。問題既只限於此二者，則必涉不必涉，必要不必要，亦自應單就此二者而爲言。

6.53　起腳爲一屬於邏輯問題之全稱命題之循環，進而復單由此全

稱命題爲入路以表示類，是則徹頭徹尾只爲邏輯一線者，而
事實上亦實爲邏輯者，所謂「邏輯斯諦」者是也。

6.54　如嚴格遵守邏輯一線之入路，則於循環矛盾之解免，亦可爲
純邏輯地處理之，此應純爲一邏輯問題，故單應只是邏輯地
處理之。如其如此，吾人即不必牽涉指謂函值之存在。處理
一只是邏輯之問題，只應只是邏輯地處理之，不應牽涉存在
處理之。而且只是邏輯地處理之亦可能，故亦不必牽涉存在
也。如其不必，則還原公理即無必要。羅素於此未經考核，
而遽然以爲須由牽涉存在處理之，吾則以爲此是無必之滑過
也，即輕輕滑到此耳。

6.55　對純數學言，如嚴格遵守邏輯一線之入路，即唯是由全稱命
題入，則於一類之構成及關於此類之概念，亦可純爲邏輯
者：即可純邏輯地構成之，亦可純邏輯地設想之。如其如
此，則類即爲一純邏輯中之物事，其成就與出現，單可予以
邏輯的規定，如此規定之，使其單有形式之特性與意義，而
無實際之特性與意義。如是，即不必有「指謂函值之存在」
之涉及。如是，單自類之構造與成就言，亦不必有還原公理
作保證。無理由必過到此始可以言類也。蓋吾人此時之言
類，純自邏輯一線入，唯由全稱命題入，所作者亦純爲只有
形式義之數學類，即只爲一「類之架子」之概念，所需者只
是如何滿足邏輯手續之「邏輯之規定」。故此時之言類非是
一有知識意義之存在類，而羅素所與以邏輯構造之類概念實
爲一有知識意義之存在類。如此說法所定之類於知識上可以
爲必須，於數學上不必須。其所以有意義亦是對知識言，不

是對數學言。吾人可名此爲邏輯構造之知識類，或知識類之邏輯地構造之（或規定之），而非爲邏輯構造之數學類，或數學類之邏輯地構造之。兩者實無理由可以必然混一也。

6.56　羅素的注意與眼孔總是盤旋於涉及於存在之關頭上而立言。故於發生於「一切」上之循環一問題，亦不自覺地或習慣地必輕輕滑度到「指謂函值之存在」而解免之。既由此而解免循環矣（此是遮義），則類之成就與平鋪亦作成（此是表義）。而如此所成之類即爲一有知識意義之「存在類」（此非言類自身存在）。類之成就與平鋪即謂由一指謂函值存在之假定，關於類之循環或矛盾即解免，此而解免，即是類之可能：所謂類之成就與平鋪即類之可能也，即類之邏輯構造之可能也。此種邏輯構造之可能所需之手續或條件即是還原公理之假定，即指謂函值存在之假定。所謂關於類之循環或矛盾之解免實即同於一邏輯命題中「一切」上所發生之循環之解免。

6.57　並非謂此種存在之涉及不足以免循環，不足以成就類，乃只謂於數學類不必須，於遵守邏輯一線者亦不須。而免循環與成就類亦可遵守邏輯一線而爲之，而即如此成就類亦非數學第一義，乃數學第二義。

6.58　數學中不應有假設之成分，亦不應有經驗之成分。還原公理之假定不能滿足此制約，因而形成此門純理學問之缺陷。
（以上所述須參看下第三卷第二部第二章）

　　　＊　　　　　　＊　　　　　　＊　　　　　　＊

6.60　還原公理復函相乘公理。相乘公理即蔡曼諾選取公理。還原

公理假定指謂函值之存在：有多少函值即有多少與之相應之指謂函值。一個函值系統可以無窮地申展，故指謂函值亦必須與之相應而為無窮地申展。自函值系統而言之，純為邏輯者，純為內出者，可為吾所能操縱之，然自指謂函值之系統而言之，則屬於存在者，非吾所能自由操縱矣，然吾人之進路又只為自函值入，函值為首出，而當吾說任一函值時，又必有一指謂函值與之相等值，而此外面之存在又非吾所能定，是則此種本自內而有涉於外，其對於外面之需求必純為假定也。此假定為與函值相應之指謂函值之存在之無限制之假定。而相乘公理則為一指謂函值所定之存在類中之分子若無窮則必有一種「關係」存在於其中之假定。每一指謂函值定一類，而所謂類者又為滿足此存在之函值之分子之聚合也。滿足此存在之謂詞之分子不必限有窮，亦可通無窮。當吾自指謂函值以定類言，則所言之每一指謂函值定一類，並未只限於有窮也。如其無窮，則該指謂函值既存在，自亦必貫穿於無窮分子中而有效。指謂函值存在，對其所定之類之無窮分子言，即為一種關係之存在，若以分子為首出而言之，是即明此堆無窮分子中實有一種關係存在也，此關係即使之成為一類之指謂函值也。故自指謂函值以定類言，其所定之類無論為有窮抑無窮，總有一關係於其中，而且此關係之存在實為該指謂函值之存在所必函。如此關係之存在為假定亦必隨指謂函值之存在為假定而來也。然此所言，乃自指謂函值以定類言。由此而言之，相乘公理之假定實為還原公理之假定之推演，即後者一定，則前者即不言而自明矣。然

若以類爲首出，自類之分有窮無窮而言之，則對於無窮類，可視相乘公理爲一獨立之假定。此只立言分位之有殊，而其意義實相函。

6.61　相乘公理言：凡類無論有窮或無窮，其中項數（個體數）皆可成選而成序。〔此在有窮，不得視之爲假定，惟於無窮，始可言假定。即此公理但對無窮而言也。〕

又言：如 k 是互相排斥之存在類所成之類，則「在所有 k 上必有一 u 類存在，而且如果 a 是 k 中之類，則在所有 a 上，u 與 a 兩類之絜和必是一（即非零）」。〔存在類言有項數之類即非空類，非言類自身存在。〕

又言：互相排斥之存在類函於可乘之類中。

又言：在所有 k 上，如 k 是互相排斥之存在類所成之類，則 k 中之選取關係所成之類存在。

又言：在所有 a 上，a 中之存在類之選取關係所成之類存在。

又言：如空類不屬於 k，則在所有 k 上，k 之選取關係所成之類存在。

又言：在所有 k 上，所謂空類不屬於 k 即等值於 k 之選取關係所成之類存在。

又言：在所有 k 上，空類屬於 k 即等值於 k 之選取關係所成之類爲空類，此又等於說：「只有當乘數或被乘數有一爲零時，其乘積始爲零。」

6.62　選取關係所成之類存在，即函選取關係存在。所謂選取關係存在，即言於一堆分子中有一可選之標準。

6.63　凡非空類之類皆可選而成類，即皆有選取關係存在。而由此
　　　選取關係所成之類亦必爲存在類，即實有之類。反之，如爲
　　　空類，必不能成選而成類。

6.64　選取關係是否存在，在有窮類易決定，而亦不須相乘公理之
　　　假定。如在無窮類，不易定。相乘公理即對無窮類而施設。
　　　於無窮類，不能定知是否可選而成類，亦不能定知選取關係
　　　是否眞存在。然類旣不限於有窮，無窮類亦須有，而若於無
　　　窮類亦欲有措思，則不能不假定其有某種選取關係之存在。
　　　相乘公理即對此而假定。

6.65　相乘公理旣爲假定，故其所述乃爲不能證明者。惟在羅素系
　　　統內，有此假定之需要。
　　　此公理雖爲不能證明者，然亦無邏輯理由足以否證之。而在
　　　有限範圍內（即經驗範圍內）則又時常爲有效，即時常有選
　　　取關係之存在，故不能謂其必是假。今即順有限範圍內之時
　　　常眞，推而擴之以至於無限範圍內。固知此種推擴未能保其
　　　必效也。然雖無邏輯理由，卻有歸納理由。

6.66　此公理之爲假定，若以無窮類爲首出而言之，（即吾人如何
　　　能思考此無窮類耶？）可爲一獨立之假定。然無窮類旣亦是
　　　一個類，而當吾一說類，則必由全稱普遍命題而表示，而每
　　　一決定一類之命題函值又必有一指謂函值與之相對應，如指
　　　謂函值之存在已假定，則由之而定之無窮類之選取關係之存
　　　在自亦已函於該假定之中矣。由此而言之，相乘公理之爲假
　　　定實已函於還原公理之爲假定中。其無必然性同於還原公理
　　　之無必然性，其根據之爲歸納根據亦同於還原公理之根據之

為歸納根據。由此而言之，相乘公理實為還原公理之變相。
設一切類之類為一無窮類，吾人對此無窮類亦可表之以命題
函值，即以一命題函值規定此為無窮類之類者，而規定此無
窮類之函值又必有一存在之指謂函值與之相等值（相對
應），是即明此無窮類實由存在之指謂函值而定也。定之之
指謂函值既存在，則其中之選取關係白亦必存在。由此可明
相乘公理實為還原公理之變相。

6.67　相乘公理與還原公理皆表示羅素所論之類，一為有知識意義
之存在類，二為表示一外陳而平鋪之綜體之概念，即為表示
一平鋪之綜體者。惟如此而論類，始有假定之牽涉。

6.68　一牽涉於假定，則原為邏輯一線者，以兼顧外面之涉及，遂
成為兼賅雙線矣。此兼賅雙線之發展，以無窮公理而完成。

　　　＊　　　　　＊　　　　　＊　　　　　＊

6.70　相乘公理復函無窮公理。相乘公理對一類其項數無窮時而施
設。而此無窮非只暫時之縣擬，且欲按照需要之理由而肯定
之，此即無窮公理之所說也。

依此，無窮乃為一平鋪之綜體。即所謂廣度無窮也。

6.71　無窮公理言：有無窮個項數存在，其項數無窮之無窮類亦存
在。（即有存在性，非空類。）

無窮公理等值於：在所有 a 上，如 a 是歸納基數，則 a 存
在。

又等值於，在所有 a 上，如 a 是歸納基數，則 a 不等於 a 加
一。

又等值於：在所有 a 上，如 a 是歸納基數，則 a 加一存在。

又等值於：空類不屬於歸納基數。

6.72　如無無窮公理，則不能證明「n 加一」大於 n。設 n 為一歸
　　　納數，「n 加一」亦為一歸納數。n 加一必大於 n。任何歸
　　　納數必大於其所含之歸納數。但若項數有窮，則或許其項數
　　　已為某數如 n 所盡，而 n 外之數如 n 加一便無項數而成空
　　　類，則 n 加一便不能大於 n。

　　　此猶自 n 之一定數而言之。設一般言之，吾人欲說任何大之
　　　「歸納數之數」皆必大於其所含之歸納數，而且欲說隨如何
　　　進，總是如此。此「總是如此」之保證，必在無窮之假定。
　　　n 加一大於 n，根本言之，意即 n 不等於 n 加一。此兩情形
　　　之證明，皆依無窮存在之假定。

　　　「在所有 a 上，如 a 是歸納基數，則 a 存在。」此一普遍命
　　　題亦須依靠無窮存在之假定而保證。譬如如適所言，n 為一
　　　歸納基數，n 加一亦為一歸納基數，而如項數有窮，譬如至
　　　n 數而止，則 n 加一即為空類，不復為存在矣。雖可名之曰
　　　歸納基數，而此歸納基數卻不存在。是以欲使凡屬歸納基數
　　　皆有存在，則必假定無窮。故云無窮公理等值於：「在所有
　　　a 上，如 a 是歸納基數，則 a 存在。」

6.73　吾人已言任何大之「歸納數之數」皆必大於其所含之歸納
　　　數。又言此命題若普遍成立，必假定無窮。又設當吾總持而
　　　言「所有歸納數之數」必大於其所含之「所有歸納數」，而
　　　「所有歸納數」已窮盡歸納數而無遺，則大於此「所有歸納
　　　數」之「數」必為「非歸納數」。此非歸納數即無窮數。所
　　　以「所有歸納數之數」總大於「所有歸納數」，此命題本身

即為「無窮」之導引。若不假定無窮存在，則所有歸納數之數即落空而不存在，亦即不必大於其所含之「所有歸納數」矣。故云無窮公理又等值於：在所有 a 上，如 a 是歸納基數，則 a 加一存在。

6.74　如無無窮公理，則不能證明「無兩數同一繼數」一命題。設宇宙個體數為九，由零起至九，此十個數為實類非空類，而十後為十一，十一為空類，十一後為十二，又為空類。十雖不同於十一，十一又不同於十二，而十一與十二皆為空類，皆為零，是則十之後為零，十一之後又為零，是即兩數有同一繼數矣。為免此不幸之結果，須假定無窮以濟其窮。此與「a 不等於 a 加一」之有待於無窮同。

6.75　羅素系統最後歸宿是「無窮」之假定。而其無窮實為平鋪之無窮，宇宙個體數之無窮。其數論之路數有如此無窮之需要。

選取關係既為假定，無窮之假定尤為不能證明者。

吾人似不應說：《數學原理》中一切命題皆基於無窮公理；而應說：無窮公理函蘊《數學原理》中一切命題。函蘊關係為「如果則」關係。如果則關係表示前件雖假而後件仍可真。此即表示無窮公理縱假，而其所函之一切命題仍可真。此亦表示：《數學原理》中一切命題在經驗有限範圍內（科學範圍內），皆可妥當有效。此亦表示無窮為假定，而其所函之一切命題不必為假定，而可以為定然。

6.76　羅素系統之數論，最後歸於邏輯原子論之信仰。無窮個體之假定即為原子多元論之信仰。是以其數論乃歸於原子論之元

學，並未歸於邏輯也。

三公理之思想爲一貫者，不容支節有修改。此一貫之思想表示數學並未歸於邏輯，所表示者不過爲邏輯地討論之而已耳。即以「邏輯地討論之」，遂名曰「邏輯斯諦」之數學論。然邏輯地討論之，非即歸於邏輯也。此意下段詳述之。此一貫之思想亦表示數學並無妥當而必然之基礎。其基礎全在「存在」上，此即外涉而歧出。以歧出，遂落於非吾所能操縱之他線。邏輯斯諦之方法，非吾所能操縱之存在，以此而成爲兼賅雙線之駢行。

此兼賅雙線之系統對於數學無意義，而對於知識有意義。吾意數學必須只爲單線者。此意下第三卷第二部第二章詳論之。

此一系統，就數學言，應全改，須予以大翻轉。凡枝節修改者，皆未能透徹此系統之底蘊也，皆非羅素所能首肯而心服。

＊　　　　＊　　　　＊　　　　＊

6.80　羅素於其個人獨著《數學原理》一九三八年第二版增寫一導言，其中有三段批評形式主義者之數學論，而特鄭重宣示存在公理之必要。茲譯如下：

形式主義者之解析數學並非全爲新之學說。但爲現在目的，吾人不必追問其古老之形式爲若何。只如希爾伯所表示，例如在數之範圍內，是置整數爲未規定者。但只主張只依照若干公理即可使普通算學命題之推演爲可能。此即是說，吾人不須給0，1，2等符號以任何意義。即，除其具有公理中所列

舉若干一定特性外，不必給予以任何之意義。是以此等符號
只是一些變項。當0,1給予，則後來之整數即可被規定；但
是0卻只是具有若干一定特性之某種物事。依此而言，0,1,2
等符號不能表象一一定之系列，但只表象任何進級系（無論
是那一種）。形式主義者已忘記數目之需要不只為綜計，且
亦為計數。例如「此處有十二棵樹」，或「倫敦有六百萬居
民」，此等命題在形式主義之系統中即不能解析。蓋0,1符
號可以視之為意謂任何有限數（整數），而亦並不因此即使
希爾伯之任何一公理成為假。依此，每一數目符將成為十分
糊塗者。形式主義者儼如一鐘表匠，只欣賞其所作之鐘表而
忘記鐘表之目的乃在告吾人以時間。

形式主義之主張還有另一種困難。此即關於「存在」之問
題。希爾伯以為如果一組公理不至引至於矛盾，則必有某組
物事可以滿足此公理。依此，希爾伯便不想建設「存在公
理」，但致力於足以證明其公理之一致之方法。希氏以為
「存在」是一不必要之形上概念，吾人必須以不矛盾之準確
概念代替之。在此，他又忘記數學有實際之用處。須知，對
於所可發明不矛盾公理之系統，吾人並無一定範圍足以限制
之。吾人對於足以引到普通算學之公理所以特別感興趣，其
理由並不在算學內，乃在算學以外也。吾人以數學外之理由
選擇公理，成就算學，而且欲使如此所論之算學中之數目能
應用於經驗之實際。〔案：此句譯者稍有補充〕。然此種應
用之自身，在邏輯或數學中，卻俱無地位也。數目之邏輯界
說可以使數目與可計數對象之現實世界之連結成為可理解，

而形式主義則不能。

事實上大部數學不須預定任何物事之存在，此自是可能者。一切關於基本有限數及有理分數之數學都可不涉及存在而能被構造；但是一遇函有無限之數類，若不涉及存在，則便成為不可能。不預定存在，實是遺漏（排除）實數及全部解析學。若將實數及全部解析學含在內，則需要「無窮公理」之假定。此公理說：如果 n 是一有限數，則至少亦有一類含有 n 項數。

6.81　於上三段中，羅素所批評之形式主義，自形式主義正面所主張者而言之，形式主義固是有毛病，自羅素之批評而言之，其所評之形式主義困難之所在卻不足服彼心，至少亦不是其毛病之根本點。形式主義使數學無頭腦無安頓，而羅素則欲於外面謀安頓，故必堅持存在公理之假定。其所注意之關鍵與差異只在此，因而遂只注意以數學之實際用處之能否說明為判決。吾以為此則倒見也。

6.82　第一段批評是關於形式主義之「數」之觀念。希爾伯主張數只是一無意義之記號，除其所分得於公理所賦予之若干一定特性外，其本身不具任何之意義。希爾伯此主張自足以使每一數目符為糊塗（太無眉目），不足以使之為一確定之概念。此正面主張之缺陷，只在其無安頓。數為一無意義之記號，此義自可說，蓋數實不能有任何「內的意義」也。然若「無意義」推至極浮泛，乃至於無安頓，則羅素之批評即不能謂之為無理據。羅素由類之構造以定數，數有其確定之意義，且可以與現實世界相啣接。此儼若有安頓矣（實則終究

無安頓）。然此有安頓並不足藉以否決希爾伯之無安頓，而
彼之「可以與現實相接觸」亦不足以爲判決希爾伯主張之是
非之標準。此吾所以謂其所批評並非其毛病之根本點也。數
學與其實際之應用，於數學之說明上，最不足形成一問題。
吾人常言：閉門造車，出門合轍。此在通常，最爲大忌。汝
是否能合轍也？此則足以形成一問題。而此問題之所以成，
大都限於實際問題而爲言：或對有內容之知識系統而發，或
對「控制一特殊境況而期作一特殊決定」之機括而發。在此
情形，即可發是否合轍一問題。然而對於數學一機括，則是
否合轍，即非一問題。數學既非一有內容之知識系統，其控
制外界也亦不期作一特殊之決定，其決定也亦不能給予以特
殊之知識。故無人論數學而問其是否合轍者。（無人問固不
能說邏輯上不可以問，然於數學上實不須有此問。）吾言此
義，在明「與現實相啣接」實不足形成一有決定性之問題。
數目之需要固不只爲綜計，且亦爲計數，然即於說明其計數
之應用，亦不必歧出於外，自存在而前進以定數。希爾伯之
缺陷只在其使數學成爲一無安頓無必然之遊魂。「0,1符號
可以視之爲意謂任何有限數，而亦並不因此即使希爾伯之任
一公理成爲假。」羅素此言，自有理據。而其所表示只在其
對於數目全無確定之概念，即所謂「十分糊塗者」。然由所
謂「十分糊塗者」，只應自根上指出其使數學無必然無安頓
一大病，不應指實際之計數而吹求也。誠得其必然與安頓，
則其計數之應用乃爲決無問題者。誠得其必然與安頓，則雖
如鐘表匠只欣賞其作品而忘其實際之用處亦無傷。然吾人批

評希爾伯之無必然無安頓，卻並不想使其向存在方面找安頓找必然，蓋如此終歸仍無必然無安頓也。

6.83　希爾伯之數目觀所以爲糊塗、不確定，乃至於無必然、無安頓，乃在其根本點之公理法一主張之無必然無安頓。希爾伯對於數學，徹頭徹尾未能指出一必然性，未能爲之謀得一歸宿。（吾屢言其無必然性，並非謂其推演中之連結亦無必然也。此自不須說。）羅素第二段之批評即指公理言。公理組可不一，而公理組之選擇亦無必然之理由。所必須之條件乃在公理組之不至於引至於矛盾，即公理之一致。此種矛盾原則之使用全在一既成之系統中之內部施行之或表現之。此足以決定內部之每步連結爲必然，而不能決定此全套系統爲必然。公理足以引出此一套，儼若已決定此一套，然公理之選擇又無必然之理由，是則此一套之何以必如此，總無必然理由也。羅素言：「對於所可發明之不矛盾公理之系統實無一定範圍足以限制之。吾人對於足以引到普通算學之公理所以特別感興趣，其理由不在算學內，乃在算學外。」而算學外之理由又實無必然理由足以決定之。此實爲形式主義之大弊。希爾伯言：「如果一公理組不至引至於矛盾，則必有某組物事可以滿足此公理組。」按照希氏之說統，此言實無邏輯理由足以保證之。其公理之選擇無必然之理由，其數目之觀念無確定之規定，依此兩主張，其所作之系統焉知其必有某組物事足以滿足之耶？豈不可以成爲一烏何有之虛構而全無物事以滿足之耶？此其弊全在其無必然無歸宿，莽莽蕩蕩，飄流無定。不牽涉「存在」是一可取之思想，而「存

在」亦實不必有牽涉。然其正面之主張則犯大忌。不牽涉存在，則必於他方予以必然之理由，理性之保證，方可成就數學之必然性與普遍性。否則直是莽蕩無歸宿也。希爾伯實際心目中固可意其系統並非不含普通數學之說明，然順其系統又實不必真可以引至普通數學也。羅素則於此注意其應用於經驗實際之困難。困難誠為困難。然吾對此之態度，已明之於上條。吾於此不自其是否能應用於實際而判決之，但自其足以使數學無必然而判決之。如不識此根本點，而徒以其不涉及存在忘記實際之用處而批評之，則或者不必真為缺陷也。羅素如此批評只在想驗證其「存在公理」之必要。然論數學一涉及於存在，則雖可以與現實相啣接，而數學之必然性仍未建立也。數學妥當不易之基礎又安在？如上所述之三公理即可明其數學論之無必然、無安頓、無歸宿。如涉及存在而竟歸於此，則斤斤於「存在公理」之建設亦可以休矣。希爾伯之擯棄「存在」一觀念，自消極而言之，未謂不是也。

6.84　第三段羅素聲明「存在公理」之必要。其意以為如只限於有限數及有理分數，自可不涉及存在，數學即能構造起。但當一遇函有無限之數類，若不有存在之涉及，即成為不可能。實數及全部解析學亦必需要有存在之涉及，此即其所謂無窮公理也。順羅素對於「無窮」之看法以及其由類以定數之入路，自可如此說；然而對於無窮卻不必只為羅素之看法，而入路亦不必由類以定數。是以即將實數及全部解析學含在內，亦不必需要無窮公理也。討論實數及全部解析學之基本

關鍵只在連續、極限、無窮小、無窮等觀念。吾不知論此何以必是羅素之無窮觀？

6.85　不涉及存在，不必即為希爾伯之主張；而羅素之存在公理以及由類定數之入路，則必須翻轉也。

第七節　先驗主義的數學論

7.01　不應自普遍命題所表示之類構造數（規定數）。

7.02　不應自個體之實有成立數，故數亦不因個體之空無而消滅（依羅素個體空無即通為零）。

7.03　數可以指示類（亦不只指示類），而不由類構。

7.04　成為數與指示類之「數之應用」異。前者為第一義，後者為第二義。由數之應用所指示之類返而構造數，則為第三義。

7.05　數可以指數個體，而不由個體成（成者就成或極成）。數可以指數個體，有則指之；亦不必指數個體，無之不指。指與不指皆不妨礙其為數（即數不因個體之實有而成就）。

7.06　數是先在非後得。

7.07　數之客觀基礎在純理，依此而言歸於邏輯。數之成在純理步位之外在化，依此而言直覺原則（構造原則或實現原則），此為數之主觀基礎。

7.08　羅素「數理」歸於「邏輯的」而非歸於邏輯。羅素明數由類構，故後得；吾則由步位之外在化構，故先在。羅素由個體數之實有以成數，故外陳；吾則由步位之外在化以成數，故內透。羅素以類構，為外陳，故有問題，有假定；吾則由步

位之外在化構，為內透，故無問題，無假定。

7.10　由命題所表示之類構造數，為知識論之進路。故首先即遇有知識意義之還原公理。雖為邏輯之陳述，而有知識意義透其中。

7.11　類為知識中之概念，非數學中之概念。雖為邏輯之陳述，亦有知識意義透其中。

7.12　自類到數為抽象之抽象，為類之類。譬如四本書為一四項類，四棵樹、四只桃等亦皆各為一四項類。此為第一步之抽象。再由四項類而至所有四項類之類，此為第二步之抽象。此即謂抽象之抽象，類之類。至類之「類」即為羅素系統中之「類」。所有四項類之「類」即為數目「四」。零為所有空類之「類」，「一」為所有單一類（其項數為一）之「類」，「二」為所有偶類（其項數為雙）之「類」。其他依此推。是以數者類之「類」也。此雖為邏輯之陳述，而實有知識意義透其中，亦實有抽象歷程隱其後。

7.13　如此構數，數之概念已先在。當吾說空類，已有「零」之概念在；當吾說單一類，已有「一」之概念在；當若說偶類，已有「二」之概念在。不過於名言不說出，藉以免循環論證耳。實則名言不說出，而實際已說出（已先在），終不免為循環之論證。

7.14　是以以類為先在（自然是邏輯者），以數為後起（亦是邏輯者），則必有兩可能：一、當吾說定數之類時，已有數之概念在；二、當吾說定數之類時，全無數之影子在。如為後者，則數之概念必為由經驗憑藉類而撰成，純為心理習慣之

產品。然此亦有兩可能。甲、數之概念與因果概念不相同。依此，自表面名言而言之，可類比於因果而謂其爲習慣之產品，而自其底蘊而言之，則數純爲屬量之單位，而非物理之關係，是以不能由習慣而撰成。乙、數之概念與因果概念爲相同。依此，則數即純爲經驗之造撰，心理之產品，而亦與因果同其爲主觀，同其無必然。依乙，全與數學之本性不相應。依甲，則數即已爲先在。如其依乎甲，則第二可能即已不可能，而必歸於第一可能矣。如歸於第一可能，則數即先在。以類構造數即不免以其自身造自身，斯之謂循環。

7.15 謂之爲先在是對羅素之「以類造之」言爲先在。是即明其不能向外面繞大圈藉外事以構之也。不能藉外事以構之之「先在」，非謂其即不可界說也。其界說既不能由外面以作成，則必須返回來由其所依止之內部歸宿或安頓以界之。其所依止之內部歸宿或安頓必須由內透，此即純理申展之步位也。此即其所依止之內部歸宿或安頓。由其所依止之歸宿或安頓以界之，吾人即界說數爲純理申展之步位之外在化。此則純由先在之純理而界之，故雖對類言爲先在，而仍可以界說也。雖仍可以界說也，而仍不礙其爲先在。以其純繫於其所依止之純理步位之故也。

7.16 羅素之誤純在其向外面繞大圈。凡屬經驗之知識可以向外面繞大圈，而數學則決非經驗之知識，甚至亦並非是知識，不過爲知識之純理方面之形式條件，或純理方面之一套形式架子，是以決不可向外面繞大圈找界說也。

7.17 如向外面繞圈之路一截斷，而如不得其必然之歸宿或安頓，

則數之概念必莽蕩而糊塗，此即陷於形式主義之困難。但如吾所言，已得其必然之歸宿或安頓，則形式主義之莽蕩即可免。

7.18　羅素言：講數學，只有邏輯常項尚不足（邏輯常項即句子之形式）。邏輯常項爲不可界說者。純數學除邏輯常項外無有不可界說者。而且除專討論邏輯常項及變項之命題外，亦無其他前提或不可證明之命題之可言。是則論數學必尚有外乎邏輯常項者，必尚有可以界說者。邏輯常項並非即是數。是則即此數即是可以界說者，亦即是外乎邏輯常項者。而羅素之界說此可界說者，則必向外面繞大圈，即關於數學中之一切界說皆必以存在公理爲背據。此即言只有邏輯常項尚不充足也。故羅素於其獨著之《數學原理》末章木句云：一串界說已作成，而存在公理之貫穿亦成功。（此條所述羅素意，看其獨著《數學原理》第二版導言。）

7.19　羅素言：「純數學可以定之爲一類『p 函 q』式之命題。此中 p 與 q 是命題，函有一個或多過一個之變項。兩命題所成之命題亦然。而且除邏輯常項外，無論 p 或 q 皆不函任何其他之常項。」（獨著《數學原理》首章首句。）此所言者是指數學推演系統中數學命題及命題與命題間之關係言。此不過言其推演系統之必然性與形式性，而當其界說數與數學命題乃至界說形成數學命題之演算法（如加減等），則又必以存在公理爲背據。是則此首句所言，雖足以明推演之必然性與形式性，而究不足以謂之已歸於邏輯也。

7.20　數不因個體之實有而成立，亦不因個體之空無而非數。以個

體之實有而成立，此爲由計數個體而立數。計數實有之個體
爲不空，因而成立數，曰一曰二，乃至其他。羅素所謂其邏
輯說可以說明「倫敦有六百萬居民」一命題之謂也。如無個
體可數，則爲空類，因而皆爲零，此即除零以外無有數。然
而吾之計數時已實有一、二、三、四之數矣。然而依羅素，
此時之數即非數，滿盤皆是零。此誠大奇。

7.21 如此成立數，實則數亦爲已先在。當吾計數個體時，吾已有
數矣。然則數豈因有個體可數而成立耶？又豈因無個體可數
而不成立耶？決不然矣。

7.22 無個體可數即非數，然而總是數。羅素於此不知重新考慮論
數之入路，遂至無窮之假定。如是，數終因個體之實有而成
立，且因無窮之假定而保證，可無非數之恐慌。

7.23 吾則首先剝落實類規定數，空類規定零之入路。依此，數不
因個體之有無而有無。有則有其可數，無則無其可數。而其
爲「數」則自若。此爲亘萬古而常存，不以實事而興廢。依
此，永不涉及宇宙有窮與無窮。

依此，無窮公理對數無意義。

7.24 吾如論知識，吾須肯定有宇宙，肯定有個體。且須依據知識
之發展而窺測此宇宙，而說明此個體。雖不能全知，而心嚮
往之。但吾於數學，則全不涉及此。吾無涉及之必要。（此
條須參看下第三卷第二部第二章。）

7.30 數表示類而其自身非類，亦不由類構。

數自身並非類。由類構，是類之類，故爲類。不由類構，而
指示類，故非類。

7.31　數之成（成為數）不由類構，而由純理步位之外在化以構之。如此言構即外在化義，實現義。故構為直覺之構。由直覺深入純理步位，內攝而出之，而外在化，是謂直覺之構。構造原則、實現原則、直覺原則是一。

7.32　依此，數為直覺構造而非邏輯構造。
邏輯構造之根據在散殊之個體。直覺構造之根據在純理之步位。前者為外陳，後者為內透。

7.33　內透之直覺構造即為數之成（成為數）。此為數之基本義，或第一義（本章所論者只限於第一義。）

7.34　由數之成而至「數之應用」之指示「類」，則為數之第二義。（此則論之於下第三卷第二部第二章。）

7.35　由指示類而粘著於類，以為可由類構，而視為類之類，則為數之第三義。此即羅素之所持。

7.36　杜威有兩段話甚動人。但與吾說根本上亦不同。茲譯如下：
「有人說數形成一無窮之集和。此觀念傾向於將『數』化為存在物，而『集和』一詞則常應用於其上，且其中之單位又常是可以計數者。以『類』定數者，總歸於此。
「數（成為數，此與一數異），是一運用之公式，藉以決定堆聚與集和，但其自身卻非一有限或無限之集和。甚至於規定數目時，縱允許或先定一無窮之集和藉以為成數之模式或路數，亦並不能即謂數自身是堆聚或集和。
「因此，數不是一集和，而是一公式，藉以為運用地決定一集和；而『一數』，如二或一七○○，則是一集和，是一滿足『定數』時所先定之條件之集和。但是，集和卻非物或存

在個體之集和，而是運用之集和。所謂運用，即是依照抽象
中數之規定（成為數）藉以決定單位之運用。如是，『二』
即意謂構成『一』之運用為兩次之完成。」（杜威《邏輯：
研究論》，第三部第十八章〈名或意義〉第五節「集和
名」。）

杜威此義，顯對羅素發。其反對以類定數，主數非是集和，
與吾義同。吾道亦不孤。而其正面之所持，則又為無本之
論。故其根本義與吾亦不同。

杜威有「成為數」與「一數」之區分。而俱自「運用」上以
言之。成為數是數之定義。成為數等於「是一數」。是一數
即為數之定義，與「是一人」之為「人」之定義同。「是一
人」須有是之之先在條件或模式，此即所謂具有普遍性之共
相是也。而依杜威意，所謂普遍性之共相只是觀念運用之機
能，並非宿於殊相中之本體存在也。其意似謂只當從觀念之
機能處看，始可言共相，而特殊之存在乃至特殊而具體之性
質，則決非共相也。依此，「是一人」之「是之」之條件只
是觀念之運用，即從運用上定其「是一人」。「是一數」亦
然：從可能之運用上定其是一數。可能之運用即符號地施行
之之運用，或運用而可以標識之以符號者。符號地施行之之
運用與實際地作成之之運用，即實際之運用或「已作成的活
動」之運用，異。後者為具體者，且直接涉及於存在而應用
之於存在；前者為抽象者，不直接（當下）涉及於存在，而
亦不應用於任何當下特殊之存在。由實際之運用而至可能之
運用，吾人即獲得形式邏輯與數學之所在。此杜威觀念實驗

論之說統也。數即自可能之運用上而說明。由可能之運用而定其是一數，即「是一數」之「是之」之條件單在可能運用中所表現之觀念之機能也。依此，杜威言：數是一運用之公式，又言：不是一集和，而是一公式。言運用之公式，則公式必繫屬於運用上（可能運用）。言公式，則對存在而言也，即繫屬於運用上之公式乃為對存在而言之公式，即藉以為決定存在之集和之公式，杜威所謂「藉以為運用地決定一集和」也。此為數之通論。至於言「一數」，則是「運用」之集和。如「2」即意謂構成1之運用為兩次之完成。此為數之各論。

運用論，自某方面而言之，並非無精義。但由此而明數，則在基本上為空泛無實之論。杜威反對以類定數，以為數並非一集和。此在破斥羅素之外陳論，頗具法眼。棒打而回之，亦見精彩。然其轉也，卻只迴向於運用論，落於可能之運用而止焉。此則極無力氣也。半途而止，未謂到家。迴向不至於極，仍是空頭無歸宿。自其回轉而觀之，立義似極清晰；自其正面之說明而體之，則未至乎理極。此中問題極複雜。此蓋與其全部邏輯理論有關。吾在此不暇詳辨。吾曾有〈評述杜威論邏輯〉一文，詳論其說之非是。

吾今如此說：說數為一運用之公式，不如說：於對付外界上（於知識上），吾人運用數而成為一公式以決定存在之數性或集和或關於存在之數學命題。如是，數已為先在者。吾人須就其已為先在處而明之，不應只視為運用之公式為已足。於思考（理解）之運用中，數固可視為一運用之公式，即繫

　　於數之運用，但此時「數」已經爲首出。如數不首出，而但
由運用之公式以定數，則運用之公式何以即爲數？運用之集
和何以必是爲「一數」？此誠不可解。思想中，觀念之運
用，豈不可以永不能引至於數耶？共運用，無論如何言可
能，如何言抽象，如何標之以符號，豈不可謂仍是觀念或概
念之運用，雖爲一發展而仍爲同質耶？其將如何能躍出轉變
而爲一「數」耶？其中必要分別矣。杜威於其新著《邏輯：
研究論》中，運用（手術）一詞乃爲常用不已者。於知識之
構成以及研究之歷程，思想之運用固爲不可少。有置定指導
原則爲模式之運用（即杜威所謂範疇），有取物質材料爲工
具以誘導新事實之出現之運用。此皆思想中觀念運用之表現
也。而杜威徹頭徹尾所言者，亦只是此思想，而由此思想之
發展卻決難保證其必轉至於數學，無邏輯理由以至之。豈不
可終究爲一有知識意義之概念系統耶？吾人如何能以有知識
意義之概念爲數耶？如數不首出，空言運用，則無理由必成
數。觀念之運用，對知識之成就言，有其清晰之意義；而如
數不首出，則由此運用以定數，說數爲一運用之公式，乃爲
極不清晰者。說數爲一運用之公式，如不爲一界說，則運用
之公式爲不盡，運用之公式亦有不爲數，如是仍須單明數。
如爲一界說，則運用之公式又不必即是數，縱言可能之運
用，而可能之運用亦不必即是數。如是數仍爲未準確界明
者。如言思想運用中有「數」之運用，則數爲首出。數是一
運用之公式，數亦已爲首出。既首出，必先在。如是吾人須
就其先在而明之，運用不足以爲其依止處，必有其客觀而硬

性之根據矣。吾言「成爲數」乃由純理步位之外在化而成數，其外在化而成數乃由直覺之運用。如此定數，數乃有本。杜威所言只應推進一步改爲如此說：運用數而成爲一公式以決定存在之數性或集和。此則數之成已先明，而杜威所注意之「運用之公式」亦因有所繫而有本。然所謂「運用數而成爲一公式」，仍爲「數之應用」之指示類，即仍爲吾所說之數之第二義。再進一步，即爲數之第一義。惜乎杜威不能也。

7.40　羅素聲言數學歸於邏輯，此儼若爲理性論，有客觀基礎矣。然實案之，又不然。其言歸於邏輯，實非邏輯，乃「邏輯的」。

7.41　羅素承佛列格之餘緒而極成邏輯說。旣非康德之先驗綜和說，亦非米爾之經驗說。羅素述之曰：前乎佛氏，以爲不歸於心理，即歸於物理。不以數學爲主觀（亦實非主觀），即歸於物理與經驗。不以數學爲物理（亦實非物理），即歸於主觀與心理。其所非者皆是，其所是者皆非。佛氏於此發一第三說，名曰邏輯說。旣非心理，亦非物理。數學之對象固客觀。然非物理之客觀，亦非覺相之客觀。乃爲普遍化之共名，所謂抽象者。地軸，太陽系質量之中心，以及「人」、「物」等共名，皆客觀也，然非物理之現實。是以數者旣非物理，亦非主觀，乃不可觸之客觀。羅素所述之佛列格旣如此，而復擴而充之，發爲類說，由類以定數。羅素之邏輯說是否同於佛列格，尙不敢必。佛氏所說之不可觸之客觀之第三界有何函義，羅素是否亦承之，亦不敢必。然無論如何，

此邏輯說或可列為二可能：一則歸於唯實論，無論超越或內在；一則歸於唯名論。無論佛列格為如何，而羅素之邏輯說則顯然漸近於唯名論。又無論為唯名為唯實，此邏輯說終不得謂為歸數學於邏輯，亦誠不足以極數學之底蘊。且不論佛列格之歸趣為如何。單論羅素之邏輯說所成就之類說。類即共相所約束之一堆分子也。邏輯陳述之普遍命題之所表示也。然羅素在消極方面並不假定類之存在，自亦不必假定其不存在；然在積極方面，則又視類為不全符。個體為全符，類即為不全符；為全符者不因分析而歸無，不全符者可因分析而解消；為全符者有獨立之意義，不全符者無獨立之意義，其意義在使用。是則成為個體論，而於類則又採取不存在之態度矣。或曰類雖不必有存在，而決定一類之共相即謂詞之所表者不必無存在，且羅素必假定其有存在，譬如還原公理之所述。曰此誠然。〔讀者於此不可推得遠，蓋羅素所假定之指謂函值之存在不必即同於唯實論者所論之共相也。〕但此並非問題之要點。吾人所欲了解者乃其所謂歸數學於邏輯之邏輯說也。自吾觀之，其所謂邏輯說不過邏輯之陳述耳。其於類也，無論其所涉及之外面之存在為如何，而所謂邏輯說則不過由邏輯陳述之普遍命題以入耳。即邏輯地論之也。純表之以抽象而普遍之邏輯言詞以論類，無所涉於具體之殊事，此固非物理者，亦非心理者。然稱此即為歸數學於邏輯，則欺人之談也。邏輯之陳述非邏輯也。以陳述故，必有述及。述及個體則外矣，述及指謂函值之存在，則落於假定矣。是以邏輯之陳述必有外乎邏輯而非吾所能操縱

者橫插於其間。如純爲邏輯之理，則誠爲邏輯說。如尙有外乎邏輯而非吾所能操縱者橫插於其間，則縱爲邏輯之陳述，亦不得爲邏輯說（此言邏輯說等於歸數學於邏輯）。天下之可以爲邏輯陳述者多矣。歸於邏輯之邏輯，只能爲名詞，不能爲狀詞。此名詞之邏輯方是數學之基礎。如爲狀詞，則數學決不在邏輯，而在其所狀者。如吾人言「美的花」，此非是言「美」也，乃言「花」也。如一物之可以歸於美，只能歸於美之自身，而不能歸於美的花。如歸於美的花，則雖有美以限之，吾人亦說歸於花，而不說歸於美。如言數學歸於邏輯，則必歸於邏輯自身，而不能歸於邏輯所狀之他物。如歸於邏輯自身，則言數學之基礎在邏輯。如歸於邏輯陳述所表之類，則數學基礎不在邏輯而在「類」。如以爲凡以「邏輯斯諦」之方法討論之，即爲歸於邏輯，則天下事可以邏輯地討論之者多矣。如此而言歸於邏輯，則成爲徒然而無意義者。

7.42　其所歸者爲邏輯的，非邏輯也。因而數學非是建基於邏輯之理之單線，尙有非吾所能操縱自如之他物橫插於其間。然則其所歸者何耶？邏輯原子論之元學也。何以知其然耶？以三公理之故也。

7.43　羅素何以推至於此耶？用邏輯而未能明乎邏輯也。其言邏輯亦屢矣，而未能熟審其意義。習焉而不察，雖雅言而無益。此一根底未能掃清，邏輯全成游魂，直是虛位。一成虛位，則沿門乞鉢，逐物而轉。一機回向，宛若本有。然不回頭，終不能得。

第八節　數學命題之綜和性與分解性

8.01　數學徹頭徹尾爲定然，數學無有假然之公理。

8.02　數學之綜和爲定然之綜和，幾何則爲規律之綜和。

8.03　數學不需用公理法，幾何中之公理即規律，而一切規律亦皆爲定然，而非假然。

8.10　數學基於純理，數爲純理步位之外在化，故數學徹頭徹尾爲定然。

8.11　每一數是純理步位之外在化，由直覺綜和而構成。其綜和爲定然。其中並無經驗或假然之成分。

其每一數學命題是一數之關係式，亦即一數學公式，或一數學原則。每一數學原則是一定然之綜和。其中並無經驗或假然之成分。

8.12　數之關係式依據數之運算而成立。數之運算有運算之方式，此如加減乘除等。

此種運算方式純爲對於數所施之定然之結合與分離。其中並無經驗或假然之意義。而其所運算之數亦純爲純理步位外在化後而爲可符之步位符，此即爲數量，而非物理量。

8.13　運算而成之式爲一直覺之綜和。如一加二等於二加一，爲一直覺之綜和。又如 a 加 b 等於 b 加 a，亦爲一直覺之綜和。前者爲一定之命題式，後者爲普遍之命題式。（直覺之綜和須依前面第三節所論之直覺原則而了解。）

8.14　自一定或普遍之命題式言，固爲一綜和。然可分解爲步步連

繫之邏輯推演，即一步一步純理推演之必至。

依綜和而言直覺原則，依分解而言邏輯原則。

8.15　數學之運算統系（或云由運算而成之推演統系）依兩原則而構成：一為步步推演之連繫，此為邏輯者、分解者；一為同同相代而至普遍化，此為直覺者、綜和者。

數學是此兩原則互用而成之「數之公式」之統系，即數之間架之統系。

8.16　康德不認數學命題為分解者，而視之為直覺之先驗綜和者。此其所主，雖在今日，仍不失為究極歸實之談。茲引其言以明其意：

數學判斷一切皆為綜和者。此義為歷來分析人類理性者所不曾識。數學家之結論一切皆依照矛盾律而成立。人見其如此也，遂以為數學之基本原則亦須自矛盾律而認識之。然而此實大誤。蓋一綜和命題雖可依照矛盾律而領悟之，然此種領悟只能因預設該綜和命題所從出之另一綜和命題而可能，決不能在其自身而且因其自身即可如此領悟之。」（此段譯自《形上學前論》。）

設以純粹數學為限。譬如「七加五等於十二」一命題，人或以為此只是一分析判斷，依照矛盾律，自七與五之和之概念即可獲得者。但實案之，「七加五」之和之概念，其所包含者只是此兩數之統一於一單一數，而並不知連結此兩數而為一數者之特殊數究為何。「十二」之概念決不能只因七與五之結和之思考即可獲得者。無論吾人如何分析此可能之和，

吾人亦不能由此「和」之概念發見「十二」一數目。是以吾
人必須於此等概念以外，再求助於某種具體之圖像即直覺，
使其與七或五兩者之一相應稱，譬如取手之五指或五點，而
將給予於直覺中或具體圖象中之五，一一加之於「七」概念
上。設以數目七爲起點，而在五之概念上，吾人求助於直覺
中手之五指，然後再將吾以前曾取之以形成數目五之單位一
一加之於數目七，吾人以圖像「手」之助，「十二」一數遂
得成立。五自必加之於七上，吾亦實早已思考乎「七加五」
一和之概念，然如此所思之「和」之概念並不即等於數目十
二也。依此而言，數學命題必皆爲綜和者。如果數目較大，
此理尤顯。蓋吾人無論如何轉圍吾之概念，若無直覺之助，
而只分析之，吾人亦永不能發見該和數究爲何。（《純理批
判·導言》，斯密士譯本。《形上學前論》中所述者與此大體相
同。）

8.17 說數學命題是分解者，當自其爲一推演系統之自身而言之，
而此推演系統中之每步即每一命題，又非有經驗內容於其
中，故即爲綜和（如吾所主）亦非對外之綜和。如此而觀其
爲一客觀大流之推演系統，無法說其不是分解者。然如是而
觀之，則必使數學有一妥當不移之客觀基礎，而且使之即回
向而落實於此客觀之基礎而後可。即必使數學眞歸於邏輯或
純理而後可。然康德前，論數學之爲分解者，則從未得其落
實之基礎，亦不自其所回向而落實之推演流而言之。彼等所
言之分解或所謂依照矛盾原則者，不過指既成之數學命題之

必然成立，或必眞，或其矛盾方面不可能，而言之耳。是則
只是對於一掛在空處之奇蹟（數學）加以謳歌贊嘆而已，而
所謂依照矛盾原則者，亦只是視矛盾原則爲一衡量或考驗之
標準或方法。邏輯原則之矛盾律成爲虛位或游魂，而何以能
有如是奇蹟之數學之基本原則直未接觸到。邏輯成虛位，言
分解者如是觀，康德亦如是觀。然則欲眞透到數學之基本原
則，捨康德之綜和說無他途矣。蓋綜和說實可以使數學落實
也。康德所謂綜和實已透至創生思考中之創生綜和矣。彼欲
使數學命題即繫屬於此創生綜和上，而每一數學命題之形成
即由此創生綜和而形成。康德言其爲綜和實自「成之」而言
之。自「成之」而言之，則數學自落實，亦有本，且亦接觸
到其基本原則矣，基本原則即綜和，康德有見於此，遂不謂
之爲分解，而且斥土其爲分解者爲大誤。即稍存恕道，彼亦
謂分解只是向一數學命題既成後之表面想，而其底蘊實是綜
和者。康德論幾何命題亦爲綜和時，有云：「吾人所以相信
一必然判斷之謂詞早已函於吾人之概念中，而且因而遂謂此
判斷即爲分解者，其故只是由於所用之言詞之『含混』。吾
人固需要於思想中將一定之謂詞連結於一定之概念上，而且
此連結之必然性即附著於該概念之自身上。然問題不在吾人
『應當』於思想中連結一謂詞於一定概念上，而在吾人將一
謂詞連同此概念而且在此概念中『實際地』思考之。此種
『實際地』思考之，雖隱晦不彰，然亦實必如此。是以當一
謂詞必然連結於一概念，其所以如此實因有賴於一直覺（此
直覺必須加於該概念上），而並不能徒想該概念之自身即可

以如此也。」斯密士譯《純理批判·導言》文如此。加露士
譯《形上學前論》，則於適所譯者首句，不爲「言詞之含
混」，而爲「表示之雙重性」。吾意此較顯明。至於末句，
則如此說：「是以表面上謂詞固是必然繫屬於該概念上，但
其所以如此必是間接地（而非直接地）外加之以直覺（或具
體圖象）。」此義亦較顯。所謂雙重性即既成之數學命題之
表面固是分解者，然其底蘊實以綜和爲背據，此即間接地外
加之以直覺也。直覺之綜和實間接地自內透。著眼於此，即
是著眼於數學命題之形成，即著眼於創生綜和之「成之」
也。依康氏意，既成以後，此命題自是必然成立，亦自然可
以依照矛盾原則而領悟之，而衡量之；然若以爲數學之基本
原則即可由此矛盾原則而說明，則大誤。是則所謂分解，所
謂依照矛盾律，全成表面之文章；而每一命題實是一綜和命
題，由創生之綜和而成之綜和命題。創生之綜和即是數學之
基本原則也。

主數學命題爲分解者，實未能極至數學之底蘊。以其言分
解，言依照矛盾原則而進行，只是向既成後之表面討生活，
此不啻說：必然不可疑之數學推演及命題即是必然不可疑，
而此實爲一同語反覆之廢話，如何能至數學之底蘊及其基本
原則耶？然則，如康德之所述，實較進一步。蓋如此而後可
以落實也。

然數學又實爲一必然之推演流，其中既無經驗又無假然之成
分。即將其中每步之命題（即數學式）單提而出之，吾人亦
謂其爲由邏輯推演與論證而至者，而且亦可謂其亦仍是一推

演流，其中亦無經驗或假然之成分。吾人且謂只要數目一成立，有意義，則數學即爲起腳落腳皆定然，徹頭徹尾即是一定然之推演流。此定然之推演流實即數目或單位之播弄之表現而爲定然而必然者。是則吾人可說：此推演流中之每步或每一命題式實即此推演流之結注與展現。康德言：吾人由七加五之和之概念不能得十二。吾人所知者只是由其和而可以爲「一單一數」，然不能知此單一數究爲什麼特殊之單一數。吾人必須求助於直覺或具體圖像，將七或五表象之於直覺中。表象之於直覺中即是使之散開爲單位，然後再將此單位一一加之於一定數譬如七，吾人由此始可獲得一特殊數如十二。康德由此「表象之於直覺中」，說明其爲綜和，然吾人可由此正好說明其爲分解。設捨其統系中有特殊意義之直覺而不論，吾人亦不問「表象之於直覺中」一語在其系統中之殊義，吾人單就「散開而爲單位」一語而觀之，吾人以爲此散開之手續，即足以爲分解爲論證爲一推演流之說明，即此中實表示一必然而定然之推演流一函義，縱然自此一數學式之形成言，亦函有「綜和而成之」一函義，然彼「必然之推演流」一函義仍爲不可少而且必爲實有者。本書主張數學爲分解即著眼於此而爲言。康德不能知之，一般主張爲分解者亦不能知之。吾人必須承認此推演流所表示之客觀基礎即理的基礎，而後數學乃可明。設康德不欲承認此客觀之基礎，則徒有創生之綜和亦爲無用者。康德明數學立兩成分：一爲創生之綜和，二爲時間之單位。求助於直覺或具體圖像一語，雙關此兩成分而爲一。依此而成立綜和說。綜和一

義，並不可棄。設尅就康德而言之，綜和亦只是「用」，時間單位則只能使吾人成立數（基數），而不能成立數學，亦不能說明由此到彼之推演之必然性。其中並無足以代表「理之必然」一成分者。此客觀而硬性之成分，誠為不可少。吾人不能隨便忽視之。否則，數學之推演必然性決難說明。康德言：數目愈大，其為綜和（求助於直覺）益顯。蓋由兩相當大之數目兩概念，及此兩相當大數目之「和」之概念，吾人決難分析出其和之結果究為何數也。然吾人之言其為分解，並不常如此之短見與無用，單單死釘住此兩概念而存想其自身。吾人常視即為由「兩相當大之數目相加而成一數目」之數學命題亦為由一必然之推演或一串必然之證明而至者，而且該數學命題亦實必然如此者。吾人即由此一串之推演或證明而名之為分解。且依此吾人即謂此數學命題實已函於前一步推演中而由之即可必然推出者，而此所謂「必然推出」即明其並無任何經驗或假然之成分參與於其中，不僅此步如此，起腳落腳，每步皆然，是以吾人名此推演為定然而必然之推演。吾人如此領悟之，而名之為分解。康德所述之分析固依照其分析判斷之定義而來者，然其應用之於數學，而說明分析之無用，則未免太膠著。吾並非以分析排綜和。吾如此言只明「必然推演」一函義乃為不可排斥者，吾人即由此而明數學為分解。復次，數學命題亦不皆為單位之加和或堆聚。康德由數目愈大而證明直覺之綜和愈顯然。吾人反可由此而說：數目愈大，且不僅愈大，而且數學式愈複雜，其構成此複雜數學式之成分非是基數之加和或堆聚，而為一

種表示關係之單位所成之關係式，吾人以爲在此情形下，其
爲邏輯之推演與論證愈顯然。如果只是「七加五等於十二」
一類之命題，吾人尙可以說明求助於直覺或具體圖像之意義
與可能，然當爲一種表示關係之單位所成之關係式，譬如函
有√2之數學式，則求助於直覺而表象之於直覺中，即頓失其
意義與可能。言至此，吾人如此說：一、如只有綜和與時間
單位，而無一客觀而必然之成分於其中，吾人決難說明數學
之必然性。康德言若不求助於直覺，吾人不能知其所結和而
成之一單一數究爲何，吾人亦可說，若無一客觀而必然之成
分於其中，吾人亦不能說明何以必是此單一數，縱吾已有許
多綜和命題矣，吾人亦不能知此許多綜和命題間何以必有如
此之關係。二、如其一客觀而必然之成分爲不可少，而且以
之爲數學所迴向而落實之客觀基礎之所在，而且吾人即由此
而說其爲分解，則吾人即可捨棄時間對於數學之功用，即不
必以時間爲說明數學之所在。時間雖可用之以成單位以成
數，然數之爲數實不必基於此而始然。吾人言亦可由之以成
單位以成數，實因數之爲數最爲無色者，故由任何單位（不
管是什麼，只要可以是單位），亦可以成之也。然如吾人一
旦了解數之爲數最爲無色者，則基於時間以立數之直覺綜和
說即捨棄矣。三、數學之本性必日遠於康德所說之直覺或具
體圖像之綜和，而且必然與之不相干，即決不涉及乎此也。
〔求助於直覺，直覺一詞亦有譯爲具體圖像，或視覺影像，
或視覺像，譬如康德所言之取五手指或五點，即所謂具體圖
像也。吾人於此自然決不問及其物理或質料方面之意義，而

單注意其時空方面之表象。即此便是所謂求助於直覺之意義。然須知即此亦須擯棄也。〕四、依此，如保留「創生綜和」一函義，則所謂綜和必歸於吾所規定之意義。見前第三節。

8.18　康德所以至直覺綜和說以及其所駁斥之「主分解者」所以不能至數學之底蘊，其關鍵全在邏輯即純理之未落實。邏輯未落實，數學之邏輯說即不能成立，數學之為分解，依康德即為表面者，依主分解者即為謳歌贊嘆。矛盾原則固可游魂於外以為考驗或衡量既成數學命題之標準。然若邏輯已落實，純理為實位，則思想三律吾已早申明其為純理開展之自己昭示。依此，矛盾律固可游魂於外，亦實歸魂於內，而其游魂於外，實由純理開展之自己昭示所透出之影子。若單知在外之影子，而不知其由內透，則數學之邏輯說不成立，而謂其為分解亦不能極至數學之底蘊。若邏輯歸位，純理亦站起，而知在外之影子實由內透，則數學之客觀基礎已獲得，數學歸於邏輯亦真實不可移，而數學之邏輯說即成立，而謂其為分解亦實極至數學之底蘊。依此，所謂依照矛盾律實有二用：一歸魂於內而透純理以為數學之客觀基礎，二游魂於外以為考驗既成數學命題之標準。此二用實即純理自身之二用：一在內為基礎，二出外為工具。吾人由此基礎之獲得，吾人乃將數學全迴向而歸實於此基礎，即繫屬於純理。所謂迴向而繫屬於純理，意在即由此而說明數學之底蘊，而發見成就數學之基本原則也。此基本原則為何？即「外在化原則」是。由外在化原則，即函邏輯原則與直覺原則於其中。

此兩原則之函於外在化原則中即形成說明數學之基本原則也。

8.20　康德言數學不須有公理。此言甚諦。不須有公理即言其徹頭徹尾爲定然，而其爲綜和亦爲定然之綜和。依此吾人否決希爾伯之形式論。論據見上「6.8」以下。

8.21　公理之界說當爲旣不能證之亦不能否證之之基本假設。傳統理性論常不視之爲假設，而視之爲「自明者」。今人則視之爲假設。

8.22　現在就《數學原理》之討論言，吾人可分公理有爲在前者，有爲在後者。在後者是視之以爲進行數學推演之根據。〔如就一推演統系言，根據必首出而在前，依此在後者亦可曰在前者。〕在前者是在進行中逐漸引出之，而且進行至最後則完全引出之，以爲此整個統系所以有意義之保證。在前者譬如羅素之三公理，在後者譬如希爾伯之公理論。

8.23　希爾伯將幾何中之公理法移之於數學，以爲數學推演所根據之先在前提亦可視之爲公理，而且後來之證明皆是依照所假定之先在公理而證明。由公理而造成推演系統即曰公理法。羅素則不採取公理法，而是所謂邏輯派即「邏輯斯諦」者是。然亦有其在前之公理。

8.24　在後之公理，依型式論，可變換，無必然。如不矛盾，吾人對之即無所說矣。此就公理自身而言也。然此種公理論足以使數學莽蕩而落空，而數學實亦不與幾何同，不可以公理論，依是，吾人即捨棄公理主義矣。在前之公理則似繫乎個人之理論，乃由一家之理論之發展而引出者。是則可以置喙

矣。也許爲妄；即無可言妄，也許可有可無；或與所論並不相干或不必須而可以去之。如如此而論之數學並未使數學獲得一必然而妥當之基礎，則吾人即捨棄羅素之理論矣，在前之公理自不待言。

8.25　康德言數學不須有公理，今之直覺論亦無前兩派之假定。是則較爲乾淨矣。然仍未能盡美也。

8.30　數學爲定然之綜和，幾何爲依據先驗規律而成之綜和。數學與幾何異。詳論見下章。

附錄：維特根什坦的數學論

〔此文譯自文勃(J. R. Weinberg)：《邏輯實證論之
考察》一書第二章〕

　　維氏的數學論依於兩個主要的主張。第一，數學不能從邏輯引
申出。第二，數學是以「指示意義之內在關聯」而組成。（所謂意
義之內在關聯不是套套邏輯之意）。

　　第一個主張是基於以下之主張：有兩種一般性：偶然的（事實
的）及本質的。

　　命題底一般性，如：「每一 x 是 φ」、「有一個 x 是 φ」等，
完全依於偶然的事件上。依是，（x）·φx 是 φa,φb,φc,……之眞理
函值，而 a,b,c,……，則一切皆是「φx」這一函值之值。要想寫
出這樣一個函值，必須預定：a,b,c,……一切皆是被知的。依是，
這是一種偶然的一般性。由此馬上可見：數目若定爲相似類之類，
決不能不喪失那絕對的一般性，而此絕對一般性卻是數學之特徵。
例如，如果我們說：2是一切對偶之類，即是說，

　　" $2 = â \{ (\exists x,y) . x \neq y \cdot a = \iota'xU\iota'y \} Df$ "

是一正確的定義，則我們必須使「兩」這個概念依於含有兩個分子
的些類之經驗的存在。可是，一個宇宙，在其中事物只在三中被排
列是很可思議的，依是，在這樣一個宇宙中，兩或二依照剛才那個
定義，必無意義。復次，如果關係底相似性，是如在《算理》中所

規定的（在《算理》中，此定義之作成是依靠相關者之存在），則在一個宇宙中沒有成序的相關者，那個概念必無意義。

最後，再舉《算理》之極端實在論之另一例：如果相乘公理（此公理陳述：在存在類之每一類上有一乘積類），依於一選關（a selector）之存在（所謂選關即是一種關係，它在存在類之類中選取每一存在類中之一分子），則在其中無選關存在之宇宙是很可思議的；在這樣一個宇宙中，相乘公理必是假的。

現在，數學的真理不能依於偶然的事件上（自然，除非願意犧牲全部數學節目）。換言之，即是：數學決不含有以事實的存在來被解析的「存在公理」。《算理》（以及其他相似的作品）至少含有四個這樣的公理：一、至少有一個類存在，二、還原公理，三、相乘公理，四、無窮公理。依是，它不能認為是邏輯地不可反對者。

有兩種辦法免掉這種困難。一種是：引出一些外延的函值，它是隨意地被規定的，如此規定之，以達免去此種困難之目的〔案：此即形式主義〕。在純粹數學的根據上，對於此種辦法，是沒有顯明地反對的。但它在數學之哲學基礎上卻並不是適宜的，因為此中所引出之新函值是並未以系統中之原始觀念來解析的。另一種辦法是反對「建立數學於邏輯上」這全部的企圖。此就是維特根什坦之辦法。

依是，數學必須依於第二種一般性上，此即維氏所叫做的「本質的一般性」。此種一般性決不依於偶然事件上。二加二等於四，數是零之後繼，關涉於「直接前行」之關係中而言之後繼等等，既不能為世界之事實性所建立，亦不能為其所反對。這些公式只依於

概念間及表象概念的符號間之內在的關係。數學不能被主斷。它必須被展示。我想去指出維氏為何相信數學是如此。但是，我將首先敘述維氏之批評羅素之「由邏輯引申數學」之方法。

依維氏，羅素犯了兩種主要的錯誤。第一，混本質的一般性及偶然的一般性而不分。第二，循環論證之謬誤。一個類是一個命題函值之外延，而一個命題函值則是一種指謂的形容，一、它指示若干事實之公共特徵，二、它要想傳達意義，它需要完整（此點本質上是佛列格的觀點）。

那就是說，一個函值決定一個「值底範圍」，此中每一個值可以使它成為一個完整的命題，而此亦就是如此產生之一切命題之公共特徵。很顯然，一個命題函值底這種描述是循環的。如果它被定為一個命題類底公共特徵，則它即預定它所產生的類之存在。在另一方面，如果在假設上，它是某種不完整的東西，則它不能預定類。惟一免掉這種混雜的辦法是保持函值底兩個特徵，即：它是一個一般的形式這事實，以及它是某種不完整的東西這事實。當此兩特徵弄得很分明時，它們即不能在這種可憎的循環中互相依賴。換言之，函值底本質的一般性，以及函值底不完整性（此點是它的偶然的應用於事實上之基礎），必須弄分明。

但是，羅素卻不如此作。舉例來說，試看「二」之定義。「二」是一切對偶之類。那就是說，它是相似類之類底一個特殊的例子。現在，在規定一個特定數為相似類之類時，我們預定一一相應的基礎，依此一一相應，我們獲得所需的相似性。但是，這個基礎只能是在類所分得的公共特徵中。依是，數二之定義以及數一般之定義是循環的。

這同樣的道理亦可應用於「關係底相似性」，以及「先行的關係」（ancestral relation）之定義，尤其有趣的，亦同樣可應用於「相等」之定義。前兩種，我將在後討論。「相等」，《算理》規定如下：

$$x = y\cdot = (\phi)\phi ! x = \phi ! y. \text{ Df}. \qquad\qquad 〔1〕$$

那就是說，「x 等於 y」就等於說：「x 底每一指謂特性（因此，因還原公理，亦即每一特性），皆是 y 底一個指謂特性，反之亦然。」這個定義含有「特性底相等」之定義。依是，我們必得規定：

$$\phi = \Psi\cdot = \cdot (x) \phi x \equiv \Psi x \qquad\qquad 〔2〕$$

現在，雖然(1)及(2)是互相獨立的，可是" $\phi x \equiv \phi y$ "底可能性，或" $\phi x \equiv= \Psi x$ "底可能性，皆含有一個隱藏的預設，即：在" φy "及" ϕx "中的 ϕ 是同一的，而在" ϕx "中的 x 亦是同於在" Ψx "中的 x。依是，性質底相等是預設在個體底相等之定義中，而個體底相等亦預設在性質底相等中，無論那一種相等底定義皆預定其他一種。依是，相等決不能沒有循環性而被規定。

維氏之免掉這一切困難只在不再想去規定數、相等以及其他數學概念。數學底形式概念必須因顯示變項而被呈現，那就是說，必須因展示那落在該概念下的對象之形式而被呈現。它們無論如何，總不能被規定。

現在我將敘述維氏相信「數學概念必須被展示」之理由。一個命題之內在的特性就是單單那些對於其意義是「本質的」之特性。就是這些特性，它們將命題的圖象關聯到它的客觀事實上。命題因描述原子事實而展示實在之邏輯形式。這一種展示，由於命題具有

這種邏輯形式（此形式組成此命題之內在的姿態）而被完成。現在，這種形式不能因任何命題而被表示於定義中或描述中，因爲它是邏輯上先於具有之之命題以及任何其他命題。這種邏輯的先在性是因以下事實而形成，即：摹狀實在之邏輯形式乃一切表象（摹狀、表示）之預設，所以不能無循環性而再轉過來被表象。

依是，依據剛才的分析，命題是事實之圖象這一理論，那是不可能的，去表象一個命題之邏輯形式。舉例來說，如果我們想去表象一個特定命題所有的與其對象方面公共的特性，即，如果我們想去描述那命題之邏輯形式，我們必可見出我們自己是將這個邏輯形式再表象一次。依是，那個形式必是既不能被描述，亦不能被否決，但只是被顯示或展示。現在，所謂「展示」（showing），確乎既不是「規定」，亦不是描述（摹狀）。所以邏輯形式必不能被規定或被描述。

依是，只有去顯示命題之邏輯形式才是可能的，而一切想去造出一些邏輯文法之規律的，最後總歸於去顯示那形式，而此形式，如適所述之理由，是不能被描述的。依是，邏輯文法本質上只是在：因顯示邏輯的基型而指出命題之結構，那就是說，因指示若干命題所共有的形式而指出命題之結構。邏輯的文法即如此作。很顯然，邏輯文法底重要規律不能被程式出來，但只是因清楚地顯示邏輯形式而被展示。

一個命題有一形式特性，這點既不能被主斷，亦不能被否決，因爲一個形式特性不能被描述。所以它不是任何科學所討論的形式概念。即在此意義，數學不是知識底一支。

現在我預備再說明維氏的數學論之積極的一面。

　　我們必須記住：當形式概念不能被描述時，數學底理論並不以
「主斷」而形成，但只以「申明」而形成，那就是說，數學底理論
只是一種展示那不能被說的方法。嚴格地說，一種申明是一種「重
要的無意義」。所謂重要，是因為它在幫助我們去理解數學中是有
價值的，無意義是因為它想去主斷那只能被展示的東西。縱然如
此，要想去避免這種重要的無意義，卻是十分困難。只要一旦知
道，一種申明實在並不表示任何東西時，即使無意義，亦無傷。

　　一個無公共成分的命題所成之類底公共特徵就是所叫做的一個
邏輯基型或一形式概念。在有表意的論辨中，形式概念，當落於其
下的對象被表象時，它們也同時被表象。例如，茲取一命題系列：

　　aRb,（∃x）aRx·xRb,（∃x,y）aRx·xRy·yRb

這個系列即表示：「b是a的一個後繼者」這個陳述所說的意義。
我們不能規定這種關係性，但是我們能給出這個「形式系列底項」
之形式概念。此給出形式概念之作成，是因先給出第一項（任何隨
意的項），然後再因產生該隨意項之後繼者底運用，而作成。依
是，在上面那情形，

　　{a,x,xRy}

就是該系列（中）中的「一般項」。上面那個系列中之每一命題有
表象在變項公式

　　{a,x,xRy}

中的公共特性。這一個「變項公式」就叫做「一個形式系列之一般
項」（general term of a formal series）。這樣一個系列常總是因其
項間的內在關係而成序，因此，所以它必須因顯示那一般形式而被
展示。但是，這個形式是早已被表象了的，當那個系列或系列中的

任何部分被表象時。落在那個形式概念下的對象即含有或具有那個
形式概念。所以，因它們自己而去設置這些變項，那只是一種便利
的申明。

　　依是，在形式概念與「專稱概念」（proper concept）之間有
一種區別。一個專稱概念是因一個函值而給予。依是，" φx " 等
於「x 是紅的」，是一專稱概念，而 $\{a, x, \Omega'x\}$ 則是一個形式概
念。在《算理》中，以及在大部分其他邏輯系統中，形式概念與函
值是在同一層次上被討論。在他們此種辦法中，一個關係底「反相
稱性」，其被視爲該關係之一特性，恰如一個點位上之「紅性」之
被視爲那個點位之一特性。但是，依維氏的分析，這卻是混擾事實
底以及表象事實之命題底本質特性與偶然特性而不別。形式概念總
是因變項而被表象。

　　此就是維氏的數學論之基礎。數學討論形式概念，如數目、後
繼，以及與此相類者。維氏是想把數學命題之全部從施於形式概念
上之運用中發展出。

　　數目是被規定爲「運用之指數」。在第一章中，我們已知，眞
理函值底一般形式就是

　　　$\{\bar{P}, \bar{\xi}, N(\bar{\xi})\}$

這個公式。這個公式指示：「每一命題是" $N(\bar{\xi})$ "（等於 $\bar{\xi}$ 底
每一值之否定）這個運用之繼續應用於基本命題上而作成」。如果
這個運用重複兩次，它就" $N^2(\bar{\xi})$ "這個形式。一個特殊的數就
是這種運用底特殊重複之表示。「數目一般」則是運用底重複之一
般概念。

　　隨此概念，特殊的數規定如下：

$$x = \Omega^{\circ}\text{`}x\,\text{Df}. \qquad \Omega\text{`}x = \Omega^1\text{`}x\,\text{Df}. \qquad \Omega\text{`}\Omega\text{`}x = \Omega^{1+1}\text{`}x = \Omega^2\text{`}x\,\text{Df}.$$

一般的形式，則如下：

$$\Omega\text{`}\Omega^r\text{`}x = \Omega^{r+1}\text{`}x\,\text{Df}.$$

依是，零就是指示在一個項上無運用可作成的那個數，「一」則指示一個運用被作成但未重複被作成的那個數。一般言之，「r＋1」則指示在一個項上一種運用被作成，而在此項上有 r 種運用被作成的那個數。這些定義能轉為較簡單的符號如下：

$$0+1=1\ \text{Df}. \quad 0+1+1=2\ \text{Df}. \quad 0+1+1+1=3\ \text{Df}.$$

依是，數底一般形式就是：

$$\{\,0, x, x+1\,\}$$

這也就是數目系列中之項。

在數學及哲學上俱有一種重要的後果從此種數論裏發出。如果要想看出這後果的意義，將維氏的數論與羅素的數論對比一下，則可見出這重要的後果更為清晰。在羅素（隨佛列格及坎脫爾而來），一個數是一個「相似類之類」。要想使一個特殊數可以存在，則事實上必有一個類具著至少與該數所需的分子同樣多的分子，這點便是必要的。現在，歸納的基數形成一個類。這個一切歸納基數而成之類，以 x 來指示。x 要想有任何意義，則一個「現實地無限的個體類」存在是必要的。這點如果不是真的，數學必自相矛盾。這是一個真正的困難。因為在實際上，我們之作成運用總只是有限數的，只要當我們的運用是顯明的，因而亦是確定的時。依是，縱然只是有限多的運用被作成，然而依羅素，我們必須預定「一個無限數的運用」之假設，而此無限數的運用，事實上，卻從未存在。依是，關於超有限的算數學之全部發展似乎有點像變戲法

的樣子，此似乎必須要改正。

　　這困難並不發生於維氏的數學說裏。數學的無限是指示：沒有本質的限制來標識數目歷程。因爲這個歷程底結構是因

　　$\{0, \xi, \xi+1\}$

這個一般項而給予。在此一般項中，對於「＋1」這個運用之繼續的應用顯然並無限制出現。依是，無限只是一個有規則的規律，因著它，一個邏輯的程續可以前進而無限制。

　　這學說在哲學上之重要是直接地顯明的。有限及無限是本質上不同的運用種類之特徵。這並無坎脫爾義的「眞正無窮或固有的無窮」（genuine or proper infinite）。縱然這個眞實的世界是有限的，而對於這個世界的描述也是限於關於此世界的命題之有限數，然而這個世界卻是在並沒有本質上的限制之意義上而是無限的。這個無限底概念復有某種特殊的應用，即應用於概然及歸納論中。

　　我現在再轉到數學。

　　數學是以具著等式核算而形成。等式需要相等（同一）一觀念。現在，依維氏，相等不是事物間的一個原始關係。在數學中，相等符號之使用需要一種解說，即去掉它的一切「本體論的意義」之解說。

　　相等不是事物間的一種關係。如果 a 及 b 是兩個名字，則如果這兩個名字是不同個體底名字時，說" a＝b "便是自相矛盾的。在另一方面，" a＝a "一式，對於叫做 a 的東西，也不能表示任何物事。同樣，它關於 a 這個名字，也一無表示。相等符號底唯一正確使用是當它發生在兩個符號間，而且表示這兩個符號底「意義」之相等（或同一）時。復次，意義之相等亦不能現實地被表示，因

爲要想去理解一個「表示式」（或曰式子）之意義，那必須去了解
在該式子中那本質地表示意義者。如果兩個式子之意義已被知道，
則再說這些意義是相同或不同，必是多餘的。在符號語言中，凡是
多餘的皆是「無意義」的。所以嚴格地說，相等底符號是無意義
的。但是，它有一個合法的使用。如果在一種言語中，有過於累贅
處，因而同一意義能合法地以不同的路數去表示，則相等底符號能
被用來去把表示同一意義底不同樣式帶在一起。在一個圓滿（完
整）的語言中，這種使用必是多餘的。在此圓滿語言中，意義底相
等必以符號底相等來表示，但不以相等底符號來表示（案：即不用
等號來表示）。

　　數學中使用相等底符號（即使用符號）是去指示：不同的數目
式子有同一意義。依是，等式只是那些表示以此式代彼式之可代性
的符號規律。

　　數學的證明本質上就是以「把不同形式底兩個式子歸到同一形
式」底些式子而組成。依是，在證明“$2+2=4$”中，其證明之步
驟，只是因代以等值的式子，而展示“$2+2$”這個符號與4這個符
號，是可以因定義而還原到相同的符號。如下：

$$2+2 = \Omega^2{}^\text{‘}\Omega^2{}^\text{‘}x$$
$$= (\Omega^\text{‘}\Omega)^\text{‘}(\Omega^\text{‘}\Omega)^\text{‘}x$$
$$= \Omega^\text{‘}\Omega^\text{‘}\Omega^\text{‘}\Omega^\text{‘}x$$
$$= \Omega^{1+1+1+1}{}^\text{‘}x$$
$$= 4$$

此是隨上面所給的數之定義而來的。

　　數目是某種標識一個命題形式的東西。要看出兩個式子是數目

地相等，那只須看出，在可允許的代替之下，它們有同一形式即可。換言之，那必須因顯示形式而顯示數目，而且因顯示形式底同一（相等）而顯示數目底相等。這點，因應用定義，在數學的證明中已是如此。

這個數學說，在一切基本算數及代數上，很易見出其有效。不等性，初次見之，似乎有特殊的困難。但是，以下法論之，似乎也很顯然：

$$x < y . = x + z = y \quad \text{Df.}$$

$$x > y . = . x = y + z \quad \text{Df.}$$

同樣，比例可定如下：

$$\frac{m}{n} = . mx = ny \quad \text{Df.}$$

比例串（系列）可以定爲整數底雙重串。串之極限較爲複雜。考夫曼（Felex Kaufmann）依維氏的規劃，將此部分定爲如下：

$$\frac{r}{s} 是 \frac{P_1}{Q_1}, \frac{P_2}{Q_2}, \frac{P_3}{Q_3}, \cdots\cdots \frac{P_n}{Q_n} 底極限 = (k)(\exists z):(n) n > z:$$

$$(\exists^n)^{n, z}: \quad Q_n r > k |Q_n r - P_n s| \quad \text{Df.}$$

那就是說，「設有兩個自然數底串：

$$P_1, P_2, P_3, \cdots\cdots P_n \cdots\cdots ,$$

$$Q_1, Q_2, Q_3, \cdots\cdots Q_n \cdots\cdots ,$$

$\frac{r}{s}$ 便是下式

$$\frac{P_1}{Q_1}, \frac{P_2}{Q_2}, \frac{P_3}{Q_3}, \cdots\cdots \frac{P_n}{Q_n}, \cdots\cdots$$

底極限值，如果，在每一自然數 k 上，一個自然數 z 能被發見，即

在每一大於 z 的 n 上，$Q_nr > k \,|\, Q_nr - P_ns\,|$ 能被得到時。」

要引到無理數底構造，須很多其他定義。此不暇及。辦法是相同的。一切數目概念是藉自然整數而被規定。

＊　　　　　＊　　　　　＊　　　　　＊

如果這個辦法，最後地說來，是成功的，則很可以從自然數中發展出數學之全部。所謂自然數是以數之一般形式而決定，而且以上所給之特殊數之定義而決定。

在本文範圍內，不想去批評這個數學說。第一，因為離本文主要目的太遠；第二，因為此說尚未發展至詳細，尚不足以使我們看出它是否能對付數學之較為有問題的若干方面。現在的目的，只須了解「數」不是一個「專稱概念」，即，它不是一個「事物之謂詞」。它只是描述事實的一定符號之姿態，因此，也只屬於符號底領域，而不屬於事實底領域。

在此我可綜括大意如下：

邏輯以套套邏輯而成，數學則以等式而成。一個套套邏輯是一個真理函值，它之為真是與它的成分命題之真理值之變化無關。它對於世界一無所說。因為它含有它的成分之真與假之一切可能，因此，它之為真是與這些成分所涉及的事實之存在或不存在亦無關。它不能經驗地被證實，因此，它是無經驗意義的（without sense, sinnlos），但它不是無意義的（senseless, unsinnig），因為它展示同一東西的「不同的符號叢（複合式）」間的邏輯關係。套套邏輯之值是它的應用，此如符號之轉形規律然。

數學是以數目式子之「等式」而成。一個數是一命題形式之姿態。因為一切形式必須被展示，所以數目底姿態也自然必須被展

示。所以，數不能定爲函值或類，但必須爲一「變項式子」所呈
現。（所謂變項式子就是一命題類之公共記號。命題分得「形
式」，數目就是此形式底一個本質的姿態。）數目底相等含有「相
等底符號」（即等號）。這個符號底唯一合法使用，當作一個指示
看，即是兩個式子可以歸化於一個式子。

　　邏輯及數學展示一個符號言語底本質上是規則的特徵。依是，
邏輯中的命題及數學中的等式，對於一個人，他若能夠在一十分複
雜的言語中，把握每一符號之意義，必是不必要的。此即顯示：邏
輯及數學不表示世界中的事實。（案：此義甚精。）

　　老邏輯底主要謬誤，是混本質的一般性及偶然的一般性。邏輯
及數學之本質的一般性（此只能被展示）同時也即是一些符號底一
種內在的特徵，而普通一般命題之偶然的一般性則是關於事實的命
題之一種顯明的眞理函值。這個差別使我們視「無窮」爲「一種運
用之連續的應用於其自己之結果上」的概念，而不視之爲一「眞實
地無限的綜體」之概念，成爲可能。因爲不能認識此種差別，所以
引出許多似是而非的問題：數學中的連續問題及科學中的歸納問
題，就是顯著的例子。

第三章　純理與幾何

第一節　純邏輯的「位區」之構造

　　假若吾人欲使幾何系統亦有先驗的（理性的）根據，則必須使其歸於純理，即亦由純理自身之開展而構造出。吾人已出「純理自身之開展所顯示之步位序列」而明數。但如何能由此而明幾何？純理自身之開展，顯示一步位系列，即十位旋進之無窮系列，但此系列仍為一條線，並不能架構成「圖形」之意義，即並不能構成一個位區之結構。是以欲論幾何，徒有步位序列尚為不充分者，不，直與論幾何，可謂不相干。吾人不能直接由步位序列而轉出幾何概念來。依是，假如吾人由純理自身之開展而言幾何，則必須轉到純理自身之開展之另一種屬性。相應步位序列而言，吾人名曰理性自身之開展；相應幾何圖形而言，吾人名之曰「展布」。「開展」顯示「序列」，「展布」顯示「位區」。以下是若干基本概念。

　　一、邏輯理性之運用是「方以直」（借《易經》語，改智為直）。邏輯理性是屬於理解的。理解（或知性）即是方而且直者。因而顯示理性之運用為方直。邏輯法則，如同一律、矛盾律等，皆

爲方直者。理解遵守之，成其爲理解，亦成其爲方直者。越乎理解
之實踐理性所表示之「精神發展」則爲圓而神。今相應幾何言，則
邏輯理性之爲方以直，須當自其最基本處而言之，不只同一律、矛
盾律等之爲方直而已也。此最基本處即是方直的邏輯理性之最初的
「有向性」，如肯定、否定等皆表示一「矢向」。此則不言其開展
之序列，亦不言其所顯示之法則，乃言其「展布之矢向」。

　　二、理性之起用首先展示爲一「置定之向」，此則理性呈現其
自己或客觀化其自己所必須通過者。此置定向，由肯定作用而來
者，吾人名之曰P。吾人此時並不注意能肯之「活動」，與所肯之
「對象」（或什麼東西）。吾人單注意此向之形式性，即，此「置
定向」自身即爲一「型式」。此即是「矢向形式」。P即爲一正面
之矢向形式。

　　三、但只有置定向，方直的理性之呈現其自己之根據尚不能充
分表現出。若只是一置定，而無其他，則其方以直亦不顯。因而其
「矢向性」亦不顯。然而方直的理性必是方直者。依是，一說置
定，必代表一矢向。置定之必爲一矢向，即表示其本身必爲有限制
者，因而必表示一種固定性，如是方可說爲一「矢向型式」。既固
定而爲一限制，則P向必反顯一個 $\overline{P}$ 向。$\overline{P}$ 向即爲由否定作用而展
示者。所謂由否定而展示一 $\overline{P}$ 向，即是由P向自身之固定性、限
制性亦即函一排拒性而刺出者。故 $\overline{P}$ 向是直接由P向之排拒性而
邏輯地決定出，並非隨意安置者。吾人此時亦不注意否定之活動與
所否定之對象，而單注意 $\overline{P}$ 之矢向型式。吾人若單從「作用」方
面想，則 $\overline{P}$ 可以只是P之否定，只遮不表。如是，$\overline{P}$ 即不必表一
向。若不表一向，則 $\overline{P}$ 不是一邏輯式，而只是由遮而顯示之無

限，負面之圓而神的無限，或只是一個無限的虛無。如是，則 P̄
不與 P 爲相對，因而 P 之矢向性亦消失，而理性之方直性亦不
顯。如保持 P 向爲一向，則 P̄ 亦必須爲一邏輯式，即必須亦代表
一矢向。如是，即就否定作用言，此中之「否定」亦必須爲邏輯理
性中者，而不能出離此範圍而有其他之指點或函義。如果否定爲邏
輯理性中者，則否定不向圓而神方面呈其用，故否定自身亦爲與肯
定相對而能「自己建立其自己」而爲一客觀之物事者。（向圓而神
方面呈其用，則否定不能建立其自己，其自身亦須被打散，因而 P
向亦被打散矣。）否定能建立其自己，則理性之方直性即保持。然
而能建立其自己之否定，若只視之爲作用，爲活動，則否定即不能
成一邏輯式，雖可以是一個向，然而卻是動用之向，而仍不能成一
客觀呈現之邏輯型式，即負面之矢向形式。依是，如果 P 向爲一
正面之矢向型式，則 P̄ 欲成其爲一負面之矢向型式，必須由 P 向
之限制性與排拒性而客觀地被顯示。此 P̄ 向，雖是一虛的，由 P
向而反顯，然卻亦是客觀的，形式的，而不只是一個作用。依是，
邏輯理性中之否定作用，如要成一個邏輯的矢向型式，即是說，要
客觀化而可以程式出來，則必須就 P 向之客觀的排拒性之所剌出
而顯示其爲否定。即是：P 向在此，P̄ 之爲對於 P 之否定，必須由
P 之排拒性之所剌出之反面而見其爲否定；即是，否定必同時即是
一「反稱」。從能肯能否方面言，爲作用，此則「能否」不爲一反
稱。從所肯所否方面言，爲對象，此則「所否」可爲一反稱，但非
此處所言之矢向型式，亦非邏輯中所言者。此處所言之反稱，離能
所兩端，單言矢向型式。故 P 爲一向，P̄ 爲一向。

　　三·一、P̄ 既爲一矢向型式，則對 P 向言，即爲能自己建立其

爲一型式者。此種建立旣由 P 向之排拒性之所刺出而顯示，故 P̄
向之建立其自己乃邏輯地必然者。故對 P 向言，P̄ 向爲邏輯地決定
者。但 P̄ 向含有種種可能。從此種種可能方面言，P̄ 向之特殊型態
又爲不決定者。如 P 向爲 ↓，則 P̄ 向必爲 P 之反。但其爲反，可
有種種向，如 ↑，或 ➡，或 ⬅ 等等。依是，此 P̄ 向即有一般型態
與特殊型態之別，須予分別考慮。但須知此時吾人只言矢向型式，
並不自所肯所否方面言。依是，當只有一個 P 向與 P̄ 向之自身。
就 P̄ 向言，並無 P̄ 之特殊化，即並無 P̄ 之例子。依是，只有一般
型態，而無特殊型態者，或可說：一般型態與特殊型態此時乃合一
者。適所畫之種種矢向，儼若由此可明有種種特殊型態者，實則只
是所畫之圖形之種種，而若自矢向自身言，實則只是一種也。故無
論爲 ↑ 爲 ➡ 或爲 ⬅，而總是一 P̄ 向。故此處並無一般特殊之別。
落於經驗之應用，有特殊型態之可言。但此時並不言應用，故無一
般特殊之別也。

　　四、P 向與 P̄ 向是兩個端向。徒此兩個端向，理性尙不能客觀
化其自己，即成就其自己之展布。但此兩個端向必將顯示一個構
造。表示這個構造者，即爲 P 與 P̄ 之綜和。每一種綜和即是一個
「位區」之實現或構造。及至「位區」之實現，理性始能初步客觀
化其自己，完成其自己。如將兩「端向」畫出之，必爲如下方式：

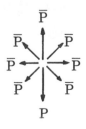

拆開觀之，每一 P 與 P̄ 即是一個可以成為位區之間架。如

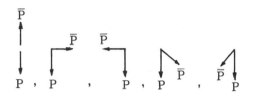

由此等等間架，連起來，即為一位區。如下

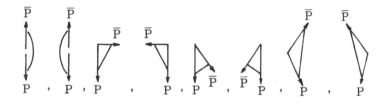

每一種兩端向間之連結即表示一種綜和。綜和是一個律則，是一個圓融。它表示一個「三」。但此三卻不與 P 之為一，P̄ 之為二，為同一層次。依此，它亦不是一個置定的矢向。因為它既是 P̄，又是 P̄（＝P）。所以，它不是一個單純的向。它是 "PVP̄" ＝∣△（∣△ 表示一個圖形之全，即一個整個的位區。）所以「三」表示位區之實構，不表示「矢向」。

　　四・一、矢向，P 或 P̄，表示一度。由三而成之圖形之全表示兩度。但是每一個「圖形之全」之實構即是一個有限而有定之整體。因為它有限而有定，所以此形（即∣△）之呈現即因其限定性之排拒而刺出一個相反之圖形即 －∣△ ＝∣△。此相反之圖形與原來之圖形綜和起來，即為一個立體，此為圖形與圖形之綜和，非兩端向

之綜和。因此，此步綜和表示三度。其式是：

$$|_\triangle \quad v - (|_\triangle) = |_\square$$

四‧二、圖形與圖形間之綜和仍表示三（三為一原則）。但是立體（即$|_\square$）與立體之綜和仍是立體，只表示立體之擴大，不表示另一種度數之出現。故理性的展布而成位區，至立體始窮盡而圓足，亦即至此，始能充分圓滿其自己，成就其自己。由矢向型式到立體型式為一發展，過此以往，則為重複，非發展也。故位區至三度而盡。在矢向型式，即第一度，有可以成為圖形之間架，但未實現地構造出，故就第一度本身言，乃為殘缺而不成形者。在「圖形之全」之型式，即第二度，則為偏面的單純位區，其趨勢仍為敞開者，故仍為虛缺不完者。必至立體型式，即第三度，然後其敞開者乃封閉。封閉者圓足之謂也。故過此以往，為重複，不為發展矣。

五、立體型式為「位區」之最後的構造。每一步構造是一種綜和，是一種直覺的實現之綜和。然須知此種由綜和而成之位區是純邏輯的，即純為純理的位區：不附著於任何有體的存在上，亦不是就空間而言者：此時，吾人未預定任何空間，所謂矢向型式、區面型式、立體型式，皆是純理的，不是空間的。故可不憑藉任何東西，而單自純理之展布即可構造出也。單自純理的三度位區之構造言（此步構造為幾何系統之成之第一步）。吾人可指出位區之成，即幾何之肇始形態之成之一般形式。依上章附錄，維特根什坦的辦法，可將邏輯、數學、幾何之一般形式分別列於下：

邏輯：$\{\bar{P}, \bar{\xi}, N(\bar{\xi})\}$

數學：$\{0, X, X+1\}$

幾何：$\{P, \bar{P}, P \vee \bar{P} = 1\}$

在此幾何之一般形式中，P 或爲矢向，或爲區面，P̄ 或爲矢向，或爲區面。|則或爲區面或爲立體。依是，邏輯之一般形式決定眞理函値，表示套套邏輯。數學之一般形式決定系列，即 " ＋1 " 之無窮地連續。幾何之一般形式則決定「純理位區」之構造。

　　五‧一、一般形式雖如上列，但理論基礎則不同於維氏。蓋維氏仍爲形式主義，而未進至先驗主義也。依吾人之說法，純理開展所顯示之步位序列，經過「外在化」，即可以構成數。維氏所列之一般形式，即 " ＋1 " 之無窮連續，亦必須經過此「外在化」始能成立。而「外在化」即是「直覺的構造或實現」。不經過「外在化」，則只是純理開展之推演系統，不足以成數也，而「直覺的構造」亦無可言之根據。在幾何亦是如此。純理展布之區位相，亦必須經過「外在化」始能實現地構造出「純理位區」。否則，亦只是純理之展布推演而已，不足以成幾何。故在「外在化」一關鍵上，吾人言直覺構造。在數學與幾何，直覺構造原則與邏輯構造原則皆爲必須者。而在先驗主義上，則又必須言直覺構造也（在形式主義則不須）。

第二節　對於純理位區之純邏輯的分解與純邏輯的決定

　　1.　從矢向型式到區面型式，立體形式，雖是一個發展，然每一型式皆有其自性，而可各自獨立。其故即因其每一個是一邏輯型式故。矢向型式爲一度，因而可以由之而引出「線」之概念，但線不必是歐氏線。區面型式爲二度，因而可以由之而引出「面」之概

念，但面不必是歐氏面。立體型式爲三度，因而可以由之而引出
「體」之概念，但體亦不必是歐氏體。依是，從三種純理型式而至
線面體之引出，爲第一步決定。從線面體而至其或爲歐氏的或爲非
歐氏的，則爲第二步決定。此兩步決定，吾人皆欲明其爲先驗主義
中之純邏輯的決定（不是形式主義中者）。

　　1.1 矢向型式並不即是一條線（此所謂線仍是純邏輯的「線之
型式」）。從矢向型式轉出線型式仍須有一種直覺的構造。在建立
矢向型式時，吾人由肯定否定之正反兩種置定而言。但由矢向而至
線型式，吾人不能直接再由肯定否定而言。構成「線型式」所必須
的一個概念爲「點」概念。但「點」並不即是肯定否定。如是，吾
人須先建立點。如是形式主義者，吾可說：隨便自一處指出一個
點，由之可以引出一條線。如此說即足夠。如是邏輯主義者，吾可
說：點是一個很複雜而並非原始的概念，須是一個很長的邏輯構
造。但此兩者，吾皆不取。即邏輯主義亦是一種形式主義（自其無
根無本而言之）。依是，吾欲從形式主義而進至先驗主義（否則，
非約定主義，即下趨而預設經驗之根據或歸納之普遍化。純然之形
式主義，即約定主義，邏輯主義，皆預設歸納普遍化或抽延法爲根
據）。吾必須自理性上先驗地建立起點之概念。點雖不即是肯定與
否定，但吾人可由肯定與否定之置定處而建立點。置定可以展示一
個矢向。但置定總是一種「著」：不必自其所著處言，亦不必自其
能著處言，但客觀地而自「著本身」以言「著」。此「著本身」即
是一個「點」。「著」必然函著「向」。故吾人言矢向型式時，即
由此置定之著而爲言。但吾人現在欲轉出「線型式」，故必須由
「著本身」處先建立一個「點」。「著」是理性的肯定否定二種作

用建立其自己之所示，並不是一種「幾何物項」（geometrical entity）。故由「著」而至「點」亦是一步外在化，一步直覺的構造，一步具形的構造。經過此種構造，著即轉形爲點。故點亦是一個純邏輯型式，吾人名之曰：「點型式」。它是一個模型，不是一個結聚（邏輯主義者視點爲一個複雜的東西，爲經由邏輯構造而成的一個趨於最簡單之結聚。此時，點即是一個「體」，不是一個「模型」）。它出乎部分與量度概念以外：它無所謂部分不部分，亦無所謂量度不量度。因爲它是型式故。〔吾人必須將量度概念從點中剔除去，幾何始能先驗地建立起，而幾何中之一切困難亦可因此而免掉。而所以有困難，所以糾纏於量度，是因爲粘著於空間。所以現在吾人欲自純理上先驗地建立幾何，必須首先不粘著於空間。因此，即很易作到「點爲一型式」之概念，因而即出乎量度概念以外矣。〕

　　1.2 吾人論矢向型式，並不注意能肯所肯，因此亦並不注意那個帶有點性的「著」。但矢向型式並不即是線。故吾人欲建立線，必須經過「由著而建立點」以建立之。依是，由點至線亦是一步直覺的構造。由點可以引出一條線，但並不能由點概念中分析出線概念來。是以由點以引生線，亦是一種直覺綜和的構造，或云直覺的具形之構造。但是，矢向雖不即是線，卻有線的意義。故吾人本著矢向型式，經由直覺構造，即可外在化之而構造出點與線。線亦爲一純邏輯型式。吾人可名之曰：「線型式」。它亦是一個模型，而不是一段量度。吾人亦不說：線是由無窮數的點而構造成，因爲它是一個型式，不是一個堆聚。同樣，在此吾人亦不說：一條線可以分出無窮的點。因爲它是型式，不可分故。凡那些說法，皆是粘著

於空間或量度上而產生的。〔當然，吾人亦不能不接觸到空間與量
度，但在此方面，吾人亦自有說。見下部第二章及第三卷第一
部。〕

1.3 吾人由「矢向型式」而構造出點與線，而正反兩矢向型式
之綜和所成之純理位區，即區面，亦正可以視爲三個「線型式」所
成之「幾何面」。蓋正矢向可以經由外在化而轉爲一個點及一條
線，反矢向亦可以經由外在化而轉爲一個點及一條線。故由兩矢向
之綜和所成之位區，亦可整個地經由其點線之構成，而直接地外在
化，具形爲一個幾何面。故幾何面亦爲根據「純理區面」而成之直
覺的具形構造。或曰：此有難。矢向雖可以有正反，但每一矢向縱
可以有其著處之起點，而其前向卻可以無限地開展，即其前途是敞
開者。依是，其前向並無一逗住點。如正反兩矢向之前向俱無逗住
點，則即無法將兩矢向所成之缺口連起來而成一位區。依是，由矢
向而轉出之點與線，此線之前向亦爲無限的開展而不能逗住，故亦
不能將其缺口連起來而成一幾何面。答曰：矢向爲一型式，無所謂
敞開不敞開，逗住不逗住。又，吾人此時是就純理之展布，採取形
構原則。假若有正反兩矢向，吾人即可依據「直覺的具形之構造」
而綜和之，使之成一純理之位區（不依附於任何空間或量度）。兩
矢向有可以成爲位區之間架。即依此純理位區，吾人即可構造之而
爲一幾何面。幾何面亦是一個純邏輯型式，吾人可名之曰：「面型
式」。它並不是一種量度。吾人亦不說：它是由線堆集成，或可以
分出無窮數的線。因爲它是一個型式，不是一個堆聚，亦不是可分
的。假若吾人有「矢向型式」，有「區面型式」，吾人即可依據之
而轉出點與線，轉出幾何面。只要知道是依據矢向型式與區面型式

而來，則說由點線構成面亦可，說由面分解出點與線亦可。及至此等概念各自形成，則自可拆開之而單獨地規定其種種幾何特性。及至可以單獨地規定其幾何特性，則一條線可以隨時延長，隨時停止，因而若干線亦可以隨意布置而成圖形。〔當然「隨意」是有限制的，而所成之圖形亦必是可以形構者，即，亦必有其變化之規律上的範圍。〕

　　1.4 正反兩區面之綜和，則成一立體位區。由此立體位區，吾人依據直覺的具形構造，即可轉形爲「幾何立體」。此亦爲純邏輯型式，吾人可名之曰「立體型式」。它亦非實有量度者。吾人亦不說：它由面而堆集成，或可以分出無窮數的面。

　　1.5 邏輯中的 Pv－P（或 Pv－P＝1）表示排中律，－PvP＝P ⊃P 表示函蘊關係，然皆表示純理自己，或純理意義自己。此處相應幾何而言，則 Pv－P－1 表示純理之展布相，即區位相，故幾何之一般形式實表示形構原則也（等於「一」即表示必可以形構，而 P 或 P̄ 必表示矢向或區面）。數學之一般形式則由純理開展之步位序列而成立。故邏輯表示純理自己，數學則表示純理之縱相，幾何則表示其橫相。方直的純理之開展，其「相」盡於縱橫，故先驗地由純理而建立之純型式系統（亦曰無體的系統）亦盡於數學與幾何也。

　　2.　假若一條線爲一可以實構之形，即，必須經由直覺綜和之構造而成其爲一線，則一條線必爲一特殊系統中具有該系統所賦予之幾何特性之線，決無一「只是線」或「線一般」之線（線一般，若在一系統中，說所有的線，亦可用）。依是，吾人若由線而至一實構之線，則必須進至純邏輯的決定，特殊的決定。因爲「線」一

概念並不必函其是歐氏線或非歐氏線，是直線或非直線。面與體亦然。是以，若想獲得一實構之線，必賴有特殊之決定。旣賴一特殊之決定，則凡一實構之線皆是由直覺綜和之構造而形成，而凡表示線之命題皆是綜和命題。面與體亦然。

2.1　吾人以上是由純理位區以確定點線面體諸型式。設以線爲例，由所確定之線型式雖不函其究爲何種線，然本著純理的方以直之義，必可由純理位區中之矢向型式先構造出直線或歐氏線。因爲方以直的純理之置定所顯示之矢向，首先必可以使吾人有一「直」的概念，因而可以構造出直線來。然線型式旣不函其是直線或歐氏線，故欲由一「直」的概念而想構造出歐氏線，則必須先有一種規律（或純粹概念）的設施。「規律」即是可以使吾人依據之而構成歐氏線者。依據規律去構造，即是依據規律去綜和。是以每一規律之運用即是一綜和之運用，因之而成一實形者。吾人可先依據一組足以成歐氏系統之規律而構造出歐氏線、歐氏面、歐氏體。然歐氏系統旣由一組規律而形成，則即無由否決足以成非歐氏系統之規律。此爲純邏輯地可決定者。

2.2　然則這些足以成種種系統之規律，其先驗根據如何能講出？即，如何能自理性上純邏輯地決定出（或推演出）？吾人適說，由純理的方以直，吾人可以首先構造出歐氏系統來。然須知「方以直」的屬性並不函其是歐氏系統。依是，要想構造出歐氏系統，必不能不有待於規律之運用。然一說規律之運用就是一種「特殊決定」之活動。這些特殊決定並不能由純理位區中直接分析出。然則這些特殊決定之先驗根據何在？它們是隨意安置的呢？還是有必然的理由？自其「不能由純理位區中直接分析出」而言，它們誠

然是自外設置者，即，此時吾人是另起爐灶。然，雖云自外設置，卻非無必然理由而隨意設置者。此必然理由將如何而發見？曰：線必是一實構之線，而不是「只是線」。依是，「一條線或爲直線或爲非直線」一命題乃一必然之命題，即套套邏輯的必然之命題（此如：今天或下雨或不下雨）。若有一條線既非直，又非「非直」，此乃不可思議者，即等於線自身之否定。「直線或爲歐氏的或爲非歐氏的」，「非直線或爲歐氏的或爲非歐氏的」，「兩點間或只有一條直線（最短的）或非只有一條直線」，「兩平行線或永不相交或非永不相交」，「面或爲歐氏的或爲非歐式的」，「體或爲歐氏的或爲非歐氏的」，「三角形內三角之和或爲一八〇度，或爲非一八〇度」等等，皆爲套套邏輯的必然命題。此種必然命題，吾人可自線型式概念起，依據「凡線必是一實構之線」之思想，將「線」決定其「或爲直線或爲非直線」之正反兩可能，由此以往，可連續地向下作。而「如此而作」之範圍不能超出線面體之概念（點在此不相干）。即，所作之必然命題必是關於線面體者。（線爲一度，面爲二度，體爲三度。只能關於此三度者。至於所謂四度，吾人將於下文說明其意義究何在，所謂 n 度，吾人將於下文說明其不可能。）領導概念之範圍既定，則正反兩可能中，正可能不必說，「反可能」之範圍亦可得而定。

　　2.3 如果「反可能」之範圍可確定，則㈠正反兩可能之析取式（如線或爲直線或爲非直線）必爲套套邏輯之必然；㈡「反可能」中之內容或可能必皆可列舉，而且皆可實構；㈢皆可列舉即示不能無窮，皆可實構即示有窮之可能無一而不合理（合理即云：依規律而可構造出）；㈣如果「反可能」中所含之可能有許多（但非無

窮），則每一可能亦可列為正反兩可能，而此「反可能」中仍不能
無窮。蓋若「線或為直或為非直」，則無論「直」與「非直」皆不
能超出「線概念」以外。線概念有其一定之內容與外延，又因為它
是一個型式，直線非直線亦皆是型式，而不是「存在」，所以它的
特性不能是無窮地複雜。因此，它是可以列舉盡者，而且皆可以實
構者。此種可以列舉盡之可能（因之而成套套邏輯之必然），亦如
邏輯中，一命題有真假兩可能，對此兩可能復有四個真理函值；兩
命題有四個真假可能，對此四可能復有十六個真理函值。依次類
推，皆可列舉。例如「三角形內三角之和或為180°，或為非18
0°」，此非180°中之可能只有二：不是大於180°，即是小於180°。
又如：設比較 AB 及 CD 兩線，吾人可說：或 AB 等於 CD，或 AB
不等於 CD。在此「不等」中，或是「大於」，或是「小於」，只
此兩可能。如「等於」，則為歐氏線；若「大於」，則是里曼氏
線；若「小於」，則是羅氏線。若是歐式線，則在線外一點，只可
作一平行線；無限延長，永不相交。若是里曼氏線，則在線外一
點，無平行線可作，一切線皆無限而有定長，皆為封閉線。若是羅
氏線，則在線外一點可作無窮數的平行線，皆為無限延長，而不相
交（此種線作成之圖形無相似者）。如是，吾人可說：「在線外一
點或『只一平行而不相交』或非『只一平行而不相交』」。「只一
平行而不相交」為「只一平行」一概念與「不相交」一概念之絜
和，對此之否定所顯示之反可能即為：一、只一平行而非「不相
交」；二、非「只一平行」而不相交；三、非「只一平行」而又非
「不相交」。依是，該必然命題正反兩項所含者只此四可能。吾人
可攝之於歐氏及非歐氏範圍內。

2.4 在線面體領導概念下所作之正反兩可能，每一可能皆可實構。而每一可實構之可能皆是依據一概念（或規律）而去實構者。是以當吾人說正反兩可能由之以成必然命題時，即已顯示出「規律之置定」。說正可能時，即已預定一規律，因而可以構造「正可能」中所示者。反可能亦然。每一規律之運用即是一直覺的綜和之構造。吾人可將此等規律分成組，如是，即成各種幾何系統。但是正反兩可能中，必以正可能為首出，為標準。依是，歐氏系統必為首出之標準系統。依此而進，規律雖可分為多組，然皆依照套套邏輯之必然命題而邏輯地引生出，皆有必然之理由，理性之根據，無一而可隨意安置者。規律既皆必然，有先驗根據，各種幾何系統亦皆為理性之必然，而有先驗根據。或謂一說先驗根據，必只是一個系統，此則非諦論。

2.5 「凡線必為一實構之線」，在此原則下，吾人可說：一切幾何命題之形成皆以規律為首出。吾人雖有點線面體之概念，然此等概念是由純理位區而構造出，並非在外界有一現成之點線面體為吾人所取用。而線又不函其究是直線抑是「非直線」，面亦不函其究是歐氏面抑非歐氏面，體亦然。是以一直線之成，或一歐氏線之成，皆是經由規律之運用而形成。規律之運用產生線或其他，並非外界有一現成之線，具有如此這般之特性。若如此，則是以對象（或物項）為首出，吾人即就此既成之線對象而分析其特性，即可成一關於線對象之命題。然線之為直或為曲實由規律之運用而形成。線為一型式，並非一實際之對象。故在幾何中實以規律為首出，不以對象為首出。而在規律之運用中產生線對象（此時即線型式）。當夫線型式一形成，自具有如此這般之特性，而且必具此特

性。然其所以必具此特性，即由規律所賦予。亦正因其為規律所賦予，故必具。亦正因其必具，故其既成之後，就之而分析之，又皆為必然者。其所有之特性皆為規律所賦予，無一而不成於規律，亦無一而自外來者。規律之運用窮盡其本質，決無有些微特性遺漏於規律運用之外，而不為其所產生，而仍為此線型式所具者。線面體皆是型式，不是實際之存在，故其特性能窮盡於規律之運用而為此運用所產生。若是存在，則必有遺漏於規律運用以外者，而此時言規律運用亦不能產生或賦予特性，至多能賦予某義之特性：蓋既為存在，即不由規律運用而形成故也。故一為存在，必為無窮之複雜，此時即不能先驗地建立起。幾何之所以能先驗地建立起者，正因其為非存在，為型式；因此，亦必以規律為首出，不以具有特性之既成對象為首出；因此，一切皆由規律之運用而產生而形成也。

2.6 規律即是形成一實構之線型式（或其他）之規律。設線型式已形成，吾人即可由之以發見其所由成之規律。設每一幾何型式（如直線曲面等）皆為依據規律而成之直覺綜和之構造，則吾人可說：每一直覺綜和之構造即展示一條規律。是故此中之規律並非由判斷型式所發見之若干純粹概念即可充當，如康德之所作者（康德之數量範疇對於幾何命題所由形成之規律可謂全不相干）。它乃必須相應幾何型式而顯示，而「規律為首出」是一最基本之特質。正因規律為首出，一切由規律之運用而賦予，始能先驗地建立起；而不以對象（存在的）為首出，故一切規律皆是先驗的。所謂先驗又不只是邏輯的先，不只是形式主義的先，而乃是「理性的必然」之先，先驗主義的先。線雖不必然地函其是歐氏線，或非歐氏線，然「線或為歐氏的或為非歐式的」是理性地必然的。而「或」中每一

可能又皆可依據規律而實構，並不有藉於外來之物事，故所有規律皆是理性地必然的，皆是先驗的。只要見出吾人如何由「純理位區」一步一步說到此，再由此以返回純理位區，通其脈絡，則先驗主義即必然成立。〔先驗主義成立之根據：一、以規律為首出；二、規律之運用產生幾何型式；三、必然命題中正反兩項所函之可能皆可實構；四、一切規律皆自內出，內者理性之謂；五、凡依首出而內出之規律而可實構者皆實現。此最後一義乃先驗主義最後之完成。惟此一義，須待論「超越決定」時始能明，見第三卷第一部。形式主義則不能有此。此為由比較而顯先驗主義之最顯明者。〕

2.7 凡依據首出而內出之規律運用所成之幾何命題皆是先驗地綜和的，又是分析地必然的。「先驗地綜和的」是言規律運用產生此被實構之型式。「分析地必然的」是言此已構成之型式之種種特性皆是其本質，皆是定然而不可易者：如言其反面尚是可能的（即可易），則必不在此規律運用之下，而已跳於另一規律之內矣。依此，規律運用與已形成之型式是同一的：此中並無「所綜之雜多」與「能綜之機能」（機能亦是形式）間之異質的差別，如康德所說以範疇綜和「經驗所與」者。因此種先驗綜和所成者只是一實構之幾何型式之自己，其中並無型式以外之實際或存在。因此，亦不能說此型式乃「存在」或「什麼有限物」之型式：此中並無「存在」與「本質」間之差別。即，此中並無主詞。若說：線是直的或曲的，是歐氏的或非歐氏的，因此而謂「線」是主詞，此實只有文法上的意義，並無實際的意義。因此，並無實體性的主詞，或存在性的主詞（即因無實體性的主詞，始能說以規律為首出）。一切幾何

型式皆只是純然型式之呈現。一切幾何命題，就已形成之型式而作出之分析地必然的命題言，亦皆是該型式之所呈現。套一句形容上帝的話說，已形成之型式（依據規律運用而產生者），它就是它自己之本質，它就是它自己之「有」（存在）。此有即為型式自己之有，自己之實現。即因此故，幾何系統乃為無體者（無體亦可直由「無實體性的主詞」來了解）。凡是無體的純形式系統中之命題皆是既為先驗地綜和的又為必然地分析的。嚴格言之，實亦並非命題，乃只是些型式或原則。邏輯、數學、幾何，皆然；亦只有此三者是如此。因其為先驗地綜和的，故必須服從直覺構造之原則。因其為分析地必然的，故又必須服從邏輯構造之原則。而直覺構造又必是依據首出而內出之規律運用而構造，故先驗地綜和的與分析地必然的是同一的。〔綜和表示直覺，而先驗則顯示規律。型式之形成或實構表示直覺綜和，而分析地必然的則顯示規律。〕康德只知其為先驗綜和，為純直覺，而「規律」不能透出，故於數學幾何終無善解。其論幾何命題之為必然，必基於空間之為純直覺。故其於幾何命題之說明，亦只能拈出直覺綜和，而不能透出規律之運用。是則總歸於一直覺了事矣。詳論見第三卷第一部第二章。吾今與彼不同者：一、不糾結於空間而言，二、透出規律之運用，三、先驗地綜和的與分析地必然的合一，四、直覺的構造與邏輯的構造合一。

第三節　四度之意義與 N 度之意義

自相對論出，有所謂四度空間之說，因而復有四度幾何，乃至

n度幾何。實則空間只是三度，四度者加時間一度而已。時空合而為四度，究非空間自身為四度。而時空合一，在物理世界上，本可如此說。時空合一亦不必函此世界即為非歐幾何的。決定此世界為非歐幾何所應用，必須注意到曲率，而曲率非時間自身之所函，乃一物理的攝引之觀念。就「攝引場」而言，時空俱為所決定，反之亦可云：時空合一之系統乃為描述此「攝引場」者。然此並不能說有四度空間，四度幾何。吾人就幾何自身言，既不預定空間，亦不能有四度（只有三度）。可有歐氏與非歐氏的幾何系統，但皆為長寬高之三度，而並無第四度。是以時空合一與物理中攝引場這兩方面為一事，而歐氏與非歐氏幾何又為一事。吾人只能說，歐氏幾何適用於直線空間（空間是描述或限定物理量的），非歐幾何則可適用於曲率世界，即言彎曲空間，空間亦是描述或限定物理攝引之狀態者。是以只言幾何，只有三度，並無四度。四度者非單純的幾何中之概念也，乃是一、說時空合一，二、又透過時空而說物理攝引也。然吾人論幾何自身，既不預定空間（時間更不必說），又不涉及物理攝引。而仍能從純理上推演出（而且是先驗地）種種幾何系統：歐氏幾何不預定某種空間（譬如說是歐氏的）為其成立之根據或關鍵，非歐幾何亦不預定某種空間為其成立之根據或關鍵。吾人必須知：幾何自身乃為純理的，或云只是純邏輯型式，而時空則必附著於物理量，與物理世界糾結於一起。幾何自身既不預定時空為其成立之根據，則時空自身亦不函其究為何種幾何的。幾何、時空、物理，乃是一連串異質的事。其間的關係，下文稍言之。

　　所謂n度又不同於四度。四度尚就時空說，n度則又離乎時空而純為數學的。說者云：既有四度，為何不可有五度，乃至n度？

此如邏輯，旣有二值，即有三值。旣有三值，爲何不可有 n 值？然此中，實不可如此類比。（實則今日於邏輯言多值，亦由幾何有多種系統而啓發。而因幾何之有非歐，故又由四度想至 n 度。）蓋因多值尙只由命題之值而演變成。命題之值，自外延觀點或自其證實之度上言之，實可於二值外言概然值之級數。於此言多值系統尙無不可。蓋依眞理圖表辦法，實可如此排列而構出也。然縱使如此，且爲不識邏輯自己者，惟附著於命題之證實方面的值之意義（此在邏輯自己本不應如此者），因而涉及於概然值，始可如此作。惟此尙仍是命題之值之同質地連續增加而成者，故可排列而構出也。然由四度而言 n 度幾何，則全離乎時空之意義，而進至於數目增加之意義。是亦即全無幾何之意義，而只有數學之意義。縱使可演成數目式，然就幾何意義言，則決不能構造者，即決不能由此構成幾何意義之型式也。縱使爲純邏輯地想像者，亦只有數學之意義，而無幾何之意義。吾人亦不就時空而言幾何，吾人亦是純邏輯地講之，故視爲純理型式，可先驗地建立起，然卻決不由此而言四度乃至 n 度，而純理上亦決不能由此而可構出 n 度的幾何型式者。此所謂不能，並非時間上的不能，乃原則上不可能也。線型、面型、體型以外，不能再有增益度數之圖形型式，而在線面體之型式中，無論如何曲折，總不能曲折出 n 度幾何來。（可以曲折出非歐幾何，而此亦爲有限者，決不能曲折出 n 度來。）除非離卻幾何之意義，而全歸於數學之意義。數學之數目系列總可無窮地連續增加者。然此必爲同質的。亦如概然值之系列之爲同質地連續增加。然幾何之度數則不能有此方便。線不同於面，面不同於體，非只數目之遞加也。故 n 度幾何乃爲不可能者。此違背幾何之自性。n 度亦不可能者，

此違背幾何度數之自性，純歸於「數目串」之意義矣。

吾人旣由純理展布所構成之純理位區而先驗地建立起幾何系統，而毫未預定空間為其成立之根據。然則空間可全與幾何無關涉耶？它無內在之關係，而有外在之牽連。旣無內在之關係，則其成立之所以可能之根據不在空間，因此亦無假設形上的潛存之空間之必要，是則形上空間可剔除也。旣有外在的牽連，則認識論的空間不能不建立。然此種建立，乃為備幾何用於物理世界之通路（即依此義，而說外在的牽連），而非為幾何所以成立之根據。依此，雖必建立認識論的空間，而以「空間為直覺形式」以保證「歐氏幾何之必然」，以論證「空間必為歐氏空間」之理論亦所不取。依是，空間縱為直覺之形式（此即吾所謂認識論的空間），而其究為何種幾何特性，則是有待於被決定，而不是其自性已具有某種特性以為其本質因而可藉之以成立幾何者。若如是，則仍是「預定形上空間以為幾何之根據」之思路。不過論法不同而已。

空間之為「直覺之形式」（此義之論法不同於康德），以及「其自身並不具有何種幾何之特性」之主張，吾人將詳論於下部第一章以及第三卷第一部。此種建立之時空即為認識論之時空。它的幾何特性，必須由其附著於經驗現象而被決定。而決定之之模型即在純幾何型式之應用。時空附著於現象即是限定現象，而其限定現象之所表象者即為現象之廣度量與強度量，因而亦即為無向量與有向量。認識論之時空必於其限定現象而彰其用，因而亦必與量糾結於一起。時空之由限定現象而表象量，即為純數學與純幾何透過時空之限定而成之超越的決定。在此種超越的決定中，時空之幾何特性，亦即物理量之幾何特性，遂得而決定，而純幾何之應用或實現

於現象界亦因之而決定。

　　在此種超越決定中，吾人對於附著於現象而限定之之時空以及由此限定而表象出之量，必須採取一種關係說，即由來布尼茲而開啓之關係說。吾人以爲此乃不可易者。其中種種特性，吾人將由一發展而完成之。

　　又，在此種超越決定中，由先驗主義之立場所先驗地建立之種種幾何系統一切皆實現。此爲形式主義所不能作到者。而先驗主義亦由此義而得其最後之完成。

　　以上諸義皆見下部第一章以及第三卷第一部。

第二部　論格度與範疇

第一章　時空格度由超越的想像而直覺地被建立

第一節　來布尼茲之轉客觀空間爲屬心的以及轉絕對的爲關係的

當吾人由純理性之外在化而明幾何時，吾人並未預定一具有某種特性之空間。時間自不必說。但吾人要表象經驗現象，時空乃是必不可少者。依是，客觀而外在之形上的時空可不必要，爲某種幾何系統而預定的數學時空可不必要，而認識論的時空則不可少。一言及認識論的時空，則時空必歸於是先驗而主觀的。依是，必歸於由認識的心而建立之，而視時空爲客觀而外在之形上的無限潛存體者自必被擯棄矣。

原子論者肯定宇宙的根本實在有二：一爲原子，一爲空間。原子在空間中活動，則空間必在原子背後而爲其活動之場所。視時空爲形上的無限自存體者，即由此而演變出。及來布尼茲出，以爲原子不合理，改主心子爲宇宙之實在，則已將時空從存在之背後翻上來而浮於存在之上面，復進而將時空繫屬於心子之知覺而謂其爲主觀的。此兩步翻轉是此問題之大轉關。今依羅素的解析疏解如後。

（參看羅素《來布尼茲哲學之批評的解析》第九第十第十二第十四各章。）

一、關係說

有兩種空間說：一爲牛頓所表象者，一爲來布尼茲所表象者。假設取 A、B 兩點，此兩點間一、有一距離，此距離只是該兩點間之一種關係；二、有一現實的長度，以許多空間而組成，而且從 A 申展到 B。如果主前者爲空間之本性，則是關係說。A 及 B 兩項，其距離是空間的，而此兩項自己，必須是非空間的，因爲它們不是關係。如果主後者爲空間之本性，即有一現實的間隔長度，則吾人將見此長度可以分爲無窮數的點，每一點皆如端點 A、B 然。此是牛頓之絕對空間說。依此說，空間不是以可能的關係之聚合而形成，而是以無窮的現實的點之集和而形成。

來氏如何極成此種關係說？來氏有一基本觀念須注意：此即理想的與現實的區分。依來氏時間空間及數目俱是理想的東西。與其系統中之心子及其情態乃至心子之集和所成之現象俱不同。此後者皆爲現實的。在理想的東西方面，全體先於部分。（在現實的方面，部分先於全體。）數目「一」甚至其他整數，皆先於其分數。在空間與時間方面，亦如此（因關係說而得到如此之結果）。來氏很可以進一步說：數目與距離雖然可以較大或較小，然而它們俱無部分（在分數方面他實如此說）。數目是可以應用於「可能的集和」上的概念，但數目自身並不是「集和」。距離，時間的或空間的，皆是些「可能的關係」，且必須與廣延或久延區別開。（廣延即是從距離之此端，擴展到彼端之謂。此與空間不同。）抽象的線

不是組合成的。因爲線就是距離之關係，而此若只作關係看，便是不可分的。組合只存於具體的東西中，即只存於質量中。抽象的線即標誌這些質量之關係。空間是可能的距離關係之聚合。此等可能關係，只有當 A、B 兩點爲現實的本體所佔有時，始能變爲現實的關係。距離可以較大或較小，但不能分成部分。因爲它們是關係。因爲空間是關係，故有距離的項其自身不能再是空間的或擴展的。項不是空間，因爲它不是關係；它不是擴展的（無廣延），因爲它不是現實的點，或有本體性的點。有距離的項或點只是一個數學點，即 A 之地位不過就是 A 之性質，藉此性質，在任何瞬，A 反映其他東西。此即是數學點爲何是心子之「觀點」之故，亦即是爲何數學點只是「程態」而不是空間之部分之故。此亦解析爲何整全不以其部分而組成之故。因爲一距離之部分只是較小的距離關係，而決不會爲較大的距離所預設。較大的距離是邏輯上獨立於較小者。距離關係不能分爲部分，此中關係與部分之區別即是強度量與廣度量間之區別。廣度量須預設一切它們的構成成分，此成分之和即是廣度量。強度量不預設較小的強度量之存在。空間量及時間量旣只是些可能的距離關係之聚合，所以是強度的。而廣延是一廣度量，且須預設現實的部分，它即依此現實的部分而擴展。〔案：在絕對說，空間與廣延無異。笛卡爾亦是絕對說。亞里士多德視空間爲圍與被圍間之界限，亦當是關係說。凡關係說，皆視空間不同於廣延。依來氏，空間與廣延不同，廣延與擴展的不同。元物質，即心子之被動性，因其本性是抵阻，故有力。因有抵阻之力，故爲擴展的，而擴展的不是空間，因空間是理想的，關係的。而擴展的亦不是廣延，因廣延是重複故。由擴展的而有廣延（抽象），而廣延

亦不是空間。因一、空間是關係，爲心所成，二、物質可以變更空
間，而不能離其廣延。〕依是，瞬不是時間之部分，數學點亦不是
空間的連續之部分。空間的連續是一切可能的距離之聚合。數學點
只是位置，即是說，只是距離關係上的些可能的項。依是，數學點
與可能的距離不是同一序的。可能的距離作成空間之連續，而數學
點則不是此連續中之部分。質言之，一距離，因其是一關係，實無
部分可言。反之，在空間中擴展的東西，是具體的；此時，不只有
距離，而且有距離藉之以成的項。此時之距離及項，皆是現實的。
吾人可說，此現實的距離及項乃由可能的距離及數學點所決定出的
或標誌成的。然而兩者決不可混。

　　來氏由空間之本性復進而說連續。他說：重複，當其集和的部
分是可以識別的，猶如數目中的部分然，則是間斷的。而當其部分
是不決定的，並且能在無窮數的路數中被預定時，則它就是連續
的。任何東西，若是現實的，而其連續又是此義之連續，則來氏即
反對之。因爲雖然凡是現實的東西可以有無窮數的部分，而這些部
分卻並非是不決定的，或隨意的，但完全是決定的。依是，亦必不
是連續的。只有空間及時間是來氏義之連續的。而此兩種純是理想
的。連續是理想的，因爲它包含不決定的部分；而在現實的東西
中，則一切皆是決定的。〔但來氏又主自然無罅隙，即連續的。但
此不是形上地必然的，只是爲「事物之秩序」所要求。此現實方面
與此處所討論之問題無關，可不涉及。〕上言，時間及空間只是關
係，根本無部分可言。所以其爲連續的，積極地說，只是關係之整
全之不可分，因而亦無間斷可言；消極地說，若連續與部分串有
關，則時空根本不能有決定的部分，因而亦無部分串可言。而若有

決定的部分串，即不是連續的。依是，時空根本不是部分串，連續
亦不可以部分串論。時空是連續的，而連續亦是理想的。此皆是極
爲可取之精義。

二、主觀性

來氏說：「我有許多證明，可以駁倒那些以空間爲一本體或至
少爲一絕對存在的人之幻想。」據羅素所述，其證明之基礎如下：
「如果空間被承認爲其自身即存在，而本體之主張又保留，則本體
與本體所佔之空間間必有一種關係。但須知此種關係將不是主謂間
之關係，因爲此關係之每一項皆有獨立之存在，即其自身即存在，
而且經過變更後，那些項仍可以繼續其存在。物體與空間之部分俱
不能歸爲虛無，即當這一空間之部分爲此事物所撤離而爲他事物所
佔據時，事物不能歸虛無，空間之部分亦不能歸虛無。依是，地位
與佔此地位之本體間之關係是一個在傳統邏輯中無地位之關係。依
是，地位之獨立存在是爲小心的哲學家所否決的，只有牛頓因不知
其結果之如何始承認之。」

所謂在傳統邏輯中無地位，乃是說，本體與其所佔之空間間之
關係，不可以主謂論，只是一種佔有關係。實則既不是主謂命題，
亦不是普通之關係命題，在關係邏輯中亦並無地位也。它是一種特
別之關係。在此種特別之關係中空間一項，只是主張原子論者爲原
子之活動所預定之「虛的存在」。原子論者必至此虛的存在之肯
定，但並不能因之即說：此佔有關係在關係邏輯中即有地位也。空
間之自存只是多元論者之邏輯假定，並無眞實可能性。如果形上學
的原子論（與科學不同）不可能，則即無理由再執持此虛的存在之

客觀實在性。（科學之發展亦並不助成之。吾將於下第二節稍論之。）羅素說：「本體之哲學必否證空間之實在性。一元論者必認空間爲一屬性。心子論者則認空間是關係之聚合。」此自爲羅素所不喜，然理之必至，亦無可挽也。

來氏復進一步以爲：如果空間是眞實的，則它或是主詞，或是謂詞。然而俱不是。空間，因其有部分，不能是上帝之屬性，而空的空間又不能是任何東西之屬性。反對其爲一本體或獨立存在，則來氏之得意論辨是從無異之同一性及充足理由律而引出（此亦應用於反對時間爲一獨立存在）。空間是絕對地統式的（一律的），其中之一點皆恰似於另一點。依是，不只是點是無異的，而事物之種種排列亦必是無異的，譬如，現實的排列以及從任何角度而轉宇宙所成者亦必是無異的。復次，如果時間是眞實的，則世界之被造可以較早一點，然而在此時造而不在彼時造，是決無充足理由者。再一般地說，整個看的宇宙，在空時中，不能有不同的絕對位置，因爲這些位置必是無異的。依是皆必是同一的。

空間時間如果是眞實的，不能不以數學點而組成，然而它們決不能以數學點而組成。因爲數學點只是些極端。其中兩個極端點決不能大於一個極端點，亦恰如兩個完全黑暗不能比一個更黑暗。（數學點只是程態或心子之觀點，並無量可言。）在時間方面，除瞬外無存在。然而瞬就不是時間之恰當部分。依是，一個東西，如果沒有部分而存在，則它如何能存在？是以空時不能有眞實的存在，只是可能關係之聚合。

吾人可以說，空時只是可能關係之聚合，其意即爲：心子映照宇宙之虛架子或樣式，而端點亦只是心子映照之觀點。自始即是虛

的。故距離之爲關係以及端點之爲數學點（程態），此整個所成之
空間（或時間）就只是形式的，而此種「形式的」又必繫屬於心子
之知覺：一、決不能離開心子之知覺而泛泛地從客觀現象方面說其
爲關係的、爲形式的；二、此種關係與形式必有其支持點以成爲如
此之關係與形式，而此支持點即是心子之知覺。（來氏名心子爲形
上的點，故此支持點亦即形上的點。）此兩義即表示空時之主觀
性，或屬心性。此種由心子爲支持點而發出的時空之關係說，一方
固不可普泛地落於客觀現象上說，一方亦不可視爲由心子與心子間
的關係而顯示。依來氏，心子間根本無關係可言。每一心子映照全
宇宙。心子與心子間只有預定之諧和，而此爲上帝所知所成。內在
於心子本身方面說，心子雖爲多，而無關係可言。即就上帝處之預
定諧和說，此所預定之諧和亦不爲空時關係之根據。依是，空時，
在來氏系統內，永遠是偏面地繫屬於心子之映照，而不能客觀地或
形上地從心子間或現象間的關係方面說。空時，雖由存在之背後翻
上來而浮於存在之上面，然卻不可即就存在之關係而說之。故同時
翻上來，即同時繫屬於心。繫屬於心而明其爲關係，然後再決定其
對於存在（即現實的）之關係。

三、位置說

　　如果空時不是客觀的實在，則無有絕對的位置。位置單由事物
之相互關係而抽象。但須知，此語並不可作爲說明空間之起點。位
置是現實事物的位置，事物之相互關係亦是現實的。而事物之現實
的相互關係必須追溯其原則性的根據於心子映照之觀點所成之空
間。此當爲說明位置之關係的解析時所必須注意之前提。

　　來氏以關係解析位置如下：當一物體 A 對其他物體 C、D、E 等之位置關係有變更時，而 C、D、E 等之相互關係不變，則可以推斷變化之原因乃在 A，而不在 C、D、E 等。現在，如果另一物體 B 對於 C、D、E 等有與 A 對之所已有的關係準確地相似之位置關係，則此時吾人即說 B 是在與 A「同一的地位」。但是，在此兩種情形內，實無個體地相同者。因為，在第一種情形，位置關係是 A 之結果，現在則是 B 之結果，而「同一個體」之「偶然事」不能在兩個不同的主詞中。依是，含在同一地位中的「同一性」是一幻像，實則只有準確地相似的位置關係。

　　但是，A、B 的準確相似之位置關係須有賴於 C、D、E 等之繼續不變。羅素說：「但是當他進而說這些其他存在物（即 C、D、E 等）是被假設為『從這些剎那之一到另一剎那而繼續固定』時，則他在關係說上，作了一個完全而絕對無意義的假設。即因增加此點假設，遂表示出此說之弱點。依是，顯然，關於空間總有某種不是『關係』的東西，而那些想反對這點的人，總不能免於自相矛盾。」羅素此意以為一假定 C、D、E 等繼續固定，即是承認有絕對位置，而不能只是關係。案此難非是。此問題只是衡量位置關係之相似之標準問題。標準可以不必是絕對空間中之絕對位置。而在知識範圍內，相對標準亦可以衡量相似不相似（此時且不必說人之約定或心之抽象所成之簡單定位）。所謂固定 C、D、E 等使其在時間中繼續不變，並非說其時瞬與空點不變，乃是說其幾何的位置關係不變。依是，不變者是幾何的結構，此亦可曰空間圖形或型式。一切都在變，物體的位置，點式的位置，亦總不同。但位置關係可有恆常。依是，不說「同一地位」，而說相似的位置關係。位

置之關係的解析，在來氏系統內，並無困難。亦不須假定某種不是關係的東西。問題似乎是：在心子所成的事物方面，如何能有一些相似的位置關係（如 C、D、E 等的關係）。此問題不屬於時空本身的問題。不管時空說如何，每一形上系統皆可發生此問題。此問題不難解答。在來氏系統內，預定諧和可以保證必有一些相似的位置關係。即在絕對空間說，亦不能單由絕對空間保證現實的事物必有一些相似的位置關係。此可不論。

在此，吾人只說：由只為關係的空間標識事物之幾何的相互關係，藉以確定其位置：位置依空間而排列。

四、來氏是否有兩種空間說？

羅素說：「空間關係並不在心子間成立，而只在每一心子之知覺中所覺之同時生起之對象間而成立。依是，空間只是主觀的，如在康德。但縱然如此，而由於觀點之不同，所以不同的心子之知覺亦必不同。但是觀點只是數學點，而可能的觀點之聚合就是可能的位置之聚合。依是，來氏有兩種空間說：第一是主觀的，康德的；第二是給一客觀的格局，即心子之種種的觀點。困難是：客觀的格局不能只是在不同觀點中而組成，除非主觀的空間是純粹地主觀的。但如果是純粹地主觀的，則說不同觀點的根據即消滅，因而沒有理由相信現象有其基礎。」案：現象有基礎，而基礎是在真實單一之本體（即心子），並不在客觀之空間。觀點之不同亦不因客觀之空間而始不同。羅素意似乎是：種種觀點之不同必因其所在之空間以區別之。觀點不離心子，觀點所在之空間即是心子所在之空間。由心子而在空間，自必引至客觀的空間，此如原子之在空間。

依是，空間之浮於上面，而又翻在下面去矣。若不如此，則單從心子之觀點說空間，雖有許多心子許多觀點，而空間亦仍是屬心的而為主觀的也。空間只能繫屬於心子之觀點上說，而不能由心子以及其觀點之所在以想之。

羅素又說：「當來氏青年期，依其唯物論之偏好，他確認靈魂占有空間中的點。但後來，在其追求空間之不實在性以後，他漸漸努力著重空間之主觀性，而犧牲其客觀之格局。」又說：「在其較後期的作品中，關於靈魂的 ubiquity，他避免任何清晰的陳述。他想，靈魂至少可以與物體有關係，即它們是在一定的體積中，雖不能在該體積中指給以任何特殊的點。靈魂之在體積中，名曰一定的 ubiquity。在他的生命之最後一年，他更為消極地表示之。他說：『上帝不因位置而呈現到事物上，但因其體性而呈現到事物上。他的呈現（存在）是因他的直接運用而表現。可是靈魂之呈現完全不同。說它融合於全物體，便是使它為擴張的，可分的。說它，整個的它，在某一物體之每一部分中，是使其分裂其自己。把它固定於一點上，把它混融於好多點上，只是種族偶像這個可詛咒之表示。』……最確定的陳述，是在給馬克夫人的信中：『一個簡單本體是否在某處或無所在的問題只是表面的問題。因為其本性不在廣延，但與它表現的廣延相關連。所以必須把靈魂置於物體中，此處是它的觀點，依此觀點它可以表象全宇宙。除此以外，若再多說，或把靈魂圍在量向（dimensions）中，便是想像靈魂如物體。』他似乎覺察到從廣延到本體之眾多性之辨論是含有一客觀的空間的。依此，他取消這個辨論。他說：『屬於廣延的必不要指給靈魂，亦不可從量謂詞引出靈魂之單一性或眾多性。但須從本體謂詞引出，

即不要從點，而須從根源的運用力以引出之。』此暗示從力學辨較根本於從廣延辨。但是，再細考察，又有無望之混擾。他想因關係於物體而給心子以位置。他說：心子雖不是擴展的，但必有一種一定的位置，即必有一種對於其他東西的共在之有秩序的關係。『擴展的東西含有好多有位置的東西。但是單純的東西，雖無廣延，必在廣延中有位置，雖不能指給一定點，如在不完整的現象中所可作者。』他又說：一單純本體，雖無廣延，卻有位置，此是廣延之基礎。因為廣延不過就是位置之同時的連續的重複。又以為：因無窮數的點不能成廣延，故吾人必須設想位置存於一體積中，不存於一點中。在心子亦然。」羅素歸結說：「來氏總不能逃於一客觀的空間，此是先於每一心子之知覺中現象的而且主觀的空間者。因為來氏說：空間不能如心子然，有許多空間，但只有一個空間，甚至在對一切可能世界說亦只一個空間。」

　　若從心子之佔有位置方面想，自必有一形而上的客觀空間。然此空間，在心子方面，並不如在原子方面之顯然。蓋因心子不以廣延為性，故無量。依此很難說其所佔之空間。來氏首先發見「原子」為非理性的，故改主心子。即在此由物理的原子改為精神的心子，遂使此客觀實在之空間成為不顯明者。但又主心子之為多，故又易啓客觀空間之假定。雖易啓也，而又不能顯明地肯定之。此非來氏之不自覺，實有理論上之困難。他晚年對於靈魂的所在極力避免清晰之陳述，實則並非措辭含糊，乃因心子本身即是不能確定其空間位置者。他說靈魂與物體有關係，是在一定體積中，或必須置於一物體中，但不能指給以任何特殊的點。此意等於給靈魂畫一個圈，而此為多元的心子所必引出者。蓋心子之眾多性，無論由廣延

辨或由力學辨，總爲個個物體所限，因而必有一個圈。然而此對於
靈魂之空間性並未說什麼，因而與客觀空間之肯定亦無任何積極之
關係。此中自必是模糊。此種模糊還可以進一步說。無論由廣延辨
或由力學辨，心子之多元性皆爲有問題者（推理過程上有問題）。
其爲多很可以與「心子爲物體所限必有一個圈」爲同意語，或相連
而生。然此種多很可以是虛說而非實說，是假象而非眞實。月印萬
川，實只一月，非萬月也。若心子之多有問題，則客觀空間更模糊
矣。是以在來氏系統內，客觀空間一因改原子爲心子而模糊，二因
心子之多有問題而模糊。故吾不能同意羅素「來氏總不能逃於一客
觀空間」之斷語。想在心子背後置定一先在之客觀空間乃極困難
者。而所以有此聯想，總因來氏之心子論帶有戲劇性，其爲形上學
乃爲一未發展成熟之形上學。若發展成熟，則客觀空間之門必全塞
住矣。關此方面，且不多說。因於此而言客觀空間本已模糊也。

　　最要者，不管心子或原子，此後面之客觀而實在之空間乃一虛
的名詞，爲純非有，且爲對之不能有清晰概念者。爲純非有，希臘
人已知之。吾於下第二節將順彼線而觀時空之地位。所謂對之不能
有清晰概念者意謂：此客觀而實在之空間亦不必即是牛頓之絕對空
間，亦不可以量度（即廣度量）論。普通一言及客觀空間以爲即是
可以以量度論之絕對空間。實則不是。蓋彼爲純非有，本無量度
故。其爲量度必須附著於物體之廣延，而以廣延量實之，如是始可
言部分言點言量度。然彼「非有」自身（古人名曰空的空間或虛
空）並非廣延。吾人亦不可即以廣延量爲空間。笛卡爾以空間等於
廣延，而以宇宙爲充實，是即等於無空間，（若空間是客觀的，而
又不等於廣延，則不能說充實，若等於廣延，而說充實，則即無空

間。）或爲將空間弄成虛的影子，而提於不自覺之背後，而只著迹於眼前之廣延，遂以此實的廣延爲空間。是以以廣延爲空間，或者無空間，或者空間仍爲主觀的。此客觀空間（純非有），若能指謂其爲絕對空間（此可以是一淸晰概念），則必須通過廣延而量度化。牛頓之絕對空間，如其眞爲絕對的，有一淸晰概念，可以說量度說點部分，則亦必須如此。通過廣延而量度化，再施之以抽象而投置於客觀之地位，遂視之爲一絕對空間有客觀之實在矣。然此種絕對空間之轉成與原來之虛的空間、現成之客觀空間不同，亦不能由之而轉出。如果通過廣延而量度化，始成爲客觀之絕對空間，則其爲絕對亦非爲必然之解析，而當於廣延亦可標識之以空間關係時，則主觀而爲關係之空間亦許早已成立矣。如果不通過廣延而量度化，而只視之爲一現成之客觀空間，則旣不能謂之爲絕對的，亦不能謂之爲關係的，是即對之不能有淸晰概念也。此其所以爲純非有也。

依是，爲純非有之現成空間爲一層，通過廣延而抽成之絕對空間爲一層。凡此兩層皆不能極成客觀空間也。（愛因士坦之相對論，其本身雖不必定其是主觀的抑或客觀的，然予以哲學之解析，則必歸於主觀的。因彼旣不須客觀而自存之絕對空間之假定，則彼之時空自不能歸於客觀的也。）

五、觀點與時空之關係說

如果空間不同於廣延（時間不同於久歷），則空間自必爲純形式。此純形式，如不是純非有之現成空間，則必須解爲只是一個關係。廣延有量，而此純形式無量。它不是現成之純非有，則必繫屬

於心之觀點，依來氏，心映照現實宇宙之觀點。依此觀點而成爲如此之樣式。即此樣式，始可說爲純形式，因而可以關係解之。（此如照像然。在如此之布置下，一閃之樣式便可攝成。一閃之樣式是觀點，同時亦是形式。）在此，吾人對空間有清晰之概念。雖是無體的純形式，然而卻可視爲一個關係（不以現實物體爲端點之關係）。其端點是觀點，數學點，爲程態，亦非爲有體的。此只有繫屬於心始可能。時間亦然。只有在前與在後，而前後之距離是一關係，亦不是一長度，亦不以時間點（瞬）而組成，亦不可分爲無限數的刹那。時間距離爲一整全之關係，（全先於分，亦有其自性。）此關係之端點亦爲程態，亦屬於心子之觀點。是則時間，吾人對之亦有一清晰之概念。來氏如此之精察，吾人名之爲對於時空本性之邏輯的解析。

但在此，須明心子爲何有觀點以及何以必須有時空之形式。心子（被造的）雖是靈魂，或精靈的，然不是純型純動純精靈（此只有上帝如此）。被造之心子必有原物質，此是心子本性之一部，不能去掉。心子是一個力，原物質是其被動的抵阻力，亦即是其被動性（上帝爲純動，無被動性），或同於昏暗知覺，或同於限制（此只是一種昏墮氣）。原物質（昏墮氣），雖不擴展，亦不可分，卻爲可分性之原則，亦爲廣延所預定。此是現象方面有限、衆多及物質之源泉。心子因其以此原物質爲本性之一部，故其心力之表現必有限制，此亦即是其所以有觀點。只有一個路數能清明地覺知世界，此即上帝覺之之路數，即如其所實是的而覺之。但亦有無窮數的昏暗地覺之之路數。此即是被造的心子在觀點下覺世界。故上帝無觀點。有原物質之心子有觀點。依是，觀點是昏迷知覺之一部，

亦是原物質之一部。因爲有觀點，所以才有時間與空間。（上帝總是如如地覺世界，故無觀點，亦無時空之形式。）依此，吾人可說：時空是有限存在之有限心，以有觀點故，所必具之形式，觀看世界之形式。後來康德幾乎全本此義而說時空爲吾人直覺表象之形式。

來氏復說：「如果心子只是精神，而無原物質，則這些精神必個個自足，決不須有連結，亦不須有時間與地位之秩序。此秩序要求有物質、運動及其律則。」又說：「只有上帝在一切物質之上。被造物若自解於物質，必是逃避於一般的秩序，亦必離開普遍的聯鎖。」依是，若離開原物質，必無現實宇宙，亦無其一般之律則，而心子亦無觀點，亦無時間與空間。如是，原物質一方表現爲現象方面之物質，運動及其律則，一方表現爲心子之知覺必有觀點，必有時空之形式。

來氏所謂昏暗觀念或昏暗知覺即指經驗知識或科學知識言。他說：「分明的觀念是關於上帝底一種表象，昏暗觀念是宇宙底一種表象。」羅素解曰：「他事實上，是把那些一切皆預定廣延或空間外在性之觀念指示爲感官觀念，雖然空間自身不是感官之觀念。」吾人今日卻即於來氏所謂昏暗觀念處言科學知識。（來氏於此確有精義，確有古典情調。因爲他有表象上帝之境界。而吾人今日對於其所謂昏暗觀念不可隨便誤解也。）自康德出，始正面地建設科學知識（經驗知識）。而其建設之路，卻正大體本來氏來。

吾人今日本康德正面論知識（經驗的）之路，則亦必主：一、時空爲屬心的；二、時空爲表象世界的（不表象上帝）；三、時空爲有限心之有觀點所必具之形式；四、進一步隨康德，時空必爲先

驗的，內發的（來氏名曰從心自己而來）；五、時空爲關係的，爲
純形式。此皆爲吾人所繼承於古人者。

　　吾人若順建立知識之認識心言（不取心子論，故亦不自心子
言），則必說時空爲「自直覺的統覺躍起之心覺」所建立，即爲
「超越的想像」所建立。想像之統覺爲綜體的統覺，若爲經驗的，
則隨此經驗的綜體統覺而湧現時空之想像爲超越的想像。如此而湧
現之時空爲一直地建立，故時空爲一直覺，而非一概念，因而爲一
純形式。此純形式既爲心隨想像之綜體的統覺而一直地被建立，故
其原義亦爲無體者無量者，且爲一整個。康德於此名曰無限而獨一
的。雖是獨一之整個，然若邏輯地解析之，則亦可說是關係，而非
一量度（於空無點，於時無瞬）。當其爲超越的想像所湧現時，就
只是一個形式；當其用於直覺的統覺而表象或限定生起事時，即隨
此限定而成爲種種時空（隨康德），此種種時空，吾人可予以邏輯
的解析而說其爲「關係」。（因有此限定，始可說時間距離或空間
距離故。）隨康德，種種時空始可說爲時空概念。惟概念始可以邏
輯地解析之。依是，吾人對於時空當有四種解析：

　　1.根源的解析：由超越的想像所建立。

　　2.形上的解析：屬心的，先驗的，獨一之整個，爲純形式。

　　3.邏輯的解析：關係的，非量度，端點爲程態。

　　4.超越的解析：a、用於直覺的統覺而限定生起事；b、以數學
之外在化爲型範通過時空之邏輯的解析而決定廣度量；c、以幾何
之外在化爲型範而決定附着於存在上之空間之幾何特性。

　　此第四種解析，乃吾所不同於康德者。詳論見下第三卷第一部
論超越決定。

第二節　時空與運動：客觀時空之剝落之另一路向

　　吾人覺現所及，有紛然雜陳之事象，此則可名曰「多」。而此紛然者又變化不居。變化之意，或爲地位之轉移，或爲情態之遷化。今自物理言之，可限於地位之轉移。而此轉移，則名「運動」。運動與多，豈非物理學中之基本概念乎？自存在言之，豈非自然現象之基本事實乎？設吾人據此而描述物理世界曰：「多」是基本事實，「動」是基本事實，此豈不足以寫盡自然宇宙乎？笛卡兒有言：給我物質與運動，吾可構造一宇宙。誠哉斯言。科學家就此基本事實而肯定之，從事於物理律則之發見。其任務在工作。然哲學家於此而問曰：多如何可能耶？運動又如何可能耶？此是一理論之問題。蓋動與多，自經驗上言之，本是一既成之事實。事實如此，如何可疑？事實已然，不惟可能，且已現實。然雖事實如此，而理論問題則須解析其如何而可能。此問題由來已久，自希臘而已然。論辨之結果，或則有解答，足以說明其依何事而可能；或則終於無解答，而仍歸於只是一事實。如其有解答，則必可以說明其如何而可能。如其有一物事爲其「可能」之所依據，則物理宇宙之基本事實即不只動與多。此爲「如何可能」一問題之有解答之所必函也。然在此復有一要義，吾人亦須謹記之。即物理學與其所描述之物理宇宙之自身並不必爲一事。今假定物理學爲一知識系統，而物理宇宙之自身則爲一事實系統。依是，所謂不只動與多，必有動多以外之事實，此以外之事實或則屬於事實系統，而亦爲一客觀之事實；或則並不屬於事實系統，而只爲知識系統中所需之概念。如其

為前者，吾人即獲得一說明；如其為後者，則問題即轉矣。其結果究如何，看以下辨論之結果究如何而定之。凡此所云，就其有解答而言之。如其無解答，則歸於既成之事實，一切追問即停止，此問題從此亦消滅，然而此問題以前之追問中所引出之概念不必全消滅，或亦許轉屬於他矣。究竟如何，亦在論辨之結果中解答之。

先就有解答而言之。吾人必須知此問題之關鍵，自西方傳統言之，乃集中於空間（時間以後逐漸加上去）。是以本節之辨論亦限於此而言之。至若其他解答之可能，則不必問。蓋吾意在以此問題說時空，不在說此問題本身也。

吾人前言，如果「動多如何可能」一問題有解答，則必於動多以外預設一第三者為其「可能」之標準或根據，是即不齎云不只動多兩事實。希臘原子論者以及凡言運動與多者，皆意想此標準為「空間」，彼等名之曰「空的空間」，或「虛空」。空間為運動之場所，使「運動」為可能；空間亦可以隔離物體，使「多」為可能。多之物體（譬如說原子）之變動必預設一不動者為條件。此不動者亦空間。是以原子論者肯定「原子」與「空間」為基本之實在，為客觀之實在。此思想一向為物理學家所遵守，直至牛頓而不變，且復益之以時間，此即所謂絕對時空之說也。

然稍前於原子論者之巴門里第即盛斥空間之不可能，動與多之不可能，因而遂主張宇宙之實體為「常」為「一」。「常」者大常，不與「變」對，以無有變也。「一」者大一，不與「多」對，以無有多也。其論辨純為理論者。一、理論上不能說明之，雖動多為事實而終於為幻象；二、無論經驗事實為動為多，而實體必為常為一，以吾理論上只能證明常一，不能證明動多也。其理甚辨，人

以爲詭。而不知其辨之後甚有睿智也。蓋巴氏以其沈思之睿智，首先見到宇宙乃一「充實之有」。總此「充實之有」，名曰「大有」。大有是一切，大有以外無「非有」。有而非有是矛盾，非有而有亦是矛盾。此義即函蘊「空間」（虛空）之非有。空間旣是虛空，虛空即非有，非有而又定其「有」，是即爲矛盾。故「空間之存在」一語其本身即矛盾。巴氏首先剔除「非有」之觀念、「空間」之觀念，實由其　眼見到宇宙乃一充實之瀰漫體。此實爲巴氏心中所閃爍之密義。（雖其辨論多不當人意，而亦正由其此種辨論中可窺此密義。如果此密義爲不謬，則其辨論雖多乖，而亦可以疏通而解也。而況如果眞識此密義，則其辨論亦無多乖處。）如果宇宙是一充實瀰漫體（連續體），而此瀰漫體又即是其心中所意謂之實體，則此實體爲常爲一乃顯然者，不能有動，不能有多，亦顯然者。「大有」是一切，巴氏由此進行其辨論：

　　一、實體不動：實體如動必在空間動。然而空間是有是非有？如是「有」，則亦即實體，因大有是一切。如是，實體在空間內面動，即等於實體在實體內面動，是即終於無有動。如果是「非有」，則仍無有動，因動必預設空間故。

　　二、實體是一連續體，不可分之全體。此即示充實瀰漫，無有空隙。今設有一空隙，充實連續體中確有間隔足以分成各部。如是，此空隙，亦即間隔，爲有爲非有？如是有，則亦即實體，實有連實有而爲一整實有，而未將實有間隔而爲各部分。如果是「非有」，則即不存在，更不能間隔此實有。依此，實體是充實連續體。旣無空隙，即不能言間隔；旣無間隔，即不能言部分；旣無部分，即不能言多，言原子，乃至言彼此。依此，實體是無眉目之連

續而自足之絕對體。依此，實體是常是一。

三、**實體無變化**：不能變成有，也不能變成無，更也不能變為別的物。有既不動，故無所謂變成「有」。有只是有，故也不能變成「無」。「有」無彼此，故亦無所謂別的物。變成「有」之有，如從「有」來，仍是一連續有：如從「非有」來，「非有」不能變為「有」。依是，「有」是一切，無是「非有」。一有永久有，一無永久無。故不能有變化。

巴氏之辨論，須依照其所見之宇宙之一相而領悟之。如不越其所見之一相，則其辨論皆可無差謬。蓋其辨論本就其慧眼之所見而立故。而其所見之一相，則又實可成立也。雖不周遍，要可成立。蓋吾人之觀宇宙實可有此一義也。惟巴氏之見此義，其觀點為靜態，其領悟為總持。靜態而總持以觀之，故其所見為一「大有」，為「有即一切」，為「唯一之全」，為「為一大一」，為一「圓滿球體」。充實連續，不動不變，皆由此出。此一初步之認識實有所窺…而巴氏之所以如此認識，又實依據其師芝諾芬尼之一神論（亦即汎神論）而來也。絕對之神變而為絕對之有：神是實體，「有」亦實體。神即一切，無有變易；有即一切，無有變易。巴氏之悟此「體」，大似由海漚之飛花濺浪而窺進其底層之充實瀰漫連綿整全而不可分也。自飛花濺浪而觀之，則點點滴滴，眉目分明，然而大海則實連綿而不可分而存於點點滴滴之後也。巴氏有見此充實瀰漫，連綿而不可分，且以此為實體，則點點滴滴之飛花濺浪，所謂變化，所謂波動，所謂海漚繽紛，自必只是幻象，何嘗是實？謂其所見不備可，謂其所見之一相為非是則不可。

吾所以縷述至此者，乃欲深明此辨論之究極唯是剝落「空間」

之一事。巴氏是西方哲學史上，首先認識到雜多背後是一充實的有
圓滿而爲一的哲學家。不從多元（或元素，或種子，或原子）想宇
宙實體，而從整一想宇宙實體。此充塞宇宙之整一之有，在其辨論
上，雖不能指其是心或物，因而只是一個邏輯的赤裸的存在，然而
由此可以將空間翻上來而爲表象現象之形式，則卻顯然。在此，空
間不能爲一現成之客觀之實在，爲一虛的自存體。此即由宇宙實體
爲充塞之整一而塞住客觀空間之門也。此充塞宇宙之整一，無有在
其外者，故不能言其界限，亦不能言其在空間內，因而虛的客觀空
間不能於此立。而此整一之內部無間隙，因而亦不能於此安立虛的
客觀空間。原子論必引至客觀空間之假定，甚至來布尼茲之心子論
亦易使人想至此。然而自充塞宇宙之整一想實體者，則必塞住客觀
空間之假立。假定客觀空間（再加上時間）必然被剝落，則將如何
論時空？此一哲學之理路，必可獨自引至一哲學上之時空論。然西
方哲學之科學的一面，常不遵循此哲學之理路。亦不能把握此哲學
理路之貫徹處。如是，隨你哲學如何想，而科學或追隨科學之哲學
家，則總是尊從第孟克里圖之原子論之形式想時空。原子與空間，
此兩概念至牛頓而得一確定之意義或形式，即上所謂絕對空間，直
維持至愛因士坦而始變。此即明：科學史與哲學史未能得一協調之
融攝：科學獨自其發展；哲學或隨科學後而立言，或獨自發展而未
圓足。哲學家必剝落外在之時空，而科學家又必堅決設置之：兩者
各行其是，足徵至理尚未至也。惟至愛因士坦之時空論，則庶幾始
可以相協調。設作如下之陳述：

　　一、哲學上：客觀而外在，外在而實有之時空，必然被剝落
（此在哲人大都皆能契此）。

二、外在實有之時空已剝落，而此世界，無論自形上或形下言，皆可以無問題，即不至影響到知識之可能。

三、假定相對論之時空可以解爲與第一條之義相一致，則原子論者所設置之虛的空間，乃至牛頓之絕對時空，即在科學上亦已被剝落。

四、外在實有之空間已剝落，而相對論以後之物理學中之原子，近人亦大都有新解析。量子論即論此。無論歸結爲如何，要非以往之舊形式。此即原子論者所設置之「原子」已打破。惟此對於本節似無直接之關係。然間接言之，則關係亦甚大。蓋必外在實有之空間，舊形式之原子，皆剝落，而後科學與哲學始可協調也。

假定上述四義爲眞，將如何論時空？時空之義用將何在？吾意，由充塞宇宙之整一想實體，時空必從存在背後翻上來。然且不止此。且必至：時空之立乃對理解言，不對存在言。此爲一總原則，亦爲一大轉變。對理解言，時空只爲隨直覺的統覺之把住而爲心所立之先行條件：有事於知，無事於事，故於外界無實性，即言不能有客觀存在也。蓋如上所述，時空之外在必然被剝落，而又不能不有需於時空，則追溯其原，必繫屬於心覺也。希臘原子論者以及以牛頓爲中心之物理學，其所意想之時空皆對存在言，故爲客觀之設定，於外界有實性，且爲一自足之常體：此儼若動多必依賴此時空之客觀設定而後可能者。依是，假若動與多爲一客觀存在之事實，則時空亦必爲一客觀存在之事實。是以於動多以外復需一第三者，即等於說於動多存在外復需一存在。然此所需之第三者之存在，旣非經驗之事實，亦非理論所能證明其必有（如因理論而設置時），而今日之物理學又不必設置此存在，是則此存在全爲無根

者，實可以剝而去之也。如其如此，則對存在而言之時空必須廢棄
矣。旣不能對存在言，而如有時空，則必對理解言。如存在理解兩
不對，則時空即泯迹。如必對理解始可言時空，則時空泯迹之時，
必即理解不起之時也。吾於本節首段言：時空或則屬於事實系統而
亦爲一客觀之事實，或則並不屬於事實系統而只爲知識系統中所須
之形式（或條件）。對存在言時空，屬於事實系統；對理解言時
空，則不屬於事實系統而只爲知識系統中所須之條件。該處又言：
如屬事實系統，則動多即因時空之客觀設置而獲得其「如何可能」
之說明。如不屬事實系統，其外在實性被剝落，則動多之事實至少
在時空方面不能得解答（即不能求解答於時空）。至在其他方面如
何說明之，則非本節所能問。依是，在本節問題範圍內，吾人承認
動多爲一旣成之經驗事實，即暫時對之不必有追問，亦不必有說
明。依是則時空之討論必轉向，即由事實系統轉至知識系統也。對
存在言轉而爲對理解言。

　　歸於知識系統，對理解而言之，吾人作以下之說明：

　　時空但爲詮表（理解進行時）之條件，不爲存在之條件；爲
「說存在」之條件，不爲「存在本身」之條件；爲表象存在之符號
或資具，而非「存在自身」所自具之常德。是即吾所謂對理解而言
也。依是，吾人說：時空爲理解所必須，不爲「存在」所必須。其
限定事象之義用全在「成」理解，不在「成」事象。依是，其對現
象只有限定義，而無構造義。如爲構造義，則對存在爲必須。然吾
人賦予事象以時空之限定，並非即構造此事象。時空並不能爲成就
事象之條件，但可爲成就「說此事象」之條件。因限定而賦予事象
以時性與空性，亦不能即說此事象因此時性與空性之賦予而後可能

也。經驗現象之所以爲現象可從兩方面說：一、從理由方面說，二、從現實之然方面說。然此兩方面皆不能說時空，即其所以爲現象不能說因時空始可爲現象也。時空旣不是其理由，亦不是其「現實之然」之構造成分。復次，凡現象自必在時空中，然不能說：惟因在時空始可爲現象。吾人以時空表象現象，吾人可說：如不如此表象，則理解即不能進行其工作，是即「時空爲理解所必須」義。但不能說：如不如此表象，即不能成爲吾人認識之對象。現象之爲對象總是對象。吾人但可說：如不如此表象，即不能在理解之認識方式下而爲理解之對象。但它不在此方式下爲對象，它可以在智照方式下爲對象。（此智照方式下之對象仍可即是此現象，而不必是康德所說之物自身。）或曰：如不在時空之表象中，現象即無其特殊性，而經驗現象之爲特殊的，即因時空故。曰：此亦不然。時空性固可標識現象之特別，即兩個現象至少時不同空不同，然現象之特殊性卻不盡在時空之不同，亦有其內在之差別。來布尼茲之無異同一性原則即不就時空而言也。沒有兩滴水完全相同，此並不言其時空之不同也。時空之不同只是外部的，現象之特殊性並不自此言。或又曰：現象之無窮複雜（特殊性亦因此），是因其存在而然，而存在必在時空中。曰：存在可表之以時空，然不因時空而存在。是以，特殊性總不賴時空也。故只可說：如不在時空之表象中，現象總不能在時空方式或理解之其他條件下被認識，因而總不能成科學知識也。依此，時空總對理解爲必須，不對存在爲必須。有事於知，無事於事。其所以有事於事，乃因其有事於知而被牽帶出。蓋在理解之現實的認知關係上總不能離開時空也，而時空又必用於直覺的統覺所及之現象上而限定之。故必被牽連而涉於事象

也。只要知其爲限定義，非構造義，即可。

　　時空之義用爲限定義，非構造義，爲理解所必須，不爲存在所必須。依此推言，時空終於只是表示事象之符號。起於內而著於外，然而於外並無實性。過去、現在、未來、一瞬、片時等時間關係字，此處、彼處、間距、左右、上下等空間關係字，皆爲不能獨存之符號，由時空格度之著於事而成者，故可解爲關係也。相對論說「時空合一」亦是符號義，爲表示具體事象之具體關係之符號。牛頓於關涉事象之相對時空外，尙承認一不關涉任何外在事物之絕對時空。相對論則無此假定。依是，相對論說時空必只剋就具體事象而言之。每一具體事象之生起，有其特殊之空間，有其特殊之時間，而且時空兩者決不能分離而獨立，故必合一以狀此具體事象之關係。絕對時空之置定乃全爲無用者。故不言絕對時空，而只言種種時空系。須知種種時空系必就具體事象言始可能。相對論雅言時空曲度，此曲度亦必就具體事象言始可能。否則豈有離開事象超然自存之時空曲度自身乎？依此而言，時空必相對，而且必合一，而且終於必只爲表示事象之符號。相對論一切言論皆是經由此符號而說事象也。科學家只是利用時空而說明時空，於其所利用處而昭示之，未能追究其原也。然而吾人如清晰考論之，則必歸於符號義而無可疑。由符號義再追論之，則必歸於吾之時空論，此亦無可疑。

　　時空之限定義及符號義即函「事象之實在論」。每一直覺的統覺所現爲一「事象」，每一事象爲一緣起事，是以每一事象爲一生起歷程，中函因果關係。此一緣起事乃直呈於直覺的統覺前，故每一緣起事爲一「呈現」。法爾如此，心覺即如其「如」而覺之。心覺之覺此「事」只有直覺之關係，而無構成之關係。故吾云：心覺

與呈現爲外在關係，而非內在關係。依是，每一緣起事法爾如此呈
現，即法爾如此實在。時空只有隨直覺的統覺之把住而起立，亦只
有隨直覺的統覺之呈現而著於事。然其立也實爲心之執，其著於事
也實對理解爲必須。著於事即限定之，符號之。故時空雖起於內而
著於外，然其所著之外事本爲外在法爾如此之事實；時空雖虛而無
實，然其所著之外事則本「實而非虛」。是以時空格度可爲吾心所
建立，而外事則不能由吾心而造成。此即言：時空爲主觀者，而時
空所著之事則非主觀者。如言外事必在時空之形式下始可以成外
事，則外事即成主觀者，即爲吾心所造成。是以時空之限定義與符
號義必函事象之實在論。時空之虛而無實與事象之實而非虛相融而
不悖也。

　　時空之限定義與符號義不但函事象之實在論，且函「事象之生
成論」。每一事象爲緣起歷程即函云每一事象爲一生成歷程。吾於
第一卷第一章，曾有事象之強度性之提出。每一生成歷程實是一
「終始歷程」。時空即依此區以別而著於事以成功對於現象之限
定。是以時空之限定非是理智之分割。若徒爲清一色之連綿，而無
終始之生成，則限定即分割。今則不爾，故非分割。此義所函甚
多，今不俱述。茲略述亞里士多德之時空論以爲此義進一解。亞氏
以爲空間並非即是質料，並非即是擴延。蓋空間不離擴延，實非即
擴延。亞氏復以爲空間亦非一物之「形式」。蓋形式只指共相，常
德或理地言，此爲一物之形成之所必具，然空間則非一物之「常
德」，與一物之構成並無關。故非「形式」也。空間亦非分離物體
之空隙。空隙即虛空，此乃爲「非有」。非有而有，則爲不可能。
原子論者設定虛空以明運動。依亞氏，運動並不需乎此。亞氏以爲

運動只是不同物體地位之轉移。關此且不深解。亞氏以為空間只是
一種界限，存於包圍物與被包圍物之間，又存於內容物與容受器之
間。然界限並非是一空隙。此義實函「事象之生成論」，亦函「事
象必遵守終始律」。包圍物是一終始完整體，被包圍物亦然。兩者
之間並無空隙，是謂不斷，然而各是一終始體，因而區以別。亞氏
即在此區以別處言界限，因而言空間。依是，此義復亦函時空之關
係說。若再探其原，則必說：空間為吾心所建立。內出而外著，而
界限說即函其中矣。蓋包圍物與被包圍物之差異，所謂區以別，並
非即空間，然於此區以別而復說一空間之界限，因而說空間是界
限，則可知空間乃至此空間之界限必無實性者，必非自存之實有，
故必為吾心所建立，內出而外著，因而於區別處說空間之界限，乃
至以界限為空間。否則，該界限既非一空隙，又非一實物，將如何
說之耶？亞氏既認空間是界限，故空間必就各物之間說。而運動亦
只能就各物之間說。至若宇宙自己，則既無包之者，故亦無界限，
亦不能限之於某一處。是即於宇宙自己不能說空間，因而亦不能說
運動。此亦極精要。其函義有二：一、空間並非即宇宙，二、空間
必隨心覺而呈用。至於亞氏論時間亦與吾義通。亞氏以為時間是運
動之尺度，因而亦為一數目。而數目只對計算之人言，方能有存
在。故在時間上，須假定有「靈魂」。如無計算之靈魂，時間即不
能有存在。此粗略之論謂實具極精之函義：一、時間必隨直覺的統
覺所現而呈用；二、時間必繫於心之存在而存在；三、時間可以破
除；四、時間虛而無實，只是計算之符號（數目）。依是，亞氏之
時空論，會而通之，亦必歸於吾說始能得一貫通之成立。要義如
下：

一、時空爲吾心隨統覺之把住而爲超越想像所建立。起於內而著於外。

二、時空之義用爲限定義，符號義。

三、時空對理解爲必須，不對存在爲必須：時空虛而無實。

四、時空之虛而無實函事象之實在論與生成論。

五、時空無實性，可以破除。（如何可以破除之，又如何得以永遠維繫之，此處不必言。）

六、時空之呈用必限於經驗之事實。

七、時空之呈用又必限於有限範圍內：蓋旣必限於經驗之事實，而經驗之事實即是一有限之事實，凡經驗者或可經驗者總是有限者或部分者，是以時空之呈用又必限於有限範圍內。至越乎經驗或有限，則根本即無覺，故亦無所謂時空也；旣無所謂時空，故亦無所謂呈用。此義即函：時空必係主觀者（爲吾心所立），必是虛而無實者（於外界無實性）。

八、越乎「有限」是如何，頗不易說。今假定是「無限」，而「無限」又指「宇宙」（全一）之無界言，則在此即不能說時空，此爲亞里士多德所已辨明者。蓋依亞氏，宇宙（無限）旣無外之者，即不能說界限，旣無界限，即無所謂空間也；又爲不動者，旣不動，亦無所謂時間也。

九、第八條所述者，乃爲古典（希臘）之觀點：自總持之觀點而說整個之宇宙，所謂「無限」亦即指此「整個之宇宙」，兩者爲同一詞，除此以外，別無所說。今假定不取此觀點，而欲對宇宙有猜想，猜想其爲有限、或無限，而又表示之以時空，猜想其在時間方面爲有限或無限，在空間方面爲有限或無限，復進而表示說：宇

宙爲有限或無限即時空之有限或無限：如是，則時空豈不又可以越
乎經驗之有限事實而呈用耶？對此，吾作如是答：第一，猜想宇宙
爲有限或無限，是直指宇宙而爲言，然此對於宇宙之猜想乃爲不能
確定者。蓋此處所猜想之謂詞有限或無限乃爲特殊之規定，因而有
特殊之意義，而與古典之態度只就整全宇宙而說爲無界者之無限
異。只說爲無界者，依其觀點，只爲一分析之命題，此時所想之宇
宙只爲就「整全」一詞而言其爲圓滿之球體，至於如何圓滿，並無
特殊之規定；而有特殊規定者之說其爲有限或無限則是一綜和之命
題，此爲無根據可以確定者。第二、旣直指宇宙而爲言，則所謂表
示之以時空，只不過以時空爲表示之資具（符號），使其脫離認識
主體而移之於其所猜想之宇宙。然其所猜想之宇宙如何如何旣不確
定，則時空之移置於此而呈用亦不能確定者，蓋對象旣不確定，則
時空或亦空無所用也。此或即康德所說之「時空之超越理想性」
（觀念性）。第三、即假定不以時空爲表示之符號，而視爲外在之
實有，與宇宙融於一，進而表示說：宇宙有限或無限即是時空之有
限或無限，然即便如此，亦不可能。蓋宇宙如何如何旣不確定，時
空如何如何亦不確定。如果宇宙無所謂如何如何，則時空亦無所謂
如何如何：甚至根本無所謂時空矣，雖不能說根本無所謂「宇宙」
（如第八條所述）。

第二章 理解三格度由理解中之純理之外在化而發見

第一節 思解之曲屈性與發見格度之線索

　　直覺的統覺（有時或單言覺或統覺）呈現事象，理解則詮表事象。覺之覺所，為直而無曲；思之思所，為曲而能達。思以解別詮表為相，故曰思解，實即理解。

　　覺無曲屈，思有曲屈。覺為一有限而無界之同質流，思為一有限而有界之異質流。解別詮表即示其有曲。亦示其有限而有界。每一思解運行，有起有落，有層次，有步驟，是即其曲也，亦即其有限而有界。然則何以謂異質流？異質對覺之為同質言。直而無曲為同質，曲而有序即異質。是以單其起落之曲屈，即異質也。若深言之，思既為一曲屈之活動，而又為遵守秩序之活動，是其中既有活動，又有秩序也。秩序可指全部邏輯言，即吾所謂理性之自自相與自他相之全體大用也。理性之全體大用既宿於思解而顯於思解，則即不能與思解之活動須臾離。依是，思解自身為動，而動中有理，此即謂異質。動言其為一流，而動中有理，則即示其為一異質流。

然此不可須臾離之理即由思解活動之屈曲性而顯示，即在屈曲中而顯示理性之自自相與自他相。反之，亦可言：理性之全體大用即形成思解之屈曲活動也。依是，吾人仍言：思解之曲而有序，即爲異質；其起落之步驟流，即爲異質流。是以曲而有序，即曲而能達也。

思解之曲而有序，即爲思解格度之出生地。然吾人不能以理性之全體大用爲格度，亦即不能以全部邏輯爲格度。吾人必須自形成純邏輯系統之基本概念發見之。純邏輯系統顯示純理之自自相，即純理之自己。形成此顯示純理自己之純邏輯系統之基本概念即爲思解格度之所在。吾人欲就此線索而發見思解格度之所在及其何所是，須有兩方相向之考察：一、由唯表純理之純邏輯系統之形成考察純粹無雜染之基本概念之何所是；二、所顯之純理既宿於思解而顯於思解，則純理本在內由思解活動而顯示，依是，吾人即須考察純理於思解活動中自內轉外將依若何之物事彰其用而示其相，即考察純理隨思解活動而外轉，將依若何之相狀而顯示其自己，此若何之相狀即基本概念之所在。吾人兩方相向看此基本概念是否爲同一。如其爲同一，即吾人所欲發見之「思解格度」之所在。

吾人於〈邏輯與純理〉章，說明純邏輯系統之形成所依之邏輯句法以及成此句法之邏輯概念。邏輯句法依基本之邏輯概念而造成。邏輯句法並非邏輯，成此句法之邏輯概念亦非邏輯。此不過爲形成邏輯之工具。若指有形邏輯言，則純粹而形式之推演系統爲邏輯，而句法與成此句法之概念皆爲形成此推演系統之工具。若自無形邏輯言，則純粹而形式之推演系統所顯之純理自己爲邏輯。依是，有形之純邏輯系統，唯在顯純理。既唯顯純理自己，則此邏輯

系統之形成必亦純粹無雜染。依是，造成「純粹無雜染之邏輯系統」之句法及成此句法之概念亦必純粹無雜染。句法純粹無雜染，名曰邏輯句法。成此句法之概念純粹無雜染，名曰邏輯概念。此概念既純粹無雜染，必無經驗內容於其中，必非一代表知識之概念。依羅素，此概念曰邏輯字，而非物象字。吾人所欲以之以成邏輯句法之概念必爲邏輯字，而非物象字。邏輯字所成之句法亦必無經驗內容於其中，亦必非以代表知識之概念而形成，所以必爲邏輯句法，亦必純粹無雜染。吾人以此爲標準鑒別邏輯系統之純不純。吾人已知傳統邏輯所用之句法爲主謂句法。吾人對此主謂句法可解爲一邏輯句法。既爲一邏輯句法，吾人即可發見成此句法之邏輯字。此邏輯字皆爲邏輯概念，即非物象字，非知識概念。依此，成就主謂句法之邏輯概念有二組：一爲肯定否定之質的概念，二爲全稱偏稱之量的概念。肯定否定爲思想之二向或二用，附於句即爲句之質。全稱之「凡」，偏稱之「有」，亦爲邏輯概念，非物象字，附於句即爲句之量。依此兩組概念即形成主謂句法。傳統邏輯系統之成立即此兩組邏輯概念間之關係之推演（憑藉句法而推演）。無論對於亞氏之主謂如何解，而此兩組概念總爲邏輯概念則無疑。譬如自量概念言，在亞氏，則視爲定言之全稱與偏稱，在現代邏輯中，則視爲假言命題中表示變項之範圍。若自質之概念言，在亞氏，則視爲命題之質，而在現代邏輯中，則變爲眞假二值以成爲眞理值之系統。在亞氏邏輯中，吾人名此兩組概念爲形成主謂句法之構造原則。即就主謂句法言，吾人欲想作成主謂句法間純粹無雜染之推演關係，其中並不假借於經驗，亦不假借特殊之內容，則此兩組基本概念即爲不可少之邏輯概念。對亞氏邏輯言，此兩組概念既充足又

必要而又爲最後者。

惟在現代邏輯中，則可以變質概念爲眞假二值以成直理值之系統。對此系統言，質概念所變之眞假二值既必要又充足而又爲最後者。即純由眞假二值之變衍即可形成一純粹無雜染之推演系統也。

惟二用雖可變爲二值系統而獨行，然當邏輯說及普遍化命題時（或曰分解了的命題）則又不能不取用量概念，此即現代邏輯中指示變項變化之範圍者是也。量概念爲邏輯概念，雖由外傾而顯示，而仍爲純粹無雜染，由之以成命題，所成者仍爲一命題架子，是以亦仍純粹無雜染。吾人由外傾而顯之邏輯概念（成句之邏輯字），對純粹邏輯言，只有此爲足夠爲必要，亦只有此爲純粹無雜染。

在亞氏邏輯中，質與量合而爲構成主謂命題之兩原則。每一命題有質有量。當其由如此構成之命題作三段推理時，只須於 S、P 外，補以 M，即可以構成三命題間之關係，此即是一推理。是以三段推理中，只須看大小前提中由質量兩構成原則所限制之 S、M、P 之間之關係爲如何即可決定一結論命題之成立或不成立。此即表示亞氏邏輯中尚未論及足以使吾人從此命題到另一命題所以可能之推斷關係或推斷原則。但在現代邏輯中，邏輯成爲一直線之推演系統，質與量又分開而獨行，不似亞氏邏輯中之使用，所以當由其基本概念而造推演系統時，首先所及者即在建立一能使吾人推演之關係或原則。此推演所以成之關係或原則即是一橋樑，必須首先單獨建立之或規定之。此在傳統邏輯與邏輯代數中並未意識及。而實則凡有推理無不有此關係或原則於其中，否則即無足以生連繫。然而在現代邏輯中，則必須顯明提出而規定之，因而遂成爲一極顯豁扼要之概念。此概念即「函蘊關係」是。此關係即爲推演所以可

能之橋梁。自函蘊言，吾人名之爲「關係」。自其爲「如果則」
言，吾人謂其爲一普遍之「原則」。此關係或原則必須首先建立
起，而後可以使命題生關係，連結於一起而成爲一系統。吾人卻由
P 推 Q，必須補之以「P 函 Q」。此關係或原則，自爲一形式關係
或邏輯者，即純爲思想所建立，而非得之於經驗。此關係或原則，
如在眞理值系統中，而以眞假關係規定之（如定爲或 P 假或 Q
眞），或以眞理圖案表示之。如在嚴格函蘊系統中，則使用程態概
念以規定之，如定爲：P 眞而 Q 假是不可能的。然無論如何定，
要講推理，此概念必須出現。

　　以上吾人自純邏輯系統之考察而發見其所由以形成之基本邏輯
概念有三：一曰肯定否定之質，二曰全稱偏稱之量，三曰「如果
則」之函蘊關係。此三組爲領導概念。吾在〈邏輯與純理〉章中，
已明此三組領導概念爲第一序之構造概念。尙有一組則爲第二序之
軌約概念，此即可能、不可能、必然等程態概念也。此雖亦足以成
邏輯系統，如路易士之所作，然相應本章之問題言，則此組可不涉
及。（康德由判斷形式以發見範疇，則除上三組外，此組亦在內。
然彼已知此第四組之特殊性。故本章言思解格度之發見，此組可不
在內。）形成邏輯系統之基本邏輯概念，如不能在主體中有歸宿或
著落，則亦無邏輯理由何以必是此等概念。縱然事實上不出乎此，
而總無邏輯理由何以必如此。設不得一歸宿或著落，設不明此等基
本邏輯概念之必然性，則關於此等概念任何些微之變化，皆可視爲
並列者。旣並列矣，即不能必是此而不是彼。旣不能必是此，則不
但可以有些微之變化，而亦可以隨意援引其他之概念作巨大之變
化。此或在事實上不必爲可能，而吾之隨意亦不必無限制，然理論

上之如此之可能總可說。對於「函蘊」如有不同之界說，即可以有
不同之函蘊，因而亦可以有不同之概念。對於量概念有不同之引
用，即有不同之句法；對於肯定否定之引用如不同，亦可有不同之
規定，因而亦有不同之句法。在此種種不同中，即函有種種不同概
念之變化。設汝以此爲基本概念，彼豈不可以彼爲基本概念耶？此
在邏輯內部之把戲中，誠無邏輯理由何以必是此而不是彼也。縱然
事實上其不同甚細微，其變化甚微小，而其大體範圍亦並不變，然
而尋不得一歸宿或必然性，皆並列而視之，則些微之變化即足以否
決「必是此」之必然性，而基本概念終於無必然，亦終歸於事實是
如此而已矣。然則此等基本概念究有必然性無有耶？如無必然性，
則此等概念即與思解格度之發見全無關。吾人作邏輯內部之把戲觀
之而已矣。如有之，則將如何而可能？吾人必須給此等概念（乃至
全部有形邏輯）以歸宿與著落，亦即必須與以必然性。設將邏輯視
爲外面之把戲，則即無有歸宿與著落，而此等概念亦無必然性。此
等概念之必然性，必在邏輯之落實。邏輯一落實，即有歸宿與著
落。此即超越解析中所謂「顯於理解而歸於理解」也。有形邏輯必
融化而爲無形邏輯，純邏輯系統必唯是顯純理之自己。如邏輯一經
如吾所述之落實，則此等邏輯概念之必然性即可獲得矣。如一獲得
其必然性，則純邏輯之基本概念不能外乎此乃有必然性；而其變化
之不能外乎此範圍亦有必然性；而且無論如何變化總隸屬於此基本
之概念而不能與之爲並列，亦有必然性。凡此俱見〈邏輯與純理〉
章。

　　如此等概念之必然性，可因邏輯之落實而獲得，則即可以作爲
發見格度之線索。然此只爲線索也。吾人尙須自邏輯之落實而認識

其必然性。如自此而得其必然性，吾人即獲得思解格度之何所在何
所是乃至其必然性與窮盡性。依是，吾人即須進而作「純理之自內
轉外」之考察。此即上文所謂兩方相向之考察之第二方向也。

第二節　純理之「自內轉外」保證格度之必然性與窮盡性

純理既不空懸，必顯於理解而歸於理解。顯於理解即明其必隨
思解活動而顯示，即本在思解中。歸於理解即仍還之於思解而就思
解之活動以見之。思解自是一活動，然非是空頭之活動，亦非憑空
而活動。其活動必爲直覺的統覺所引起，且爲其所限制。是以思解
之「所」即直覺的統覺之「所」。是即明思解之活動必有外向也。
（思之函義可有多方面之規定，然現在論知識，則特言思解，且必
言其爲直覺的統覺所限制。然無論如何，思有「所」，且因有所而
外向，則必然也。）純理非是一空懸體，即在思解中，亦非一孤立
體。純理必由思解活動而顯示。如說純理不能由外而指陳，則即謂
其必由思解活動而內透。然而思解必有向而外用，故純理亦必自內
而轉外，隨思解之外用而轉外，轉外而顯示其自己。所謂轉外者，
即隨思解之外傾活動中而顯示，仍在此活動中而表露其自己，此即
爲外矣，非可以出離此活動而投置於外也。純理隨思解而外轉，必
有足以顯示其自己之內在之程續方面之憑藉。此即言純理雖現成而
本有，且爲必然而普遍，然吾人如無措手處，則純理即無由以赤裸
裸而跑出。是以其顯露，必有所憑藉。然純理即在思解活動中而顯
示，並不能離開思解而別有可以獨自顯示處。依此，純理顯露之憑

藉，亦必在思解活動中。此「內在之程續方面之憑藉」必即是思解
活動所憑藉以成就其活動者。然此可以為憑藉之物事必不能取之於
外而置於思解之活動上，必即發見之於思解之自身，故曰「內在之
程續方面之憑藉」。吾人已知思解為有曲屈之活動。有曲屈即有起
落有層次有步驟，此即其活動之相狀，即是其曲屈。而成就此曲
屈，必有其程續方面之憑藉。程續有起落，有層次，有步驟。是即
程續之發起，其自身必處於一方式或架子中而成就其為程續。成就
其為程續即成就思解之曲屈。思解必憑藉某種方式或架子以成就其
曲屈之活動。此方式或架子決不是自外面隨意揀取以置於思解之活
動上，必為思解於其曲屈性之活動中所自發。有曲屈性之思解必處
於表現此曲屈性之方式或架子中。吾人言思解曲而能達，又言思解
曲而有序。然須知必處於一方式或架子中其曲方能達，其曲方有
序。所謂不成章不達者是也。思解在方式或架子中，即是思解自願
受限制，否則即不成其為思解。吾人言思可有多方之規定。設不在
架子中而可能，其思必非此處所言之知識上之思解，即決非吾人所
言之理解。思解自願在架子中受限制，即在其本性根本為有曲屈
者，為有程續之序者。是以必須處於架子中以成就其曲屈。此架子
固為虛，然無虛不足以成就「思」之實。（譬如戰場之上目的在一
擊。而成就此一擊，當有多少虛架子？）若自分解而言之，吾人謂
思解憑藉此架子而進行其曲屈之活動。若就此活動之整個言，此架
子即在此有曲屈性之活動中，即為此曲屈之活動所自具且由之而顯
示。今仍自分解而言之。思解憑此架子以成就其活動，而即於此活
動中，同時即顯露純理於此處，此即言純理即藉此曲屈之活動而顯
露其自己。是以於此吾作如此之置斷：純理所憑藉以顯露其自己之

方式或架子同時即是思解之曲屈活動所憑藉以成就其自己之方式或架子。對純理言，吾人說：純理所憑藉以顯露其自己之方式或架子即是純理自內轉外所必須示現者。對思解言，吾人說：思解之曲屈活動所憑藉以成就其自己之方式或架子即是思解自身所自發之「格度」，此即名曰「思解格度」。

　　思解為心所發用，且為直覺的統覺所限制。即當直覺的統覺給吾人以現象時，心即發為思解而就此現象以解之。惟思既必須解，故當進行其活動時，首先必轉直覺的統覺之「如如覺」而為一「非如如覺」之解別。「如如覺」既直而無曲，「非如如覺」之解別即必須曲而能達。此有曲之思解，對於呈現作「非如如覺」之解別，無非綜和分析以表示其內容，以暴露其內部之關聯。此綜和分析之活動歷程，首先必對當下之呈現立一解別之「原則」。此原則對當下之呈現必有其當機性或相應性，而且對「非當下」（時間空間兩方面）亦必有其預測性與函蓋性。是以思解一與直覺的統覺相遇，即能發一超越「當下」之原則以為其進行解別之起處或標準。此原則須表之以「如果則」之命題，而「如果則」是一架子，是以吾人必於「如果則」之架子中表示一「原則」。「如果」所引之概念。吾人名之曰「根據」或「因故」；「則」所引之概念，吾人名之曰「歸結」。於「根據歸結」之架子中，吾人表示一普遍之原則。

　　其次，「根據歸結」之架子所表示之原則為一假然性原則，有絕對普遍性，而此絕對普遍之假然原則，如放下來而成為定然之陳述，即變為一全稱命題。此全稱之「全」實已函於該假然之普遍原則之為普遍性中，即其變項並無限制，在所有之變項上皆滿足此原則。而「所有」，在定然陳述中，即「全」也。然徒此「全」並不

足以成思解。「全」必函有「偏」以順成之或否定之。即在此偏與全之相順成相否定之異質上，思解進行其曲屈之活動。而偏與全又是一架子。吾人不問所偏者是何事，所全者是何事，而偏與全之本身總非一物象字，吾人早已知其爲一邏輯概念矣。故「偏與全」之自身亦爲一架子。此偏與全，順嚴復譯，亦曰「曲與全」。

最後，徒說偏與全亦不能成就思解之曲屈。在實際之思解活動中，偏與全本身即函有一順成或否定之連繫。在邏輯關係中，一「否定之偏」即可以否決一「肯定之全」，一「肯定之偏」亦可以否決一「否定之全」。同時，一「肯定之全」之否定即函有一「否定之偏」之肯定，一「否定之全」之否定即函有一「肯定之偏」之肯定。在思解活動中，不惟肯定之全與否定之偏，否定之全與肯定之偏，相否定，而且肯定之全與偏或否定之全與偏可以相順成（肯定）。是以在思解活動中，不惟曲全是架子，而曲全架子之使用中，其本身復函有一「肯定否定」之架子。肯定否定是純理展現之二用，而對思解之曲屈活動言，即是思解所必依照之架子藉以成就其曲屈。

自「根據歸結」建立原則，經過曲與全，終於肯定否定之重重疊疊之發展，即是思解之曲屈活動之起落、層次與步驟，亦即其圓滿而無漏之程續。於此「整個程續」中，吾人即有此三套架子以爲思解活動所依照之「格度」，以成就其曲屈之活動。此即謂思解之曲而能達，曲而有序。此三套架子既成就思解之圓滿而無漏之全部程續，是以此三套架子即不增不減，亦窮盡而無漏。而於此三套架子所成就之思解活動中，純理即於此表露其自己。是以對純理言，吾人謂：此三套架子即爲純理所必須示現者，即爲純理表露其自己

所必憑藉者。對思解言，吾人謂：此三套架子即思解所必依照以成就其曲屈之活動者，此即是其格度。是以綜陳之則曰：此三套架子即為純理顯露所憑藉，同時即為思解之曲屈活動所憑藉。

當吾人考察純邏輯系統時，吾人已知唯表純理之邏輯系統所依據以成其為有形系統之基本概念有三組：一曰質之二用，二曰量之二稱，三曰原則（如果則）或關係（函蘊）。是以吾人可知成就邏輯系統之基本概念即是思解活動之格度。兩者相應和而同一，而皆為純理之外在化，即純理之示現。依是，唯表純理之邏輯系統中之基本邏輯概念，於實際之思解活動中，即變而為思解之先在格度。然設邏輯不落實，吾人即不能說明該基本邏輯概念之必然性。然今邏輯已因唯表純理而落實，而純理隨思解活動而外轉又必須憑藉三套架子而顯露其自己，而且只須憑藉此三套架子即已足，而此三套架子即是邏輯系統中之基本邏輯概念，兩者相應和，今三套架子既窮盡而無漏，則該基本概念即得其必然性矣。吾人說：思解格度，對純理言，為純理轉外所必憑藉。換言之，思解格度為純理自內轉外所轉出，藉之以顯露其自己。純理外轉必憑藉此三套架子，此義即保證唯表純理之邏輯系統中之基本概念之必然性。依此，吾人可以邏輯系統中之基本概念之考察作為發見思解格度之線索，而純理外轉即保證思解格度之必然。依此，吾人可列以下三原則：

一、思解之曲屈性即為思解格度之出生地。

二、邏輯系統中基本概念之考察可以為發見思解格度之線索。

三、純理之自內轉外即保證思解格度之必然性與窮盡性。〔兼保證邏輯系統中之基本概念為必然，且保證「邏輯系統為唯表純理自己」之一義為必然。〕

　　依是，吾人說：心於直覺的統覺之直而無曲處，由超越的想像建立時空格度，於思解之曲而能達處建立思解三格度。合而言之，格度有四，列表於下：

Ⅰ時空

Ⅱ因故（根據歸結）　　　　　Ⅳ二用（肯定否定）

Ⅲ曲全（全稱偏稱）

第三節　綜論四格度之大義

　　此四格度自不同類，而其所以不同則以屬思屬覺分。時空為心發為直覺的統覺時由超越的想像而建立，餘三為心發為思解時所建立。心由超越的想像建立時空以限定直覺的統覺之所現。對思解言，此種時空之限定，為思解之先行條件，且為思解運用之場所。思解所解為覺之所現（凡言覺或統覺皆指直覺的統覺言），且其解此呈現必在時空中行。越此呈現及時空之限制，思解即成空頭，望風捕影，無有對象，只有理而無故，此即不成其為思解。時空亦必隨覺之所現而彰其用：離開呈現，時空即無適用處；無有統覺，時空亦隨之俱泯。是以時空亦必限於實際之統覺及統覺所現之具體事而為言，此即言時空亦須受統覺之限制。思解復受統覺及時空限定之限制，此即所謂為思解活動之場所也。除此場所之限制外，思解復須受其自身之格度之限制。此大較也。其詳細函義以及此四格度所引生之其他物事，皆須於下章關於思解三格度之說明及後第三卷關於四格度之推述中說明之。

此格度表與康德範疇表有類比處，而名稱及函義俱大異。此爲兩系統根本不同之所在。康德之範疇表有其建立之入路，吾之格度表亦有其建立之入路。吾之入路，本章可以說明之，讀者自可知其顯然有進於康德處。至吾之所以如此立，自有其理據與其不得已處，而康德之人路之困難亦正有其毛病在。凡此雙方之委曲，皆望於本章附錄表明之。所謂與康德範疇表有類比處，可如此說：時空，康德不視之爲格度，今亦列於格度內；至於一言屬直覺，一言屬思解，固大體有類似；至所以名格度以及大不同於康德處，於下卷第一部明之。因故格度類比於其關係之範疇（即因果）。曲全格度類比於其量之範疇。二用格度類比於其質之範疇。吾人將見若由邏輯爲發見範疇之線索，只能到吾所言之格度，而不能到康德所言之範疇。在吾之系統中，除格度外，復有範疇之設立，而其義自與康德無關矣。其設立即在因故格度中。

茲再對思與覺及思之格度與覺之格度作一總持之說明。覺直而無曲。於直而無曲上，心只能建立時空格度以限定覺之所現。時空既必適於事而限定之，則即必着於事。覺之覺所既只爲如如地覺之，不起思議，不起籌度，是以其格度之隨其所覺或所現而限定之，似只「着而不執」，實則着即執。蓋心之建立時空即表示統覺之把住或固定，此即是心之執。其執正在其建立時空處。故自時空言，雖若着而不執，實則着即執矣。

思曲而能達。思解有思議有籌度，且有起落步驟之曲屈，且必依照思解格度以成就其曲屈，是則其執亦甚矣。然思解格度既只成就其曲屈之活動，並不能外出而外陳，外陳以成事，是則儼若「執而不着」矣。即格度只表示思之執而並不着於事。然實則執即着。

蓋「着」與「成」異。即在時空，吾亦只謂其着於事而限定事，並不謂其爲成就「存在」之形式。（此義所關甚大，以後將詳細說明之。）依是，思解格度之着於事，亦須有特殊之認識。思解依其自身之格度而解事，而其所解之事亦必爲格度之虛影所籠罩。此虛影籠罩其所解，此即格度之「着」也。並非謂格度可以平鋪於實事。如其平鋪於實事，則爲成就事，而非着於事。「着」之爲言，指外來者之粘縛，並非言其本身所固有。譬如塵土之沾身，並非此身本有此塵土。既只粘縛非本有，雖着而可去。時空之着於事，亦是心之執。時空自身並非是一物，只是心之執着所立之觀念，只是一符號。藉此符號以限定具體之實事，藉此符號爲工具以說事之時相與空相。實則時相與空相，亦非事之所本有，只是符號之應用而予之以時相與空相。蓋時空本爲吾心所立也。是以時空之着於事，並非眞有一物着於事，如塵土之沾身，蓋亦虛架子（並非實在之架子）之虛用耳。思解格度之着於事，亦非此格度自身出而着於事，亦只其虛映之籠罩，即依此義而言着。如此言着，即與時空之着無以異。此只言着也，至其著之結果固不同，而時空格度與思解格度亦不同。時空，吾謂其爲符號；而思解格度，則因即在思解活動中而顯出，則不可以言符號，其在思解中固是實法也。然其內出雖不同，而其外着之皆虛固相同。依是，思解格度，雖儼若執而不着，實則執即着矣。其間顯然之差別，只在：時空之立，本欲其適於事，是以其着也爲較顯，以此而言「超越的決定」；而思解格度則本在成思解，本未欲其外出而適於事，故其着也不顯，是以只依虛映之籠罩而謂之着，依此而言「超越的運用」。實則兩者之着皆虛也。思解格度以不外出而只爲虛映，故其着也爲虛；時空格度以其

並非實物（只是一符號），故雖適於事，而其着也亦虛。

　　着而不執，着即執矣。執而不着，執即著矣。合而觀之，總是執着。是以此四格度，對外事言，以「虛而無實」爲第一義。此即言，時空並非客觀存在之實在，思解格度不能外陳，亦非客觀存在之實在。以虛而無實，故只爲成就知識之內在之虛架子。是以格度有事於知，無事於事。其儼若有事於事者，只在其「着即執」，「執即着」。以故其用只在知解，不在存在。

　　統覺直而無曲，其覺爲綜攝。思解曲而能達，儼若其性爲分解（辨解即曲屈）。然統覺爲心之隨生理感而發用，統覺爲顯於外之一態，而心則固總持之用也。心之義即可定爲「覺」，是以總持之心即函一總持之覺。旣可云統覺之心，思解之心，亦可云統覺之覺，思解之覺。是以總持之心覺發爲統覺爲一態，發爲思解爲一態。只言統覺，則爲純統覺；只言思解，則爲純思解。純統覺以直爲綜攝，純思解以曲爲分解。然總持之心旣行於統覺，亦行於思解。當其行於思解，則自其爲一曲屈之歷程言，爲分解，然自心之行其中，發爲格度，以成就其曲屈，使其曲而能達，曲而有序，則即爲綜和之分解。凡一格度之立而表現其作用時，對外事皆爲一綜和之控制。然此綜和之控制決無孤行者，必在一曲屈之歷程中。一曲屈之歷程爲一完整之手續歷程，綜此手續歷程而爲一圓滿之整體，則即爲一整個之「綜和之控制」。此整個之「綜和之控制」統馭一歷程，即爲綜和中之分解，亦曰「直中曲」。是以雖分解而亦有綜和。自曲屈歷程言，爲分解；自曲而有序言，爲綜和。分解以綜和而形成，吾人名之曰「曲中直」。當成爲「曲中直」、「直中曲」，吾人只有一整個之思解之活動，單獨而孤行之統覺即不在，

只遺留一呈現而爲思解之對象，而其自身則返而融於總持之心覺而參於思解中，以成爲曲中直，直中曲。是以思行於覺（總持之心覺），覺以運思（分解之思解），而成一整個之綜和之控制。由一整個之綜和之控制，吾人即成功一「最後之判斷」。凡判斷皆爲最後者，皆表示一手續歷程之結束。此一手續歷程，吾人可名之曰「綜和中之解析歷程」。此歷程圓整而結束於一判斷。是以凡判斷不但爲最後，且爲一獨體（凡判斷皆爲獨一者）。此「綜和中之解析歷程」，自綜和言，即爲「總持之心」之創進，自解析言，即爲曲屈思解之分解。合而言之，亦可曰：「創造之解析歷程」，此則不同於康德之「創造之構造歷程」。吾言綜和，必自一有曲屈之完整歷程言，而康德之綜和則無有此歷程，是以其綜和即爲就當下以其所謂規律將雜多結合於一起，是一直向雜多處用力也。步步如此綜和，即步步如此構造，故康德之綜和爲一「創造之構造歷程」也。而吾自一有曲屈之完整歷程言綜和，則即不是在當下一直向雜多處以規律施結合，而是在一曲屈歷程中言綜和，而曲屈歷程即爲一解析歷程，綜和即所以成就此解析之歷程，並不外出而以規律構事象，是以吾之綜和爲一「創造之解析歷程」也。此是一總分界，詳細說明將在後。

附錄：傳統邏輯與康德的範疇

第一節　解證思考與創發思考

　　康德《純理批判》「概念之分析」一部，中含二章。第一章題目曰：「理性之一切純粹概念之發見之線索」，第二章則曰：「理解之純粹概念之推述」。第一章之題目實即等於「理解範疇之發見之線索」。純粹概念即範疇。依照一線索而發見範疇之工作名曰「範疇之形上學的推述」。所謂形上學的推述，吾意可解為「有之推述」。即關於範疇之成立或出現之推述。此推述已，即進入第二章。是以第二章所言之「純粹概念之推述」，實即為純粹概念之超越推述。而「超越推述」，吾意即「認識論之推述」，亦即範疇如何能有客觀應用之推述。本文所論只限於「關於範疇之有之推述」。康德此章問題甚大。決定本書系統與康德系統之不同。吾人若能取得一決定性之批抉，則縱然康德立言之精神與方法可保留，而其哲學則徹頭徹尾須改變。

　　所謂「依照一線索而發見範疇」，此中之「線索」，粗略言之，即是傳統邏輯中之判斷。依照此邏輯中之判斷發見理解中之範

疇。此是粗略言之。若再深入而言，則一般邏輯亦可攝入「理解」
而言之。依此，一般邏輯所表現之思考是解證之思考，而一般邏輯
中之判斷亦曰分解判斷。此種解證之思考及分解判斷若攝入理解以
理解爲準而言之，則曰「理解之邏輯使用」（此言邏輯是指一般邏
輯言）。此種「邏輯使用」發爲思考爲解證思考，發爲判斷爲分解
判斷。此義足示康德將一般邏輯歸宿於理解而言之：理解之解證的
思考即表現爲一般的形式邏輯中之物事如判斷如推理之所示。今以
一般邏輯爲線索而發見範疇是單指其中之判斷言。每一分解判斷具
有一種形式，即其中各成分如何關聯所呈現之形式。吾人由此「形
式」，再推進一步，尋其歸宿，可以發見理解之範疇，即理解之純
粹概念。然至此步，則於解證思考外，須得承認一種「創發思
考」。理解之解證思考是分解的，理解之創發思考則當是綜和的。
康德要作「範疇之形上學推述」，實當先有此區別以爲綱領。然彼
又未意識及此。是以述義不顯，常滋誤會。須知此兩種思考之區
別，在康德思想中，實隨處表現。茲引士密斯語以代吾之說明：

> 在康德，超越邏輯與一般邏輯之區別實是理解使用之差別。
> 一種使用是：理解，依其創發之綜和活動，從所與之雜多
> 中，產生感官經驗之複雜對象。理解在其如此工作中，即經
> 由發於其自身之概念以解析雜多而且組織雜多。另一種使
> 用，則是：理解分化而且比較感官經驗之內容，並且因而就
> 此已經分化而比較之感官經驗之內容以引申出傳統邏輯中之
> 種類概念。康德於本節中〔案：即第一節：「理解之邏輯使
> 用」〕，其意似在申辯此兩種活動之公性，即：如果在此兩

種活動中，關於概念之起源之差異置而不論，又如果吾人只注意此兩種活動之一般通性，則吾人必可見出此兩種活動將在一基本之姿態上而得契合，此即言：此兩種活動皆表示「統一之機能」。每一種活動皆基於思想之自動性，即：此一方面基於綜和解析（詮表）之自動性，另一方面則基於分化與比較之自動性。此公共於此兩種活動之一基本姿態，可以進而定爲「活動之統一」，因此活動之統一，雜多性可以在一單一表象下而被綜攝。在「每一金屬是一物體」一判斷中，金屬之變化性是經由「物體」一概念而歸化於「統一」。同理，綜和的理解則經由譬如「本體與屬性」一類之「統一之形式」以組織直覺所與之雜多。即此「本體與屬性」一範疇始居於上列判斷之下，而且即此範疇始使該整個判斷之「特殊統一」成爲可能。（《純理批判·解》頁176-177）

此兩種思考皆表示一種「統一」。屬於解證思考者，吾人可名曰「分解之統一」。此分解之統一乃由分化比較而成者。由感官經驗之內容施以分化比較，使其內容之脈絡關係或結構全部明朗，然後自此明朗之內容引出一種類概念，即以此種類概念而總攝之，此即曰分解之統一。譬如「每一金屬是一物體」，吾人由金屬之雜多性或變化性，即具體之個個金屬，施以分化與比較，而發見其中之公性，名之曰「物體」，如是，即以此「物體」一概念綜攝該雜多之金屬而使之成爲一「統一」之表象。須知此「物體」一概念所表示者即是將該雜多之脈絡關係或結構全部明朗後（因分化比較而明

朗）而成者。每一概念皆代表一種關係所成之理型或共相。「物
體」一概念只代表其全部關係之一相而已。故「物體」一概念亦實
是由對於「雜多」之內容施以比較與分化而抽成者。此即所謂傳統
邏輯中之概念也。「所有物體皆可分割」亦復如是。物體之變化性
雜多性經由「可分割」一概念而得「統一」。此種「統一」即曰
「分解之統一」，乃屬於解證之思考者。「分解之統一」中所藉賴
以統一雜多之概念皆是為一可能判斷之謂詞者。故康德云：

> 吾可將一切理解之活動歸於判斷，依此「理解」即可說為
> 「判斷之能」。因如上所述，理解是思想之能。而所謂思想
> 則是因概念而得知識之謂。但是，概念，作一可能判斷之謂
> 詞看，是涉及一尚未決定之對象之某種表象。依是，物體一
> 概念可以意謂某物，如金屬，而金屬則只有因該概念而被
> 知。依是，其為概念只是因其能綜攝其他表象而為概念，而
> 且即因其能綜攝其他表象，所以此概念始能關聯到對象上。
> 依是，此概念即是一可能判斷之謂詞，譬如說：「每一金屬
> 是一物體」。依是而言，如果將判斷中「統一之功能」（即
> 關係之形式）吾人能予以窮盡無漏之陳述，則「理解之功
> 能」（即理解之先驗概念）即可完全發見出。（《純理批
> 判》，〈理解之一切純粹概念之發見之線索〉章，第一節「理解之
> 邏輯使用」。）

此段文字即明分解之統一。每一分解判斷皆表示一「統一之功
能」，而此「統一之功能」實即分解之統一。此分解之統一表示一

「關係之形式」。此「關係之形式」即是分解判斷所具之形式。吾
人由此關係之形式，即可推進一步，將理解之功能（即理解之先驗
範疇）完全發見出。此即所引康德文末句所陳之義。然當吾人進而
發見「理解之功能」時，吾人即已進入創發之綜和思考矣。

　　創發之綜和思考亦表示一種「活動之統一」。此種「統一」，
吾人名曰「綜和之統一」，此則屬於創發之思考。與屬於解證思考
之「分解之統一」絕然殊途。此「綜和之統一」中所賴以總攝「直
覺之雜多」之「概念」，吾人名曰先驗範疇，此非由分化比較而成
之抽象概念。誠如上引士密斯文中所云：「範疇居於該判斷（如
「每一金屬是一物體」一判斷）之下，使該整個判斷之特殊統一
「成為可能」。士密斯又云：「如『所有物體皆可分割』，『每一
金屬是一物體』等命題，須知使此類命題能構成為一種單一而獨特
之判斷者並非謂詞之性質，但是『本體屬性』一範疇，因此範疇該
謂詞始能關聯到主詞。即因此範疇，此等命題始獲得其『特殊之形
式』。而且此範疇所表示之『統一之功能』，乃解證之理解所決不
論及者」。（《純理批判解》，頁178）。然則論此「統一之功
能」者為誰？曰超越邏輯也。此「綜和統一」所發之範疇即超越邏
輯之所究。「分解統一」所成之種類概念及分解判斷等乃一般邏輯
之所及。依康德，每一「分解之統一」背後必有一「綜和之統一」
為其根據而成就其為如是這般之形式，即所謂「特殊之形式」。是
以每一分解判斷必有一綜和判斷居其下，而使該分解判斷之「特殊
統一」為可能。依是，每一表現出之成文判斷皆有「雙重性」：自
此判斷之已成言，自是分解者，自可以解證思考而比較分化之，而
且其真假值亦自可首先以矛盾與否為其衡量之形式標準；然若自此

判斷之形成之歷程言，即自去成就此判斷言，要非解證思考所能明，即要非分解者，而是綜和者。惟此綜和始能使此主詞與謂詞有如此之關係，而且能爲經驗事實上如此之關聯。即此綜和統一方能使該已形成之判斷爲一接觸到經驗所與之判斷，因而能使其表象一經驗事實而不落空。依是，一分解判斷不但可以矛盾律爲其不假之形式條件，而且有經驗對象爲其積極的眞之條件，此則必須依據「綜和之統一」而爲言，是以判斷之不矛盾並不能爲一判斷成立之說明之原則，而唯有綜和之統一始能爲其成立之說明之原則。此雙重性，康德於論數學判斷之爲綜和的時，即已指明之。此義自可應用於此處所論之知識判斷而不悖。是以士密斯云：使一判斷之爲一具有單一而獨特型式之判斷者並不在其謂詞之特性，而在一「範疇」。

此兩種「「活動之統一」中皆有概念出現。惟在分解之統一中，概念爲表象內容之種類概念，對知識言，此種概念即爲知識之內容，而在綜和之統一中，概念爲發自於理解自身之範疇，此只有形式義，而無內容義，它亦不爲一表象內容之概念，因而亦不爲一抽成之種類概念，它只是內容所因以被詮表（解析）之條件，是以對知識言，此種概念不爲知識之內容，而單爲知識之形式條件。是以士密斯云：「一種類概念或抽象概念表示一群複雜內容中每一內容之公性。其自身即是一內容。然而一範疇則是一『統一之機能』，內容可以因之而解析。它不是一內容，而是組織內容之形式。範疇只能在整個之判斷活動中而得表示，並不在任何解證概念這類成分中而得表示。」（《純理批判解》頁178）此兩種概念旣不相同，吾人亦不能以抽象概念作爲發見範疇之線索。蓋表象內容

之種類概念既隨經驗內容之變化與繁富而如是其變化與不定，何能作為發見範疇之線索耶？然而發見範疇之線索要必向解證思考所成之分解判斷求。此將如何成為可理解？

欲答此問，復有一義尚須申明。此兩種思考雖皆表示一「活動之統一」，然而此兩種思考要非並行而獨立不相依屬者。依前面之解析，每一分解判斷背後有一綜和判斷所具之綜和形式即範疇為其根據。此當為康德之正義。依此義而言，則解證思考與創發思考並非並行，而是隸屬。然此義，康德於作範疇之形上推述一章中之三節中，並未申明清楚。且常有令人誤會之語。如康德有云：

> 依據分析，吾人將不同之表象歸於一個概念之下，此即是一般邏輯所論者。另一方面，超越邏輯則告訴吾人如何將「表象之純粹綜和」（非謂「表象」乃表象之純粹綜和），統攝於概念。自一切對象之先驗知識而言之，首先所給與者乃是純直覺之「雜多」；其中所含之第二因素則是因想像而成之關於此雜多之「綜和」。但是即此尚不能給吾人以知識。概念給此純粹綜和以「統一」，而且此等概念亦只存於此必然的綜和統一之表象中。此等概念即是關於一個對象之知識所需要之第三成分。而此第三成分（即概念）即處於理解自身中。

此段並無誤會。然而續此段之下段又云：

> 給「一判斷中種種表象」以統一之同一功能（或運用）同時

亦給「一直覺中種種表象之綜和」以統一；而即此「統一」，自其最一般之表示而言之，吾人即名之曰理解之純粹概念。此同一理解，經由同一運用，依照分解之統一，它（即此同一之理解）在概念中可以產生一判斷之邏輯形式，而同時若依據一般直覺中之雜多之綜和統一，它又可以在概念中引出一超越之物事入其表象中。（《純理批判》，〈理解之一切純粹概念之發見之線索〉一章，第三節「理解之純粹概念即範疇」。）

此段即有誤會，而誤會即在「同一理解」，「同一運用或機能」中「同一」二字。士密斯對此頗有疏解。茲引其語如下：

康德此種解析極端令人誤會。如其後文所示，此處所說者決非其真意。吾人將見康德並不能證明，而且最後亦實未曾證明：此是「同一理解」，此是「同一運用」，即未曾證明：作用於解證思考及創發思考中者是「同一理解」，「同一運用」。……康德之辨論實並未基於「因自覺地比較內容而形成之概念」與「發自於理解自身之概念」間之任何類比上而進行。此兩者固皆表示「統一之功能」，然依康德自己之主張，此兩者間實無些微相似處。（《純理批判解》頁177-178）

士密斯於本段繼言種類概念與範疇之不同及其關係，此在上文已經徵引。復續此義，又言解證思考與創發思考兩者並非並行而獨立。其言曰：「依是，康德所引出之兩者間之類比雖廢棄，而其辨論卻

又在一新的而又極不同之方式中進行。此辨論不再基於並行而獨立之解證思考與創發思考間之任何設想之相似性上而進行。其辨論是在想證明解證思考必預設創發思考而且必爲創發思考所制約。假定吾人對於理解在其表現爲解證之程序方面作一番研究以後，吾人可希望發見出些綜和的形式，依此綜和形式，理解可以進行其前邏輯之活動。當吾人已決定分解判斷之種種形式時，含在綜和思考中之範疇即顯示其自己於吾人之自覺意識中。」（與上文同段，頁178）士密斯復引康德「序論」中文以明此義。此義自爲康德所執持。是以士密斯又云：

依是，解證概念與先驗概念間之類比瞬時引出之，又瞬時置棄不問矣。雖然種類概念亦基於統一之功能，又雖然只能在整個的判斷活動中作爲成分或分子而存在（此義稍後即論之），然而此等概念與範疇間決無些微之相似性。發見範疇之線索並不在解證思考之內在特性中獲得，亦不在其特殊成果即其所成之概念中而獲得，但只在經過一切抽象後，離開創造思考所創造之成果外，仍有所保留，即在此中而獲得發見範疇之線索。每一種分解判斷經過檢查後，將見其必含有某種特殊運用形式之存在，依此特殊運用形式，概念的成分或分子即與該分解判斷中其他成分相關聯相統一。此種統一之功能或運用形式，在每一判斷之情形中，即是理解之先驗範疇。此即康德所謂：「如果能將判斷中統一之功能（即關係之形式）予以窮盡無漏之陳述，則理解之運用形式（即理解之先驗概念）即能完全發見出」，一主題之義也。

　　如其如此，則所謂：「因同一活動，理解解證地形成抽象概
　　念而創造地組織感覺之雜多」一主斷，必須舍棄。「比較及
　　抽象之歷程」與「綜和的解析之歷程」，此兩者間決無眞實
　　之同一，甚至亦無任何之類比。「比較與抽象之歷程」只是
　　反省的；而「綜和的解析之歷程」則是眞正創造的。解證活
　　動是自覺的歷程，且在吾人之控制下；而綜和歷程則是非自
　　覺的，只有其已經完成之成果始出現於意識範圍內。但是，
　　此是預測一結論，康德自己最後所欲實現之結論。此即説：
　　「此兩種活動歸於同一源泉」一義是無有證明者。如康德最
　　後所欲執持者，乃謂綜和活動是由於「想像之能」。（以上
　　兩段，《純理批判・解》頁179）

士密斯以爲「同一理解」，「同一活動」，此中「同一」二字甚有
誤會。吾則以爲此並無若何誤會。「同一」二字不必看得太死煞。
因爲無論解證或創發，自表面言之，本可同名曰理解。雖同名曰理
解，然實又分爲截然不同之兩姿態。即此兩姿態之區分，遂不至有
若何之誤會。若牽涉到其源泉，或論到其自覺不自覺，則爲另一
事。即顧到此問題亦並不因言「同一」二字，即不能謂此兩姿態之
屬於不同源泉也。言「同一」並不函此兩姿態之同一性或相似性，
因明謂兩不同之姿態也。吾以爲此是士密斯之過敏。至說到兩者間
之「類比」，則亦未嘗不可說。蓋類比者，指此兩行相對而言也。
表面觀之，實是平行之兩行：一方爲範疇，一方爲種類概念；一方
爲創發思考，一方爲解證思考；一方爲分解之統一，一方爲綜和之
統一。此如何不可相關類比而言之？至此兩者爲若何之關係，則爲

進一步之問題。何以一言類比，即謂其有相似性或同一性？即謂其是並列而獨立？讀書可如是固執乎？惟康德於「範疇之形上推述」一問題，陳辭實不嚴整，亦不明朗。士密斯如此疏導而釐清之，自能增加其顯豁性。故其疏解，可無容議。吾在此如此說：

一、種類概念與範疇不同：吾人並不自種類概念而作為發見範疇之線索。

二、解證思考隸屬於創發思考：然亦不能即謂自解證思考而發見範疇。解證思考是一活動歷程，此活動歷程所遵守之法則即是一般邏輯中之形式法則，而此形式並非範疇，亦不能由之以發見康德所嚮往之範疇。是以發見範疇之線索不在此。

三、解證思考形成分解判斷，而每一分解判斷具有一種「分解之統一」。分解之統一，如自表現於判斷中而言之，即為分解判斷所具之「關係之形式」，亦即每一分解判斷之「特殊形式」，譬如定然判斷即具有主謂之形式。康德以為即此分解判斷之「特殊形式」始可以作為發見範疇之線索。

試看吾人如何能由此而發見範疇。此中委曲萬端，非可輕易滑過。以上所述可只為此正面問題之討論之預備。

第二節　發見範疇之線索及原則

每一既成分解判斷之形式，即是發見範疇之線索。每一既成判斷之雙重性即是發見範疇之原則。再引士密斯文以明此義：

範疇可以構成一概念之統一性，並且足以制約解證思考之歷

程。此等範疇在複雜內容中得實現，複雜內容即是解證思考之起點。「解證的比較與抽象」之歷程無論引至何境地，必仍有一範疇持續於其中，持續於其中而決定分解判斷所持有之形式。例如：定然判斷只因「主體屬性」一先驗概念而形成其自己，假然判斷則只因「原因結果」一純粹概念而形成其自己。其他皆然。依是，有多少分解判斷之形式，即有多少範疇。此即當恰當地討論超越推述之較深而且較後的結果時，形上推述之原則何以須先解析之故也。自解證判斷之模式推出理解之形式，在此，康德以為分解判斷所含之問題同於綜和型之判斷。但是，根本上言之，範疇之所以能自解證判斷中而推出只因範疇是解證判斷所經由之而成為可能之條件。

但是，康德雖然在此節以及「分析部」之中心意義似已至此結論之盡頭，然而卻從未顯明引出之。吾人將見（稍後即論），吾人必須進一步承認即：範疇表之完整性並無絕對之保證，而欲決定範疇間之內部關係亦無令人滿意之方法。即以此故，最後，一般邏輯遂與超越邏輯脫節而孤離。「批判研究」之形成儼若只討論彼顯然為綜和之判斷者。依此，形上推述之原則，為康德本人所陳述者，並未依上段所述之意義而陳述。是以吾人仍須去決定康德在形上推述中所採用之原則實際上究竟為何一困難之問題。

康德對於形上推述之原則有兩層要求。第一，它必須能使吾人發見範疇；第二，發見後，也必須能使吾人見出如此所發見之範疇可以形成一有系統之整全，因而有其完整性，而此

完整性之保證決不只經驗之考量所能擔負。此原則有時述爲廣義，有時述爲狹義，即在一較特殊之形式中被陳述。因爲在此點康德仍無十分決定之語氣。此原則之較廣之形式是如此：一切理解之活動是判斷，因此，理解之可能的最後的先驗形式即同於判斷之可能的最後的形式。其較特殊而正確之形式則如下：對於分解判斷之每一形式，必有一理解之純粹概念與之相應。該較廣之形式顯然不恰當。因爲它只是判斷問題（非概念問題）之重述。如果需要原則以保證先驗概念表之完整，亦同樣需要一原則以保證判斷表之完整。此較廣之形式，即使如「序論」中之所述，比較顯明，因「序論」中定判斷爲理解之活動，而此活動可以包括理解的一切其他活動，即使是如此，亦不能使吾人去保證任何判斷形式表之完整，或去決定此等判斷之系統的相關性。依是，吾人須歸到第二觀點，即較狹之形式。但此較狹之形式又引吾人遭遇進一步之問題，即：有何原則可以保證分解判斷表之完整？對此問題，康德絕無答覆。讀者之種種疑問，因康德之堅決相信傳統邏輯所作成之分類之恰當性與最後性，而歸於無效。（《純理批判解》頁182-184）

以上三段，大體甚是。是以士密斯歸結云：「理解之邏輯使用」一節中之一切混亂及隱晦皆可追溯到康德對於形式邏輯之態度。康德固亦知傳統邏輯中之種種缺點，「然彼總以爲此只是小節，而總承認其成就爲完整爲最後。」康德之超越邏輯固於一般邏輯外指出一新方面，此則作傳統邏輯所不能作。然無論如何，「最後，康德總

視一般邏輯爲一獨立之訓練，而其流行之形式亦爲最適當之形式。他復不知分解判斷之要求超越的證實（或安立）並不亞於綜和判斷」。「依據康德自己之認可，超越邏輯並不能保證整個《純理批判》所十分予以重視之『完整性』，即範疇表之完整性。一般邏輯則已許其有一獨立之立場，足以護持其權威性；而所預設以保證範疇表之完整之『原則』，在其形成中並不含有『解證思考依於綜和思考』之昭示。康德必以爲形式邏輯自能爲『判斷之最後形式之分類』提供一標準，而其所以能提供此標準正因其工作乃爲相當之簡單，而且獨立於一切認識論之觀點，如思想歷程之本性，範圍，及條件等問題。因爲形式邏輯是一完整而圓滿之先驗科學，已經二千年之考驗，而實際上至今亦未變更，故其成果可被認爲是最後的，而且能在一切進一步之研究中毫無疑問地被採用。分解思考既已科學地論之於一般邏輯中，則《純理批判》只須論綜和判斷之可能及條件即足矣。依此，分解判斷表可以提供一完整而絕對有保證之『理解範疇』表。」（《純理批判解》頁184-185）

士密斯最後綜結云：「……超越推述之結果迫使吾人對於形上推述之全部辨論要求一完全之重述。當此步工作作訖，將見不再有任何根據使吾人設想範疇之數目可以在一先驗根據上而決定。依據康德自己對於一切先驗原則之綜和性因而亦只是事實性之基本主張，吾人將見範疇之必然性只有因涉及現實經驗之偶然事實而可被證明。可能的概念形式是與偶然的感覺材料中之現實而基本之差異相關對；而即因此相關對，所以範疇始不能在純粹先驗根據上而得系統化。此點，康德自己亦承認，不過由此而來之重要後果，渠未有全幅覺識而已。康德在《純理批判》第二版所增加之一段文中有

以下之語句：『理解只因範疇，而且只因如此之範疇而又如此多之範疇，以產生統覺之先驗統一性，此一特殊性是再不能有進一步之解析，亦恰如為何只有此等判斷之形式而無其他，或為何空間時間是可能直覺之唯一形式，此亦不能再有進一步之解析。』（第二版理解之純粹概念之超越推述，第二節，廿一段最後一句。士密斯譯本161頁。）」（士密斯《純理批判解》頁185-186）

　　吾人可以先釐清士密斯之疏解。士密斯之申明康德對於傳統形式邏輯之態度是根據《純理批判》第二版序言第二段中所說而寫成。其申明無曲解，讀者可參看。傳統邏輯，無論以何成分而構成，總是一般之形式邏輯，因而亦總可為一獨立之訓練，它有其獨立之領域，吾人之治邏輯亦總可處於此獨立之領域內而如此邏輯之自身而如如地研究之。此是邏輯家之態度。然須知傳統邏輯中所含之概念論及判斷論大都與認識論及文法學混融於一起，因而其論之也，亦總牽連及認識論之觀點及文法學之觀點，而依此兩觀點而討論又總歸於經驗之考量，因而亦只是歸納之態度。即以判斷之歸類而言之，雖其結集極人工技巧之能事，而總無必然如此之先驗理由或邏輯理由。吾人亦無一純邏輯之原則，即所謂純粹先驗根據，以安頓此技巧之結集。吾人如不能從純理上建立其根據，此技巧之結集即不能有必然性。然而康德於作範疇之形上推述時，卻欲取此以為發見範疇之線索。此中有兩大問題：

　　㈠此判斷形式之分類表，其完整性與必然性有保證否？因而由之而發見之範疇表之完整性與必然性有保證否？

　　㈡根據判斷之形式以發見範疇，其「原則」究如何陳述？究有可能否？

　　此兩大問題皆爲士密斯所注意。據上文所述，第一問題，士密斯以爲無論判斷表或範疇表，其完整性與必然性俱無保證。而因爲自判斷以發見範疇，故範疇表之完整性無保證實因判斷表之完整性無保證。然此尙不過否認其完整性或必然性而已。無完整性是說不必如此之多或如此之少：也許可以再多，也許可以再少。無必然性是說不必爲如此之判斷與範疇：也許可以代替之以新發見，也許可以有淘汰，或全淘汰。無論如何，此只表示此「表」不必如此，判斷或範疇亦不必是「此」。然吾人尙可如此說：無論是否完整或必然，如其有判斷，吾人即可根據此判斷之形式而發見一與之相應而爲其根據之「範疇」。依是，判斷表及範疇表之完整性雖無保證，而判斷總要有，因而範疇亦總要有，範疇之數目雖無必，而範疇之先驗性與綜和性總保留。依是，「由判斷以發見範疇」之線索或原則總有效。蓋保證其完整性之原則與發見範疇之原則不必爲一事。於前者雖無原則以保證之，並不妨礙後者之原則之成立。士密斯所疏解者似只歸結於無原則以保證其完整性，即只否認其完整性。而於此兩種原則之須分別論似並未注意及。其往復申明者，似只在辨明：一、康德並未予傳統邏輯中之分解判斷以超越之安頓；二、康德只根據二千年歷史之考驗以認取判斷分類之完整性；三、傳統邏輯與超越邏輯彼此孤離而成爲外在之關係（然若彼此孤離，則如何能由傳統邏輯以發見範疇實是難事）；四、依是，康德並未依照「範疇爲分解判斷之所以可能以及所以具有此形式之條件」一原則而推出範疇，然而形上推述之原則無論爲廣義或狹義，似均含有「由此原則以推範疇」之意義，然而士密斯之批評此原則之兩種陳述，其著眼點卻又馬上滑入「無保證」一問題。自此第四點而言

之，可知士密斯於吾所指出之兩種原則並未分別論。渠似以爲若依第四點中之原則而推範疇，儼若範疇表即可得保證。然若眞依該原則推範疇，範疇表亦未必眞能得保證。是即可見發見範疇之原則與保證範疇表之完整性之原則不必爲一事：此原則足以發見範疇矣，然不必亦能保證其必然性。康德歸於一原則，而對此同一原則復有雙重之要求，吾以爲並未能實現。此要求自是合理者，然在康德之系統內，則不能實現此要求。其所以不能實現，即在分解判斷表之不能得保證。是以士密斯總歸於「無保證」一疑難非誤也。然範疇表之不能得保證即衝破康德對於形上推述之原則所作之雙重要求。若此雙重要求已衝破，吾人即謂形上推述之原則倒塌乎？如其然，則範疇即無得而發見。是以爲避免此不幸之結果，故指出：範疇表雖無保證，而發見範疇之原則仍有效。依是吾人可以先列兩原則：

㈠發見範疇之原則；

㈡保證範疇表之完整性之原則。

由分解判斷至範疇不過是線索。而由此線索以實現發見範疇之目的則須根據一原則。此原則即爲形上推述之原則。然此原則在康德系統內決難滿足康德雙重之要求。如不能滿足此要求，則暫時即可以列爲兩原則。如是，此兩原則在康德系統內乃爲不能融化於一起者，而實際上亦未能使之俱成立。此一問題決定吾人之事業。現在吾人對康德則如此說：吾人若予以同情之理解，而會通其精義，則結果只能承認其「發見範疇之原則」，而不能承認其範疇表之完整性之有保證。發見範疇之線索可如下述：

「由分解判斷之特殊形式可以引吾人至範疇之發見」。

而發見範疇之原則，則如下述：

「每一分解判斷所以具有此特殊形式實因有一與之相應之範疇在其後而爲其所以可能之先驗的形式條件」。

簡言之，則如此說：

「每一判斷之雙重性即是發見範疇之原則」。

依據此原則，只能發見範疇之存在，但不能決定範疇之數目。吾人亦無一先驗根據以保證範疇表之完整。此即士密斯最後之歸結。所謂「範疇之必然性只有因涉及現實經驗中之偶然事實而可被證明」之義也。吾於此可同意。但疏解康德至於此，則將有極重要之結果出現。範疇之理論必將全部改變。未知士密斯亦曾意識及之否耶？此義下文明之。

然即使承認其「發見範疇之原則」，吾人之疑問尚不能止於此。以上所論不出士密斯之範圍。吾之問題不止此。吾人且不問：如何由分解判斷發見範疇，當先問：由邏輯中之判斷是否能發見康德所指謂之範疇。如不能，則由之可以引出者爲何事？先作如是簡要之疑問。下文詳細推明之。

第三節　邏輯中判斷分類表有必然之保證否

以範疇爲專題而研究之，且予以列表分類，自以往哲學史上言之，大體可集中於二人。一爲亞里士多德，一爲康德。亞氏前無有用「範疇」一詞者，即其師柏拉圖亦未曾用。範疇，無論在亞氏或康德，俱與命題或判斷有討論上連結。亞氏首用此詞，而其列表分類即與其「謂詞論」相關聯。（當然，亞氏與康德以外，脫離邏輯學而純自形上學或本體論以論範疇者並不乏人，處處泛用，更成慣

例。但此俱與本論題不相干。自邏輯學以論範疇，較有法度，吾人可名此曰傳統之觀點。至由此而引出之範疇之義用，則是另一問題。）與命題或判斷有討論上之連結，遂引導康德由判斷表以發見範疇表。在亞氏則與其「謂詞論」相關聯。吾人可說亞氏是由「謂詞之模式」以發見範疇之分類。依亞氏，每一命題有一主詞與一謂詞。主詞指示一最真實而獨立不依之存在，即本體。謂詞則是隸屬於該本體的一切事，包有綱、目、質、量等等。由此等謂詞樣式之研究，吾人可有一「謂詞模式」之分類。在此分類中，每一類若用一總持之概念表示之，即為一範疇。依是，結果撰為十範疇。此十範疇即為一組「通孔之格式」。任一特定謂詞皆可指給此「通孔格」中之某一格，而且只是一個格。依是，範疇之分類即表示「謂詞模式」之分類。每一範疇指示一「謂詞之模式」。如果以範疇為準（已經分列出後），吾人可說：依照範疇，吾人可決定謂詞模式之為何。在此，範疇表示最抽象之種類概念。設取一主詞，如「孔子」，若將關於孔子所能作成之一切主斷程式出，即可達到此種「謂詞之模式」。孔子是「人」，是「動物」，此等謂詞屬於「本體」一範疇。孔子是「黃色人」，此是屬於「質」範疇。孔子身長「八尺」，此是屬於「量」範疇。孔子畏於「匡」此是「地方」一範疇。孔是「春秋時人」，此是屬於「時」。其他皆可依此明。此等謂詞表示不同種類之物事，而且表示不同種類之物事在不同之模式中關聯於主詞。依此，吾人可說：範疇復能表示一切依照其存在之模式而存在之東西之分類。範疇是最後之類，不可還原之類。此等綱類，汝若將「此是什麼」一問題推到家，即可獲得之。如：孔子是什麼？曰人。人是什麼？曰動物。動物是什麼？曰「本體」。

在此，吾人達到一最後之物體類。又如：此是什麼？曰紅。紅是什麼？曰顏色。顏色是什麼？曰「性質」。吾人又達到一最後類。其餘類推。

依是，一、範疇表示謂詞模式分類，同時亦表示一切存在之分類。每一範疇表示一類存在，同時亦表示一種「謂詞模式」。依是，有多少存在類或謂詞模式類，即有多少範疇，依是可作成範疇之分類。二、若以任一命題中之「謂詞模式」為首出，而使其可理解，吾人可說：每一謂詞模式其所以為此特殊之模式皆因有一範疇使之然。三、然此十範疇只是種類概念：是存在之種類，而非存在之構成元素；是表示真實存在之種類，而其自身非「真實存在」。又表示謂詞模式之種類，而其自身非謂詞。依是，它既非本體論上之構造成分，形式或質料，亦非認識論上理解中之構造的形式條件，如康德之所謂。四、依是，它與謂詞對言，或與存在對言，吾人難說誰是決定，誰是被決定，誰是主，誰是從。它只是吾人向外究討所歸納成之種類概念。依此，康德批評亞氏之範疇表只為由歸納而成者，並無一定之邏輯原則。五、它表示「謂詞模式」之分類，但並不能表示「命題形式」之分類。命題形式之分類是另一步工作。因為，顯然，謂詞只是構成命題之一部分，而不是命題之全體。是以一整個命題之形式必不同於謂詞之模式。依是，命題形式之分類須有待於依另一原則而進行。既不能表示命題形式之分類，所以亞氏雖依謂詞之模式而達到十範疇，然與康德依分解命題（或判斷）之形式而發見理解之範疇全異趣。康德所依據以發見範疇之線索乃命題形式之分類，非謂詞模式之分類。康德所作者意在發見一構造之成分，而亞氏則只達到表示事物或謂詞之分類之種類概

念，此等種類概念對於存在之構造成分並無所擔負。依是，亞氏之論範疇雖與謂詞，泛言之，與命題或判斷相連結而論之，而於命題之分類及構造知識及存在之成分兩無所獲。六、然而所達到之範疇實是表示「存在」之概念，雖其本身並非構造存在之原素，如四因，或四大，或原子。所謂表示「存在」之概念，實是表示事物分類之概念，白此而言，它已出乎純粹邏輯範圍之外。然而，它又實是表示存在之概念，表示謂詞之模式。康德自命題形式發見構造知識及知識對象之形式條件，然則吾人豈不可依據康德立言之精神，再自謂詞之模式以發見此形式條件耶？亞氏實未發見出。然若吾人今日用心不同，用亞氏所未用之心，因而立言大義亦不同，豈不可再由謂詞模式一途徑以發見函義及作用全異之範疇耶？此是一新方向，將來能作至何地，吾人尚不知。然在此至少可提出此途徑，依是，與康德並而爲二：一、是由命題形式以發見範疇；一是由謂詞模式以發見範疇（其義用須與亞氏全異）。

以下論康德建立範疇所取之途徑。

康德順邏輯中命題或判斷之形式以發見範疇。根據此線索，再依據一原則，即可獲得理解之範疇。依此，要保證範疇表之完整或必然必須首先保證邏輯中之判斷表之完整或必然。此義前文已提出。今再列兩大問題如下：

㈠邏輯中之判斷表之完整性或必然性是否決定有，即其保證是否爲可能，如可能，將因何而可能？如不可能，將因何而不可能？吾意，此將牽涉到命題形式之構造論。

㈡由邏輯中之命題或判斷，無論其有否完整性，即有之，亦無論是否有保證，總之，由此種命題或判斷之形式是否能引吾人發見

康德所意謂之理解之範疇。如不能由之以發見康德所意謂之範疇，則將是否能由之以發見出某種物事；如能之，則此某種物事究爲何事。

　　茲先論第一大問題，邏輯中之命題或判斷表，在傳統邏輯中決無絕對之保證，而且順其論法，亦絕不能發見出一絕對之保證。不但傳統邏輯是如此，即在現代邏輯中，所作之命題形式之分類亦無邏輯理由以保證其必然，而且順時下一般邏輯家之論法，亦永不能發見出一必然如此之保證。然傳統邏輯之論命題形式是原於言語或文法學，而且雖有二千年之歷史，其論之也仍未脫此巢臼。現代邏輯則有進一步之覺醒：其論命題形式在理論上可以脫離言語或文法學之羈絆，而且自覺地提出「邏輯句法」一名詞，此名詞即函有吾人可以邏輯地討論而且構造一命題形式之啓示，此即示已跳出言語或文法學之巢臼。須知即此一步覺醒，對於吾人有大便利，至少對於吾，可以誘發出一種命題形式之構造論，依此構造論，吾可以引出一理由或原則以保證邏輯中之命題形式之必然性。此步工作或能實現士密斯所謂「分解判斷之需要一超越之安立並不亞於綜和判斷」一語之要求。（士密斯說此語時，所謂分解判斷自指邏輯中分解判斷之形式乃至此形式之分類表言。每一判斷之雙重性固已指出分解判斷之超越安立。然此義與此處士密斯所說之語異，須善會。否則，與此處所說不相應矣。）吾想，吾已作到此步矣。然一作到此，則命題形式之理論乃至由之所可發見之物事必全變。此暫置之。現在且說，現代邏輯有此步覺醒，對於吾有此大便利，然而傳統邏輯之命題或判斷論卻並無此便利。惟吾人可以引順之至於此便利，而使命題形式之構造論歸於一。然在既成之傳統邏輯中之論

法，則無由以至乎此。是以康德所結集之判斷分類表並無必然如此之保證，亦無先驗理由以明之。

　　茲復有應申明者，即傳統邏輯中命題或判斷，此兩名本指同一事。或曰命題，或曰判斷，皆無不可。大抵有哲學趣味者皆喜曰判斷，而純粹邏輯家則只曰命題。然無論如何，在純粹邏輯範圍內，則總是此事實。尤其當論及「命題形式」之分類時，無論曰判斷曰命題，總是此一套物事之追究。命題與判斷，若在邏輯學範圍外，譬如自認識論而言之，也許有分別。而且「判斷」一詞也許更有其特殊之函義，譬如，每一判斷總函一「能斷之主體」，即理解之活動，而能斷必函所斷，依是必有一所斷之對象，此即此判斷之內容。此如許函義，也許非「命題」一詞所能函。然在邏輯範圍內，則此諸函義可全不顧及，因其所究者只是此命題或判斷之形式故，譬如為全稱者，抑為單稱者，為定然者，抑為假然者，此皆命題之形式，不管名之曰命題或判斷，其所研究者總是此形式。是以名稱之差異不生若何影響也。又因只研究此形式以及其分類，而不追求命題所表象之對象或有外面涉及之認識上的意義或形而上的意義，如亞里士多德認每一命題之主謂詞皆有本體論上之根據，或如鮑桑奎及布拉得賴所分析之判斷之形上學的意義等，則無論取何名亦皆不生關係。又研究此命題之形式以及其分類，與言分解判斷與綜和判斷之不同者異。此邏輯中之命題形式，若平鋪之而為一實際之命題或判斷，則自邏輯學之立場或所謂解證思考之觀點而言之，則此等命題皆可說為是分解的。然當一說分解與綜和，吾人所論者乃是一知識之命題，論此命題之知識上的意義，而非論此命題之形式。最後，吾人所謂論命題之形式以及其分類，是單指邏輯中之命題或

判斷言，既不是泛論判斷分爲分解的與綜和的兩種，亦非就各種學問而言各種學問之命題之特殊性質，因而命題之分類亦即形成學問之分類。此非此處之問題，不應混擾。依是，康德由判斷表以發見範疇，其所謂判斷表正單是邏輯學中之判斷分類表。此義務須認淸。

以上申明數義，皆極重要。如果康德所依據之判斷表只是邏輯學中之判斷形式之分類表，則吾人可說，此種判斷形式之分類，依照以往之論法，是絕無必然性，亦無一邏輯之原則，所謂先驗根據，決定其必爲如此之形式，而且決定其必爲如此「多」之形式，而且決定其必爲質量關係程態四綱領所成之四種類。亞氏《邏輯學》中固已論及命題。然其論命題似是單就推理，無論直接的或間接的，而論之，並未空頭專論命題之分類。其〈命題篇〉之論命題是以說明命題間之相反、矛盾，乃至 AEIO 四種命題間之對待關係爲主要目的。（參看吾《邏輯典範》第一卷第六章）而此種論法顯然是就命題間之關係或對待推理而爲言。彼由此再進而論三段式之間接推理仍以 AEIO 四種命題爲根據。AEIO 爲四種定然命題式，此就推理而言之。後人逐漸增加析取推理與假然推理，因而引出析取命題之形式與假然命題之形式，此仍就推理而言命題。再逐漸增加雙支推理。然此不過爲假然推理之變形。即照其構造之成分言，除假然命題之形式，至多復含有析取命題之形式。依是，就亞氏個人言，其論命題是就推理而言。即就全部傳統邏輯，自其推理系統而言之，亦不過定然之 AEIO 四種命題形式以及析取命題之形式與假然命題之形式三種而已，而此仍皆就推理而爲言。亞氏本人未空頭作命題形式之分類。後人演其緒，除增加推理形式外，復闢一門

專論命題形式之分類。乃漸離「就推理而論命題」之密義。其論「命題形式」本身之構造，並未自邏輯上指出其依何邏輯律則或概念而構成。此步透不出，對於命題形式之構造，難有總持之理論。其論命題形式之分類亦未能作到依何邏輯根據而如此分。此步作不到，其分類亦難有必然之理由。其論命題形式之形成，言語之句子形式是其根據；其論分類，文法學是其底本。皆不能離於言語句式之窠臼。此無本之論。蓋因言語文法皆歷史社會之產物，有約定性，無邏輯性。此其一。即除言語文法之根據外，再尋其他理由以明命題之形式及其分類，則亦不過就一有意義之命題所表象之事實之姿態或關係而言之而分之，因而明其為如是之形式，明其為如是之分類。其起爭執而以為不如是者，其論之根據仍如故。然事實之姿態或關係，其多何限，其變何限。依此而明命題之形式自無必然。此其二。即就康德所結集之判斷表而言之，亦是如此。

　　譬如，自量的判斷言，不過因吾人有時可以說一表示一件事或一個體之句子，如「一婦人哭而哀」、「孔子憑軾而聽之」等，或有時說一表示某一件事或若干件事之句子，或有時說一表示所有的事或一切個體之句子。此就此命題所表示之量言，其量是數目之量。而對於此表示「數目量」之概念，如「一個」、「某個」、「一切」，若不能自「內」而找出一邏輯根據或尋出所以能發出此概念之先驗理由，則只有從吾人對外面事實之姿態而說此一句話上以表示其為如此之量之判斷，此是從描述事實而表示句子之形式。然如其如此，則理由在外，乃為隨偶然之尋伺而成功此句子之形式。如其如此，則何以必只是此形式耶？即從此量之概念自身方面言，先不說此命題之量之形式因何理由而解析而成立，則亦不必只

此三概念。吾人豈不尙有「任何」、「每一」等概念？然則量之判斷何以必是三？又何以其三必是此？此皆無理由者。即使汝從事實上，將凡類乎此之量概念（此表示量概念尙有其他表示法，此言類乎此之量概念只是數目之量概念），皆予以無漏之盡舉，而如果不能自內將此一切概念之先驗根據或邏輯理由透出之，而徒自吾人表示「外面事實之姿態或關係」之句子上而明句子之形式，則雖事實上將類乎此之量概念盡舉之而無漏，汝亦不能有邏輯理由保其必無漏或保其必如此。此即表示說：邏輯學中命題形式之分類，如不能自內找其邏輯根據，而徒自表象事實之姿態方面表明句子之形式，則其分類乃永不能一定者，除其爲偶然尋伺由歸納而成之結集外，無其他理由可以說必如此。量之判斷是如此，質之判斷亦如此。肯定形式者，不過表示吾人對外面事實可以說一以「是」爲連繫之句子，如「雪之色是白的」；否定形式者，則對外面事實可以說一以「不是」爲連繫之句子，如「運動不是靜止」。如不能自內將「肯定」「否定」之邏輯根據建立起，而自「表示事實」上以明命題之形式，則亦不必只是此兩者。吾豈不可以說「許是」、「將是」、「或不是」、「將不是」……等等形式耶？汝有何標準將此等概念排除去而視被不能構成命題之形式？至於「無定」一形式，譬如：「此是『非紅』」、「靈魂是『非變滅的』」等，則尤爲涉及外面事實而成者，因而亦有種種之考慮。如果肯定否定尙可以自內找出其邏輯根據時，則此「無定」一概念卻未見可能。而且如眞能自內找出肯定否定之根據以明命題之形式，而且只就有此種先驗根據者以說命題之形式，則吾人將見「此是非紅」一命題，自「賓詞之意義」而說其爲無定，然而自此「整個之命題」之形式言，實是肯定

形式之命題。吾人言命題之形式，非言「賓詞之意義」。何得以此而決定命題形式耶？認取命題形式之標準究何在？此可亂乎？復此，關係之判斷亦如此論。定然命題式，自言語方面說，不過因文法學中有直述句子式，而自說話方面講，則又因吾人可以說一句表象「眼前現實事象」之命題，或不必就現在事象言，而一般地說一句「肯斷如此」之命題或有「直呈意義」之命題，如「眼見水能滅火」，或「物體皆可分」，因此遂說此等命題之形式為定然形式。假然命題式，則又不過就眼前未曾實現之未來事象而說一句有「虛擬意義」或「假定如此」之命題；或就眼前已現之事而不確知其原因，因而虛擬一理由以為此事實之解析，因而亦成功一「假然如此」之命題；或根據以往之經驗，對於一人提出一警告，或對於一事提出一預測，因而亦可成功一「假然如此」之命題：此如，「如果仍有太陽，則太陽明天將自東出」，「如果有力，則有運動」，「如你吃砒霜，則將會死」，「如雨繼續如此下降，則物價將上漲」。此皆因涉及外面事象之姿態或關係，或因涉及吾人表示事象之態度，而表明此命題為如此之形式。析取命題式，如「世界或因盲目之機遇而存在，或因內部之必然而存在，或因一外在之原因而存在」，「孔子或是春秋時人，或是戰國時人」，「一在無窮之群中或有一律則，或無一律則」，「今天或下雨或不下雨」等，此一方可以表示吾人對於一事象無確定之知識，或另一方表示對於一對象分為互相排斥而又互相共在之若干部，因而形成一析取之綜體，藉此可以決定一完全之知識，或對於一對象將其可能之解析全列出之，以成功一可能解析之全部領域，然而不決定其究是何種，因而成功一析取之命題。凡此，無論是何意義，總是外涉事象而表明此

命題為析取之形式。如此三種命題形式皆自表象「外面事象之姿態或關係」或自吾人「表示事象」之態度而表明之，而不能自內找出決定此形式之概念之先驗根據，則即無理由說必是而且只是此三種。命題之關係形式甚多。如今日數學邏輯家所分析者，如大於、小於、等於、間於、傳遞、對稱、不傳遞、不對稱等等，皆是關係式。吾有何理由而說此等不是關係命題耶？總之，邏輯學中之命題，如果構成其為此命題形式之先驗根據不能自內而獲得，則凡一切分類皆是偶然的，隨意的，而無必然之理由。即再加上今日邏輯家所指出者，吾亦如此說。最後，關於程態之命題式，如或無、實然、必然，其以往之論法，亦是自涉及外事之姿態或關係，或因吾人表示「外事」之態度，而表明之。此尤與說話者之態度有關。此是否能為邏輯中之命題，尚有問題。其特殊性，康德已知之。康德以為「彼於判斷之內容無增益。蓋除量、質、關係外，無有能構成判斷之內容者。其所表示者只是繫詞之價值。」此且不論。吾意：此三概念或用以表示一知識命題之價值，或用以表示一形式命題，如邏輯或數學中者，之價值。彼是否能有先驗根據由之以形成邏輯中之命題形式，亦不無可疑。此有關於邏輯自身之認識，此可不論。然無論如何，如自言語句式以及自表示外事上而表明命題形式，其分類總無必然性。吾人並非否認其為一命題形式，但只表示：依此論法，其分類是否必然？構成此「形式」之概念是否有先驗根據？依以上所論，傳統邏輯中之判斷分類表皆不能說有必然，而於此第二問題，彼輩亦根本未注意及。

由以上之討論，吾人可列以下幾個重要陳述：

㈠討論邏輯中命題形式之分類有二途徑：一、自文法學中之言

語句式以及自表示外事之姿態或關係方面表明命題形式之分類；二、自內面找出構成此「形式」之概念之先驗根據或邏輯理由以決定命題之形式乃至其分類。〔案：此為討論命題形式之途徑之大分類。傳統邏輯中之論判斷俱採第一途徑，依此其分類表之完整性無保證。第二途徑中所謂「自內」中之「內」究竟是何「內」？內在何處？吾人此時尚不明白，雖是總可明白。暫時只對第一途徑中之「外」而姑言「內」。上文屢言「自內」，意亦如此。〕

㈡認取命題之「形式」，固須自整個命題而觀之，然所謂「形式」（命題的）要必確有所指。一命題有變項，有常項，如「Ａ是Ｂ」，Ａ與Ｂ是變項，「是」是常項：有關係字，有名項字，如「如Ａ則Ｂ」，「如則」是關係字，Ａ與Ｂ是名項字；有實變項，有虛變項，如「凡Ａ是Ｂ」，「有Ａ是Ｂ」，Ａ與Ｂ是實變項，「凡」與「有」是虛變項，古言所謂全稱偏稱是也。認取命題之「形式」須自常項，關係字，虛變項等處認取，不可自變項、名項字，實變項處認取。外此，又不可自命題所表示之內容或其所涉之外事而討論或認識命題之形式。一整個命題，如有內容或表外事，則自有其意義，但整個命題之「形式」亦有表意。吾人如就一命題之意義而認取此命題為何形式，則不當就命題之內容意義定，而當就命題之「形式」所示之表意定。此即示：一命題除其內容意義外，尚有其形式意義在，吾人決定命題形式之先驗根據，即決定形成此「形式」之概念之先驗根據。〔案：康德論判斷形式之標準極不確定，而且大抵就內容意義言。此固由其自表外事以明判斷形式所必函者。然吾人卻必須嚴有簡別，此蓋為不可疑者。〕

㈢欲定邏輯中之命題形式以及其分類，而且欲使其有必然有保

證，須滿足以下四條件：A，首先須取㈠條中第二途徑而論之；B，論邏輯中之命題形式須對純邏輯中之推理言，不可空頭而泛論；C，須簡別邏輯中之命題與其他殊學中之命題之不同；D，邏輯中之命題爲無向命題，其形式之構成所依據之概念須純自「內」出（此「內」亦尙不明，姑先如此說），因而其「形式」之決定非漫無標準。

㈣邏輯中之命題形式之先驗根據即是「形成此形式」之概念之先驗根據。惟合乎㈢條中四條件之邏輯中之命題形式始能言其先驗根據或云予以超越之安立。不合乎該四條件之命題形式無法言其先驗根據（譬如以往之論法）。任一有「內容意義」之知識命題不能言先驗根據，亦無超越之安立。〔案：康德言每一分析判斷背後皆有一綜和判斷爲其形成之根據，此義與本條所說者異，亦爲不同之問題。不可混。〕

㈤邏輯中之命題形式須純邏輯地構造之，不依文法學而言之，亦不自外面事實而表明之。唯此始可言分類之必然性，始可言其邏輯之根據。

第四節　由邏輯中判斷之形式是否能發見出範疇

吾人再論第二大問題。即由邏輯中判斷之形式是否能引出康德所意謂之範疇。吾以爲不能。表明邏輯中判斷之形式，如上文第㈣條所述，皆確有所指。吾人就此確指而認取判斷之形式，則知此「形式」之成皆有一概念使之然，此即言一判斷之形式皆指示一「概念」。由判斷之形式，固有所認取，亦固可引出一概念，然由

之而引出之概念要不即是康德所意謂之純粹概念（即範疇）。由此
所引出之概念，就事論事，實只是一邏輯概念，而不必是一存在概
念。康德所意謂之範疇，除程態一類外（因康德亦知此須分別
論），皆是存在學上之概念，即皆對於存在有擔負，故吾人可名之
曰「存在概念」。此等存在概念，雖可以是邏輯的，然只是邏輯
的，卻不必是「存在的」，因此，只是邏輯概念，不必是存在概
念。吾人以為由邏輯中判斷之形式只能引出邏輯概念，而不能引出
存在概念。此是一大關鍵。由此關鍵，決定康德範疇之落空，決定
其所說之「範疇之出生」之無着落。試就其所列之十二判斷，一一
考核之即可知。

　　屬量形式之判斷有三：曰單稱，曰偏稱，曰全稱。此三種判
斷，注意其量，故其形式為量。而決定其為量之概念則在表示數目
量數之「一」、「有些」及「所有」（或「一切」）等邏輯字。此
「一」有二義：或為一不定之「一」，因而為任「一」，或為一有
定之「一」，因而專指一可以「名字」指示之個體，如「孔子是
人」。如為前者，則量數之「一」一概念顯明於命題中；如為後
者，則不顯明於命題中。如不顯明於命題中，則數目「一」為一定
之一個而消融於以專名指示之主詞。此時之「一」不為虛變詞而為
實變詞。因此，吾人由此判斷可以引出一數目，或吾人先已有數目
而以數目「一」指謂之，然而卻並不能由此以引出一「邏輯概
念」。如顯明於命題中而為一不定之「一」即任「一」，則「任
一」之「一」不消融於主詞，因而為一虛變詞，而非一實變詞。而
此虛變詞之所示即是一邏輯概念。此邏輯概念為由理解自身所獨發
而非外在者。因此，由單稱判斷中之不定之「一」，吾人可以引出

一邏輯概念之「任一」。同理，「有些」、「一切」皆爲虛變詞，因而亦皆爲由理解自身所獨發之邏輯概念，其自身並無存在上之自體。吾人由量形式之判斷只能引出此等邏輯概念，反之，因此等概念遂形成判斷之量形式。吾人試檢查此等屬於量數之邏輯概念其自身卻非一定之數量，如八個，或八尺長，或六寸寬等。此等量數概念只是泛稱，故今人名曰虛變詞，而虛變詞自身無自體，因而可化除，故此等虛變詞實只是虛概念，故曰邏輯概念也。此等虛的邏輯概念只爲理解自身所創發之虛架子。因此虛架子，形成判斷之量形式。此等虛架子，因其爲理解自身所創發，而非由外來，亦非外在而有自體，故皆可謂爲先驗的內在的，自其形成該判斷之量形式言，又可謂爲超越的。然既爲虛的邏輯概念，即不能作爲存在學上之存在概念。只能爲吾人「思考存在」之方式，而非「存在」之形式或條件。吾人即使由此等邏輯概念再引出「單一」、「衆多」、「綜體」三概念，而此三概念亦必仍然密切指示該邏輯概念而不能逾越：「單一」一概念即指示邏輯概念之「任一」，「衆多」一概念即指示邏輯概念之「有些」，「綜體」一概念即指示邏輯概念之「一切」。因此，仍然只是些虛變詞，而不能作爲軌範「存在」之範疇。它只能作爲軌範思考存在之範疇（或架子），而不能作爲軌範「存在」之範疇。一多同異之爲形上學中之概念由來久矣，蓋自希臘而已然。然彼時之爭論此問題乃對伊里亞派之反對「多」而只承認「一」，反對「異」而只承認「同」一困難而發生。如存在只是一而無多，只是同而無異，吾人知識即不可能。因此，必須承認存在有一有多有同有異。因此，同異一多乃屬於存在之概念。然屬於存在之概念，或屬於形上學所討論之概念或問題，並不能表明其

即為構造存在或條理存在之形式或範疇。此種概念或只為吾人論謂存在所使用之工具，而吾人之所以能使用此等概念以說存在，則必其所說之存在不只是伊里亞派所意謂之全一或大一。而存在不只是全一或大一必有其所以不是之故，而此所以不是之故乃真是存在自身之問題，而一多同異勿寧只是一種表示詞。個個特殊具體物或存在物是實法，構造此特殊存在物之原素或成分亦是實法，而一多同異以及大有（存在）則只是論謂之概念，乃名言上之虛架子，因而只是虛法，而非實法。關此，後將專章論之。由此觀之，即使歷來屬於形上學之概念或問題，吾人猶謂其不為構造存在之實法（範疇），而況今自判斷形式以認取邏輯概念，則此等邏輯概念尤不能擔負存在之構造也。且由此等邏輯概念更亦不能轉出存在之概念。此為必須確認者。即如康德由之以引出一多綜三存在上之量範疇，其如何使用（康德「以範疇綜和存在」意之使用）於存在，以及於存在上如何表現其義用，乃十分不顯明者。量質兩類範疇，康德固云其乃是屬於數學者。其使用或客觀有效性之表明見於「原則之分析」中「直覺公理」及「知覺預測」兩原則。然即在此，其如何使用以及如何表現其義用亦極為不顯明不切當。固不若關係範疇之義用之顯豁也。關此，本文不深論（此與全部「超越感性論」及全部數學理論有關）。吾在此只說：由判斷之形式只能引出邏輯概念而不能引出存在概念，此蓋為不可移者。

　　屬質形式之判斷亦有三：曰肯定，曰否定，曰無定。判斷之肯定形式由「是」表示，其否定形式則由「不是」表示。而「無定」，若嚴格言之，只為賓詞之形式，而非命題之形式。若自命題形式言之，此仍只為肯定之形式，即其命題之質（非賓詞之質），

仍爲肯定形式也。康德之認取判斷形式本無顯明一定之標準。即就
「無定」判斷言，則顯然又自賓詞或自賓詞所表示之對象而指明判
斷之形式。如「靈魂是非變滅者」，此命題若自其命題形式言，顯
只爲肯定之命題；而賓詞「非變滅者」一詞之所示，其範圍不定，
故自此而言「無定」，則此「無定」顯自賓詞之性質言。依是吾人
可說其賓詞之性質爲無定，而其命題之形式則爲肯定。若說此判斷
形式爲無定，則何以說明其爲肯定？依是，若吾人對於判斷形式之
認取，有一確定之標準，則於質形式之判斷只有肯定否定兩種而
已。（認取判斷形式之標準已明之於上節，須覆看。）吾人由表示
肯定形式之「是」，逆溯於理解，亦可見出一概念，理解自身所創
發之概念。此概念可即名之曰「肯定」，而「肯定」是一作用，故
此概念可名曰「肯定之用」。由表示否定形式之「不是」，逆溯於
理解，亦可見出一理解自身所創發之概念。此概念可即名之曰「否
定」，而否定亦是一作用，故此概念可名曰「否定之用」。此兩概
念既表示一「機能」，又表示一「形式」。機能即示其爲理解自身
所自發之作用，形式則示其發此作用之方式（即路數）。機能則單
示一「用」，而形式則示其「屈曲」。吾人依據此兩概念可以形成
判斷之質形式。是以自此質判斷之形式固可引出一理解自身所創發
之概念，然此概念仍爲邏輯概念，而非存在概念。吾人決不能由之
以引出存在學上之「實在」，「虛無」等有存在擔負之範疇。由判
斷形式逆溯於理解，向內找其歸宿或著落，以謀此形式之超越安
立，吾人只能獲得一邏輯概念。此等邏輯概念既爲理解自身所創
發，故即表示理解自身之屈曲。理解總是有屈曲者。此屈曲即是理
解自身之架子或條件。是以吾人只能由判斷形式以發見理解自身之

屈曲，而不能發見存在之屈曲，即存在之概念或條件。當一判斷之表出，自其質形式言，由肯定方面，固可涉及一存在爲如何，由否定方面，亦固可涉及一存在爲如何，然吾人乃是由判斷之形式向內以發見理解自身之條件，而非向外以說存在。若是向外以說存在，則其所發見之概念究屬內抑屬外實大成問題，何能遽斷其爲內？復次，肯定固可表示一「存在」，因之而引出「實有」一範疇，然「否定」固不必即能引出「虛無」一範疇，因其不必即否定一物之存在，因而亦不必即是虛無。如「運動不是靜止」，此「不是」既不否定運動之存在，亦不否定靜止之存在，但只表示兩者之不同而已（此例見柏拉圖〈辯士篇〉）。何以必引出「虛無」一範疇？然無論如何，吾人總是由判斷形式向內以發見，不是向外以發見。此是大界限。如果吾人向內（即理解自身）只能發見邏輯概念，除此以外，不能再有增益，則康德所見之概念實只是向外發見出而安置於理解自身者。此實康德所不自覺之路數。然不可掩矣。

　　屬關係形式之判斷亦有三：曰定然，曰假然，曰析取。由定然判斷之形式，康德引出「本體屬性」一範疇；由假然判斷之形式，則引出「因果」一範疇；由析取判斷之形式，則引出「並在」（或交互）一範疇。這三種判斷之形式皆表示一種關係，或云因一種關係概念而成功命題之形式。譬如定然判斷，則表示一種主謂間之論謂關係，即以共相論謂殊相之關係，或表示一種主謂間之類屬關係，即以主詞所表示之「體」隸屬於謂詞所表示之類概念而爲其一分子。假然判斷則表示前件與後件間的一種函蘊關係，或云「如果則」之關係。析取判斷則表示兩端或兩命題間的選替關係，或云「或」之關係。此三種關係構成該三種判斷之形式。康德由此三種

關係引出存在學上之三種範疇以期其擔負現象（存在）之構造而爲
其規律。康德範疇之義用及其客觀有效性之表明莫顯豁於此者。其
全部「範疇之超越推述」蓋即意向此關係範疇爲中心而爲言，而於
此關係三範疇中尤以「因果」爲中心。其全部範疇論實全力傾注於
因果問題而解答之。是以其十二範疇若加以淘汰，或指出其所屬之
問題之不同，因而應予以分別論（如程態範疇實即不是範疇，質與
量兩類則屬於數學），則結果只有關係範疇，因而實即只有其中之
「因果」一範疇，始有康德心目中意所謂之「範疇之義用」之積極
意義。其他皆陪襯，或因發見範疇之路數而連帶而起者。關此且不
論，吾人現在只說：由此判斷之關係形式是否能引出有存在擔負之
存在範疇？吾則以爲決然不能。試先就假然形式而言之（以此爲比
較顯明故）。假然形式，吾人謂其爲前件與後件間之函蘊關係，或
「如果則」之關係。「如果」所引者，吾人名之曰「根據」；
「則」所引者，吾人名之曰「歸結」。是以「如果則」之關係，即
爲「根據與歸結」間之關係。此兩者若分言之，「如果則」爲一邏
輯形式，而「根據與歸結」則爲在此「形式」中兩概念之連結。兩
概念，惟因其落於「如果則」之形式中，始得名爲根據與歸結之連
結。「如果則」爲理解自身解物時所自發之「假設」之邏輯形式。
在此自發之「假設」之邏輯形式中，兩概念之連結亦爲邏輯之連
結。是以「根據」與「歸結」亦只爲邏輯之概念。隨理解自身所發
之「假設」中之「設定」而名爲「根據」，復因在「假設」一整全
形式中，故隨此根據而來之歸結，亦爲必然而來者。根據實爲一
「理由」或「因故」。因如此之理由，故必有如此之歸結。是以此
兩者之連結實爲一邏輯之連結，因而有其邏輯之必然性。「如果

則」之形式與根據歸結間之連結，若合言之，實即爲一「因故」之連結（因故爲一個概念，同於「理由」一詞）。「因故」者，「以說出故」之「故」也。故純爲邏輯者。此邏輯之概念爲理解自身解物時所創發以形成其自身之屈曲。吾人言理解自身總是有屈曲者。此屈曲即是其自身所具之架子或條件。吾人由判斷之假然形式，逆溯於理解，只能發見出此「因故」連結之邏輯概念，而此「因故」連結卻並非「因與果」之連結之屬事之存在概念。因故連結乃屬於「義」（即概念）者，而「因果」則屬於「事」。屬義者爲邏輯連結，無時間性，有必然性；屬事者爲現象之連結，有時間性，無必然性。此兩者大有區別。吾人固不能以因故連結即視同因果法則也。蓋純爲隨理解自身所設定之「假設形式」而形成之邏輯連結，何能知其可以充當理解自身以外之「存在」之法則耶？此蓋絕不能外出者。是以吾人由假然形式，向內而歸宿於理解，只能發見一爲理解自身之屈曲者之「因故連結」，而決不能發見出一爲存在之屈曲之因果法則，以吾人根本未觸及「存在」故。復次，吾人所發見之因故連結亦不能即視之爲「因果」一範疇，蓋吾人未透至存在，何以能定其爲屬於存在之因果法則耶？又何以知「存在」必即以此爲其因果法則耶？吾人之發見此因故連結，對外界言，可全爲封閉者，因而亦全爲本然盲目者。是以吾人不能轉出有存在擔負之「因果」一範疇。若謂一實際之假然判斷常可表示一現實之因果關係，或總有經驗事實之因果關係爲其例證，因而由此判斷之假然形式以發見因果範疇，則此發見是因向外而發見，不因向內而發見。如不因向內，則吾人不能知其所發見者必是內在於理解之自身。如果吾人向內只能見出因故連結是理解自身所自發，外此不能再有增益，

則所謂因果法則是理解自身所自給之範疇，必只是外襲而取之而安
置於內者，決非眞內也。此實爲康德所不自覺之發見範疇之路數。
依此，吾人現在只知因故連結是理解自身所創發，眞爲內在，而非
外襲而取者。至於因果範疇，則雖尙不知其究在何處，然至少已知
其決非理解自身所能發，是以亦決非內在於理解之自身。

再就命題之析取形式而觀之。析取形式亦曰選替形式或「或」
之形式。項之選替如「Ａ或Ｂ」，命題之選替如「Ａ是Ｂ或Ｃ是
Ｄ」，「Ａ或是Ｂ或是Ｃ」。吾人由此命題之「析取」形式亦可引
出一概念，此概念即可名之曰「析取」。「析取」亦是一種關係，
此關係是邏輯的關係。吾人可以純邏輯地規定之。如就項之析取
言，吾人可說：此兩項若是同有，或一有一無，或一無一有，有此
三可能者即可規定此兩項爲析取之關係。此種規定之析取自爲相容
之析取。凡析取之本義，若無其他作用或限制，皆只是相容之析
取。此種邏輯關係，由命題之形式而昭示，若由此而逆溯於理解，
向理解自身以找其歸宿或著落，吾人自能發見一概念。此概念仍以
「析取」名之，它既表示一「機能」，復表示一「形式」。機能言
其是理解自身所發之作用；形式言其作用爲有如此形式之作用，亦
由理解自身所創發。此機能與形式合而爲一「析取」一概念。然此
概念，正因其爲理解自身所創發，故只仍爲邏輯概念，因之以成功
理解自身之屈曲或其形式條件。除其爲邏輯概念外，形成理解自身
之屈曲外，吾人再不能增益一毫而謂其有擔負存在之義用而爲一存
在之概念，因而形成存在之屈曲。是以吾人再不能由此進一步而轉
出一爲存在概念之「交互」或「共在」一範疇。是以由命題之析取
形式，向內歸宿於理解，只能發見一邏輯概念，而不能發見一存在

概念。由「析取」一邏輯概念（為理解所創發）亦不能轉出「交互」或「共在」一存在之範疇。蓋「析取」只為理解作用（功能）之方式，虛而不能為實，思之運用而不能為平鋪之存在，故總不能外出者。復次，為理解作用之方式之「析取」亦並不表示「與動」與「反動」間之「交互」，亦並不表示若干成分之「共在」。蓋只為交替之選取作用，何所謂共在？何所謂與動與反動？復次，若由一現實之析取命題，向外而指點「交互」或「共在」之存在，而不向內考察理解自身所創發之屈曲，則何以知「交互」或「共在」一範疇必屬於內耶？必為理解自身所自給耶？吾人單由邏輯中命題之形式向內以考察理解自身之屈曲，此時吾人可全不觸及存在，純為邏輯的自足者，依此，對外可謂為盲然者，亦可謂為封閉者。依是，吾人顯只能引出邏輯概念，以成功埋解自身之屈曲，而決不能引出其所盲然無觸及之存在概念，以成功存在之屈曲。

　　試再一言命題之「定然形式」為如何。嚴格言之，定然命題不表示命題之形式，而表示命題之種類，即命題有屬於定然類者，有屬於假然類者。而假然類之命題，其形式依據「如果則」一概念而形成；如是，定然類之命題，其形式則根據全偏之量概念及肯定否定之質概念而形成。依是，定然命題之形式即是或為全稱形式，或為偏稱形式，或為肯定形式，或為否定形式。所謂 AEIO 是也。惟此始能說為命題之形式。定然命題則只是此四種形式之命題之簡稱而約束為一類：定然自身並不表示一命題之形式。從構造邏輯命題之形式方面言，吾人亦並無一概念足以構成「定然」之形式。是以定然形式乃虛而無實之語。如謂其有「實」義，則必是向外想，向此命題所表示之意義或內容方面想。向此方面說，則只注意此命題

所表示者為一確定之關係，即平鋪而放得下之關係。譬如：吾人說其為一主謂命題，即主詞謂詞間有一定之平鋪關係。而主謂命題亦表示一種命題之類名，而構成此類命題之形式，則有種種概念，如質的量的是。而構成主謂命題之概念，則即是主詞與謂詞，而主詞與謂詞則是實變項，而非虛變項，此則不能由理解自身而得其歸宿。即以是故，說及主謂，吾人必向外想。由向外想，吾人或謂此主謂間之平鋪關係是以共相確定論謂殊相之關係，或謂其是類屬之關係，或謂其是本體與屬性之關係。而此種種關係，皆為確定而平鋪者，且是此命題所表示之內容之平鋪關係。依此，吾人只有向外面而獲得此命題之定然形式之實義。而一說及本體與屬性，則即可以引導康德由此定然形式發見出「本體屬性」一範疇。然而如其如此發現，則顯然向外而見，非向內而見。依是，吾人即不能知此範疇必是屬於內，而為理解自身所自給。依是，吾人由定然命題之形式，尚可向內發見邏輯概念，如上各段所述，而由定然形式則向內直無所發見。依是，由定然形式而發見「本體屬性」一範疇，其為由外而見乃更顯然。即使主謂命題，如因明學之所解，視主詞為「體」，視謂詞為「義」，因而成功體與義間之關係；而依因明義，此中體義並無固宜，只要居於前陳，即為主為體（此體即個體或殊相義，因明謂其逕挺持「體」，故曰「體」），只要居於後陳，即為謂為義。依是，體義純為邏輯之概念，並無存在上之意義，因而亦非存在之概念。然即使如此作解，此體義雖為邏輯之概念，而仍不能謂其即是理解自身所創發之屈曲。因自大界限上總持言之，此仍為實變項，而非虛變項。是以雖是邏輯概念，而仍為由外而起者。復次，主謂關係，如亞里士多德所解，可以視為綱目之

類屬關係。而依亞氏，綱目之關係，以及綱目之為「關係項」，皆非實際存在之實在關係，乃為就思考或論謂而有者：關係就思考或論謂而有，關係項亦然。（關此，可參看古譯《名理探》論關係一範疇。古譯關係為「互」，範疇為「倫」。此書該處言「互」有實互，有思互。綱與目之互即思互也。思互即因思考或論謂而成之「互」。）依是，綱目之關係亦並無固宜，亦可謂為邏輯之概念。然即使如此，綱目概念以及此概念所成之平鋪之關係，亦不能謂其由理解自身所自發。是以，吾人無論由定然命題所得者為存在之概念如「本體屬性」一範疇，或只為邏輯之概念如體與義，綱與目，吾人似皆不能將其歸宿於理解之自身。依是，吾人由此命題之形式，向內直無所獲。

以上關於量質關係三類判斷之形式以及與之相應之概念，已加辨明。至由程態判斷而引出之程態範疇，即可能、現實及必然，康德已知其與首三類不同，嚴格言之，實非其所謂綜和現象意義之範疇，乃實是說明上之範疇。此可不論。

茲可綜結以上之論辨，作如下之陳述。

㈠吾人由邏輯中判斷之形式，向內而歸宿於理解，並不能發見出康德所意謂之範疇，只能發見出一些邏輯概念，為理解自身所創發，以形成理解自身之屈曲，對於存在之形成或屈曲並無所擔負。

㈡吾人若認真反身體察理解自身之活動，將見其亦只能創發此等邏輯概念，於此等邏輯概念之意義須如其本性而意謂之，外此再不能絲毫有增益。此即言決不能由此再轉出存在概念以擔負存在之構造以形成存在之屈曲。稍有所增益，便不能如其性，必橫軼而歧出，因而必參與外面之意義。

㈢康德由判斷形式以發見其所意謂之範疇，實不是向內而考察理解自身之活動而發見，而是順判斷之意義或內容向外而發見而安置於內者。是以其所發見者皆爲存在之概念。然而一說到存在之概念，即非理解自身所能提供。

㈣吾人若眞由邏輯中判斷之形式，向內歸宿於理解，則吾人對於外界可全爲封閉者，可全不涉及於存在，即對判斷之形式亦全不必觸及外面之意義而即可考論之，認取之。但即由此種全爲封閉之路數，吾人即可發見理解自身所獨發之邏輯概念，而且亦只能發見此等邏輯之概念。若一旦牽涉存在概念，則對外即不能全爲封閉者。如不能全爲封閉，則其所發見是否內出實是問題。今康德所發見之範疇，正是存在概念，是以知其發見對外不能全爲封閉，因而其所發見亦不必眞正是內出。而且若知封閉後只能發見出此等邏輯概念，外此無所有，則不封閉而發見之存在概念可定知其必非內出。吾人原是掃清外面之牽連，而單考察理解自身之所提供，康德亦原是此意，故吾人只能有此等邏輯概念，而不能有存在概念，而康德所說者卻正是存在概念，是以知其必謬。

㈤判斷表既不能保其必然與完整，而又不能由此以發見康德之範疇，則其所謂範疇非外襲而置於內而何？判斷表與範疇表或有必然之連結，或無必然之連結。如暫放棄其必然之連結，則判斷表雖無必然，雖可更替或修改，而其範疇內出論，仍可不礙其爲眞。此自爲一可能而且同情之態度。然吾人即使單獨考量其範疇論，吾人亦無理由知其必是內出。吾人由判斷之形式，引不出此等範疇；吾人考察理解自身之活動，亦發見不出此等範疇。

㈥康德主範疇內出之根據可列爲二：甲、此等純粹概念（即其

所謂範疇）不能由感覺獲得；乙、此等純粹概念爲理解所必須。然此兩根據，無一可證成範疇必內出。由甲、不能由感覺獲得，不必即是內出。由乙、爲理解所必須亦不函其爲內出。至康德系統內之其他可能理由或論辨，亦皆不能證明其必內出。此可不必深追。

㈦上面第二節中所引士密斯最後綜結語有云：「依據康德自己對於一切先驗原則之綜和性因而亦只是事實性之基本主張，吾人將見範疇之必然性只有因涉及現實經驗中之偶然事實而可被證明。可能的概念形式是與偶然的感覺材料中之現實而基本之差異相關對；而即因此相關對，所以範疇始不能在純粹先驗根據上而得系統化。」士密斯此文只表示範疇之數目及系統化不能在一先驗根據上而獲得而決定。此因判斷表之無必然無保證而來者。判斷表之無保證只是消極之理由。積極之理由則是此段引义中所說之兩層。士密斯此義即表示仍可承認範疇之內出及其內在於理解自身之先驗性。此即上第五條中所說判斷表與範疇表無必然之連結，判斷表雖無必然，而其範疇論仍不礙其爲眞，之義也。士密斯尚未進而考察康德所舉之範疇是否眞爲內出，是否眞能內在。若如吾所考察，則此等範疇決然不是內出，不能內在。「範疇必然性只有因涉及經驗事實而可被證明」，此語即函「範疇不能必內出而內在」。「可能的概念之形式是與感覺材料中之現實而基本之差異相關對」，此語不但函「範疇不能在純粹先驗根據上而得系統化」，亦函範疇不必是內出，不必眞有內在於理解自身之先驗性。如眞是內出，而且眞有此先驗性，則即可在純粹先驗根據上而決定之，何待於涉及經驗之事實？何待於與感覺材料中之差異相關對？士密斯之說此義，固根據「一切先驗原則之綜和性因而亦只是事實性之基本主張」而來者。

此基本主張即是「範疇之超越推述」所表示者。此超越推述所成之基本主張固不表示範疇之不內出，然亦不能作爲「證明必內出」之根據。蓋吾人已知其必爲內出之先驗概念，所以始須一超越推述也。士密斯之措辭，對康德系統言，固不妥貼，然無論如何，吾可單獨考量此等範疇是否內在。超越推述必須否，及如何講說，則固以後之事也。〔在康德系統，則爲必須。如不必內出，則不必須。如不內出，而仍爲超越之純理智概念，亦即可以說是先驗概念，則仍必須，然不必是康德之講法。〕

　　㈧關於純粹理智之存在概念大體可分四種講法。第一、可先說亞里士多德之講法，此即其範疇分類表，如上第三節所述。第二是康德之講法，此亦成功康德之範疇分類表。康德批評亞氏之範疇表而謂其並無一公共邏輯原則，並謂其徒由茫然向外尋伺依據歸納而成者。其精巧之歸納固可佩，然並未依一先驗根據而自一公共原則而推出。康德自以爲其所發見之範疇表有先驗之根據，此即「爲理解自身所提供」是，並有一公共之原則，此即「皆發自理解之能」是。然此原則及根據固可說，然若無一線索，而茫然單考察理解之自身，則何以知其必是如此之範疇，而且又必是如此多之範疇？此則決不是隨意揀取而安置於理解者。依是，邏輯中之判斷表乃成一最佳之線索。然判斷表之形成亦仍無先驗之根據及必然之原則，其爲由茫然尋伺依據歸納而成，與亞氏之範疇分類表無二致。康德實是依據此種無必然性之判斷表以發見其自以爲窮盡無漏而有必然之範疇表。然判斷表既無必然，範疇表自亦無必然。而判斷表又爲一必有之線索，否則，其發見範疇，更茫然無頭緒，無根據；而且又爲一最恰當之線索，蓋判斷直接繫屬於理解，除此再無有比此更直

接者。然，雖是如此，而判斷表，如以往甚至康德之論法，決無必然性，是以由之而引出之範疇亦決無必然性。判斷表縱無必然性，假設由之歸宿於理解而可以有所獲，則若考察此所獲，而又不是康德之存在概念之範疇，即由之只能引出邏輯概念，而不能引出存在概念，則康德之範疇表不但無必然，而且雖說其內在於理解，實是外襲而置之於理解。依是，既無一有必然有保證之線索，而理解自身又不能提供之，則欲謂其「不是隨意揀擇外襲而安置於理解」不可得也。所差者，康德知其所謂範疇之建立必須一先驗之根據，而且知此根據必在其「內在於理解之能」上說，此即其優於亞氏處。然經過細密之考察，康德並不能實現此根據，或將永不能實現此根據（此自指康德之存在概念之範疇言）。第三是順柏拉圖理型說而起之講法。順理型說之講法以及理型之建構而成一邏輯系統，吾人可至柏拉圖〈辨士篇〉所謂最廣最要之理型。以上二人俱名其所獲者為範疇。柏拉圖並未名其最廣最要之理型為範疇，亞氏列範疇時，亦不取此最廣最要之概念。然無論如何，柏氏所謂最廣最要之理型要是一些存在之概念，而且亦是純粹理智者。如有（存在）、一、多、自同、他異等是。柏拉圖之所以引出此等理型，自其本身系統言，是起自於理型之系統的建構；自其對伊利亞派及辨士派言，則以為必須有一多同異等理型，知識始可能。然則此等最廣最要之存在概念要是因知識上之必然需求而必然成立。然此等理型雖是最廣最要，而最廣最要者不必只是此，所以其數目亦無一定，亦無一內在之先驗根據及一共通之原則而建立之。此一系統與本文所討論之主題相距亦遠。姑且置之（吾將專文論柏拉圖理型之系統建構及一多同異等理型之意義）。第四是黑格爾之講法。黑氏自形上

學之立場，依據辨證之發展，將諸般存在概念（渠亦名之曰範疇），俱行衍出，而且明其有機之發展，成一有機之系統。此可補救柏拉圖之缺點；而且黑格爾即根據此義以評康德範疇之散立。然康德自理解上說，爲知識論之立場。康德想自「理解之能」上將範疇系統化，黑格爾則自「存在之辨證演化」上將範疇系統化。此爲兩大骨幹。

㈨依此，範疇或自存在上講，或自理解上講。柏氏、亞氏及黑格爾皆自存在方面說。康德則自理解方面說。於此，吾可作如下之陳述：A.凡存在概念，自形上學上依據存在而爲言，則較易系統化，此即黑氏爲此之所以較成功處。B.凡存在概念，自知識論上，依據「理解之能」而爲言，則決無先驗根據可以使之系統化，而且亦決無一根據足以決定其必內在於理解。此即康德爲此之所以失敗處。C.存在概念屬於存在，屬存在者歸給存在。邏輯概念屬於理解，屬理解者歸給理解。本文順康德之骨幹，考察屬於理解者究何事。下節略抒己義。D.如自「理解之能」上決不能發見出存在概念，則諸般純粹理智之存在概念，即所謂範疇，必須予以妥貼如實之釐清及安立。此爲一極複雜之問題。本文將不論及。

第五節　證成己義

本節證成己義。重要關鍵及陳述如下：

一、自理解自身之活動只能發見純粹邏輯概念，不能發見有存在擔負之純粹存在概念。此爲吾人之大前提。

二、理解自身之活動之「自發之能」即是純邏輯概念之出生

地。由此自發之能而見純邏輯概念，藉此認識理解之活動為有屈曲者。理解為思考活動，非直覺活動，總是有屈曲者。此純邏輯概念即表示理解活動之屈曲。依是，理解活動之屈曲為發見理解自身之純邏輯概念之原則。

　　三、然由理解活動之屈曲而至純邏輯概念，依第二條所述，此種「決定有純邏輯概念」之知識乃純為分解者，即由屈曲性之活動可必然而推知者。然此種推知，對於屈曲性並無所增益，除知必有純邏輯概念外，並無其他進一步之知識。依是，A.此為一普泛之決定；B.不知能有何種邏輯概念，即有所知，亦是猜測者，隨意者，並無必然之決定；C.即有所知而幸中，亦是不完整不窮盡無漏者，即列舉而近於完整，亦無必然之根據，因而亦無必然之保證。依是，D.吾人必須有一引至此邏輯概念之線索及一保證其完整性及窮盡性之為必然之原則。

　　四、邏輯中之命題之形式是發見此等純邏輯概念之必然線索，離此，再無其他可能之線索。然即此「線索」（命題之形式）亦復須有邏輯之安立及一超越之安立。對於邏輯之安立，吾人須有以下之認識：A.邏輯中之命題與其他種種有內容之命題須嚴格分別，此即吾所謂有向命題與無向命題之分是。B.邏輯中之命題須對推理而為言，不能空頭以泛論。C.邏輯中命題之使用須能以形成純邏輯即邏輯自己為標準，依是，吾人對於純邏輯必須有嚴格之鑒別，表示純邏輯之有形系統必皆是無所說之套套邏輯系統。D.構造邏輯中命題之形式，亦即命題形式，或邏輯句法，必須離開言語或文法學而純邏輯地構造之。E.此種純邏輯地構造之，必須依據純邏輯概念而構造之。F.純邏輯概念之認取必須以能形成純邏輯

中之無向命題為標準。凡稍有內容或經驗成分於其中之概念皆非純邏輯概念，皆須剔除。依是，形成純邏輯中之邏輯句法或無向命題所依據以構成之純邏輯概念，其最基本者必只是肯定、否定（質的）、凡、有（量的）、如果則、析取等（關係的）之屬於第一序之三類，以及屬於第二序之程態概念，如真、假、可能、必然、不可能等。此四類基本概念及由之而構成之種種句法，可因其所形成之套套邏輯系統而得保證其為必然，為窮盡而無漏。此大範圍既得保證，則由之而成之句法，無論如何變換，不能出此範圍，亦可知其窮盡無漏而有邏輯完整性。吾人作至此，即是此「線索」之邏輯安立。

　　五、然，雖有邏輯安立，尚仍不能保證其超越的必然，即邏輯自己何以必須如此，仍不得一超越之保證。依此，吾人復須一超越之安立。此超越之安立，即是將此邏輯自己以及形成之四類基本概念與種種句法一起向內歸宿於理解而明其先驗之根據。吾人欲作至此，須有以下之認識：A.有形邏輯與無形邏輯必須予以分別。此即吾所謂可符系統與不可符系統。B.有形系統雖可多（不能無限多），而皆是唯表純理自己，此即是不可符之無形系統之為一。C.有形系統因「純理自己」而有意義，而可能。然而此「純理自己」是無形者，是見之於理解自身之活動，亦即見之於純理性思考之自身。此則起自內而透於外。當其為該「可符之有形系統」所表示，並反而使該「可符之有形系統」有意義而可能，則即說為此「可符之有形系統」之超越安立。因此超越安立，遂獲得此四類基本概念及由之而成之句法之超越安立。D.因此超越之安立，吾人對此四類基本概念及由之而成之句法之必然性及窮盡性，遂獲得一

超越之保證及先驗之根據。

六、然以上所述，猶指純邏輯而爲言。純理欲表現其自己，因而成功唯表純理自己之各種有形系統，必須有賴於該四類基本概念及由之而成之句法。然此純理自己既見之於理解自身之活動，則在此活動中而表現純理自己，理解自身亦必獨發此四類基本概念，藉以形成純理展現之充分而必要之條件。吾人由邏輯句法爲線索想發見理解自身所獨發之純邏輯概念，藉以形成理解自身之屈曲。吾人此時不想說邏輯自己，而是想說如此發見之純邏輯概念在具體之理解活動中居何地位，有何功用，將可字之以何種名稱。吾人此時，不再名之以構造邏輯句法之邏輯概念，而將名之曰「理解之格度」。此格度爲理解自身所獨發，以爲理解活動之條件，藉以形成理解自身之屈曲，即曲而能達之屈曲。此即理解自身之虛架子。

七、此爲虛架子之格度有三：一曰因故，二曰曲全，三曰二用。此只屬於四類基本概念之前三類，即屬於第一序者。至屬於第二序之程態概念，則不須取爲理解之格度。隨康德，第一序爲構造的，第二序爲軌約的。就理解活動之成知識言，只取構造的爲已足，故只有三也。第二序之程態概念，若在「理解活動之成知識」上使用，則只衡量知識領域之本性與界限，故爲軌約的，不可取爲理解自身之格度也。

八、依是，形成邏輯自己之基本概念及由之而成之句法即爲吾人發見理解格度之必要而充分之線索。如純理自己已保證此基本概念及由之而成之句法爲必然（此即純邏輯之超越安立），則亦必保證如此而且如此多之理解格度爲必然。此爲理解格度之超越安立及先驗根據。依是，A.吾人有一有保證之發見格度之線索，此如本

條首句所述。B.保證此所發見之理解格度有必然性之原則即爲在理解之具體活動中純理之外轉。C.理解活動之屈曲爲發現理解格度之原則。（此原則與 B 項之原則異）。

關於如此發見之格度，其重要函義如下：

㈠此種格度屬理解，因而形成理解自身之屈曲，不屬存在，因而亦不能形成存在（即使是現象）之屈曲。

㈡此種格度對理解自身之活動言爲構造，對存在言爲軌約。此即言：只能軌約存在，而不能構造存在；只能誘導存在之條理，而不能作爲存在之條理。

因此二函義，故吾不名之爲理解自身所提供之範疇，而名之爲理解自身所自具之格度。因有此格度，理解始能進行，始能成就其爲理解，而理解始能爲理性的。理性的理解，自消極方面說，一不是直覺的領納，二不是神秘的冥證。自積極方面說，它總是有屈曲。成就此屈曲者，一是脈絡，二是界畫。脈絡可以單指邏輯之理則言；界畫可以單指格度言。依是，理性的理解即是依理（兼攝理則與格度）而解。然而其所依之「理」只能成就理解之屈曲，而不能成就存在之屈曲。而吾人之發見其所依之理，又可純不涉及存在而反顯之，即所謂對外全爲封閉者。縱使無此現實的宇宙，吾人亦可依純邏輯之形成而向內發見理解之格度：此理性的理解其自身本總是如此者。然如此所發見者，既與存在無關涉，則只能明理解依此而進行而成就。然理解總是現實而具體之活動。在其具體之活動中，其自身雖總依此而進行而成就，然而其所解之存在亦總必有可以能使其依此而進行而成就者，此義即函：存在總有可解者。假使存在全無可解，即全無意義或條理，則其具體之活動即不能進行下

去，即不能依其格度而進行而成就其爲具體之活動。在此，此格度
仍歸於形成純邏輯之基本概念，依是，其所能形成者仍只是純邏輯
或純理自己，而不是具體之活動。依是，吾人發見此格度雖可以全
爲封閉者，而使此格度歸於具體之理解以成就其具體之活動，則不
能全爲封閉者，即不能全不關涉於存在。然而吾人所發見者又只是
理解之格度而與存在無關涉，然則吾人對於存在將何求？關此問題
之解答，可有兩種態度：一、只有訴諸經驗。假使經驗事實全無條
理，雖有理性的理解亦無可用；假使經驗事實稍有可解，則理性的
理解即可照常進行而成就其具體之活動。此解答函：對於經驗事實
有較多之承認，理性的理解稍爲謙虛。二、提出若干純粹理智的存
在概念以爲理解所以可能之條件。吾意，康德哲學之形成，其最初
一念靈光之閃爍即屬此種態度。此一念既成，然後再由邏輯中判斷
之形式以爲發見此等存在概念之線索，再進而主張此等存在概念即
內在於理解之自身。然既是純粹理智之概念將何以能應用於現實之
經驗？於是，又有超越推述之理論以及原則之分析諸理論。理解誠
有需於若干形式條件，此亦即是其所預先根據之脈絡及界畫。然康
德想此脈絡及界畫卻是從「存在概念」方面想。而又將存在概念納
於理解之自身。最後又主張：知識可能之條件即知識對象可能之條
件。存在誠亦需有相當界畫與脈絡，理解方可能。然既云存在概
念，則若無經驗爲指導，吾將茫然取何存在概念充當存在之脈絡及
界畫？判斷之形式給康德以最佳之線索。此一解答函：對於經驗事
實所承認者少，在理性的理解所擔負者又過多。然若判斷之形式並
不能保證範疇（存在概念）之數目，而由判斷之形式向內又不能發
見出此等存在概念，則此解答即歸倒塌。

　　或可有一第三解答，即：縱使理解自身之活動不能發出存在概
念，即康德所謂範疇，只能發出邏輯概念，即吾所謂格度，然格度
旣不能接觸存在，而存在又不能不有相當脈絡與界畫，然則吾豈不
可類比於理解之格度，再提出一一與之相應之純粹理智之存在概
念，以充當存在之脈絡與界畫，以使現實而具體之理解為可能？依
此解答，存在概念亦可謂其為理解所必須之條件，或亦可謂為理解
所提供所設置，但卻不能謂其為理解自身之活動所發出。是以雖為
理解所必須之條件，然其為條件卻非內在於理解自身之活動，非為
湧於內而為條件，乃為陳於外而為條件。依是，雖為理解所提供所
設置，亦非為湧於內之提供或設置，而是陳於外之提供或設置。此
義與康德義有類似處。若不予以愼審之區別，而順此線說下去，則
可以處處有似於康德，甚至所用之言詞亦直可全同於康德。若欲修
改康德。或彌縫康德，大可順此路而嘗試。然吾以為此恐非康氏
義。關此且不必問。無論如何，若是此第三解答，實不若第一解答
之直接而簡易。因為此等存在概念雖與格度一一相應，格度有定數
有必然，此等存在概念亦必有定數有必然，然而旣不是內在於理解
自身之活動，由此活動所湧現，而徒為理解所必須，因而相應格度
而純理智地設置之，則實不若直接面對經驗而說話。此等存在概念
仍純理智地自外面而設置，吾之理性的理解旣與存在為異質之相
對，而不能干涉於存在，因而亦不能使存在必屈伏於自己而順從自
己所擬之概念，則即因此異質之對待性，此等存在概念遂只有假然
性，而並無定然性。雖與格度相應亦無助，蓋格度只繫屬於理解，
為定然，然存在旣與理解為異質之對待，則越乎理解自身而擬者即
只有假然，不為定然。若云：誠然為假然，然可以求例證於經驗。

然如其如此，則即不若面對經驗而陳辭之為直接而簡易，假設性亦小也。求例證於經驗，即是求決於經驗。如經驗不能例證之，則奈何？豈非雖虛擬之而亦無用耶？經驗如能例證之，則直訴諸經驗而已矣，何必繞大圈？是以此第三態度，一經細審，總當歸於第一態度。

須知康德之態度是以理性的理解為構造的綜和歷程，故其存在概念不越乎理解而擬之。依是，理解即攜此等存在概念為形式條件以構造地綜和現象，而現象亦必服從此等形式條件而接受其構造。此義，在理解上即將現象統屬於「我」，故其存在概念可為定然也。然依第一義，理性的理解不為構造的綜和歷程，而與存在（縱使是現象）為異質之對待，依是只為一詮表之綜和歷程。如與存在為異質之對待，則第三義即不能介然以自立，總當歸於吾所持之第一義。而若再經細查，則康德之構造的綜和歷程在理解上乃為不能成立者，依是理解與存在為異質之對待乃為不可免者。若為不可免，則即有順此不可免之對待而來之說統，此即本書所欲作者。依是，依第一種解答，則順上列二重要函義之序，可再增以下之要義：

㈢理性的理解與存在為異質之對待。

㈣理性的理解對於存在為詮表之綜和歷程。

㈤對於經驗事實有較多而且最低之承認。〔較多是對他人言，譬如休謨與康德。最低是說只有此點承認即足夠。此項函義全在對於感覺現象之說明。見第一卷，此不及論。〕

若云依以上五函義，自然之齊一性及因果之必然性不能得必然或理性之保證，則吾即云：在理解一層上，吾人坦然接受此事實。

命運注定其如此，則亦無可奈何者。然吾在此可說：雖無齊一性及
必然性，然亦要不如休謨之所說。感覺現象總有相當之關係性，總
稍有可解者。吾人如能作至此，即足夠，即所謂最低之承認。吾人
若再進而要求必然或理性之保證，則決非理解所能擔負。吾人欲作
至此步，必須超出理解之範圍，必須將此擔負歸給形上學。吾人在
理解一層上，減少理性的理解之擔負，見出現象以及現界之一切皆
無歸宿，無著落，此即所以加重形上學之擔負，加重形上實體之意
義。吾人如能作至此，則形上學全幅實現，現象之歸宿及安頓亦全
幅成立。此即道德形上學之責任，亦即意志因果或目的性判斷之責
任。依是，

　　㈥吾人只承認一「先驗綜和判斷」是康德義，此即「目的性判
斷」是。亦即意志因果之綜和為一構造的綜和歷程，而此亦是先驗
綜和者。一切主宰義，支配義，統馭義，皆匯於此。除此以外，無
絕對之主宰或統馭。

　　在理解上，理解之格度不能接觸存在，然理解總是一詮表歷
程。順詮表歷程中因故格度之使用處，吾人可設立「範疇」，藉以
觸及存在。在理解之詮表中，每一判斷之成是經由一歷程而成之
「獨體」。每一判斷皆是一獨一之個體，依此，凡言判斷只是一
種，並無多種，當判斷成立時，吾人所予以論謂之「謂詞」即實
現。當在詮表歷程之始，隨因故格度處而起論謂，此論謂時所設立
之未實現之謂詞即代表一假然之原則，此原則吾人名之曰範疇。判
斷中之謂詞並非憑空加上去。自理解之詮表歷程言，此歷程必有
「始」。「始」即因故格度之使用處，因而亦即範疇之成立處，此

即判斷中謂詞之根據。吾人於前文第三節，曾言及順謂詞之模式而言與亞氏義全異之範疇，即此義也。關此本文不能深論。且置之。

第三章　思解三格度之說明

第一節　因故格度

　　時空爲理解詮表外物之始點。吾須根據時空格度先定事物之時間相與空間相乃至時間系與空間系。時空之使用必涉於直接呈現之實事。此實事呈現於當下，爲生理感中心中之特體。生理感現發之，統覺起而綜攝之，故亦曰統覺所現。（此言統覺指直覺的統覺言。下倣此。）心隨統覺之綜攝起而設立時空格度以定其時相與空相。故時空格度之使用必限於直接呈現之全體實事，囿於當下之直呈而不能橫軼。亦即唯涉於所已暴露者而限定之。未暴露者，無此事，自亦無時空，而時空格度自亦無所用。時空格度不能超越經驗事實而橫軼而獨存。因此而成功兩置斷：凡統覺所現必爲現實之事實，凡此等現實之事實必有時空相。然而時空自身之爲格度，卻是心所自給。

　　時空格度惟涉於當下之實事而不能橫軼，然吾人之理解決非囿於當下直呈之審識。理解欲超越當下之拘囿而有所推斷，即根據當下之實事而推斷未來所可有之結論。理解不是統覺之直覺，而是思

考之解析。前言統覺所現之實事有其自身之關係或結構，並亦有其
生發之歷程。統覺應其關係之全體或生發之歷程而綜攝之。綜攝之
必有所攝。此即所云：統覺能自足地直接給吾人以意義。此意義由
覺現實事之關係性與歷程性而表示。統覺之覺，直而無曲：無有分
解，無有籌度。故其覺一為具體，二為整全，三為關係與歷程融於
一而覺之。然若止於此，雖能給吾以意義，而不能給吾以知識。知
識之成在乎理解。理解曲而非直，故其解物一為抽象，二為分解，
三為視覺現之關係性為一型相自具體歷程中提出而單獨思考之。此
型相為統覺獨有意義之所在，亦為理解解物之所據。統覺融此型相
於具體歷程中而覺之，理解則自具體歷程中提出而思之。理解以全
體歷程之具體方面之殊事為其所解，而以其關係方面之型相為其能
解。即云以此型相詮表彼為一全體歷程之殊事而成一判斷也。判斷
成，即知識成。是以知識之成全賴理解之運行。

　　理解運行有理性之全體大用以為其支柱或綱紀而曲成之。理性
之全體大用即理性之自自相與自他相而顯露於理解中者。惟此全體
大用乃純理自身之流衍，乃理性自己之自見。純乎其純，而無經驗
內容於其中。理性之自自相固為純理之自見，即逐理解而外涉之自
他相亦是純理之外現，仍為純理之純乎其為理，而未曾凝固於事象
以殊化。此自純邏輯立場而言也。然此純理自自相自他相之全體大
用必顯於理解，亦必歸於理解。當其顯於理解時，吾人是立在純邏
輯範圍內而顯示純理之自己。當其歸於理解時，吾人是立在知識範
圍內而考察此純理在理解中之作用。是以自歸於理解而言之，理性
之全體大用必用於理解。然理解必有存在（即事象）之關涉，而理
性之呈用亦必有所憑藉。理性之彰發其用，乃所以條理理解而統系

之。然其用之現發固非憑空而起：必有所附著，必有所憑藉。其所
憑藉，自根本上言之，自爲理解之外涉，外涉而及於存在。不及於
存在，自無理解。然及於存在即已成理解乎？理性起用所憑藉者即
此普泛之「及於存在」乎？止於此，其所憑藉仍未得明。涉及存
在，必顯思想之機能。由思想之機能，始能成理解。思想之機能
何？即對統覺所現而起概念之詮表也。理性起用必附著於「概念之
詮表」而進行。是即理性起用之所憑藉。然「概念之詮表」猶嫌普
泛。思想如何運用其概念之詮表？是必有其所參照之格度。此格度
亦可曰規範，或曰模型。思想參照其自給之規範而進行其理解（即
概念之詮表），理性即憑此而起用，宿於其中而條理之。理性起用
而條理之，見之於隨乎規範而來之推斷之統系。是則思想必藉一軌
範而運用其概念之詮表，而理性亦必憑藉此軌範而見其條理之用。

　　思解所憑藉之軌範，首先是假然命題所表示之「根據與歸結」
之必然連結。此種必然連結即「如果則」之連結。「如果」即根據
之所在，「則」即歸結之所在。根據亦得曰「因故」，即「理由」
義。以此因故爲理由，而後有「則」處所表示之歸結。故根據歸結
之必然連結，吾人即名之曰「因故格度」，單取前件而爲名也。然
「如果」處所表示之根據，在理解外涉之運用中，總是一概念，有
內容，而「則」處所表示之歸結亦是一概念，有內容。關於此種概
念之意義，吾人暫可不論。吾人此時單就根據歸結間之必然連結而
名之曰格度。此則純是一虛架子，非概念，無內容。此虛架子乃純
理歸於理解隨理解之外涉而「外在化」時之所表現。純理外在化時
表現之，同時即憑藉之。所謂外在化即純理隨理解之運用而展現其
自己也。純理外在化而展現其自己因而表現此格度，此義若切實言

之，即是在純邏輯中藉以成推演統系以唯表純理之「函蘊」一邏輯關係，隨理解運用中純理之外在化而亦外在化，因而表現爲此格度。是以因故格度即是「函蘊」一邏輯關係之外在化。當吾人說函蘊，吾人是論純邏輯以見純理；當吾人說因故格度，吾人是論理解以彰純理之起用。在純邏輯中，純理藉什麼基本邏輯概念以表現其自己，在理解中純理即憑藉什麼格度以表現其自己。理解中之格度與純邏輯中之基本邏輯概念一一相應。自純理方面言，吾人說純理憑藉格度以展現其自己；自格度方面言，吾人說格度乃是純理外在化之所表現。格度一方成就純理之展現，一方成就理解之進行。格度成功理解之曲屈。然格度同時亦成就純理之展現，故雖已成功理解之曲，實亦成功其曲而能達。

理解必關涉於存在，亦即必有其所論謂。統覺所綜攝之事象呈於前；理解起而詮表之，必有其自身之程序以爲其著手之形態，即著手之成始而成終之形態。此即根據歸結之軌範。據此軌範，而後理解之舉足落足皆成條理。故理解自定之格度實爲理解進行所以可能之條件。有此格度，而後理解始能將統覺所攝之意義（或將吾心所見於事象者），納於一詮表之系統，以成吾所見或所向者之知識。故根據歸結之必然連結所成之格度乃對理解而言也。顯其義用於理解，使理解爲可能，亦所以使知識爲可能也。亦即使吾所見於事者，能納之於先後次序之排列中：先後次序之排列即系統。理解即將所見於事者納之於系統。系統成即知識成。然此系統既非覺現事象所呈現，故必爲概念之詮表所撰成，而概念之詮表又必據一軌範而後撰成之。此軌範即理解自身所自給之格度也。

此因故格度既爲根據歸結之必然連結所形成，故又貌似因果之

法則。然亦只貌似而實異。吾於〈認識論之前題〉中，論直覺的統覺時，承認覺現事象有其因果之倫係，有其終始之歷程，有其自身之結構。是故因果倫係乃事象生發歷程所自具，屬於存在者也。此事實吾由生理感所引起之統覺而證實之。然由生理感而起統覺所證實之因果倫係乃圍於生理感中心中之特體事之範圍內，而凡生理感中心中之特體事又皆為一件一件之現實事。每一件現實事是一生起之歷程，是以每一因果倫係皆是曲成一現實事之因果線：有一件一件之現實事，即有一條一條之因果線。此一條一條之因果線隨一件一件之現實事之生起而呈現。此一條一條因果線與屬於思解而為理解之格度之「根據歸結」為異質。即因果關係與因故格度為異質。茲以三端明其為異質之所以異：一者，因果為事連，因故為義連；二者，事連者為存在之秩序，有時相有空相，義連者為邏輯之秩序，無時相無空相；三者，義連者有必，事連者無必。（事之如何連雖無「必」，而事「必」有連。）此異質之兩流，吾人承認其並存而非不相容。設以思考歷程為標準，吾人必承認有一異質之流即統覺所給者橫插於其中，而為其所必忍受而無可如何者。既云異質，它必有其自己之特性。如有其自己之特性，則因果關係即不同於因故格度。如因果倫係為屬事而為統覺所呈現，則因果即不能為先驗之概念為理解之範疇，而因故格度亦不能充當因果範疇，因故只是因故，非因果也。康德以為由「因故」一邏輯概念可以轉出「因果」一範疇。此範疇為理解之純粹概念，因此必須藉「規模」為媒介，而後始能安置於直覺現象上因而成功現象之必然連結。此義視理解為構造之綜和歷程，吾所不取。依本書之系統，理解是一解析之綜和歷程。此則必須承認兩異質流之並存。茲依據此兩流之

並存義，而考論因果關係與因故格度之關係，以及此兩者各對於理解之關係爲若何。

第一，因果關係與因故格度之關係爲雙彰之關係，即兩者相得而彰者。自因果關係方面言，一件一件之現實事中之一條一條因果線可因因故格度中根據歸結之運用而彰著而釐清。此言因果關係之「彰著」可以「釐清」而界定。因故格度中之根據歸結爲一邏輯概念，而覺現事中之因果關係可因此邏輯概念之運用而凸出，此即所謂彰著或釐清。康德說：因經驗事實而釐清之先驗概念，人卻視之即爲經驗之概念。然吾今亦可如此說：因先驗概念（根據歸結即先驗概念）而釐清之經驗事實，康德卻視之爲先驗概念。自因故格度方面言，因故格度之可以繼續有效，即「如果則」之可以繼續使用，乃因生理感中心中之每一件現實事皆必具有一條因果線。現實事與因果線爲等價之關係：如其有現實事，即有因故格度之表現，即有「如果則」之使用。若一旦無統覺，無生理感之現實事，自亦無所謂因果線，則因故格度即不能彰其用，即不能繼續而有效。此言因故格度因因果線而彰著，即言因因果線而可以繼續有效或表現。依是，吾人即以繼續有效或表現而界定「彰著」之意義。本因因果線而可以繼續有效之因故格度，康德卻視之爲一切直覺現象所依之以爲一客觀現象之因果法則。

第二、因果關係對於理解之關係爲間接助成之關係。今假定生理感中心中之現實事無因果關係。依是，則「如果則」之使用即不能連下去。此運用不能連下去，理解即不能成其用，因而即不能有現實之理解。現實之理解既不能有，則因故格度即泯而不彰，不復爲理解之格度。因之，理解之格度乃歸爲函蘊關係，因而徒成一純

粹推演之系統，唯藉以表純理而一無所說。依是，欲使現實之理解
為可能，則必須承認生理感中心中之現實事具有因果線。否則，理
解只是一純形式之推演系統而無內容於其中：只是同質之分解，而
非異質之綜和；結果只成套套邏輯，而不能成知識。然所謂因果線
使現實理解為可能，此所謂使之為可能乃是間接之助成，而非理解
自身之本質條件。理解自身之本質條件即曲成理解自身之格度。此
格度對理解自身言為構造者。以其為構造者，故其使現實理解為可
能，此所謂使乃是直接之構成。此依其本質而為言，非自其外緣而
為言也。間接之助成是其外緣，直接之構成是其內因（本質）。依
是，如果吾人單自考察其內因而明其自身所以可能之條件，則儘可
單言其曲成其自身者即已足，而不必越乎此藩籬以牽涉存在也。依
是吾人可以論因故格度對於理解之關係。

　　第三、因故格度對於理解之關係為直接構成之關係。依據此關
係，吾將說：無論事象方面為如何，吾之理解總有其自身所以可能
之條件；吾總可置事象方面於不問，而單考察曲成理解自身之條件
為如何。由此復可說：有理解自身之條件，不必即否認現實事之因
果關係；承認現實事之因果關係，亦不必無理解自身所以可能之條
件；而理解自身所以可能之條件，亦不函其必外出而為成事之法
則：總之，此本兩事也。蓋吾人當反身明知時，只就理解自身而表
露其所以可能之條件，未曾措意乎事象。吾明理解之條件時，亦非
必據乎「雜多之事象必在此形式條件之構造綜和中」而明理解之條
件以期其於事象有擔負。事象之或有序或無序，吾作此步工作時可
暫置而不問。彼之凌亂也亦無關，彼之整然也亦無關。即事象之如
何或不如何，對於吾明理解之條件之工作，可暫尊守邏輯上不相干

之原則。此時，吾之工作可全爲封閉者。（當康德作範疇之形上推
述時，自先驗根據上以明理解之先驗範疇，其工作之態度亦似全爲
封閉者，而且理論上亦必爲封閉者。否則何得云先驗根據？）彼即
凌亂，吾所表露之成知之條件，未必即可以出而構造之，使其爲整
然。設眞凌亂，造化注定其爲凌亂，吾且奈之何哉？彼若整然，吾
仍可表露成知之條件；吾所表露之條件，亦非必重疊而無用。蓋吾
明知之條件時，一、單就理解自身而考察曲成理解自身之條件，
二、此種考察乃全爲封閉者。是以吾明知之條件所以成知，不函其
外出而爲成知之對象之條件也。設所表露成知之條件果眞即成知之
對象之條件，即任其同亦何傷。設不即成知之對象之條件，則只爲
知之條件而已矣。而其或即或不即，則總爲別一事：知之條件不函
其必爲知之對象之條件也。既不相函而爲別一事，則康德認其即，
而吾亦可認其爲不即，而亦實爲「不即」也。此「不即」之關係，
由以下兩主旨而極成：一、統覺流與思想流爲異質；二、自先驗根
據上發見理解之條件皆是邏輯概念，非存在概念，由純理隨理解之
外涉而外在化而形成。（此兩主旨由以前之複雜之理論而證成）。
然康德可問：汝何以能知其爲「不即」？汝所以說其爲不即者，乃
因汝視知之對象爲物自身。然物自身吾人不能知其爲如何或不如
何，吾又焉能知其形成之條件與吾所發見之先驗範疇爲即爲不即
耶？是以吾說其爲「即」者，乃因吾知之對象乃現象，非物自身
也。如其爲現象，則必服從吾所發見之範疇而莫能逃。關此。吾可
如此答：吾即因吾知之對象爲現象非物自身，故吾說其爲「不
即」。所謂現象即是生理感中心中之現實事而爲統覺所綜攝者：此
皆受因生理感而引起之統覺經驗之限制：凡現象皆受此限制。因在

此限制中，始能說即或不即。若跳出此限制而說此限制以外之物事，吾不能知其為即或不即。若不受此限制，而對於世界作邏輯的泛說，或作邏輯的可能之擬議，譬如設想世界為凌亂，或設想有一魔鬼作無窮之搗亂等，此皆作邏輯之遊戲，無真實之意義，於此而說即或不即，亦了無意義。是以說即或不即，必限於現象，必受統覺經驗之限制。在此限制中，康德認其即，吾則認其為不即。蓋一言現象，何以即必服從範疇之構造耶？此並不能作為證明「即」之根據。現象之為現象亦並不必即因範疇之構造。是以在此吾作稍為謙遜之陳述曰：生理感中心中之現實事皆必有其生發之歷程，皆自有其因果之關係，此為生理感而引起之統覺所可直接證實者。一、統覺直而無曲，其自身自足地給吾人以意義。若此現實事無因果之倫係，則即不能有統覺，因而亦無生理感中心中之現實事。二、此因果倫係只應就生理感中心中之現實事而言之。若離開此限制而妄想以外之物事而謂其如何或不如何，則全是幻想之遊戲，必毫無根據。然在此限制中，則因果倫係之實有即有直覺之確定性：生發之歷程與因果之倫係是直覺之統覺及此統覺所攝之現實事之基本而必要之條件，無之必不然，故有直覺之確定性。如果現實事之因果倫係為有直覺之確定性，為統覺自足地所證實，則即與理解之思考為異質，因此凡理解之條件皆不即成此現實事之條件。惟在此所應注意者：理解之條件雖不即成此現實事之條件，然若現實事無因果之倫係，則理解雖有其自身之條件亦無用，亦不能使之成為現實之理解。故云：因果關係對於現實之理解有間接助成之用。如前「第二」所述。

　　生理感中心中之現實事之因果關係可因因故格度之運用而彰著

而釐清，然而發之於理性思考自身之因故格度既不能構造現實事使
之有因果，亦不能於其自有者保證其何以必如此。此義即言邏輯理
性並不能保證事實之因果性。此所謂不能保證事實之因果性等於說
不能保證「如此之生理器官何以必有如此之生理感因而何以必有如
此生理感中心中之現實事」。此亦即等於說：生理感中心中之現實
事即所謂現象世界者不能得安頓不能有歸宿，而其安頓與歸宿亦不
能由邏輯理性來供給。此義引吾人必至一超越之形上學。所謂保證
其必如此之「必」是自現實事之開頭上說。此開頭上所說之
「必」，邏輯理性不能保證之，必須有一超越形上學擔任之。如果
超越形上學能實現，則開頭上之「必」得保證，而由此而來之現實
事所具之因果關係亦得有保證。然當超越形上學未作成前，此開頭
之「必」即不能說。而現實事之因果關係亦無理性上之保證。吾人
只能說：如其有生理感，如其有統覺，則生理感中心中之現實事即
「必」具有因果之關係。此「必」與前「必」，其義不同：此必是
順承現實事之生起而來者。現實事之因果性實可由「現實事之生
起」一詞分析而得，故此「必」實爲一由「現實事之生起」而成之
分析命題之「必」。然此整個分析命題之本身並無必。然雖無此
必，而不妨礙其「有」因果，而且此有爲必有。此即適所謂由現實
事之生起而成之分析命題之「必」也。此「必有」之「必」可因統
覺而證明之，故云「有直覺確定性」。「凡生理感中心中之現實事
皆必有因果關係」，此一全稱定然命題只有依統覺而證明之，而且
具有直覺確定性，故雖爲全稱，然並非歸納者。此命題既不能由邏
輯理性以保證之，而在超越形上學未作成前，亦不能由形上實體以
保證之，故只有以統覺而保證。統覺保證其「直覺的確定性」。統

覺給吾以現實事，而統覺乃直而無曲者；故現實事爲一件一件者，統覺亦必爲一個一個者：每一統覺之成即函每一現實事之有，每一現實事之有即函每一因果線之有：一個統覺如此函攝一切統覺如此，是以該全稱命題實爲「一成一切成」之陳述：故雖爲全稱，而非歸納者，故有直覺確定性。此全稱命題之直覺確定性即等於一個統覺所證之一條因果線之直覺確定性。蓋統覺是散的，故該全稱命題亦可化爲散的；而一成一切成，故一個統覺所證之因果線之直覺確定性即等於一切統覺所證之因果線之直覺確定性。

〔凡此所言應覆案首卷第一章所論。〕

又於因故格度之運用中，「根據」是一概念，有內容，「歸結」亦然。此兩概念合而爲一整概念，吾人名之曰「範疇」或「原則」。此爲概念之詮表中所首先當機而立者。本書依因故格度之運用而立範疇，範疇即由因故格度之運用中而湧現。此義當於後專章論之。今爲下文曲全格度之說明，故首提於此以爲下文立言之根據。

第二節　曲全格度

思解格度之二爲曲全格度。理性的思解，於其外用，首表現而爲一「如果則」之因故格度。然在「如果則」一格度中，因思解之外用，必對當下之經驗事實湧出一「原則」。此原則即在「因故」處表現其自己：乃爲於因故格度之運用中所首先當機而立者。根據歸結之連繫，如在純邏輯，則爲一函蘊關係，此只內向，而不外傾。然當在思解運用中，則因思解之外向（外涉），故因故格度亦

必外向。因故格度之外向即必湧現一當機而立之原則。此原則以當
機而立，故有殊義與殊用。吾人已知，此當機而立之原則即是一範
疇。然徒有因故格度與其中所湧現之範疇仍不足以表示思解運用之
歷程，亦即仍不足以表示一知識之成立。思解於其於「如果則」中
湧現原則時，必須繼續而前進。此繼續之前進即表現而爲一歷程。
然此歷程必不只是形式者，即決非一只是形式之推演。如只是形式
者，則吾人只有隨「如果則」而來之假然推理之歷程，此只是一邏
輯之推演，而對於外事無所解。復次，若廣言之，如只是形式者，
則吾人只有一純邏輯之系統（不拘其系統爲如何），而無一詮表外
事之系統，是以亦只爲一純邏輯之推演歷程，而非一思解外用之詮
表歷程，是即等於無「現實之理解」。是以思解於湧現原則時，必
待繼續前進，而此繼續前進必表現而爲一詮表歷程。欲表現此詮表
歷程，則於思解湧現原則而待繼續前進上，必須於因故格度外，再
需有一格度。此格度即吾人所說之曲全格度。

於因故格度湧現「原則」時，曲全格度即直承此「原則」之繼
續表現其作用而出現。吾人說每一原則是一範疇，而範疇之出現卻
在因故格度中之「如果則」上而湧現。是以當其湧現時，只有假然
性，而無定然性。然具有假然性之範疇又必欲要求其自身爲定然
性。此定然性即是此範疇之實現。從範疇之假然性過渡至其定然
性，曲全格度即出現。此即所謂直承「原則之繼續表現其作用」而
出現也。原則之要求定然性即是原則之繼續表現其作用。於此「繼
續」上曲全格度即出現。曲全格度成就此繼續，同時亦即成就思解
爲一詮表歷程也。

一假然性之範疇欲變爲定然，必待有具體事例滿足之。如果一

範疇於其所指謂之事例全部皆有效，則其所函蓋之事例即全部滿足之。如全部滿足之，此假然性之範疇即變爲定然性之範疇，此即此範疇之滿證。如一部分滿足之，且尙未發見相反之事例以否證之，吾人即名爲此範疇之曲證。一範疇之要求實現而或爲滿證，或爲曲證，即於此「滿」或「曲」上，建立曲全格度。每一範疇自身無所謂曲或全，是以曲或全並不直承範疇自身而建立，但直承範疇之要求實現上而建立。曲全不對範疇自身說，而對滿足範疇之事例說。每一範疇是一原則，其自身有絕對普遍性。但此絕對普遍性亦可以自其內向言之，亦可以自其外攝言之。自其內向言之，是說此普遍性內蘊於此原則本身而爲此原則之本性。自其外攝言之，是說內蘊於此原則中之普遍性可以函蓋其所應函蓋之一切事例而毫不受限制。然當此原則只是作一原則看，其函攝性雖足以將此原則之普遍性由內向而轉爲外攝，由外攝而使此原則放出千條萬緒（此即是其所函蓋之事例），然此千條萬緒之函攝性仍只爲該原則所應有之固具特性。此固具特性窮盡該原則之普遍性之「外攝相」之一切，再無其他之屈曲。是以此放千條萬緒之函攝性，即所謂普遍性之外攝相，因放出千條萬緒故，因千條萬緒爲散殊故，雖可以使吾人於此而立「全」（一切）之一概念，然亦只是「全」之一概念，再無其他之可言。因此「全」之一概念由函攝性直接引出故，而由函攝性亦只能分出此概念，此即所謂「窮盡該原則之普遍性之外攝相之一切」也。依是，曲全格度尙不能依此而建立。然當一原則，在現實理解中，自其要求實現看，即作一要求實現之原則看，則其函攝性亦隨原則之要求實現而要求實現。即在此要求實現上，其函攝性遂有屈曲，此屈曲即所謂或滿或曲也。依此或滿或曲之屈曲建立曲全

格度。

　　曲全格度由思解自身於範疇之要求實現時所發之曲全兩邏輯概
念而成立。由「全」一概念，當其外用時，即當其於範疇之要求實
現之歷程中，可以表現而為一知識上之全稱命題；而「曲」一概
念，則在同一情況下，可以表現而為一知識上之特稱命題。然曲全
格度卻非即全稱命題與偏稱命題，不過後者卻可由曲全格度而套
出：曲全格度之於此等命題猶如因故格度之於範疇或原則，關此稍
後再論。今只說：曲與全是思解自身所獨發之兩邏輯概念，其自身
圓滿而自足。全固自足，曲亦自足：思解自身所獨發者固自如是
也。其自身雖圓滿而自足，卻於外事無所應。故羅素名之曰邏輯
字，而非物象字。此即邏輯概念，而非存在概念也。即依此義，名
曰思解格度。復次，原則要求滿證，全部事例皆滿足之；然事實上
實從未有實現之滿證，吾人亦並未歷盡一切事例，而一切事例亦從
未成一現實之呈現，盡呈現於眼前，然因故格度中所湧現之原則，
其自身之普遍性之外攝相固必須函蓋其所指謂之一切。每一原則其
自身皆有其絕對普遍性與圓滿性：不只特於眼前一事例而有效，其
自身之本性並無此限制，是以亦期於其所函蓋者皆有效。是以每一
原則隨其自身之普遍性之外攝相，而對其所函攝者，亦有窮盡性。
當吾人說「如甲則乙」時，此中所表示之原則並不單限於一定之事
例。是以此原則自身即為無有限制者。因其為無有限制而為絕對普
遍之原則，故當在現實理解中而要求實現時，思解自身即湧現一
「全」之概念，而在外事方面則相應此全之概念而指陳原則所函蓋
之全部事例皆能滿足之，因而投射成一全稱之命題。然思解自身之
湧現「全」，乃直而無曲者，是以其所湧現之「全」亦如「原則」

之為圓滿而圓滿，為自足而自足。故為一邏輯概念。此在思解方面之湧現「全」固如是。然於外事方面，原則雖要求其所函蓋之全部事例滿足之，然吾人已知此全部事例卻從未作全部之呈現，亦即從未有實現之滿證，吾人亦未能盡歷全部事例而知其盡滿足之。是以此原則之絕對普遍性之外攝相，當在現實理解中，其於外事方面雖希求窮盡，而永不能窮盡，是即明其對外事而有漏，外事對照之，足以揭穿其圓滿性。不但足以揭穿原則之圓滿性，而且對思解所發之「全」亦足以揭穿其圓滿性，是即明思解所發之「全」乃永不能相應者。然隨原則之要求實現，思解自身對外事固又必須投射一「全」之概念。全，因其隨原則之絕對普遍性而來，故其出現乃有必然性；因其為思解所獨發，而外事與之一對照，又足以揭穿其圓滿性，故又不相應，「必然有」而又「不相應」，吾人遂名之曰思解格度。「全」為一獨發之概念，「曲」亦為一獨發之概念。原則於外事要求全，而因經驗之層出不窮，故其要求全而不必全，即在此「求而不必」上，思解湧現一「曲」之概念。實則，當說外事足以揭穿「全」之圓滿性時，即已必然函有「曲」之概念在。曲全為一思解格度，由此格度之運用，足以表現思解為一詮表歷程。

　　曲全兩概念，因其為思解自身所獨發之格度，故為不相應。不相應可有二義：一、自全方面言，即所已言之其所指陳之外事不能全部呈現；自曲方面言，於外事，吾人只有一定事，卻無所謂「某」。依此而言不相應。二、曲全既為思解自身所獨發之邏輯概念，而自其為概念自身言，曲全皆為一獨一而自足之概念，而其所指陳者卻為散殊之事實，是以其為概念雖獨一，而卻無一與之相應之獨一事為之體：其體非獨一，乃散殊。是即明此兩概念乃為無體

者。以其自身爲無體，故其所指之散殊事若眞能全部呈現，此概念即消解。即使不呈現，或無論呈現不呈現，而理上言之，一自身無體而以散殊爲體之獨一概念總可化解之而歸於無。此在邏輯名曰「虛變項」，或曰「不全符」，依此而言不相應。不相應義以此爲重。然雖不相應，而思解之詮表歷程卻又非用之不爲功。此即思解自身所具備之內在之手續方面之形式條件，純理藉以表現其自己於現實之思解歷程中者。凡格度皆不相應，以不相應，故爲虛架子，簡名曰虛法。凡虛法皆在某範圍內爲必須，而在另一範圍內又不必須。是即明於某另一範圍內可以撥而去之也。所謂在某範圍內爲必須，此某範圍即指理解知識言。在理解知識內需要此等格度，一因理解自身有屈曲，不能不有其自身進行之手續；二因理解知識須受經驗之限制，對於其所知須層層達到，不能一攝盡攝，一成全成；三因理解雖受限制，而理解之活動，以是理性思考故，則其所發之概念又必盡整齊圓滿之能事，而期超越此限制，如是方能形成理性的詮表歷程。依此三故，格度遂成必須。否則不能成有系統之知識，亦即不能成理解之知識。若一旦吾人有一種認識能超越此理解之認識，對於現實之宇宙能一攝盡攝，一成全成，則此等格度即不必要。此即所謂於某另一範圍可以撥而去之也。〔譬如說在「理智的直覺」即不必要。〕關此暫不深論。

　　原則，如陳之爲命題，則爲一假然命題，此即所謂原則之假然性。原則，於其要求實現時，相應曲全兩概念而陳之以命題，則爲定然命題。相應「全」者，爲全稱定然命題，肯定或否定；相應曲者，爲偏稱定然命題，肯定或否定。若一旦至乎肯定或否定之定然命題，吾人名之爲「原則之現實性或否決性」。曲全格度之運用指

示原則之趨於實現或歸於否決。譬如，在原則，為「如甲則乙」；相應曲全格度，則為「凡甲是乙」，或「有甲是乙」，「凡甲非乙」，或「有甲非乙」。「凡甲是乙」不必真得滿證，然相應「全」之概念而成此，則此命題總是一定然命題，而此定然命題亦總表示該「原則」之現實性。「有甲是乙」雖為偏稱命題，亦表該「原則」之漸趨於實現，是亦即表示該「原則」之現實性。如相應曲全格度而為否定之定然命題，則即表示該「原則」之否決，此即其失效性。相應曲全格度而成之四種定然命題，其交相為用，遂形成思解運用之全幅歷程。交相為用即肯定否定間之發展關係，此須於二用格度中說明之。

曲全兩概念，在純邏輯中，只為形成邏輯句法之規律。其自身全無外面之涉及，是以其所成之四種定然命題即 AEIO，亦全為無向命題（所謂邏輯句法），因而其所成之推演亦只為一純形式之系統。然當其為現實理解中之格度，因其隨原則之要求實現而呈用，故曲全兩概念之運用須有外面之涉及，而相應之而成之四種定然命題亦為有向命題，故總為知識中之命題，不得視為純邏輯中之邏輯句法。蓋曲全兩概念承續「原則」而外用，而原則必當機，故其外用所成之定然命題必為知識命題，亦即必指陳經驗事實而不能懸空也。曲全格度投射四種定然命題亦如因故格度之投射一假然命題（即原則）。原則必當機，定然命題必切實，而因故曲全兩格度之先驗根據即是純理自己在現實理解中之外在化。是以因故格度湧現一原則，曲全格度投射四種定然命題，圍於經驗中，交相為用，以成就思解運用之全幅歷程，藉以顯示實在之條理，而內在之純理亦藉以表現其自己於現實之理解中。

曲全格度誘導「原則」成一定然命題，藉以規定類。四種定然命題交互爲用，其總目的在成一全稱定然命題。及至成一全稱定然命題，則其所規定者爲滿類。由此吾人將批評羅素與懷悌海二人合著之《數學原理》中之數論，而衡量其所論者爲何事。復次，每一滿類表示一「原則」之滿證，然滿證究能獲得否，頗是一疑問。又將如何能獲得，亦是一問題。吾以爲此問題乃在：於邏輯思解中如何能透出直覺之認識。此而可能，方得言「原則」之滿證。凡此吾人將詳論之於下卷第二部〈曲全格度之所函攝〉中。

第三節　二用格度

吾人說曲全格度順承「原則」之要求實現發爲四種定然命題。此四種定然命題交相爲用，遂形成思解運用之全幅歷程。所謂交相爲用，即肯定否定遞用之發展。依肯定否定之遞用而立二用格度。

二用格度與因故曲全兩格度之義用稍不同。因故格度之運用中湧現一「原則」，曲全格度之運用中則引吾人措置四種定然命題。二用格度則對於外事之詮表無所湧現，惟內處於因故曲全兩格度所湧現之原則及四種定然命題中而聯貫之，使其爲一有機之發展，因而形成思解爲一曲而能達有始有終之詮表歷程。二用格度中之二用表現脈絡不表現物事。是即明二用格度外無所立而唯有內用也。

吾人論純理時，曾謂二用爲「純理自見之自用」。是亦明二用唯有內用，而無外立。以唯有內用，故云爲純理自見之自用，純理如是自見、即如是自用。而如是自用，其所顯者亦唯如是之純理。是以二用遞用而成套，其所示者，即純理自己也。故云二用與三律

爲純理之純理根據。然此爲脱離現實理解而單言純理自己。故其所
成爲純邏輯。然當時吾人又云：純理自己無所謂動。故純理自見之
自用並非謂其自己善動而發此用。動者思解。是以其自見之自用，
實藉思解之動而成此用。第以旨在論純理，須脱離實際思解而爲
言，故云其爲純理自見之自用，自用云者乃邏輯地如此言之也。實
則純理旣不空掛，必處於思解中而顯示其自己，故終須歸於思解，
就思解而言之。就實際思解而言之，則因思解必解物，而思解又爲
理性之思解，故即明純理在實際思解中而表露其自己。然其表露必
有憑藉。其所憑藉者即當論純理時純理表現其自己所憑藉之基本概
念也。然當論純理時，其所憑藉以表現其自己者，吾人名之曰成句
之規律即基本之邏輯概念，而在實際思解中表露其自己，則其所憑
藉者爲格度，而此格度必與該成句之規律爲同一。以純理在純邏輯
中如此而表現，在實際思解中亦必如此而表露也。假若在純邏輯中
不藉此而表現，不得謂純邏輯；在實際思解中不藉此而表現，亦不
得謂理性之思解。以是之故，兩者必同一。以同一，故云思解中之
格度由純理之外在化而發見。所謂外在化者即於實際思解中而表露
其自己也。在實際思解中表露其自己，故成就「純理自見」之基本
概念即外在化而爲思解之格度，純理藉之以表露其自己於實際思解
中。此即言：基本概念隨純理之外在化而外在化：純理之外在化即
純理之呈用於現實理解中，基本概念之外在化即純理呈用於現實理
解中所憑藉之格度。格度一方爲純理呈用之憑藉，一方卻亦就是思
解之軌範。

　　純理外在化而表露其自己藉以曲成此思解，必有賴於三格度。
因故，曲全，已如上述。然徒有因故曲全，則雖有外立，而仍爲分

離而孤持，必待二用格度始能將彼二格度所外立者而聯貫之，成一
有機之系統，因而遂使純理全幅表露於實際思解中。表露於實際思
解中，同時亦即曲成此實際之思解，而使之成爲一有機之詮表歷
程。因故與曲全是純理表露之預備，而二用格度之參與，方是全幅
表露之實現。二用之義用只是如此也。故云二用格度外無所立，而
唯有內用。然此「內用」不同於純邏輯中唯表純理自己之內用。此
「內用」以其是現實理解之格度，故一方使純理得以全幅表露，一
方卻也即使現實理解爲一詮表歷程。實際思解有始有終，曲而能
達。而其所以爲曲而能達，正以二用參與因故曲全之中而使之成一
有機之系統故也。

　　三格度，在實際思解中，相隨而生，極其聯貫。先有因故格
度，從中湧現一原則。承續原則之設立，即有曲全格度。何以故？
因原則自身有絕對普遍性，且要求實現故。承續曲全格度所措置之
四種定然命題，即有二用格度。何以故？以四種定然命題，交相爲
用，必成一有機之發展故。此在純邏輯，尚不見有如此之聯貫。蓋
因全分，二用，爲成句之概念（規律），而函蘊又只是一關係，
（縱然亦可視爲成句之概念）。雖是任一純邏輯系統，無論其以何
句法爲工具，皆含有此三組概念，然尚不能如在實際思解中三者有
一定之秩序。在純邏輯中，此三組概念，任取一組爲準，必可推出
其他二組概念。譬如以二用爲準，參之以析取，吾人即可規定一函
蘊關係。是二用變爲二值之眞假關係時，即函蘊一「函蘊」關係
也。而函蘊爲一可以使吾人構成一推理式之邏輯關係。由此函蘊之
勾連，吾人成一推理式。而每一推理式皆爲一絕對普遍之命題（原
則）。譬如：如果 P 函 Q 而且 Q 函 R，則 P 函 R。此爲一三段推

理之原則。而此原則即為絕對普遍者。每一邏輯推理式皆是如此。其所以為絕對普遍，即在該推理式中「如果則」處見。依羅素，凡在一推理式中，其函蘊讀為「如果則」者，即表示形式函蘊；凡讀「函」者，如 P 函 Q、Q 函 R 等，即表示真值函蘊。而每一形式函蘊是一組「真值函蘊」所成之類。依是，形式函蘊即表示一普遍之原則，而其普遍性之外攝相即含有一「全」之概念，由「全」可以引「曲」。復次，不必自一推理式處說始如此，即在「如果則」一函蘊關係處說已是如此。是即明三組概念，以二用為準，而相生也。若以真假值所定之「函蘊」為準，則亦可以推生其他。較困難者，是以曲全為準。吾人不能自曲全中引出二用。然須知曲全單獨自身並不能構成一句法，必參之以二用而始可。是以凡用曲全構造邏輯句法以成邏輯系統者，必兼用二用。由此兩組概念造句法以成推理，則函蘊即函於其中。依是，舉一賅三，任一皆然。然雖舉一賅三，可以相生，而總不如在實際思解中其為格度之有一定之排列，合而成一有機之發展。其故即在：純邏輯唯顯純理，無所陳說，而在思解，則必為一有始有終，曲而能達之詮表歷程，故三格度必有一定之排列秩序，因而成一終始歷程也。復次，因純邏輯唯顯純理，無所陳說，則純邏輯中任何成文系統，如顯明地取何概念以造句法，即可形成一形式系統而唯顯純理，是以形式系統雖多，而其所盡之責任則一。正以此故，雖云舉一賅三，而如果取二值造句法即足形成一二值系統，則在此二值系統中，其顯明之概念而呈顯明之作用者究只為二用，而非曲全；適所解析，由二值而成之函蘊以見曲全，此只不過云由「函蘊」（如果則）之普遍性可以引生此概念，然實則在此系統中，此概念究未顯明呈用也。又在亞氏三

段推理系統中，曲全二用雖呈用，而函蘊只隱藏，究未顯明取用之。在假然推理中，函蘊雖呈用，而曲全二用未顯明以呈用。是以此三組概念在純邏輯中任何系統雖皆函有之，而究因「任取一概念以造句法即可自足地成系統以唯顯純理」之故，此三組概念遂有隱顯之不同，呈用不呈用之不同，故總不如在實際思解中個個顯明呈用，而且成一有機之發展也。

二用格度中之二用內處於四種定然命題中而聯貫之，以使詮表歷程期一最後之結束而成一獨體之判斷。是以其交相為用之聯貫，雖表示一歷程，亦表示一知識之完成。其交相為用即肯定否定間之相違與夫肯定與肯定間或否定與否定間之相順之一整個之發展。當一原則之要求實現時，假定其始，只為一偏稱肯定命題，則吾人期望其漸漸相順而成一全稱肯定命題。由肯定以順成此原則，同時即須由否定以排除而確定此原則。排除之模式如下：設以全稱肯定為準，如「凡 S 是 P」，則吾人加以反面之排斥即為「凡不是 P 的不是 S」。此即由肯定以順成此原則，由否定以確定此原則。假定其始，為一偏稱否定命題，吾人期望其漸漸相順而成一全稱否定命題以與該原則相違而擯棄之以期另立一原則。由肯定之相順而順成此原則以及由否定之相順而擯棄此原則，吾人即得一發展之歷程。復次，假定由肯定之相順所成之全稱肯定為準，如有一事為例外，即將該全稱肯定全部否決，此即偏稱否定命題之否決全稱肯定命題也。假若以否定之相順所成之全稱否定為準，如有一事為例外，即將該全稱否定全部否決，此即偏稱肯定命題之否決全稱否定命題也。肯定與否定或否定與肯定間之相否決（即相違）即形成吾人知識歷程之「辯證的發展」（柏拉圖義）。肯定與肯定或否定與否定

間之相順，即形成吾人知識歷程之「歸納的發展」（此是粗略言之）。由歸納發展觀其成，由辯證發展觀其生。歸納發展服從繼續原則，辯證發展服從突發原則。知識歷程非是純形式之推演歷程，故必兼有此兩類發展型態也。

　　二用格度之使用有內在外在之別。內在者內處於詮表歷程中而呈用。以上所述，皆為內在者。外在之使用，則為跳出知識歷程而對知識作一肯定否定之辯證觀。在內在使用中，辯證發展與歸納發展交用不離，故其辯證發展仍以形成知識為準的。今暫舍歸納發展而不論，單就辯證發展而言之，吾人在此二用格度之內在使用中，將顯示兩種辯證歷程：一、內處於四種定然命題中而聯貫之所成功之肯定否定間之相否決之發展。此種發展因經驗之限制及經驗之層出不窮而成功。以上所述者以此義為主。二、經過歸納歷程以及適所述之辯證歷程後，吾人必獲得「形式之有」之知識，吾人此時即脫離經驗，將二用格度使用於此「形式之有」上以觀「形式之有」之離合而使之成功一邏輯之系統。此義是柏拉圖所定之辯證學之意義。此兩辯證歷程皆是內在而積極的。內在義如上所定。惟此第二種辯證義。似不處於詮表歷程中而呈用，乃處於詮表歷程之所成處而呈用。依是，若作廣義之規定則如下：內在者內處於知識中而呈用也。積極義則以「有所成」而規定：第一種辯證相助歸納而成知識；第二種則依據形式之推演而使「型式之有」成一邏輯之系統：此皆有所成也。此「有所成」之辯證，無論為柏拉圖所意謂者，或本節吾所意謂者，吾皆名之曰古典義之辯證學，或曰知識論之辯證學。

　　在外在使用中，吾人跳出知識而觀知識，其所形成之辯證發展

不在形成知識，亦不在形成「型式之有」之系統，而在破除理解知識之限制與固執以期湧現一新境界，此即由理智而想望至超越理智之飛躍。此義之辯證爲外在而消極的。外在義如上所定。消極義則以「有所顯」而規定。此義之辯證爲黑格爾所表現之辯證。吾將名之曰形上學之辯證。惟吾此處所說之辯證是對破除知識之限制言，雖跳出知識而仍以知識爲焦點。吾人尙有另一方面之使用，仍可形成此形上學之辯證，此即在呈露本體而破除習氣時所成者。此兩種形上學之辯證皆是二用格度之知識外之使用。此中函義甚繁，俱非此處所能及。詳論見下卷〈二用格度之所函攝〉。依是，吾人有四種辯證，分成兩類，如：

　　甲、古典義者：知識論之辯證學：

　　　　A、基於經驗之層出不窮而形成之肯定否定間之相否決之辯証。

　　　　B、基於「型式之有」而成功之辯論。

　　乙、黑氏義者：形上學之辯證學：

　　　　C、破除知識之限制而成功之辯證。

　　　　D、破除習氣之障蔽而成功之辯證。

第四章　範疇之設立

第一節　範疇之基本特性

　　吾心隨統覺之覺事發爲時空格度而直接附於事以限定之，因而形成統覺所現之實事之時空相。然人心之發爲時空格度以限定統覺所現之實事，並非對於此實事之詮表，乃只爲隨統覺之呈現而限定之：此限定之成果只賦予該實事以時空形式性。統覺之覺事直而無曲。吾心隨統覺發爲時空格度，其發也亦直而無曲。隨時空格度之內發而同時即附於事以限定事，其附著而限定也亦爲直而無曲。以其直而無曲，故其所賦予實事者只爲時空形式性，因而此時吾人對於外事所知者亦只此形式性，而並無其他。是即明吾人對於外事並無詮表也。是以徒有時空格度之運用，吾人不能及於外事之內部，思解三格度雖表示思解爲一詮表歷程，因其爲一詮表歷程，故已透過時空形式性而及於外事之內部，然三格度只爲成就思解爲一曲而能達之虛架子，其自身並不及物。是以其所以能充實或具體化此虛架子而使其成爲一現實理解中之具體運用，則必有一物在。此物事吾人名之曰「範疇」。範疇之運用，一方能成功思解爲一詮表歷

程，因而思解三格度得以彰其用，一方能使思解透過時空形式性而
進入外事之內部，因而成功對於外事之詮表。

　　範疇發於理解之運用。在理解之運用中，其將於何處，隨何路
徑，而出現耶？曰必自因故格度處順因故格度之運用而出現。因故
格度之運用必成功一假然之命題。由此假然命題必湧現一普遍之原
則。此「原則」，吾人即名之曰範疇。因故格度即為「根據歸結」
間之連結所成之軌範。然此格度之具體運用（即於現實理解中之運
用），其根據與歸結在一假然命題中必特殊化。因其特殊化，故根
據歸結之連結不只是一普泛之軌範，而是有特殊意義之根據，特殊
意義之歸結。根據而特殊化，即成一特殊之概念；歸結亦然。因此
吾人相應根據歸結而有兩概念，此兩概念合而為一整概念：此一整
概念即為因故格度之運用中所湧現之原則或範疇。（範疇是概念，
格度非概念。）譬如：如 P 則 Q，「如果則」為一格度，P、Q 特
殊化即成兩特殊概念之連結。然，雖是兩特殊概念之連結，而其關
係仍為因故關係，即 P 處之概念為理由（根據），Q 處之概念為
歸結也。此因故關係指導一因果關係，而非即一因果關係。譬如：
如是所作，即是無常。此可以指導一現實緣起事之因果關係，而
「所作無常」兩概念顯為因故關係也。依此，在因故格度之運用
中，每兩概念因「因故關係」而形成一整概念，此整概念即範疇。
依是，每一範疇即以「因故關係」而示其相。

　　因故關係之範疇之指導一因果關係名為「範疇之當機性」。因
果關係為一物理關係，而物理關係則是在時空格度之運用所限定成
之時空形式性之下。範疇之運用能透過此時空形式性而進入實事之
物理關係，此即其「當機性」。範疇之當機性依何而可能耶？時空

格度之附於事雖只成功實事之時空形式性，然而統覺之直接綜攝事
象卻不只此時空形式性。其所綜攝者是一物理事，又因其綜攝是直
而無曲，故統覺自身能自足地直接給吾人以意義。此「意義」決不
自時空形式性處言：一因時空格度隨統覺之綜攝而內發，當其內發
而著於事以成功實事之時空形式性時，統覺已給吾以意義；二因統
覺之自足地給吾以意義，其所給之意義決不因時空形式性而始有，
蓋時空形式性是由內發之時空格度著於事而限定之而始然，其限定
只是時空之限定，因而只成一時空相，而實事之為事決不只此時空
相。依是，統覺所給之意義決不自時空形式性處言，而當自其所綜
攝之物理事言。其所綜攝之物理事，既由之而可以給吾以意義，則
每一物理事必非只是零碎之雜料，必非只是有待於吾心攜其法則以
綜和之之雜多，其自身必具有一物理歷程，因而具有一物理關係。
此物理歷程所具之物理關係即是統覺所給之意義之所在：統覺之綜
攝直接覺識之。此為「意義」所在之「物理事」與其因時空限定而
具有之「時空形式性」，此兩者乃為異質者。時空形式性固亦給吾
以意義，但其所給之意義只是形式的，而且是時空形式的，而時空
形式又是極普遍極無色，是以徒有此形式，吾人不能有統覺。復
次，假定已有此形式，且亦承認有與此形式為異質之物理事。然若
視此物理事只為零碎之雜料，則縱然時空形式性能給吾以形式之意
義，然仍不足以成統覺：統覺仍不能自足地給吾以意義。蓋一盤互
不相干之散沙，吾人亦能形成其時空關係也。然不能謂吾人對之有
特殊之統覺。蓋此所成者只是形式知識，而非物理知識也。是以欲
使吾人有統覺，則於時空形式性外，必須承認一具有物理關係之物
理事，而且須認此兩者為異質。此異質性甚為重要。對時空形式性

言，此另一異質之物理事能穿過此形式性而進入統覺之覺識中，因此，吾心發爲思解時，範疇之運用亦能透過時空形式性而進入實事之物理關係。依是，與時空形式性爲異質之物理事（具有物理關係）即是範疇運用所當之機，亦即範疇之當機性所以可能之根據。〔吾論時空固與康德異。然最要者爲對於時空之擔負之看法。康德看時空之擔負過重。此問題全在康德之超越規模論。依康德，經驗直覺雖有與時空形式爲異質之與料，然彼視此與料只爲有待於吾心攜其法則以綜和之之雜多。依是，彼視直覺似不能自足地直接給與吾人以意義。直覺究是否能自足地給與吾人以意義，康德固無明文表示。然會其系統，似以不給爲是。而如其有之，首先即是時空形式所成之時空關係。然時空關係並不能成爲物理知識。依是，繼之而來者，即是「範疇之應用於直覺」所成之物理關係。然範疇自身又不能與純爲感性之直覺相接頭，是以又必須以超越規模爲媒介。而能盡此媒介之責者爲「時間」（兼攝空間亦可）。問題即在：時間自身是否能擔任此重責。依康德，超越的想像綜和單就時間以形成超越規模，此即種種「時間之超越決定」也。依是，問題又在：超越的想像綜和單就時間是否能自足而獨立不依於理解即能形成與十二範疇相應之十二規模以備爲範疇應用之媒介乎？超越的想像綜和若自足而獨立不依於理解，則其單就時間之活動顯然不能形成如此而且如此多之規模，是即明時間並不能實現如此多之規模，其所能實現者至多爲量之規模，即超越的想像綜和所成之「時間之超越決定」至多爲廣度量，強度量（等級）且不易，而況關係規模乎？是以康德之規模論若能說得通，則超越的想像綜和必不能自足而獨立不依於理解。關此，康德無明文，其論之也似若自足而獨立。解者

亦鮮注意及此，而亦似自足獨立而論之。即善於體會之巴通（H. F. Paton）且於講完康德之規模論後而興種種無謂之疑問。若超越的想像綜和之就時間成規模須依理解範疇之決定爲背據，則經驗雜多之「意義」全賴理解範疇之構造，而康德之先驗綜和歷程實爲一構造之綜和歷程，此似爲不可疑者。本書系統異於此。故首先承認統覺能自足地給吾人以意義，因而亦首先承認一異質於時空關係之物理關係在，因而又有吾所言之範疇及其當機性，若在康德之系統則不需乎此矣。〕

　　統覺所綜攝之物理實事中之物理關係即因果關係有其直覺確定性，此即統覺所以可能之根據，亦即統覺所覺之意義之所在。思解起用，發爲因故格度。範疇即於此因故格度之運用中而湧現。範疇之設立必當統覺所覺之「意義」而設立，設立之以成功概念之詮表。然範疇雖有機可當，而不必能實現。其故蓋在：統覺所給之意義是直攝之於當下一現之實事，而並無普遍性；其攝之也，亦並未參照以往而預測未來，故曰直攝；而其所攝之「意義」亦只圍於當下一現之實事而未能跨越。是以此「意義」於未來之應用性究如何，此時全不能知。雖是每一統覺皆直接給吾人以意義，而此意義應用之範圍即其有效性，統覺全不能定。然而範疇之當此機而設立，以其於因故格度之運用中而湧現，故每一範疇又必爲一具有普遍性之原則。此原則既有普遍性，而其普遍性之外攝相又爲函蓋一切者，是即明此原則必跨越此當下一現之實事而亦期望函蓋與此當下一現之實事相似之一切實事。然此跨越之期望只是範疇之要求。雖有此要求而不必能實現。即依此不必能實現，吾人說爲「範疇之假然性」。此假然性乃因範疇之普遍性與統覺之特殊性相對照而成

立。

範疇有其假然性，並以「因故關係」而表示。其所當之機即是其所欲誘導之因果關係。統覺所覺之因果關係因範疇之運用而彰著而確定。一因果關係，如因範疇之運用而彰著而確定，又獲得一與範疇之普遍性相應之普遍性，則說為此範疇之「實現」。範疇之實現即是其假然性變為定然性，其主觀之運用性（發之於理解之運用）變為客觀之存在性，因而其軌約性亦變為構造性。然而一範疇之實現即變為構造性，則即不名之曰「範疇」，而名之曰柏拉圖式之「理型」。每一條因果關係是一理型。每一理型是一「型式之有」。範疇之運用性與軌約性即在誘導吾人獲得一「型式之有」。當型式之有一出現，吾人對於統覺所覺之外事即有一定然之謂詞，因而即有一獨體之判斷，因而對於外事之界說始可能。〔古人講理型，講共相，注意一物之性德：其觀點是質的，因而亦是哲學的。近人則集中於因果之問題。因果觀念是量的，因而亦是科學的。兩者似絕異，而其實可融一。注意於因果，遂將個體物沖淡之而為一羣事，而論事與事間之連結。注意事與事間之連結，遂可有種種破因果連結之論辨。如吾第一卷第一章中所述。破碎至最後，誠不知連結之何在。蓋皆成為一件一件之孤立也。皆成零件，即不見有一物（知識之對象）。是以康德之答覆休謨，實與柏拉圖之答覆辯士「知覺即知識」之主張，異曲同工也，對於同一問題之不同答覆也。吾今亦將統覺所覺之對象沖淡為一羣事，而明其為種種歷程之複合，因而亦即具有種種物理關係（因果關係）之複合。此種種關係將此事羣綜和之而為一具體之個體物因而成為一知識之對象（不只是主觀想像之遊戲）。依是，此關係性即與理型或共相融於一，

故云：每一條因果關係即是一「型式之有」也。柏拉圖與康德之精
神，本書願具備一系統以吸收之。〕

　　每一經過範疇之運用而出現之理型，對一個體物言，是一定然
之謂詞。此定然之謂詞與彼爲主詞之個體物所成之判斷是一綜和之
判斷。如「此桌子是黃的」，謂詞「黃的」不能徒由主詞「桌子」
而分析出，此顯爲兩絕異之概念而綜和於一起者。然此尚爲表面之
理由。吾人謂一個體物可以沖淡爲一羣事，而亦實是一羣事之聚
和。此一羣事之所以能聚和於一起實因此羣事自身所具之律則處其
中而聯貫之，聯貫之即綜括之。此律則即是理型，在判斷中即是吾
所謂「定然之謂詞」。依此而言理型之綜和性。此綜和性是對一羣
事言。理型綜和一羣事而成一個體，同時亦成功一「獨體之判
斷」：此爲綜和判斷之切實義。然一群事常不只一理型以綜和之。
如前所舉之例，「黃」一概念所指示之理型只是桌子所代表之一群
事之綜和之一面相。一群事常有許多不同之綜和面相。依是，表示
一個綜和面相之理型雖亦能將該事群綜括而聯貫之，然卻不能綜和
該事群使之爲一個體物之所以爲一個體物。此義可由判斷表示之。
有普通只是判斷之判斷，有作爲界說之判斷。只是判斷之判斷皆是
表示爲一個綜和面相之理型，而界說之判斷方表示綜和一群事爲一
個體物之所以爲一個體物之理型。然無論爲表示一個綜和面相之理
型，或爲表示一「個體物」之理型，其所成之判斷皆是綜和判斷。
惟表示界說之綜和判斷，如「人者理性動物也」，能界須等於所
界，是以當此界說一經成立，則能界中概念所代表之理型即投入
「人」一概念而爲其所自具，因而由此「人」一概念爲主詞再作一
判斷而曰「人是理性動物」，則此時即是分析判斷。凡從界說中抽

引出之判斷皆是分析判斷；凡表示界說或不表示界說之判斷（如前文所說之表示一個綜和面相之理型），皆是綜和判斷。以界說為界：界說以前及界說之成皆是綜和判斷，且對界說之成言，又必以綜和判斷為根據；界說以後，皆是分析判斷。表示一界說之綜和判斷可含有許多表示一個綜和面相之綜和判斷，因而表示一個體物之理型（因界說而成者）可含有許多表示一個綜和面相之理型。此許多表示一個綜和面相之理型可因界說而提綱挈領結束於一起因而成一為一個體物之所以為一個體物之理型。若將此表示個體物之理型與該個體物融而為一，以之為主詞，則所抽引出者皆分析判斷，而所有之分析判斷中謂詞所代表之理型亦即是該「結束於一起而成一個體物之理型」之許多表示一個綜和面相之理型。是以分析判斷只是已有者之重複，並不能增益吾人之知識。〔康德之問題惟對休謨之感覺原則而有效。假若休謨之感覺原則為不可爭辨之原則，則如其無解答則已，如其有之，康德之解答，縱不為必然成立之解答，亦為一較可稱許之解答。如休謨之感覺原則尚非不可爭辨者，則即容許另一種解答之可能。如其如此，則康德之「構造的綜和」之可稱許性即較差。依是，柏拉圖駁覆辯士派「知覺即知識」之主張，尚非可以視為歷史之廢物。假若康德所問之「如何可能」而竟不可能，則在知識範圍內而欲對休謨之問題（兼攝辯士派）暫作一無先驗理性保證（康氏意）之臨時解答，柏拉圖之態度實有可以予以尊重之必要。此義既函一超越形上學或道德形上學之責任之加重。如果此形上學可以實現而且得其理之必然，則在知識範圍內所作之不甚滿意之解答，亦可以欣然而有以自慰矣。吾人將安然承受此不甚滿意之解答。蓋此整個現象世界亦就是令人不滿意之世界。除一超

越形上學外，單只是一邏輯理性如何而能保證此現象世界之條理性之必然乎？康德對此而致其斤斤之意，誠是一過分之奢望，而揆之體用之學之密義，則亦誠不免本末輕重之間有所不得其分焉。蓋康德於超越形上學並未能積極實現之也。著者於此，豈有好勝之心哉？〕

　　有關於個體物之界說如「孔子」，有關於類名之界說如「人」。因而有表示個體物之理型，有表示類名之理型。前者之理型，有一個體滿足之；後者之理型，有許多個體滿足之。無論一理型滿足之之個體為一為多，皆可成一類。茲為顯明起見，特就「滿足之之個體為多」而言之。在此，吾人願表示：理型是約束許多個體而為一類之標準或模型。理型是一定然之謂詞：凡合乎此謂詞者皆為此謂詞所貫穿。理型非類，但只成類之模型；類則等於個體與理型之融合。理型為一定然之謂詞，即明每一理型皆為一有存在性之實在。因此凡由之而成之類亦皆為存在類。甚至可說：每一存在性之理型皆表示一存在類。因吾人所言之理型本限於現實之理解而言之（即在知識中而言之），而理型之出現又必經由現實理解中範疇運用之誘導，是以每一理型之獲得即是一存在類之獲得，同時亦即一知識之成立也。然則範疇對於存在類之關係為如何？曰：範疇之所以為範疇以及其具有前文所述之種種性者，皆對存在類而言之。每一存在類皆是平鋪者，現實者。此類之成固由於以理型為貫穿個體之模型，然理型之出現則由於範疇之運用。是以一類之成，即以如此之理型而成功如此之類，皆必依據範疇之運用為其指導之原則或模型。蓋統覺現象（即現象宇宙）中並無如此如此之現成類，若無一個標準以為指導吾人畫歸散殊為一類之「原則」，則即

不能有「類」之出現。是以一個範疇是一指導之原則，吾人依照之可以鑒別或順列事象。蓋每一事象可有許多不同之方向；可以向甲處指，亦可以向乙處指。所指不同，所成亦不同。吾人若順列事象，向甲而不向乙，因而使其成某一特定存在類，則固必有可以使吾如此順列之指導原則。是以指導原則有括弧之作用。在此括弧所括之範圍之下，吾人約束散殊個體爲一類。理型有前文所述之綜和性，是一定然之謂詞，現實之模型；而範疇所具之普遍性之外攝相有括弧性與函蓋性，是一可能之模型。然須知此可能之模型並不爲理型之模型，蓋此可能者一實現即爲理型故。其爲模型乃爲「如何成類」之模型，乃爲此類整個之模型。理型爲貫穿散殊個體爲一類之定然模型，是以每一理型之出現即表示一存在類之成立。而範疇則爲指導吾人如何約束如此之散殊個體於此理型下之假然模型，是以範疇可以指導吾人成類而其本身不必眞能表示一存在類。

是以杜威有云：「範疇實與一態度同。其所示者乃一觀點，表式，計畫，首腦或方向，或一可能之論謂模型。如亞里士多德所云：範疇化即是賦與一論謂。城市法與犯罪法是種類，而所以爲城市法與犯罪法，則範疇。故範疇即觀點，因此觀點，某種行爲方式可因之而前進而約束。法律是審議所據之程式，足以決定某種行爲是否可爲，如已爲也，將如何處理之。而原則則範疇。原則非種類，而是形成種類之先定者。因此先定，遂可以規定一特殊行動或一串行爲是否屬於某一特殊種類。」（杜威《邏輯：研究論》，273頁。）該處復言：「此爲機械範疇內者，此語所示實不只此物含於機械種類內，蓋尚有其他之意義。其所示者乃在例證一原則，凡是機械者可以之而規定。」杜威此義，吾竊取之，而處於吾之系統

內作如本章之所論謂。〔杜威《邏輯》一書實為最近不可多得之佳作。惟其於〈研究歷程〉以明邏輯，尚非透宗之論，此其本源處差；然於研究歷程處以明邏輯中諸物事如原則命題概念等之作用，實有其冥符真理處。本書下卷〈因故格度之所函攝〉中多有吸收其義而與以安頓之者。又杜威有範疇，類（此不常用），種類三詞。類為一邏輯概念，種類為一知識概念。本章處於現實理解而言類，故云每一類皆為存在類。自其為存在類而言之，實即種類也。然彼亦具有類之邏輯形式，故此處只範疇與類對言，未予細分。詳論見下卷。又吾此處有範疇與理型之別，而杜威於此則不甚措意。此其理性主義之趣向較弱，而本書則較強也。又彼於本源處不徹，亦足決定其立言之趣向。〕

　　《莊子·秋水》篇云：「以道觀之，物無貴賤。以物觀之，自貴而相賤。」道與物即範疇，或理由（因故），或原則。觀即可表示一觀點或態度。下復言：「以差觀之，因其所大而大之，則萬物莫不大；因其所小而小之，則萬物莫不小。知天地之為稊米也，知毫末之為丘山也，則差數覩矣。」差亦為一當機之範疇。「因其所大而大之」句中之「因」即當機之謂也。以「差」為理由或原則，則萬物大小之差數即可決定。又言：「以功觀之，因其所有而有之，則萬物莫不有；因其所無而無之，則萬物莫不無。知東西之相反，而不可以相無，則功分定矣。以趣觀之，因其所然而然之，則萬物莫不然；因其所非而非之，則萬物莫不非。知堯桀之自然而相非，則趣操覩矣。」功與趣亦範疇也。莊子所言，甚可表示本書所言範疇之大義。範疇當機而立，並無固宜。然其立也，卻是定之於我，此即所謂發之於理解之運用。而其立也，對後至之「決定」言

（如無貴賤，自貴而相賤，大小之差數，有無之功分，是非之趣操等皆根據原則而來之決定），則又爲先定之原則。此原則並非外給（雖是當機），實是內發。然雖內發，而又並無固宜，亦不可列舉其數，而又一旦理型出現，則範疇即廢棄：故範疇爲虛爲用，而理型爲實爲體也。綜之：範疇誘導一理型，而不即理型；範疇以因故關係示其相，故指導一因果關係，而不即是因果關係；因果關係可因之而彰著而確定，然彼不能即充當因果關係；範疇唯是發之於現實理解中因故格度之運用。

第二節　範疇與可能

統覺所及只現實而無可能。每一統覺綜攝，一方面是封閉的，一方面是敞開的。自其爲一終始歷程，因而有一因果關係即一型式的秩序以綜括之方面言，它是封閉的。每一封閉的統覺綜攝是一現實的直接呈現。亦即當下呈現。然自其爲一終始歷程之氣質的遷流方面言，則是敞開的。蓋因此氣質之流（亦云氣機之化），是前有承續，後有餘縷，而不知其來之何時何處，亦不知其達之何時何處。是以自此方面言，統覺所攝之事，乃一敞開而無界限之連續。然須知此是就現實的統覺所攝分析而言之。分析之而單言其氣機之化一方面。而每一現實的統覺所攝是一具體之全體。就此具體之全體言，則每一統覺所攝是一終始歷程，因而亦有一型式之理以綜括之。此是最眞實之呈現。依是，每一現實之統覺是一封閉歷程。而其所以能爲封閉，單在其爲一終始歷程。而此終始之所以爲終始不在就時間上任意畫一起點與終點，因此種畫定旣是任意，自無必

然。是以此終始之所以爲終始，不在時空之形式的，而在物理之實際的。旣爲物理之實際的，故其爲終始必在有一型式的理以綜括之而成其爲終始，此則不是任意者。依是，吾人若就現實的統覺言，吾人必說其爲一封閉者。封閉者終始之完整義。每一統覺是一具體之完整全體。每一完整之全體是一當下呈現之現實。〔從氣機之化方面說雖是敞開的，然不是直線的一洩無餘。它當有迴環曲折處。就在此迴環曲折處見理，因而亦同時見爲一終始之歷程。惟此迴環曲折之說明當在超越形上學中言。本書處於認識論之立場，如本段所述已足夠。〕

　　然而現實的統覺，若如其爲如此之事實而論之，則事實上是層出不窮者。吾人固無理由知其何以必層出不窮，亦無理由知其將停止於何時，更無理由斷定其必層出而不窮。是以單就其爲如此之事實而論之，如事實上是層出不窮者，或事實上如其有統覺，而且不只一統覺，而且統覺可源源而來，則即每一統覺隨氣機之化引生另一統覺，而每一統覺自身亦實具有一氣機之化，氣機之化引生未已，是以統覺亦引生未已，而且亦不能離開統覺空頭單言氣機之化。因六合之外孰與知之故。離開統覺無現實故。是以一說氣機之化即已是現實之呈現：氣機之化必內在於統覺而得爲一現實之呈現。如果此內在於統覺而得爲現實之氣機之化引生未已，則統覺自身自亦引生未已。統覺未已，氣機之化未已，兩者相融而成此認識的現實宇宙。每一統覺是一現實之呈現。吾人已謂其爲封閉之完整。然吾人又謂若將現實之統覺分析而言之，單注意其氣機之化，則當爲敞開而不封閉者。然須知此是分析言之，又是單就當下之現實統覺而言未來或溯過往。實則彼氣機之化，如眞是現實者，則必

須有統覺隨之而呈現之而後可。即它必須內在於統覺中而始眞成其
爲一現實之氣機之化。如眞爲一現實之氣機之化，則所謂就一統覺
分析之而單言氣機之化因而謂該統覺爲敞開者，實則不應言敞開，
而應言具備有一串之統覺以應之。依是，氣機之化如是現實者，即
是平鋪者：如是平鋪者，即有一串現實而平鋪之統覺以應之。依
是，一切皆是當下之現實統覺。即使逆溯過往，預度未來，而如其
爲現實，則亦應是當下之現實統覺以盡之。如其一切皆是當下現實
統覺之平鋪，則一切皆是完整之封閉者。無論氣機之化引生至何
極，亦必是完整之封閉者，否則該氣機之化不得爲現實，而亦不得
爲氣機之化矣。如一切氣機之化皆是完整之封閉者，則一切氣機之
化即現實而平鋪，亦即皆有型式之理以貫之。型式之理使其爲現實
而平鋪。如是，則「凡存在即被知」、「凡被知即現實」、「凡現
實即如理」三命題，吾人可在統覺中得其直覺之確定性。吾人如得
此三命題之直覺確定性，吾人即說：「凡統覺所攝只是現實而無可
能」。而且除此「現實之存在」外，吾人對於外在世界不能提供任
何其他「可能之存在」；而除條貫「現實存在」之「現實理型」
外，吾人亦不能單從邏輯中之普遍命題以提供任何其他可能之「潛
存的理型或共相」。在知識範圍內，吾人不能提供任何其他「可能
之存在」與「潛存之共相」，亦無門徑可以使吾人作如此之決定。
以下先破「可能之存在」，然後再破「潛存之共相」。

　　在統覺所攝之現實存在外，如尚可以有其他可能而不必現實之
存在，則此種存在必不能自統覺而決定。然則除統覺外，必有一種
門徑可以使吾人決定其可能。然吾適言決無門徑可以使吾人決定其
他「可能的存在」之可能性。然則或有以爲可以有門徑者，吾人即

須問此種門徑究屬可能否。如不可能，則即等於無門徑。來布尼茲之言「可能」有二方面：一屬於愛森士（本質、體性）者，一屬於「偶然存在」者。屬於愛森士者與分析而必然之命題相聯。關於愛森士之命題，來氏亦曰關於可能者。是「可能」即指愛森士而言也。關於愛森士之命題必然為分析者，因而亦為必然者。其所以為分析之必然亦由矛盾律而衡量。即其反面乃自相矛盾而不可能是也。譬如「一等邊三角形是一三角形」，如若謂其不是一三角形，則即與其主詞相矛盾而不可能。是則矛盾律乃就「愛森士」而內用以明此由愛森士而成之命題為可能，為可能即為必然也，而並不就愛森士而外指以明此由愛森士而成之命題以外之命題為可能。關於此方面無問題。〔當然關於愛森士而成之必然命題可從兩方面說：一是關於數學者，二是關於存在方面之普遍命題，即關於型式或永恆真理者。來氏於此兩方面，俱可以愛森士名之，而且大體皆集中於後一方面而言之。〕但屬於「偶然存在」者，則與綜和而偶然之命題相聯。普通所言與「現實」相對之「可能」，或「可能」廣於「現實」之「可能」，大抵皆指此方面言。從此方面言，可能不指愛森士說，乃指「偶然」說。故來氏有「現實的偶然」（即現實的存在物），與「可能的偶然」之別。又所謂種種可能的世界，亦是就「可能的偶然」說。（當然在可能的偶然方面亦有關於永恆真理之普遍命題。）凡關於統覺所及之現實的存在之命題，皆是綜和而偶然之命題。既是綜和而偶然，故其反面為不矛盾而可能。譬如「太陽從東出」，或「有人吃砒霜死」，皆是偶然之命題，其反面與主詞並不相矛盾，故亦為可能。是則矛盾律乃就「現實的存在或可能」而外指一並不相矛盾的「可能的存在」（可能的可能）。來

氏以爲「現實的偶然」與「可能的偶然」，俱須有充足理由以解之。通「可能的偶然」與「現實的偶然」而言之充足理由是上帝的意欲或作意，據羅素之疏解，此是心理義的意欲，亦曰廣義的充足理由，通可能的偶然與現實的偶然俱有效。然單對現實的偶然言，則此廣義之充足理由尚不夠，必須有一道德意義的充足理由以解之。此即是說，上帝的意欲或作意，在實現現實的偶然上，必須爲「善」或「最好可能」之觀念所決定。上帝可以意欲任何可能之世界，而且其意欲便是其創造之一充足理由。惟其於諸種可能世界中，意欲某某而使之爲現實的世界，則其意欲必爲至善所決定。依此義故，名曰道德意義之意欲，亦曰狹義之充足理由。吾人對於現實世界固須一充足理由以解之。此是整個超越形上學之所在。來氏依其邏輯之辨解，只是當然地提出之，而不知何以實現之。在此，吾人可不論列。吾人所欲問者，即一、此種由矛盾律所決定出之「可能的偶然」是否眞有其可能性？二、此種可能的偶然是否眞可以爲一「可能的世界」而須一充足理由以解之？依吾觀之，俱答以否。試先就第一問題而言之。吾人就「現實的偶然命題」，援引矛盾律，以明其反面並不矛盾，此其積極之表示，不過明此命題爲偶然而不必然。以爲偶然，故不必然。以不必然，故不必如此，而亦可以如彼。但雖可以如彼，而如彼所示之種種可能，不必眞有對象之意義而可以爲一可能之世界。即其所示之種種可能不必眞有「可能性」。是以援引矛盾律以明不必如此而亦可以如彼所顯示之「可能」，其消極方面之表示，亦只是邏輯之表，而不是存在之表。即此種矛盾律所顯示之可能只是表示此偶然命題之「不必如此」而已。而由「不必如此」，直接可以顯示出一種邏輯上之其他可能

性。但須知亦只是一種邏輯上的變樣，並無存在方面之意義。由
「不必如此」，我們只可說「只遮不表」；而由之可以直接顯示出
邏輯上之其他可能，實亦只是邏輯之表而非存在之表，故無存在方
面之意義。是以單由矛盾律之援引於偶然命題所決定出之「可能」
不必眞有可能性。此所謂不必眞有可能性，即說其並無存在方面之
意義，是以不可視之爲儼若一對象以備將來之實現。既無存在之意
義，自不可視爲可能之偶然，因而小自不可成一可能之世界，故亦
無須充足理由以解之。蓋此種可能之顯示純是邏輯的或形式的，實
不必繫屬於心理意義之意欲以解之。此與主觀之意欲全不相關。故
實不表示其爲一偶然物究爲上帝意欲或不意欲也。其爲可能只是一
邏輯之表，其理由即在此，而不是一存在之表，故不須存在之理由
以解之。充足理由但對存在言。可能的偶然實非一可能，亦非一對
象，自不須充足理由以解之。其理由單只在援引矛盾律於偶然命題
上而成之邏輯之表。此種邏輯之表只有消極意義，而無積極意義。
積極意義只表示現實偶然命題之不必然，即只表示此現實經驗世界
之非純理的邏輯世界或一無安頓之世界。然現實世界之不必然，並
不因而即表示尚有其他可能的偶然世界也。有不有吾人固不得而
知，但至少亦不能單由邏輯之表而知之。是以即在其消極意義上，
吾人得拆穿「可能世界」之成立。視之爲可能的偶然而須充足理由
以解之者，實視之爲不單邏輯之表，而且爲存在之表。吾人只要否
定此思想，可能世界即不成立。或曰：純邏輯之表固如此，但從上
帝之自由意志處而言上帝可以意欲種種可能世界亦如此耶？曰：上
帝之自由意志意欲種種可能世界，或由於對於上帝之意志自由所施
之某種看法而然，或由於矛盾律之使用而然。西方自中世紀以來欲

加重神意之自由及其偉大，總視神意可意欲創造種種可能世界，然
卻單單實現一個最好者給吾人。上帝可意欲許多可能世界，但不實
現而只實現一個最好者，吾意此種說法並非抬高神意之尊嚴，但只
減低其尊嚴。神意神智，神之一切，必須是直而無曲。但此種說
法，卻是引曲入神，大不應理。關此吾不欲詳論，俟於超越形上學
中論之。智者當能契此。若其種種可能世界亦由於矛盾律之使用而
謂然，則又只爲邏輯之表。若經由邏輯之表而過渡到神意創造之諸
般可能，則尤謬。是以「可能世界」之說乃是一種邏輯把戲，並無
實義。

茲再進而論「潛存之共相」。

以上所評之可能世界是就可能的偶然而成立。近復有就普遍命
題而言「潛在之共相」以爲可能世界，即從共相方面而言不必實現
之潛存的共相。彼等以爲每一普遍命題是一種概念之連結，因而是
所思（非所覺）之對象。每一概念之連結只要不矛盾，便是一所思
物。如是，此所思物可有許多許多，而不必盡能實現。即依此不必
實現，而名之曰潛存之共相。譬如「布魯同殺凱撒」是已實現之結
構，而「凱撒殺布魯同」則是未實現者。「秦始皇焚書坑儒」是實
現者，而「漢武帝焚書坑儒」則是未實現者。然無論實現或不實
現，俱是所思之共相，俱是可能者。依此，此可能世界儼若一垃圾
堆，可納種種不相干之物事於其中。只要不矛盾，吾可隨意連結，
每一連結皆可置於其中以爲一潛存之共相。吾以爲此實戲論，何所
取義乎？試問此種普遍命題是純邏輯地論之乎？抑是當機於經驗即
認識論地論之乎？如是前者，則每一普遍命題是邏輯中之命題，它
可以只是一種邏輯句法，而在此句法中所連結之項可只有符號義，

而並無對象義。至構造此邏輯句法所依據之概念乃只是幾個邏輯概念或邏輯規律。憑藉如此而成之句法，吾人可作一推理系統。此即吾所謂純邏輯也。此一推演系統，即是邏輯的，當然是可思的。但卻並不是一個潛存之共相世界，而只是一個邏輯之理之呈現。復次，一個邏輯中之命題，其所連結者只有符號義。此即明此命題之構造乃是邏輯地自足地構造之，從經驗方面說乃是封閉者。既是封閉於經驗，即是不孕育。既不孕育，何以能於其中而投射出潛存之共相耶？近人皆知邏輯系統乃是根據幾個基本概念或規律而來之無所說之套套邏輯之系統，然而卻又想於此無所說中而映射出一些有所說之共相，此實不思之甚也。如果說，此種普遍命題是當機於經驗即認識論地論之，則不能隨意連結。每一種連結所成之普遍命題皆須當經驗之機，決不可隨意播弄以為潛存之共相。吾人對於一統覺現象自可有種種之論謂。吾人亦可說每一論謂是一可能之共相。然此皆有所繫屬而言。決非空頭所可擺布者。而且此等可能之共相，以發於當機之論謂，故當其未全證實前，只有主觀軌約之意義，而並無客觀構成之意義，尤不可客觀化以為潛存之世界以待實現而不必實現。若如此便是外在化之謬誤。是以就其發於當機之論謂言，只是可能與證實對言，而不是潛存與實現對言。吾人以下即根據論謂之思想以明可能。故無論純邏輯地論之或認識論地論之，皆不能孕育出一潛存之世界。此是可斷言者。〔關此杜威在其《邏輯：研究論》一書中〈邏輯與自然科學〉一章中，對此派思想之種種論據或形態皆有所破斥，讀者可取而參閱。吾在此不欲多說。復次，吾國金岳霖先生於其《論道》一書中，以析取連結可能而言「式」，亦為無根之戲論，不可以為法。讀者知之。〕

＊　　　　　　＊　　　　　　＊　　　　　　＊

可能，不可能，必然，有絕對之說法，有相對之說法。

一、絕對之說法名曰純邏輯之決定。依據同一原則及矛盾原則即可決定之，此亦可曰純依邏輯分析而即可得者。因而其所得者（即其所成者）亦只內歛而爲純邏輯自己，亦即純形式的邏輯原則自己。是以此種決定即是純邏輯自身之內在地構造其自身。其自身即能爲其自身構造一概念或形式（每一概念或形式是一純邏輯之理則），而其所以能如此構造，即在其活動乃因依據一絕對而普遍之形式（如矛盾原則）而內在地形成其自己。吾人即就如此所形成者而說明可能，不可能，與必然。依是，在此內在地構造其自己中，凡自身一致或不矛盾者，名曰可能的。凡自身不一致，即其自身一致之否定者，則曰不可能。凡其自身之假即函其自身之眞者，即其假是不可思議的，則曰必然。此爲純邏輯分析所決定，故決不能孕育一客觀而外在之可能世界。

二、相對之說法是就理解活動中一原則或一命題對「經驗所與」而言之。此則不能由純邏輯之分析而決定。對一原則或命題而欲決定其可能不可能與必然，必須相對於經驗而言之。依是，此種原則或命題並不能在其自身內在地構造其自己。它是有所待而不能自足者。依是，它的可能不可能與必然並不能單由分析而得，而須由綜和而得。即不是邏輯一線所能決定，而是雙線交遇時才能決定。如是，從命題方面說，凡與「所與」一致，或與「所已知」之每一事物一致者，名曰可能的。凡不與「所與」一致，或不與「所已知者」一致，則名曰不可能的。凡爲「所與」或「所已知者」所嚴格函蘊者，則曰必然。若從原則方面說，則凡一原則若有一事例

滿足之，此原則是當機的。凡當機的原則是可能的原則。無一事例滿足之，此原則是不可能的。所有事例滿足之，此原則是必然的，因而亦是現實的。〔吾人亦可如此說：當機的原則是可能的原則；當機的原則經過歸納普遍化則是現實的；經過滿證則是必然的。滿證義見下卷第二部第二章。依是，亦可說：可能廣於現實，現實廣於必然。〕

　　本節論範疇與可能，則其所謂可能顯然須自「原則」方面說。吾人已知每一範疇是理解活動依據因故格度所獨發之一原則。每一如此之原則，雖爲理解所獨發，然而因其依據因故格度故，必當機。每一當機之原則是一可能之原則。在此當機之時，吾人可提出許多可能之原則。而且因函蘊關係與排斥關係，吾人可將此許多可能之原則組成一嚴格之形式系統。此嚴格之形式系統可作爲論謂所當之機之可能的概念系統。然而其中那一原則可以實現，則必須經過歸納歷程之選擇與淘汰而決定。而當未決定之時，皆有競選之權。此一可能之概念系統，當其中之一或此整個系統未實現之時，皆只有主觀之軌約作用，而不能有客觀之構造作用。依是，此時亦不能外在化而爲客觀之潛存的可能世界。如其客觀化之，則名曰「外在化之謬誤」。此種可能之概念系統，以其當機而觸發，故每一概念皆有特殊之意義或內容，亦即皆是具有內在性德之法則。然此必須繫屬於理解活動所獨發之範疇處而爲言，而不能外在化而置定之。尤其不能無所繫屬而單自足於形式的矛盾原則，從不孕育中而孕育出一些可能，置之而爲一外在潛存之可能世界。

　　除絕對說法所決定之可能等以外，而如果要說相對說法所決定之可能，則必有所繫屬。而如其有繫屬，則必繫屬於理解。蓋因統

覺所攝只有現實而無可能。即此現實亦非指相對某某而謂某某（如
原則）爲現實之現實。此蓋只指統覺所攝之實事之直接呈現言。統
覺雖是如此，然而理解之活動則爲超越而自發之活動。以其爲超
越，故必跨越當下統覺之所呈現而逆溯以往預測未來以使其活動中
所提供之概念原則可以擴大其有效性。以其爲自發，故必有提供原
則之能以成其有屈曲性之活動（即曲而能達之理解）。每一如此而
提供之概念原則，對當下之呈現言，皆有跨越之本性。理解一經活
動即是對統覺之跨越，其所提供之原則之跨越性即隨其對統覺之跨
越而跨越。以正因此跨越故，遂對其所提供之原則而有「可能性」
之可言。然而每一原則必當機，是以對此原則所決定之可能性等必
爲有所繫屬，而須依據相對說法以決定之。是以吾人不言可能則
已，如其言之，則必須從其有所繫屬，而且對之已有所知之某物事
（如命題或原則）以形容之。可能等只是對於所已知者之形容詞。
吾人只說謂詞方面之可能，而不說主詞（存在）方面之可能。主詞
方面之可能否，誰能知之，誰能定之？除卻統覺，無有能知之，無
有能定之。空頭單憑一形式的矛盾原則以爲即可以決定主詞方面何
者可能何者不可能，實是神蹟也。（吾此言主詞方面即意指存在方
面言，亦意指來氏之可能的偶然言。）蓋此種決定正是意向存在方
面而懸擬某某可能某某不可能。此正是主詞（存在或對象）之決
定。然而吾人已知，除卻統覺及理解之活動，無有能決定一主詞之
存在者。來氏想於無知中決定出一種主詞來，而名之曰可能的偶
然。殊不知彼於此主詞既毫無所知，何得遽加之以可能？彼欲決定
此主詞之可能，必須先能依據一綜和原則而定主詞之「有」。（此
云綜和原則正示單憑矛盾原則之不足。）現在此主詞之「有」既無

原則以定之，則所謂可能者已不可能矣。是以其所云「可能」（同於東西或存在）亦正須一原則以決定其可能性而後可。可能還須增加一可能：如不能截然而終止，此種可能之增加將無已時。終止之道，惟在歸於統覺，唯在一綜和原則之提出。吾人現在先不作主詞方面之決定，即不從主詞方面言可能，而單就有所繫屬而且已有所知之「原則」在何種條件下而形容之以可能不可能及必然。

　　吾人如從主詞或存在方面言可能等，此時實是對於一知識對象而作一繫屬於理解活動之分解的說明。譬如每一範疇當其經過歸納歷程而有概然之實現時，即變為一具有定然性及構造性之理型。如是，凡能納於一定然性之理型中者即是可能的。凡能為統覺所攝之實事所具體化者即是現實的。凡既為統覺所具體化而又合於一定然性之理型者即是必然的。此完全限於統覺與理解活動所對之現實世界而言之。此是對於此現實世界之分解的說明。在此說明中，可能等於現實，現實等於必然（指範圍言）。此所說明之主詞，吾人名之曰知識中之決定的對象。而單為統覺所攝者，則可暫名之曰未決定之對象。而經過理解之活動以透露出一理型，則未決定者即成為決定者。由理解活動而成為決定者，由此以明其可能等，便是依據一綜和原則而說明知識對象之可能等。所謂依據一綜和原則者，消極方面即明：單憑一矛盾原則並不能決定一個存在之對象究竟是否為可能。蓋單憑一矛盾原則而決定，只是純為分析或套套邏輯之決定：此或為全無所說，而只內斂而為純邏輯自己，或有所說（因在如此決定中，總提及一概念），而亦只為對此已提及之概念而重複之，因而對其究有可能否毫不能有表示。（此種決定只在純邏輯中之命題或純算數學中之命題有效，在存在之對象方面決無效。）此

是就同一原則與矛盾原則內在於一對象概念而言之。若就偶然命題
而明不必如此亦可如彼，因而決定出一可能，則吾前已言之，此只
是邏輯之表，而非存在之表。既非存在之表，則就其為一存在對象
言，根本不能決定其可能否。以上是消極方面之表示。若從積極方
面則表示：凡一存在概念究可能否，則必須表示其在統覺及理解活
動中是否可構造。依此，即不只是邏輯之一線，而是兼攝「統覺及
理解活動」之雙線。蓋統覺給吾以實事之呈現，而理解活動則依其
所獨發之範疇而誘導一理型。理型不能空頭言，必由範疇之誘導而
透露出，而且亦必須經過界說而確定化。範疇是在理解之活動上當
機而立，界說是在理解歷程中依綱目而行。理型之出現不能離開此
兩步手續。依是，凡能納於一定然性之理型中者即是可能的，亦即
一個存在對象必須看其是否能合於一定然性之理型而斷其可能否。
凡為統覺所具體化者即是現實的。譬如，合於「人」之理型者得名
曰人，而為統覺所具體化即是一具體的人。然一個理型既由界說而
確定化，經過界說而表露，則凡合於此理型而又為統覺所具體化
者，自是必然的。蓋界說既從理型上規定其體性是如此，則順體性
來，此物即不能不如此，否則即不成其為此物也。依是言之，可
能、現實、必然，其範圍自相等也。然必須繫屬於範疇與界說而言
之，此即吾所謂依據一綜和原則而決定之也。此義甚重要。吾人固
由此而可說凡合於一定然性之理型者曰可能，然而同時亦由之而可
予理型以「認識論之推述」。否則，理型亦不必真有客觀實在性。
關此，詳論見下節。〔吾此處所言者，與康德之論法異。康德依其
「知識可能之條件即知識對象可能之條件」一主張而言知識對象之
可能、現實及必然。吾既不取此主張，故論法亦不同。讀者須詳考

而審辨之，以明其意義之何所是。〕

第三節　純理智概念之批判：理型之形上的推述及認識論之推述

　　每一當機而立之範疇誘導一理型。每一如此而誘導出之理型有其客觀實在性。如是，自存在或知識對象方面言，凡可以納於一理型下者即是可能的。吾人如此說有二要義：一、關於可能之相對說法中從謂詞方面言者，凡可能必繫屬於範疇而言之；二、凡理型必繫屬於範疇之誘導作用中而言之。依此第二要義，理型皆有其客觀實在性。皆有其為理解活動所顯示出之落實性。依此，理型不落空，不泛濫，不遊蕩。而從知識中存在之對象言，每一對象要成其為對象，而不只為主觀之幻像，想像之遊戲，或虛無之流逝，則必須因其合於一具有實在性之理型，此即言凡合於一理型者皆是可能的。可能者此對象之為對象可能也。反言之，理型可以構成一對象，使知識對象為可能。是以一方面對象因理型而可能，而同時另一方面理型則即因其使一對象而可能因而有其客觀實在性。此客觀實在性即是吾人所賦與柏拉圖式的理型之認識論的推述也。依此推述，理型始可與經驗世界相接頭。柏拉圖之理型自有其他方面之意義與作用。然在知識中，吾人至少當與以如此之實在性。此種與經驗世界相接頭之實在性，自亞里士多德之以界說而顯露共相時，即已作出矣。此形下之歸本落實之要關也。〔另一頭之歸本落實便是收攝於造物主而得其形上之歸宿與安頓。〕然所云認識論之推述必預伏一形上之推述。形上之推述可以在形式上給吾以理型之

「有」，而認識論之推述則給理型以限制因而亦給以客觀實在性。此認識論之推述之重要，全在其如無此推述，而單憑一形上之推述，則必有些「純理智概念」（亦曰理型）不得恰當之安頓，而吾人纏繞其中，常增迷惘，徒生誤引，因而眞正之形上問題或形上之實體，不得釐淸，而吾人亦漸不知問題之關鍵究在何處矣。本節願藉「認識論之推述」一詞而釐淸之，且希望予以恰當之安頓。一、將此等純理智概念釐淸而安頓之；二、將現實的現象世界掃淸而淨化之；三、將形上問題與形上實體釐淸而確定之。

此等純理智概念，吾人可集中有（存在）、一多、同異，五種柏拉圖所謂十分重要而廣泛之理型而論之。

「有一東西必有一東西之理型」。此是一極普泛之形式原則（但非套套邏輯）。由此極普泛之形式原則，吾人可就凡在名言上可說個個東西之處而引出與此個個東西相當之理型。根據此原則而作如是之引出，吾人名曰理型之形上的推述。但此種推述不能決定此所引出者必爲有客觀實在性之理型。其所引出者可以有效而不必有效。可以有效：因爲該極普泛之形式原則之實際運用總能撲著一個實際存在之東西如桌子，而該形式原則中之「東西」一詞亦可應用於桌子，而桌子亦是一實際存在之東西。如其如此，則如其桌子有理，該理即爲實在之理。故云可以有效。但不必有效：因爲該形式原則極普泛，它沒有指定其中之「東西」一詞必指桌子一類者而言之；它可以到處應用，它沒有說它專應用於實際存在之東西。依此，它不能禁止我說「圓的方」或龜毛或兔角。而此亦是東西。但此等東西卻並無實際之存在，亦不能爲吾知識之對象。然則其所依照而成其爲「圓的方」之理型能有實在性乎？故云不必有效。即因

不必有效，故須一認識論之推述。

柏拉圖之言理型，其方面極廣泛。如果吾人應用上所述引出理型之形式原則，則凡名言施行之處，皆可有理型出現。不問其是何種類，有實性否，而總是一理型。如果吾人順其所常討論者而推廣之，則大體可分以下五類：

甲、屬於個體及性質者：此如桌子、樹木、聲音、顏色、運動、靜止等等。此當是屬於物理知識方面之理型。

乙、屬於普通所謂本體論或存在學者：此如有（存在）、一多、同異。

丙、屬於數量或物量之關係者：此如大小、多少、輕重、倍半等。

丁、屬於時間空間之關係者：此如左右、上下、前後、過去、現在、未來等。

戊、屬於超越形上學者：此如善、美、偉大等。

此五類可約為四類，即甲乙戊三類不動，丙丁兩類可歸為一類。吾人如此歸約之，不是隨意的，而可依據一原則繫屬之於其所當屬之各方面。甲類吾人依照認識論之推述，將其屬於知識對象者，此為存在對象之理型，亦名曰第一序之理型。乙類則依認識論之推述，而謂其屬於名言者，繫屬於論謂之範疇上而論之，亦名曰第二序之理型，如屬於範疇，亦是第二序之範疇。丙丁兩類則依認識論之推述，而謂其屬於時空之超越決定者：丙類屬於由時空之超越決定所決定之廣度量及強度量，丁類則屬於由時空之超越決定所決定之時空關係。由此超越決定，然後再依原則或標準而論大小倍半過現未等。此原則或標準即大小倍半等之理型。此種理型亦當繫

屬於範疇而論之。亦屬於名言之第二序。戊類則依認識心之批判而
將其歸屬於超越形上學，此亦是實在者，亦可名之曰第一序，惟不
屬於知識世界耳。本節以乙類之批判為主。丙丁兩類則可類推。然
必須知：先由時空之超越決定而決定出廣度量及強度量以及時空關
係（此見下卷第一部），然後再依一原則或標準而決定大小多少輕
重倍半以及過去未來與現在。此所依之原則或標準即是說大小輕重
等之「理型」也。此等理型純屬於隨時空之超越決定而來之形式知
識或數量的知識。以其是虛層，故亦可曰第二序。而且亦必須繫屬
於範疇而安頓之。戊類非本書所能及。

　　如果在對象方面有客觀實在性之理型只限於統覺現象或個體，
則言「有一具體個體必有其所依據以成其為個體之理型」一原則可
以為有實在性之理型之引出，亦可以決定如此而引出之理型可為知
識對象之體性。然雖可以引出之，而該原則仍為一形式之原則；雖
可以決定之，而亦是形式地決定之。吾人尚須一原則以實現此種形
式原則之引出與決定。此原則必為一認識論之原則。因現象或個體
惟由經驗而得故。此實現之之原則必如此：「理型必須視為經驗個
體所以成之必要條件而後可」。惟依此原則，理型始有其客觀實在
性，始可為知識對象之體性。理型決非所謂潛存，亦非所謂可以實
現而不必實現之邏輯的可能。由認識論之原則而至理型之客觀實在
性名曰理型之認識論的推述。

　　認識論之原則還須進一步實現之。如果知覺是一虛無之流，其
所給者是一串虛無之料，而並無個體可言，則理型仍不能應用於對
象。因此時根本無對象故。如果感覺只是一串感料，而並無所謂個
體，而理型又純是理智者，可思而不可感，則為知理型能有現實之

應用，即應用之，爲知感料能允許而承受之，認其爲足以「使其自身成爲個體」之理型。如不是主觀的思想硬將此理型加其上而構造之，如果感覺只是一串與料而無別的，理型即不能有現實之應用，而亦無所謂理型，更不能說某物某物之理型，因根本無某物故。如理型是客觀的實在，而又能有現實的應用，則必有一原則能實現上段所述之「認識論之原則」。此原則必須自感覺上言。然而感覺又只能給我虛無之料，而不能給我此串與料中之「脈絡」因而成個體。是以當說「理型必須視爲個體之必要條件」時，必須於一串與料中能見出其脈絡與關係。然而此關係不能以感覺遇。是以吾人必須有一器官能見出此關係或脈絡。如能作到此，吾人即就此所作到之事實而立一原則以爲實現該「認識論之原則」之根據。吾人於此提出「統覺」，且提出一終始律：終始律保證一串與料不只是虛無之料，而且爲一全體之倫繫；統覺則直接綜攝此全體之倫繫。依是，吾人不言感覺，而言統覺。（感自亦含其中。凡此詳辨見首卷。）有此統覺與終始律，吾人始能有個體。有此個體，方能說理型爲成此個體之條件。理型爲其條件，即理型組織之而使之成個體。理型是一種組織之綜和，將一串與料孤綜起來而使之成個體。依是，吾人說理型有客觀實在性，一串與料亦因而成個體。然須知統覺所攝之全體倫繫，此中之倫繫即脈絡之所在，亦即理型之所在。惟當單以統覺攝此脈絡時，個體之爲個尙未顯明而凸出。依此，吾人名此時之個體曰未決定之個體。由未決定之個體而言理型之客觀實在性，名曰理型之認識論的推述之客觀方面的推述。未決定之個體經過理解活動中範疇之運用，界說之確定，而成爲決定之個體。由決定之個體而言理型之客觀實存性，名曰理型之認識論的

推述之主觀方面的推述。此已含於前節所言中。一切具有客觀實在性之理型，因而可以爲個體之體性之理型，吾人皆名之曰第一序之理型。然則柏拉圖所謂十分重要而廣泛之純理智概念當如何安頓之？此即屬於名言者之第二序之理型。

關此，吾先取一多同異而論之。

一多同異是極普遍之概念，而又是純理智之概念。假定吾人不落於巴門里第之「大一」中，此兩對概念無處不可應用。是以伊里亞派欲維持其「宇宙實體爲絕對之一」之主張，必須破除一多同異乃至運動諸概念。而欲救住現象與知識者，則又必設法挽救此概念。假定宇宙實體爲絕對之一，吾人不能說一多同異，因而知識不可能。然則在何種條件下，吾人始能說一多同異？汝不可只簡單說：只要有一多同異諸概念，吾人即可有現象，即可有知識。亦不可只簡單說：只要有現象，一多同異即可能，知識即可能。蓋如只說現象，則現象之義，其首先呈於吾心者，乃是可變者。然如果只是變，則必須變到家。如其變到家而成爲至變，則現象必只是一變之流。變之流必成爲一虛無流。及其爲一虛無流，則一多同異根本無安足處，現象亦無所謂現象，而知識亦根本無有矣。〔現象必有成之者〕。如謂一多同異只是吾人就現象之流任意分別之而出生者，則一多同異即根本無實在之基礎，亦只是主觀之計執所產生，乃是假法，而無實性。如是，眞正知識仍不可得，眞實現象仍不可立。如謂一多同異乃是思想上之純概念，爲一純架子。此架子一成立，現象即成立，知識即可能。如其如此，則現實世界只是由思想架子之分析即可得。此不應理。蓋由思想單線之分析仍只是思想自身故。思想自身爲一同質者。只是同質者不能產生異質者。依此，

現實世界仍不出現。現實世界既不出現,則只是思想之分解只予吾人以形式之知識,不予吾人以現實世界之知識,亦即仍無真正之知識。而何況所謂一多同異乃是思想上之純概念,究竟思想自身何以具備此等純概念,其具備也,有何先驗之根據,必然之理由,此亦不得而知者。汝固可曰:知識之可能有待於一多同異諸概念。然而知識有待於一多同異是一事,而思想自身是否必然具備之,則又是另一事。如思想自身之具備一多同異,無必然理由以保證之,無先驗根據以安頓之,則謂此等概念乃思想自身所具備之純架子,實是任意置定者。依是,一多同異之根據與夫其超越之安立仍不得而解。

　　從存在方面說,一多同異之應用必在與「絕對之一」相反之存在。設此相反之存在,吾人即名之口現象之存在。然吾人前言,現象之存在首先函者乃變化義。如只是變化而無其他,則吾人不能有現象之存在,因而現象亦根本不可能:只是一虛無流。是以現象要成其為現象,吾人對現象可以說存在,而不只是一虛無流,則現象除變化義,必復應有一「使現象可以為現象可以為存在」之一義。即於變化外,須有一「有」義,或「在」義。指示「有」義一成分必是不變者。如可變者屬於氣質事,則此不變者即應屬於「理」(型式或理型)。理型使現象成為「有」(在),使現象成其為現象。依是吾人謂一多同異之客觀基礎單在理型處。如氣質事之至變,既不能對之說一多同異,則一多同異之應用於事物必單依於理型處。理型使現象成為一單一體,依是吾可以對之而說「一」。理型使「此聚現象」所成之單一體不同於「他聚現象」所成之單一體,依是吾人可於諸多單一體中藉理型區以別,因而吾對之可以說

「多」與說「異」。氣質之事之至變無相似，甚至無所謂相似不相似。惟依據理型始可言相似不相似。如成就「此聚現象之單一體」之理型同於彼，則吾即說彼此同。氣質之事為至變，不必言彼此無所謂同，即其自身亦無所謂同，甚至亦無所謂彼此，亦無所謂其自身。是以一聚現象之成單一體惟在有理型。此單一體之可以言自同亦惟在有理型。依此吾可以說「自同」。自同他異與一多惟在靠一使現象可以為「在」之理型。有一使現象可以為「在」者，現象可能，知識可能。一多同異，無處不可應用。其普遍性可知。然而其可應用之根據要在一不變之理型。依是，具有客觀實在性之實法乃在理型，不在一多同異，而一多同異只是一指謂詞描述詞，彼於客觀實在無所增益也。如現象方面無可使吾人說一多同異者，則徒有一多同異無濟於事（如前段所明）。如現象方面有可以使吾人說一多同異者，則一多同異只是指謂詞或描述詞。

然則，一多同異究是否只為描述詞或指謂詞？如其然，則可化除，至少亦無關重要矣。然問題尚不如此之簡單。吾人須再進而考察之。一多同異雖是指謂詞，而又純是理智概念。然其為指謂詞，而外在世界卻並無一現象而可以為其所指謂，如「桌子」一名之指示桌子一對象。現象世界並無「一」物、「多」物，乃至「同」「異」物。吾前謂因有理型一成分，吾人可說一多同異。然而外在世界中之理型俱是某特定物之理型。而並無「一」物之理型，「多」物之理型，乃至「同」「異」物之理型。然而吾人又實可以說「一的」之理型、「多的」之理型，乃至「同的」「異的」之理型。此何意耶？吾人須知，當吾用一多同異以指謂外物時，吾所用者必附著於外在某物而謂之。如附著於某物而謂之，則所用者首先

必只是一形容詞。例如甲自身是「自同的」，因而是「單一的」；甲對乙言是「他異的」，兩者合之因而是「多的」。如是，「同的」轉爲名詞即是「同性」，「異的」轉爲名詞即是「異性」。一的多的，亦復如此。「同性」即是「同的」之理型。「異性」即是「異的」之理型。一性多性，亦復如此。外界既無「同」之物，自亦無「同之物」之理。然可以說「同的」，因而有「同的」之理。此「同的」之理將如何安頓之？此豈非只有名言之意耶？吾滋惑焉。茲再進而考察之。

如終於只是名言的，則不是實法，而吾人似亦無法予以超越之安立。若想予以超越之安立，則必須將其歸屬於理解活動之先驗成分上而後可。吾人可考察其於此先驗成分中是否有其安身處。理解活動中有「純理」。吾人已知純理之外在化即爲純粹算數學。成就「純理自身之展現」的基本概念，其外在化便是理解活動所自具之「格度」。依據「因故格度」而獨發一解析上或論謂上之原則或模型，吾人名此曰「範疇」。吾人可審愼衡量以決定其究當屬於此先驗成分中之何成分。汝不可謂當隸屬於「純理」。純理之展現有成就純理之展現之概念，而此概念卻不是一多同異。於純理之展現上雖可說之以一多同異，然一多同異又何處不可說耶？汝亦不可謂其當隸屬於純算數學。於純算數學，雖可說之以一多同異，然一多同異又何處不可說耶？純算數學中所定者是數，是單位，是序次，純是數量者。既如此，則一多同異之應用自甚顯然。純算數學若不能容吾人說一多同異，則根本不成其爲算數學。然現實世界亦如此，何必隸屬於純粹算數學耶？汝亦不可謂當隸屬於「格度」。因理解所憑藉以活動之格度只能由成就「純理之展現」之基本概念之外在

化而顯示。而成就「純理之展現」之基本概念卻無一多同異於其中。依是言之，彼竟無安頓處。其到處可應用，遂使其若喪家狗，到處無容身。然到處可應用即是其到處可落腳。然則，將隸屬之於何成分而可以說明其「到處可落腳」之結果？吾人將完全去之乎？抑予以安頓乎？吾意必將隸屬之於「範疇」一先驗成分矣。

彼既為純理智概念，自不能由經驗得。亦不為一名物字可以指名一特殊之某物。它必是主觀思想活動中所發出的一些運用形式，亦即虛形式。依此，吾人欲想予以安頓，必須看其與何者為同質。一、它是主觀之運用形式；二、它無客觀之實在性。它有主觀之運用性，必函有可以使吾人決定某種物事之原則性或標準性。〔無客觀實在性見下文即明。〕譬如吾人已說：由「同的」轉而為「同性」。此「同性」即「同的」之理。是以此「同性」即有原則性或標準性也。由此原則性可以決定某種物事。然則所決定者何種物事耶？依同性，我可以決定某某是「同的」。然而吾人已知「同」概念之應用必有客觀根據足以使吾人說「同的」。吾人知此根據即是存在對象之理型。吾人對之說同，於該存在對象之內具性德並無所增益。說之為「同的」，並不足以明該存在對象之所以為該存在對象者。然吾人對之究已說同矣，是以究竟亦加之以名言之論謂矣。由此名言之論謂，吾人究亦賦與以謂詞。此謂詞既非該物之常德，吾人可看其是「何種之存在」。吾人適言，根據存在對象之理型，吾人可對之說同，賦以「同的」之謂詞。然此「同的」亦有其理型（即同性）。吾人不可只簡單說：對於一存在對象之可以說其為「同的」，單是由於它分享「同」。吾人當如此說：一存在對象因有成之之理型故，可以使吾人對之賦加以「同的」一謂詞，而吾人

當賦加「同的」一謂詞時，吾人主觀思想活動中必有運用之形式以
爲此賦加之「同的」一謂詞之原則或標準，是以此原則或標準即是
該賦加之「同的」一謂詞之所以有意義處：此「同的」一謂詞本身
之「意義」即是其「同性」（同的之理）。依是，此「同的」之理
即成就此賦加之「同的」一謂詞，而不成就該存在之對象。「同
的」之理即是「同的」一謂詞所以成立之運用形式，原則或標準。
依是，吾人說：由於「同性」而成就「同的」一謂詞，而不說：該
存在對象之爲「同的」是由於其分享「同」，而只應說：該「同
的」一謂詞之自身之所以爲「同的」是由於其分享「同」。依是，
此賦加之「同的」一謂詞與該存在對象乃屬於不同之層次。存在對
象是「實層」，此「同的」一謂詞是虛層。依是「同的」之理決定
虛層「同的」一謂詞。由此「同的」一謂詞之決定，吾人可成一
「同的」之類。此類中之分子即是有此賦加之「同的」一謂詞之存
在對象。由是，吾人由「同性」而決定「同的」一謂詞，由此「同
的」一謂詞而成一「同的」之類。此「同的」之類亦是屬於虛層
者。吾人可名之曰名言類，或進一步至多可名之曰邏輯類，藉此以
別於物理知識中有實性之理型所成之存在類。依是，吾人，可說此
「同的」之理實可畫於吾所說之「範疇」中。「異的」之理，乃至
「一的」「多的」之理，皆同此論。皆是吾所說之範疇義。

　　成就物理知識之範疇爲實層範疇，吾人名之曰第一序範疇。一
多同異爲虛層範疇，吾人名之曰第二序之範疇。此第二序範疇以及
其所成者皆只有名言義，而無實在義。乃是吾人對於實層所加之種
種論謂，是以只有主觀義，而無客觀義。然須知實層範疇誘導一理
型，而不即理型。而虛層範疇其自身即理型。實層範疇，當其未證

實而成理型前，只有主觀軌約義，而無客觀實在性。虛層範疇其自身即理型，但其所成者一往是名言之虛層，故亦一往說其無實義。然而其為範疇或理型之主觀運用性原則性則仍同於實層範疇也。故隸屬之於範疇一成分而予以安頓之。復次，實層範疇不可指名，不可舉數，而虛層範疇則可指名，雖不必舉數，而總可列舉。然而其究有多少，則無一定原則以為推演之根據。

　　吾人再看「有」或「存在」。此一純理智概念又不同於一多與同異。其不同處在：一多同異尚是一種關係項，可以在相對關係中而看之。然而「有」則只是如此如此而絕對不對他。單有內斂之對「自」，而不外向而對「他」。是以只是一光禿禿之「存在」。然而須知此「存在」亦是一賦加之虛層謂詞。對於一存在對象可以使吾人對之說其為「存在的」，亦在乎該存在對象有一不變之理型使該對象成其為對象因而可以「在」。否則，只是一虛無流，根本無對象，亦根本無可言「在」矣。是以存在對象之理型可以使吾人對一客觀對象說其為「存在的」。此是「存在的」一賦加謂詞之客觀基礎。「存在的」一賦加謂詞對於客觀對象無增益，亦不是該客觀對象之所以為該客觀對象之內具常德。吾人不可說：該客觀對象之為「存在的」是由於該客觀對象分享「存在性」。只應說：該「存在的」一賦加謂詞之自身之所以為「存在的」是由於其分享「存在性」。依是，「存在的」之理即「存在性」亦是起於思想活動中之一「運用形式」，它是成就「存在的」一賦加謂詞之原則或標準。它決定「存在的」一謂詞賦加於客觀對象上。由此謂詞可以成一個「存在的」類。此類中之分子即是有此賦加之「存在的」一謂詞之個個存在之對象。成就此類必依照一運用之形式以為其原則。是以

「存在性」亦是一範疇。其所決定之謂詞與類亦是名言的，至多可名之曰邏輯的。此亦是第二序之虛層範疇。假定吾人對此「有」施以邏輯之否定，吾人可得一「非有」。此「非有」亦是一虛層範疇。非有，非非有，將層出不窮。然而俱是名言的。吾人俱名之曰第二序之虛層範疇。（自然，若邏輯言之，可以說第二序乃至第 n 序。但在此不必要。）

　　關於一多同異及存在，普通謂之為存在學上之基本概念。據以上之批判，吾人將謂之為論謂存在之虛層範疇，而不真是存在學或體性學所討論之對象。

　　關於前列丙丁兩類，即關於數量的及時空關係的形式知識，吾人說其當隸屬於「時空之超越決定」中而論之。然時空之超越決定所決定者，一方為時空關係，一方為廣度量與強度量。（此當詳言之於下卷第一部中。此處雖不甚明其所以，亦無緊要。）而此所決定者卻不同於大小、輕重、倍半、以及左右、上下、過現未等。此皆是就超越決定所決定者而起之論謂。因此論謂而成一賦加之謂詞。又須知此等謂詞俱是關係詞。「大的」、「小的」、「倍的」、「半的」等等，俱是關係詞。此等關係詞亦必依據一原則或標準而後可以說。此原則或標準亦是一運用之形式，亦即倍的半的等之理型也。此等理型亦許就是「關係性」。「倍的」一謂詞之為關係詞（關係項）必依據「倍」一關係性而為關係詞。說「關係性」一時無著落，說原則或準標（即理型）則頓時有安頓。是以凡此等賦加謂詞之理型亦皆屬於第二序之虛層範疇也。其所成之類亦然。〔古《名理探》疏解亞氏論關係，古譯為互，有思互實互之辨。思互亦曰就謂而互，繫於明悟。明悟即理解也。就謂而互即由

吾人之理解而論謂之所成之關係也。古譯文太簡奧，不甚洞曉。然大意略可窺。亦足見中世紀名家分析之精也。彼所謂思互或就謂而互實吾所言之名言之虛層也。故凡思互亦可攝於第二序範疇而論之。而此處所言之大小倍半等實亦即所謂思互也。彼舉綱目之互，本體與屬性之互，是思互，就謂而有。若在今日言之，就物理知識言，最基本之實互當是因果關係。吾人可說實互爲第一序，思互爲第二序。前言，第二序之範疇究有多少實無一定原則以爲推演之根據。吾再就此處所舉之思互言，則又不可舉數矣。本節雖限於一、多、同、異、有、及屬於時空之超越決定者而言之，然推而下之，虛層範疇必多至不可勝數。故無一定原則可藉以推演也。然茲有可說者，即第二序範疇必是：一、到處可用者；二、時空所及者；三、言說所及者；四、知識所行之現界以內者。此可依認識之心所活動之範圍以確定其施行之有效性。名言亦可及於上帝、太極、良知等，然而第二序之範疇於此處施行即無有效性。是以第二序雖屬虛層，亦必有其有效之範圍。大略提示如此。詳加分析，便太瑣碎。又如第二序與第一序之關係，與本書所言之種種先驗成分之關係，吾意亦必有可得而論者。哲學之事在顯示宇宙人生知識行爲之本然根底，此皆所謂第一序之系統。即實法是也。至於第二序之虛法似亦非當務之急矣。然好學之士，若能紹繼而起，以明此中之奧曲，則亦功德無量也。明天人，辨虛實，枝枝相對，葉葉相當，睿照所及，靡有或遺。此亦天地間之盛事也。〕

　　茲復有義應當提出。柏拉圖並未用「範疇」一詞，而通名之曰理型。即因此故，吾人以爲須有一推述。蓋所以防濫也。亞里士多德有十範疇之目，亦不列存在同異與一多。彼視十範疇爲十種「謂

詞模式」，或論謂存在之十通孔。經由每一通孔，可給對象一謂詞。依此，因範疇之分類，遂亦形成存在之分類。彼所以不視存在同異一多等為範疇，乃因其可以指謂每一東西，不能落於其十通孔中之任一個。柏拉圖亦謂：你可以說任何東西自同於其自己，而有異於其他物。即因此故，亞氏不認其為範疇。（關此，當參看英人考恩佛：《柏拉圖之知識論》一書，〈解辯士篇〉，頁275-279以至頁282-285。考恩佛所討論者自為辯士篇本身所牽連之問題。）惟亞氏自己之範疇表乃由於其精巧之尋伺而歸成，並無一定之原則以保證其必然。此則康德已指明之。且彼於存在一多同異等，亦無安插。柏拉圖不名範疇，而通名曰理型。吾人為防濫故，遂予以認識論之推述，而繫屬於本書所說之範疇義，且名之曰第二序之範疇。若不如此，實有礙於「內在形上學」與「超越形上學」中之問題之明確。吾人藉認識論之推述而將此等概念釐清之，遂亦將形上學問題釐清矣。柏拉圖辯士篇曾論及理型之結構，即理型之離合。彼欲藉其辨證學，依理型之有離有合，而將其組織一系統。然而步步離合必嚮往一最高之理型以擁攝之。柏拉圖以為一切理型皆可與存在一多同異諸理型相融合：因此而組成一內容豐富而圓滿之理型結構。然而此中實有兩層問題：一，虛層理型與實層理型相混擾之問題。吾人本意言理型之結構是指實層中者言，是以言離合而成結構亦應只限於實層中者而言之，而今不問虛實，混為一談，寧有當乎？二，如一切理型，不問虛實，而皆可融於存在同異與一多，然則皆融於此，即可謂得一圓滿之綜和乎？若然，則眾理之理即所謂最高善者又將何所用乎？吾人所以追求一超越形上學者即所以圓滿此現實世界也。柏拉圖並未指明此種離合之結構是否能至一最後之

圓滿，彼謂皆可與「存在」一理型相融，或許亦只是明離合擴大之
一例，而彼亦實未自此言衆理之理。然存在一多同異，自某方面言
之，又極廣普，而一切理又皆可與之融。此豈非最後之理型乎？然
彼又不可充當衆理之理。又衆理之理只應是一，而此卻有許多。即
使不言一多同異，而單言「存在」，因上帝亦可以是存在，衆理之
理亦可以是存在，然則「存在」一理型可以作爲一最後之實體乎？
此未免無賴矣。吾甚惑焉。以爲其中必有弊竇。幾經深思，遂有虛
實之辨。以爲此名言之第二序虛層範疇之廣普決不可以充當實體
也。蓋彼本無客觀實性故。虛實辨，而形上學問題釐淸矣。〔柏拉
圖〈巴門里第篇〉言孤離之「一」不與任何理型相連結，而不孤離
之「一」，則又可以與一切理型相勾連，藉此以明純是理型而無物
質之世界。吾以爲此實是一種討巧之邏輯把戲，而不能說明任何問
題也。後來黑格爾繼承此路以推衍其大邏輯，亦實是一種弔詭之邏
輯把戲。吾皆不取也。〕

《牟宗三先生全集》總目